성 삼위일체 하나님께
모든 감사와 영광을 올려드리며
이 책을 바칩니다.

To. _____

From. _____

하나님께 바치는
빨간 심장의 노래

하나님께 바치는 빨간 심장의 노래

발행일	2022년 1월 25일

지은이	김안젤라		
펴낸이	손형국		
펴낸곳	(주)북랩		
편집인	선일영	편집	정두철, 배진용, 김현아, 박준, 장하영
디자인	이현수, 김민하, 허지혜, 안유경, 한수희	제작	박기성, 황동현, 구성우, 권태련
마케팅	김회란, 박진관		
출판등록	2004. 12. 1(제2012-000051호)		
주소	서울특별시 금천구 가산디지털 1로 168, 우림라이온스밸리 B동 B113~114호, C동 B101호		
홈페이지	www.book.co.kr		
전화번호	(02)2026-5777	팩스	(02)2026-5747

ISBN	979-11-6836-146-1 03230 (종이책)	979-11-6836-147-8 05230 (전자책)

(주)북랩 성공출판의 파트너

북랩 홈페이지와 패밀리 사이트에서 다양한 출판 솔루션을 만나 보세요!

홈페이지 book.co.kr • **블로그** blog.naver.com/essaybook • **출판문의** book@book.co.kr

작가 연락처 문의 ▶ ask.book.co.kr

작가 연락처는 개인정보이므로 북랩에서 알려드릴 수 없습니다.

기도의 고통 그리고 승리편

하나님께 바치는

빨간 심장의 노래

김안젤라 지음

book Lab

프롤로그

먼저 여기까지 인도해주신 에벤에셀의 하나님, 성 삼위일체 하나님께 모든 감사와 영광을 올려드립니다. 말씀과 언약을 통해 영혼들에게 아름다운 천국 섭리를 보여주시고 찬란한 생명의 길로 인도하시는 하나님께 진심으로 사랑한다고 고백합니다. 믿음의 길을 가면서 순간순간마다 영혼들을 향하시는 하나님의 숭고하신 사랑과 눈물겨운 구원의 섭리를 깨닫게 될 때마다, 뜨거운 감사의 눈물을 흘리지 않을 수 없었습니다. 때때로 그리스도인은 믿음의 여정길에서 각자만의 놀라운 은혜를 체험하게 됩니다. 은혜의 체험은 입술을 열어 자신의 신앙을 간증하기도 하고, 글로도 표현하게 하는 힘이 있어, 읽는 이들에게 따뜻한 마음의 울림과 함께 감동과 눈부신 소망과 강건한 믿음을 선물해주기도 합니다.

저 역시 글을 써 내려가면서 은혜와 감동과 소망이 넘치는 신앙의 글을 쓸 수 있기를 하나님께 기도했습니다. 하나님의 창세적 섭리와 구원의 진리를 오롯이 담아낸 글, 주님의 숭고한 빛의 생명과 고결함을 담아낸 글, 지독한 환난 중에 만나는 원수마귀의 방해와 역경을 담아내고 승리한 글, 내면의 혼란 속에 고뇌하고 고통 하는 영혼의 몸부림을 담아낸 글, 춥고 메마른 광야에서 받는 거룩한 연단의 능력이 무엇인지에 대해 담아낸 글 등을, 제가 체험했고 깨달았던 순간의 감동들을 진실한 필체를 담아 표현하고 싶었습니다.

신앙의 글은 은혜롭습니다.
신앙의 글은 아름답습니다.

신앙의 글은 신비하고 위대합니다.

신앙의 글은 치유하는 능력을 내포하고 있습니다.

기도할 때 문득문득 영감이 떠오를 때마다, 끄적끄적 적어보았던 글을 버리지 않고 모아 두었던 글이 부족하나마 완성된 옷을 입고 세상 밖으로 나왔다는 것이 얼마나 신기하고 감사한지 모르겠습니다. 믿음의 길 가운데 수없이 고뇌하고 의심하고 갈등하는 사이에서 하나님의 은혜가 얼마나 아름다운지, 하나님의 사랑이 얼마나 위대한지, 영의 울림으로 마음을 뜨겁게 달구었던 순간의 체험들을 진솔하고 진실하게 쓰고 싶었습니다. 신앙의 삶을 살아오면서 믿음에서 떠났던 적도 있었고 세상에서 성공하기 위해 세상에 심취해 살았던 적도 있었습니다. 그러나 나를 향하시는 하나님의 변치 않는 사랑과 은혜와 긍휼과 지키심으로 어둠의 세력은 떠나갔고 나는 승리를 선포할 수 있었습니다. 예수그리스도의 생명과 은혜 안에서 새로운 피조물로 탄생할 수 있었던 나는 매일의 새날을 맞이하면서 하나님의 신실하신 사랑이 너무나 아름답고 신비로워 뜨거운 눈물을 흘리며 심장을 떨어대곤 했습니다.

세상이 갈수록 악해지고 있습니다…. 가시적으로 나타나는 것들은 풍요로운 것처럼 보이지만 결코 풍요롭지 않았습니다. 현대 시대를 살아가는 사람들의 영혼의 상태는 메마르고 각박하고 너무나 쉽게 악한 세력에게 휘둘림을 당하면서도 모르고 있었습니다. 무언가 손에 쥔 것만 같았는데 어느새 사라지고 없었습니다. 분명 무언가를 잡았고 무언가를 성취한 것만 같았는데 눈을 뜨고 보니 그 무엇도 가진 적도 없고 성취한 적도 없는 허망함 그 자체로 끝을 맺고 있었습니다. 어둠의 세력들은 나약한 영혼들을 유혹하면서 허상이라는 환상을 불어 넣어주고 대신 엉겅퀴와 쭉정이 같은 정욕적 미운 것들만 한 아름씩 안겨다 주고 있었습니다. 현대를 살아가는 사람들의 생은 여전히 힘들고 아프고 고달픈 생의 연속이기만 했습니다.

안타깝게도 이 시대는 하나님의 영을 잃어버린 시대를 살아가고 있습니다. 하나님의 영을 잃어버린 인간은 살기 위해 몸부림을 치지만 그럴수록 더더욱 깊은 늪 속으로 꺼져 들어가고 있었습니다. 저주의 늪처럼 발버둥을 치면 칠수록 깊숙이 빠져들어 가는 원리처럼 말입니다. 누군가는 코로나19 Pandemic, 펜데믹과 변이종 Omicron, 오미크론 혼란 때문에 그렇다고 이유를 대는 사람들도 있고, 지금이야말로 종말의 시대, 말세의 시대가 도래했으니 한시라도 빨리 신부의 준비를 해서 주님의 재림을 대망해야 한다고 외치는 전도자들도 있었습니다. 그러나 그것보다 더 궁극적인 문제는 현대 사회는 바로 살리시는 하나님의 영을, 그리스도예수의 생명의 영을, 성령하나님의 거룩한 영을 잃어버렸기 때문이라고 역설하고 싶습니다. 하나님의 영을 잃어버리고 세상 혼과 육만 살아서 득세하고 있는 이 시대, 그래도 하나님의 사랑과 은혜를 놓치지 않기 위해 매일의 날을 기도하며 절절히 간구했던 나의 영혼은 지속되는 혼란한 시대와 맞물려 고독하고 암울한 장소에 갇혀 서서히 지쳐가고 있었습니다.

바로 이곳이 사도바울의 말씀처럼 사방으로 우겨 싸움을 당하고 있다는 증거일까…? 아니면 답답한 일을 당하고 있다는 증거일까…? 혹은 박해를 당하고 있다는 명백한 증거일까…? 아니면 거꾸러트림을 당하고 있다는 아프고 슬픈 현실일까…? 어디를 바라보아도 마음의 평강과 안식을 누릴 수 있는 한 줄기의 빛은 보이지 않고 있었습니다. 사람들은 억세고 고통스런 그물 같은 현실에서 벗어나고 싶다고 몸부림을 치지만 여전히 역부족이기만 합니다. 그러나 살겠다고 몸부림을 치는 사람들이 어디 개인 혼자뿐일까…? 당장 현관문을 열고 밖을 나서면 세상은 더더욱 참담하고 비참한 현실이 펼쳐지고 있었습니다.

현대 사람들은 영의 힘을 잃어가고 있습니다. 세상 사람들은 세상 사람들대로 죽을 것만 같고 믿음의 사람들은 믿음의 사람들대로 힘이 들기만 합니다. 믿음의 사람들은 어둠의 세력들과 영적 전쟁까지 치열하게 치러야 하기에 더 힘들고 더 지치기만 하는 것입니다. 그렇다고 소망을 버릴 수는 없습니다. 그렇다고 절망하고 좌절할 수는 없습니다. 다시 예수그리스도의 사랑을 붙들어 영의 힘을 하나님께 얻는 것입니다. 소생하는 하나님의 영의 생명으로 다시 충만하게 채우는 것입니다. 살리시는 영으로 역사하시는 하나님의 영을 붙들어야 인간은 제대로 된 생명의 숨을 쉬며 각자의 생이 끝날 때까지 평강의 삶을 살다가 은혜롭게 생을 마칠 수 있을 것입니다. 그리고 그 끝에는 하나님의 거룩한 나라, 신비의 나라가 영혼들을 기다리고 있을 것입니다.

예수그리스도의 구속의 은혜와 하나님아버지의 무한하신 사랑과 인도하심과 강건하심이 이 글을 읽으시는 모든 분의 삶과 언제나 항상 함께하시기를 축복하고 축원합니다.

2022, 새해를 맞이하는 달, 1월에

김안젤라

C·O·N·T·E·N·T·S

Chapter 2. 죽음 끝에서 피어나는
새 생명의 노래

Chapter 3. **외로움이라는
저주**

Chapter 4. **도쿤 악령의 블랙매직**

그렇기에 빨간 나의 심장을 둘로 쪼개고
철철 피를 흘려 하나님께 올려드렸습니다...!
그렇기에 고통으로 가득 찬 내 답답한 심장의 울부짖음을
하늘의 하나님께 보여드렸습니다...!
그렇게 하나님 앞에 통회하면서
무수한 날들을 무너지고 또 무너졌습니다...!

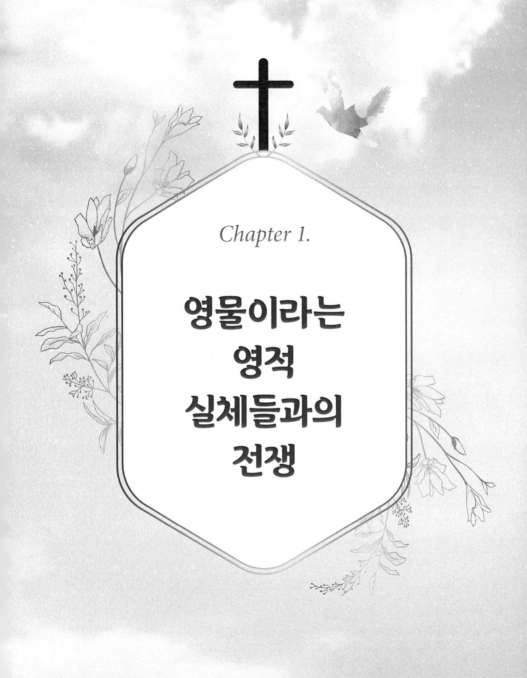

Chapter 1.

영물이라는
영적
실체들과의
전쟁

하나님께 바치는 빨간 심장의 노래

이천 년도 훨씬 지나가 버린 오늘
나는 다윗이 되어 다윗의 시편을 읽는다.

절절히 불타오르는 심정으로 다윗의 간절한 마음을
구구절절 내 뜨거운 심장에 담아 시편을 읽는다.

그러나 왜 이다지도 성이 차지 않는 것인가-
왜 이다지도 마음이 편치 못한 것인가-

그 어떤 다윗의 아름다운 시편으로도
내 답답한 가슴을 시원하게 표현할 수 없다.

이천 년 전보다 훨씬 그 이전
다윗이 하나님께 바친 시편은 다윗의 시편일 뿐

나의 시편이 될 수 없다는 것을 나는 잘 알고 있다.

하나님을 향해 부르짖었던 다윗의 모방할 수 없는
영혼의 외침을 바라볼 때마다 내 얼굴은 뜨거워 온다.

다윗의 순수하고 열정에 찬 고백은
내 안 깊은 곳에서부터 맹렬한 질투를 불러온다.

질투로 견딜 수 없는 심장은 산산이 부서질 것만 같다.
답답한 심장을 날카로운 칼을 들이대어 둘로 쪼갠다.

빨간 피를 뿜어내는 나의 심장을 깊숙이 둘로 갈라내어
표현할 수 없는 영혼의 고통을 하나님께 열어 보인다.

고통을 담고 있는 눈물샘에서 눈물이 솟구쳐 오른다…!
견딜 수 없어 외마디 비명을 크게 질러본다…!

고통이 아무리 커도 영혼의 고통과는 견줄 수 없다.
내 영혼이 울부짖는 아우성과는 비교할 수 없다.

하늘을 향해 수정처럼 빛나는 감성을 담아내어 영롱한
목소리를 울려 기도했던 다윗의 영혼을 바라보며

하나님의 마음을 기쁘게 해드릴 수 없는 무능한 기도는
오늘도 고통에 찬 피를 철철 흘릴 수밖에 없다…!

이천 년 전보다 훨씬 그 이전 다윗은 어떤 심정으로
하나님께 기도를 올려 드렸을까…?

다윗의 맑고 강렬한 영혼을 부러워하고 감탄하면서도
무지할 수밖에 없는 내 영혼은 극심한 비통 속에 있다.

오늘도 나는 고통에 찬 심장의 기도를 하나님께 올려드린다.
무능한 나의 심장을 둘로 쪼개내어 무자비한 피를 흘린다.

이것이 오늘날 하나님께 바치는
이천 년도 훨씬 지나 부르는 나의 기도다…!

빨간 나의 심장이 아프게 부르짖는 기도다…!

기도의 고통 그리고 승리

항상 그렇듯이 기도할 때마다 기도의 고통에서 오는 육신의 나약함을 느낍니다. 기도를 쉽고 즐겁고 오랜 시간 할 수 있다고 말하는 사람들을 보면 솔직히 부럽다는 생각이 먼저 들면서도, 정말 그럴까…? 과연 그럴까…? 하면서 선뜻 납득하기는 어려웠다고 고백합니다. 나 같은 경우는 참된 기도를 하나님께 올려드리기란 어렵고 버거운 의식이었기에 매번 힘들었고 고통스러웠기 때문입니다. 그것을 이 시간 정직하게 고백합니다. 참된 기도로 거룩한 피의 제사를 하나님께 올려 드린다는 것은 내게는 언제나 버겁고 감당하기 힘든 무거운 짐이었다고 말입니다.

악한 나의 죄 성을 산산조각으로 부서트려 버리고…!
악한 나의 육신과 아집을 사정없이 무너트려 버리고…!
악한 나의 교만한 자아를 철저히 파쇄 시켜 버리고…!

하나님께 올려드리는 기도의 어려움이란 이루 표현할 수 없을 만큼 힘들기만 했습니다. 그래서 한없이 답답하고 무능하고 고통스럽기만 했습니다. 어쩌면 그랬기 때문에 자유자재로 노래하고 기도했던 다윗의 주옥같은 시편들이 내심 부러웠는지 모릅니다. 아니, 강한 질투를 느끼고 있었는지도 모릅니다…! 나의 영혼을 뜨겁게 울려주는 다윗의 불타는 심장과 수정알처럼 맑은 영혼으로 하늘의 하나님을 향해 샘물 솟듯이 노래했던 다윗의 감성을 나는 무척이나 부러워하며 탐을 내고 있었기 때문입니다. 다윗의 영롱한 영혼의 부르짖음은 감동이었고 다윗이 사용하는 언어들은 구구절절 아름다웠으며 심장의 열정은 눈부셨기 때문입니다. 그래서 다윗을 닮기 위해, 아니 다윗의 것을 내 것으로 만들어 보기 위해 한동안 나는 다윗의 시편에 무던히도 심취해 있었고 다윗의 다재다능한 언어들과 영혼의 찬양을 따라잡기 위해 나름대로 엄청난 열성과 열정을 쏟아부었던 것입니다.

그러나 앞의 글에서도 고백했듯이 아무리 다윗의 시편이 맑고 영롱하다고 할지라도 그것은 다윗의 시편이지 결단코 나의 시편이 될 수 없었다는 것입니다. 내가 아무리 다윗의 부르짖는 기도를 교묘히 카피하고 모방해서 나의 것으로 만들어 아무도 모르게 은밀하게 사용한다고 해도 궁극적으로는 결코 나의 것이 될 수 없었다는 것입니다. 다윗의 찬양이 아무리 뜨겁고 섬세하고 다양한 언어들의 부르짖음으로 하늘에 계시는 여호와하나님의 마음을 감동으로 울리며 기쁘게 해드렸다고 할지라도 그 찬양과 기도는 다윗의 것이지 결코 온전한 내 것이 될 수 없었습니다. 그러므로 나는 다윗의 영롱한 찬양과 기도를 내 것으로 만드는 것에 실패하고 말았던 것입니다.

그래서 생각해 보았습니다… 비록 못났고 어리석지만 내가 하나님께 올려드리는 기도만이 나의 기도, 참된 기도가 된다는 것을 말입니다. 나의 기도는 나태하고 게으르고 두서없고 답답하고 무력하지만 바로 그런 기도가 나만의 색깔을 온전히 담고 있는 진실한 기도이며 하나님께 올려드릴 수 있는 나만의 정직한 기도라고 말할 수 있을 것입니다. 무지하고 나약하고 게으름과 태만함과 안일함 가운데 올려드리는 기도가 나만의 색깔을 띤 거짓 없는 기도가 되는 것입니다. 그런 기도야말로 나의 기도라고 거짓 없이 하늘의 하나님께 고백하면서 활짝 열어 보일 수 있는 것입니다. 그리고 그런 기도야말로 하나님의 마음을 감동으로 울릴 수 있는 절박한 기도라고 나는 믿고 싶었습니다.

그리고 순전히 나만의 생각이지만 이런 생뚱맞은 생각을 해보기도 했습니다. 어쩌면 하나님은 기도를 어떻게 해야 할지 모르는 무지하고 어리석은 영혼들의 기도를 오히려 더 순수하게 생각하시고 더 기쁘게 받아주실지도 모른다는 생각이었습니다. 무지한 자들의 기도를 하나님은 더 흡족해하시고 합당하게 여기실지도 모른다고 말입니다. 나는 기도할 때마다 하나님께서 힘들게 기도하는 어설프고 무지한 나의 모습을 바라보시면서 도리어 기뻐하시는 모습을 상상의 눈으로 바라보고자 애썼습니다. 억지로라도 그렇게 믿고 싶다는 간절한 마음에 몇 번이고 속으로 다짐하면서 기도했습니다. 나는 하나님께 올려드리는 기도에 감화감동이라는 증거를 찾고자 무진 애를 썼던 것입니다. 부끄럽지만 무지한 자의 기도는 그렇게 나약할 수밖에 없었습니다.

그렇기에 빨간 나의 심장을 둘로 쪼개고 철철 피를 흘려 하나님께 올려드렸습니다…! 그렇기에 고통으로 가득 찬 내 심장의 답답한 울부짖음을 하늘의 하나님께 보여드렸습니다…! 그렇게 하나님 앞에 통회하면서 무수한 날들을 무너졌습니다…!

하나님께 기도를 올려드릴 때마다 나는 무너지고 또 무너졌습니다. 기도할 때마다 하나님은 아집적이고 완악했던 내 자아의 미운 모습을 조금씩 파쇄 시켜 갔으며 기도할 때마다 하나님은 내 나약하고 무지한 심령을 바르고 강건하게 세워주었고 기도할 때마다 하나님은 흔들리지 않는 겨자씨만한 믿음의 능력 가운데로 인도하셨습니다. 그러는 가운데 질투할

만큼 부러워하며 모방하고자 애썼던 다윗의 기도와 순수하고 영롱했던 영혼의 찬양은 더 이상 부러워하지 않게 되었습니다. 영의 눈을 뜨고 보니 투박하고 무지했던 나의 기도가 내 마음에 더 진실했고 더 좋았기 때문입니다. 온전히 나만의 것이었기 때문입니다.

그러면서 나는 깨닫는 감동이 있었습니다…. 기도하면서 하나님 앞에 무너진다는 것은 참으로 좋고 참으로 은혜로운 것이라는 사실을 말입니다. 하나님 앞에 나의 모든 것이 벌거벗은 채 숨김없이 드러나고 완벽하게 무너질 때, 비로소 완악했던 나의 자아는 힘을 잃고 죽을 수 있었다는 것입니다. 완악했던 나의 자아가 힘을 잃고 죽어갈 때마다 내 영혼의 생명은 그리스도예수라는 고귀하신 분의 생명 안에서 부활의 새 생명으로, 창조의 새 피조물로, 눈부시고 자유로운 영혼으로 거듭날 수 있었습니다. 죽어가는 나의 영혼은 하나님의 사랑과 그리스도예수의 피 뿌림의 역사로 말미암아 찬란한 생명을 머금고 새 생명으로 살아나는 것입니다. 소중하게 얻은 내 영혼의 생명을 이제 다시는 잃어버리지 않기 위해 악한 죄성과 자아는 내 안에서 반드시 무너져야 했고 죽어야만 했습니다. 내 육신 안에 도사리고 있는 악한 자아가 부서지지 않으면 내 영혼의 소중한 생명은 결코 살릴 수 없었고 거룩한 믿음 가운데 세워질 수도 없었기 때문입니다. 나는 기도할 때마다 강성한 육신 안에 무력한 모습으로 힘을 잃은 채 갇혀 있는 또 하나의 소중한 내 영혼의 생명을 살리기 위한 간절함으로 몸부림을 치고 있었습니다.

그 진실을 잘 알고 있기에 오늘도 나는 하나님 앞에 무릎 꿇고 나아가는 것입니다. 공손히 두 손을 모아 머리 숙여 기도하며 때로는 두 팔을 높이 올려 기도하는 것입니다. 그렇게 애통해 하는 절박한 심정으로 기도의 고통을 끌어안으면서 무너지고 또 무너지는 것입니다. 그러나 나의 육신을 지배하고 있는 완악한 죄 성은 지독한 악성 바이러스들처럼 세포 깊숙이 스며들어 와 온몸의 핏줄기를 따라 돌면서 회개하며 울부짖는 나의 심장의 노래가 하나님의 나라, 아버지의 눈부신 보좌 앞에 상달하지 못하도록 단단히 틀어막고 있었습니다. 레이저의 현란한 광선들처럼 심약한 나의 뇌는 제 멋대로 갈래갈래 갈라지면서 힘들다는 생각들을 끝없이 파생시켜 가고 있었고, 연약한 나의 뒷덜미를 무거운 맷돌로 짓누르듯이 아프게 압박하면서 빨리 기도를 멈추라고 위협하고 있었습니다.

그러나 오늘도 나는 어김없이 빨간 나의 심장을 깊숙이 갈라 사랑하는 하나님께 올려드리는 거룩한 제사의 의식을 치릅니다. 매일의 삶을 피를 흘리는 거룩한 산 제물, 산 제사가 되기를 절절히 사모하면서 나의 연약함과 무능함을 사랑하는 하나님께 올려드립니다. 오늘도 나는 주님께서 허락하신 생명 안에서 주님과 함께 살았고 주님과 함께 생명의 숨을 쉬었으며, 어김없이 다가오는 내일의 삶도 주님의 생명 안에서 부활의 숨을 쉴 것이라는 거룩한 기대와 소망을 내 나약한 가슴에 가득히 품습니다.

오늘도 나는 하나님의 긍휼과 영생의 나라를 앙망하면서 하나님의 생명을 풍성히 받아 마시기를 간구합니다. 철철 피를 흘리는 기도의 고통 가운데 빨간 심장의 기도를 사랑하는 내 하나님께 올려드립니다. 하늘의 하나님을 향하는 참회의 울부짖음을…! 하늘의 하나님을 부르는 절박한 사랑의 고백을…! 감당할 수 없는 답답함과 심장의 고통과 답답함에 피로 흠뻑 물든 빨간 나의 순결한 심장을…! 단호히 둘로 쪼개어 하늘의 하나님께 열어 보여 드림으로써 나의 사랑을 고백하며 토로하는 것입니다. 나는 그렇게 하나님의 신실하신 사랑과 긍휼을 간구하는 것입니다. 비록 오늘의 기도가 힘들고 또 말할 수 없을 만큼 무력하다고 할지라도 말입니다.

혹 하나님의 첫사랑을 인생길에서 잃어버린 분들이 계십니까…? 혹 하나님의 은혜와 사랑을 떠나 세상 속으로 함몰해 들어가 아픈 인생을 힘들게 살아가는 분들이 계십니까…? 혹 믿음의 길에서 좌초되어 상심하고 절망하는 분들이 계십니까…? 괜찮습니다. 지금이야말로 하나님의 사랑과 긍휼을, 영생의 생명을, 아름다운 평강과 안식을, 열성으로 간구하며 단단히 붙잡을 때라고 말씀드리고 싶습니다. 머뭇거리지 말고 환난 가운데 다윗이 하나님을 향해 절박한 심정으로 부르짖었던 것처럼 하나님의 은혜와 사랑을 마음껏 부르짖으며 간구하기를 바랍니다. 사랑의 본질 되시고 첫사랑의 근본 되시는 하나님의 살리시는 생명으로 목마르고 지친 내 영혼의 갈급함을 충만하게 적셔주시라고 있는 힘을 다해 목청껏 하나님을 향해 부르짖기를 바랍니다.

하나님은 심령이 가난하고 애통하며 의에 주리고 목마른 영혼들이 절절하게 부르짖는 기도 소리에 감동하시며 애절한 기도 제목들을 다 들어주시는 엘로힘의 하나님, 전능의 여호와 하나님이십니다. 하나님은 사랑과 긍휼과 용서와 새 부활의 생명이라는 아름다운 선물을 가지고 간절하게 부르짖는 가엾은 영혼들을 찾아와 주신다는 아름다운 생명의 진리를 믿음의 눈으로 상상하면서 확신하기를 바랍니다. 부디 좋으신 하나님의 은혜와 사랑과 인도하심이 이 글을 읽으시는 모든 주의 영혼들과 영원토록 함께 하시기를 생명 되시는 예수그리스도 존귀하신 이름으로 축복하고 축원합니다.

하나님께서 구하시는 제사는 상한 심령이라

하나님이여 상하고 통회하는 마음을

주께서 멸시하지 아니하시리이다- 〈시 51:17〉

죄인이었던 나의 모습에서 주님의 사랑을 본다

나는 두 팔이 없습니다.
나는 두 다리가 없습니다.

그저 커다란 몸통과
커다란 머리만 가지고 있을 뿐입니다.

처음에 나는 몰랐습니다.
내가 어떤 몸통을 하고 있었는지를 말입니다.

어느 날 나는 나의 육신에 대한
비밀을 알았을 때 섬뜩한 공포를 느껴야만 했습니다.

내 육신이 본질적으로 소유하고 있는 실체가
무엇이었다는 것을 알았을 때 나는 경악했습니다.

나는 맑고 예쁘고 깨끗한 존재가 아니라
불결한 존재라는 사실을 알게 되었다는 것입니다.

거룩한 영혼을 소유하지 못한 불결한 나를 향해
나는 온갖 질책과 미움과 분노를 퍼부었습니다.

나는 나를 미워하고 학대했습니다…!
나는 나를 증오하고 저주했습니다…!

그렇게 나는 걷잡을 수 없는 울분에 사로잡혀
분노와 절망 속으로 빠져들어 가고는 했습니다.

음침하고 고통스러운 암흑의 음습한 긴 터널 속을
몇 번씩이나 들어갔다 나왔다를 반복했습니다.

그리고 나는 알 수 있었습니다…!

해변의 모래알처럼 깔려 있는 생명들도 커다란 머리를 한 채,
혼 적 가분수 존재로 살아가고 있었다는 것입니다.

그 모습들은 하나같이 흉측한 몰골을 하고 있었습니다.
나 역시 괴물의 형상을 한 모습을 하고 있었습니다.

내 안에 숨어 있는 괴물은 숨을 죽인 채, 기생하며
내 영혼의 피와 영혼의 자양분을 마음껏 흡혈하고 있었습니다.

선명하게 드러나는 추악한 죄 성과 더러운 옷을 입고 있는
불결한 나의 모습을 바라볼 수 있었습니다.

나는 소중한 영혼의 생명을 잃어버린 불쌍한 영혼
가련한 자의 참담한 영혼을 하고 있었던 것입니다.

세상에서 가장 고귀하신 분의 생명을 잃어버린 나는
병들고 찌들어버린 엉성한 불구의 몸을 하고 있었던 것입니다.

하나님의 현존 앞에 영혼들 모두는 추악한 죄 성을 소유한
불결한 죄인의 몰골로 어김없이 나타나고 있었습니다.

주님의 성결의 빛이 죄인이었던 나의 영혼을 밝게 비추자
내 속에 숨어 있던 죄 성이 일제히 일어나 반항하고 있었습니다.

불결한 나의 죄 성이 생명의 빛으로 속속들이 발각되는 순간
나는 고귀하신 분의 현존 앞에 힘없이 무너져 내렸습니다.

어둠 속에 침묵하며 단단히 들러붙어 흡혈하고 있었던 죄 성은
주님의 숭고한 빛이 견딜 수 없다고 아우성을 치고 있었습니다.

내 속에 존재하는 기형아적 흉측한 괴물의 모습은
바로 불결하고 추악하기 짝이 없는 악한 나의 실체였습니다.

내 안에 붙어 있던 죄 성은 숭고한 빛 앞에 쉴 새 없이 정체가
폭로되자 외마디 비명을 지르면서 밖으로 뛰쳐나갔습니다.

바로 그때 죄인을 부르시는
거룩하신 분의 음성을 들을 수 있었습니다.

목소리는 우렁우렁 자애로운 물소리를 내고 있었으며
생명의 생수로 솟아나는 사랑과 긍휼의 목소리였습니다.

주님은 캄캄한 새벽하늘 맑고 영롱한 빛을 발하는 새벽 별처럼
혼돈과 고통 속에 허덕이는 나의 영혼을 찾아와 주셨습니다.

주님은 죄의 고통으로 절망하는 나를 포근히 안아주셨고
언약의 말씀으로 나의 영혼을 잔잔하게 위로해주셨습니다.

주님은 저 광대한 우주와 이 광활한 세상을 오직 말씀으로
창조하시고 공의로 통괄하시는 전능의 하나님이셨습니다.

주님은 오직 홀로 영존하시고 오직 홀로 영혼들을 살리시는
생명의 빛을 소유하신 전능자의 빛이며 구원자의 빛이셨습니다.

나는 숭고한 주님께서 피와 물을 한 방울도 없이 다 흘리시고
목숨값으로 치러주신 생명과 사랑을 바라볼 수 있었습니다.

죄의 머리만을 달랑 달고 가분수의 몰골로만 일관되게 살아왔던
내게 주님은 거룩한 구원과 예쁜 사랑을 선물해주셨습니다.

하나님이시고 위대한 승리자이셨던 나의 주, 예수그리스도-
내 목숨 바쳐 오직 주님만을 사랑하고 경배한다고 고백합니다-

오직 생명의 주님, 부활의 주님만을 영원토록 경외한다고
내 영혼의 찬양을 세세토록 올려드립니다-

영물이라는 실체들과의 영적 전쟁

　지, 정, 의, 자유인격체라는 생명을 가지고 살아가는 영혼들은 자신들이 알고 있든지, 모르고 있든지, 육의 눈에 보이지 않는 세력들과 치열한 영적 전쟁을 치르며 세상을 살아가고 있습니다. 특히 그리스도예수를 생명의 구주로 믿고 있는 믿음의 사람들은 더더욱 영의 치열한 싸움을 하면서 살아갑니다. 그리스도예수의 생명을 알기 전까지는 모두 죄의 애굽세상에 빠져 하나같이 노예의 참담한 모습으로 착취당하며 힘겹게 살았던 영혼들이었습니다. 그런 사람들이 어린양 예수그리스도의 유월절의 희생과 은혜로 말미암아 죄라는 세상에서 벗어나 천국을 향해 가는 영광의 출애굽을 하게 되었고 자유로운 영혼의 기쁨을 체험하게 되었던 것입니다. 죄의 세상을 상징하는 애굽 세상과 사탄을 상징하는 바로 왕의 지배를 받으며 참담한 노예의 삶으로 무지막지하게 짓밟히며 살았던 이스라엘 백성들은 하나님의 은혜로 택하신 믿음의 종 모세의 영도를 따라 영광의 출애굽을 할 때, 노예의 삶에서 해방되었다는 기쁨과 감격으로 앞에서는 선창을 하고 뒤에서는 후창을 하며 모두가 기쁘게 노래를 부르며 소

고를 치고 춤을 추며 즐거워했습니다.

노예의 땅에서 시작한 영광의 출애굽은 이스라엘 백성들에게 영원한 자유와 해방과 천국이라는 새로운 생명의 나라를 향해 갈 수 있는 특권을 하나님은 조건 없이 영혼들에게 베풀어 주셨습니다. 그렇게 이스라엘 백성은 하나님의 부르심을 받은 종, 모세의 영도를 따라 하나님이 약속하신 젖과 꿀이 흐르는 가나안 땅을 향해 담대하게 직진하는 믿음의 항해, 구원의 항해를 시작할 수 있었습니다.

이 글을 쓰고 있는 필자 역시 마찬가지였습니다…. 나 역시 천국천성을 향해가는 출애굽을 할 때 당시의 모습은 가분수처럼 커다란 머리와 뚱뚱한 죄 성의 몸집을 소유하고 있었습니다. 그동안 육신의 죄 성을 교활하게 부추기며 조종하고 있었던 어둠의 영들과 악한 나의 자아를 붙들고 역사하는 육신마귀가 내 안에 버젓이 함께 공존하고 있었다는 실체를 알고 난 후, 나는 경악했습니다. 이제껏 내가 소중히 여겨왔고 열심히 쌓아왔던 현실의 것들까지도 가차 없이 한순간에 와르르 무너져버리는 강한 충격을 받지 않을 수 없었습니다. 내가 아무리 세상에서 열심을 쏟아붓고 힘들게 일해서 겨우겨우 만족할만한 성공을 쌓아 올려 성취했다고 할지라도 영적인 편에서 바라볼 때 그것들은 결국 아무것도 아니었다는 것입니다. 그것들은 곧 허망하게 허물어지고 거센 파도에 밀려 사라지는 해변가의 모래탑 같은 것에 불과했다는 것입니다.

나의 삶은 그랬습니다…. 순간 기쁘고 좋은 일이 생기면 거기에 뒤처질세라 곧바로 나쁜 일이 닥치는 그래서 한순간도 마음 편하게 행복을 구가할 수 없었던 바로 그런 상태에 항상 직면해 있었습니다. 당연히 마음의 참된 기쁨과 질 좋은 성취감을 느낄 수 없었기에 나는 매번 행복하지 않다는 혼자만의 쓸쓸한 단정을 조용히 마음속으로 내리고는 했습니다. 그 이유는 내 안에 들어 있는 본질적 죄 성이 나의 행복을 만족스럽게 여기지 않고 거부하며 불평불만을 품도록 몰아가고 있었고 내 생각과 마음을 지배하며 항상 부정적으로, 자조적으로, 조종하고 있었기 때문입니다. 나는 혼란스러운 고통의 시기를 한참을 보내고 난 후에야 그러한 진리를 겨우 깨달을 수 있게 되었던 순간이 있었습니다. 나는 나도 모르는 영적 싸움을, 죄와의 싸움을, 육신과의 싸움을, 어둠의 주관자들과 권세자들과의 전쟁을, 그런 식으로 힘들게 하고 있었던 것입니다.

나 역시 본질적으로는 죄의 지배를 받고 있던 죄인이었습니다. 그러므로 하나님의 명령의 말씀을 거부하고 불순종했던 태초의 아담이었고 이브였던 것입니다. 불순종의 죄 성은 인간이 느낄 수 있는 순수한 본질적 행복과 감성의 기쁨과 평강의 마음을 사정없이 파괴하는 것에 있어 기성 프로들이었습니다. 인간을 부정적인 생각과 파괴적인 행동으로 자꾸만 몰아만 가고 있었기 때문입니다. 자신의 삶에 만족을 느끼지 못하게 하고 비관하게 하고 따라서 자조적 절망과 과대망상적 피해 의식과 감사하지 못하는 불평불만과 반항 의식을 조성시키고 있었습니다. 나는 마음의 기쁨과 행복을 느끼지 못하는 삶을 살아가고 있었습니다. 나의 행복과 기쁨이라는 것은 타인이 나를 바라보고 그렇다는 것을 인정해주고 박수를 쳐줄 때만 겨우 느낄 수 있었던 자아의 도취감뿐이었습니다. 그러다가 혼자가 되면 기쁨의 순간은 급격히 가라앉아 침체되어 갔습니다. 나는 내면의 질적인 기쁨과 행복을 느끼기보다는 타인들이 나를 바라보아 주고 인정해주는 것에서 기쁨과 만족을 느끼고 있었다는 것입니다. 그래서인지 실제 나의 삶은 언제라도 쉽게 산산조각으로 부서질 수 있는 투명한 유리

인형처럼 항상 불안한 삶을 살아가고 있었으며 마음에는 평강도 없고 안식도 없는 마치 알갱이라는 소중한 생명이 빠져나가 버린 빈 껍질의 삶을 살아가고 있었던 것입니다.

하나님을 부정하며 세상을 살아가는 무신론자들은 눈에 보이지 않는 영물이라는 영적 실체가 영의 세상이라는 곳에 실제로 존재하고 있으며 인간의 생각과 육신과 내면과 현실과 환경과 사랑하는 가족과 개인의 건강까지 간섭하고 조종하고 파괴하고 있었다는 사실을 도저히 생각할 수도 없을 테고 받아들일 수도 없을 것입니다. 악한 죄의 실체들이 인간의 생각과 정신과 마음과 건강과 환경 전체까지 침투해 들어와 조종하고 있다는 사실을 모르는 채, 사람들은 아무리 애를 써도 성공과는 거리가 먼 자신들의 인생을 원망하고 한탄하고 고통스럽게 살아가는 사람들이 대부분이었습니다. 그런데도 눈에 보이지 않는 영의 세상쯤이야 우습게 생각했고 자신들의 현실과 삶과는 아무런 상관이 없으며 무엇이 어떻게 되든, 상관하지 않은 채, 무시했습니다. 그들은 죄를 붙들고 역사하는 무서운 영물들의 저주와 파괴력을 모르고 있었기 때문입니다.

인간의 관심은 오직 한순간의 멋진 육신의 삶을 위하고 한순간의 목숨만 건강하게 유지하면서 육신이 행복할 만큼 만족하게 쓸 수 있는 거액의 물질을 쟁취해서 한평생 멋지고 사치스럽게 잘살아 보겠다는 것으로, 이것이야말로 인생의 최고의 가치이자 목표라고 단정 짓고 있었습니다. 그런 삶이야말로 최상의 행복한 삶이라고 그동안 부모 형제로부터 끊임없이 들어왔고 공동체와 사회로부터 포괄적 답습이 되어 왔기 때문입니다. 나 역시도 그들과 똑같은 방식과 생각과 패턴을 우선시하며 세상을 살았었습니다. 나는 좋은 환경과 현실에서 물질을 걱정하지 않는 마음의 평안과 행복을 누리는 안락한 인생을 살아가고 있었습니다.

비록 세상의 대부호들처럼 쓸데없이 화려하고 이유 없이 낭비하고 이것 저것 값비싼 것으로 사치스럽게 차고 넘치는 생을 구가하지 않았어도, 이 정도면 충분히 풍족한 삶을 누리고 있다고 나름대로 나의 삶에 스스로 만족감을 부여하며 살아가고 있었지만, 그러나 진짜 나는…, 진짜 내면의 나는…, 행복하지 않았고 영혼의 평화, 마음의 잔잔한 안식을 누리지도 못하고 있었습니다. 내 안에는 나도 모르는 어둠의 그림자가 함께 하고 있었고 어둠의 그림자는 내가 가는 곳곳마다 나를 따라다니면서 사사건 건 내 일에 간섭하고 일거수일투족을 주시하며 개입하고 있었습니다. 그 것들은 나의 영혼을 파괴하고자 했던 저주와 멸망의 영이었다고 한참 후 에 가서야 성령 안에서 영의 눈을 뜨고, 그리스도예수의 구속의 은혜를 온전히 내 것으로 영접하고 난 후에서야 비로소 알게 되었던 사실이었습 니다. 멸망의 영들은 오직 나의 영혼을 파괴하는 것에만 관심이 있었고, 아니 모든 인간의 영혼에만 관심이 있었다는 것입니다.

세상과 인간사를 붙들고 멸망으로 끌고 가는 무수히 많은 육신의 죄 성들이 인간의 생각과 정신이라는 무한정의 정신 속 통로를 통해 불결한 쓰나미처럼 거대하게 밀려오는 것을 생각 없이 무턱대고 받아먹었던 것은 실상은 진짜 내가 아니었습니다. 내 육신 속에 자리 잡고 있는 원죄의 주 인인 아담이라는 불순종의 죄 성과 타락한 육신의 정욕이었습니다. 내가 아담의 죄 성을 힘입고 알게 모르게 무수한 죄를 지었던 자범죄의 결과로 말미암아 나의 육신이 직접 어둠의 영들과 함께 공조해서 맺었던 죄의 불 결한 열매들이기도 했습니다. 그 죄 성은 구속의 주 되시는 예수께서 말 씀하셨던 것처럼 거짓의 아비이자 최초의 살인자였던 사탄이 먼저 아담과 이브에게 미혹의 영으로, 거짓의 영으로, 탐욕의 영으로, 주입했던 멸망의 것이었습니다.

아담의 죄 성은 이미 내 안에도 원초적으로 깊이 물들어 있었던 것입니다. 그러므로 죄 성은 타락한 아담과 이브의 것만이 아닌, 바로 나의 것이기도 했습니다. 인간은 origin sin, 아담의 본성적 죄 성을 통해 생각과 행동으로 수많은 actual sin, 자범 죄를 죄의식도 없이 물을 마시듯 따라 짓고 있었습니다. 선천적으로 악한 사람들도 죄를 짓고 있었고 선천적으로 선한 사람들도 죄를 짓고 있었습니다. 선하다고 해서 죄를 짓지 않는 것은 아닙니다. 선하다고 자부하는 사람들이 실제 영적으로는 더 악하다는 사실을 알 수 있었습니다. 자신은 선하다는 교만함에 본인 스스로 만족하며 빠져 있기 때문입니다. 선의 행함도 하나님의 근본적 신성으로부터 비롯되어야 만이 참된 선함으로 하나님께 인정받을 수 있는 것입니다. 그래서 인간은 죄를 지을 수밖에 없는 멸망의 존재들이고 멸망을 받을 수밖에 없는 존재들이라는 것입니다.

사탄의 지배를 받는 사람들은 저주와 멸망의 타락한 성질들을 아무런 저항도 없이 그대로 받아먹고 있었습니다. 그것들이 조종하는 대로 죄 성들의 아바타처럼 무턱대고 움직이고 있었습니다. 그 결과 나를 비롯한 사람들은 머리만 가분수로 비대하게 커지는 죄의 비정상의 몸을 하고 있는 영적 불구자의 모습으로 나타나고 있었던 것입니다. 죄가 내 육신의 주인이 되는 참담한 삶이야말로 저주였고 멸망이었습니다. 그러나 그리스도 예수께 구속의 생명을 받은 믿음의 사람들은 그러한 참 진리를 성령의 빛의 가르침을 통해 잘 알고 있지만, 세상 불신자들과 다른 종교의 영, 우상의 영, 귀신의 영을 소유한 사람들은 결코 알 수 없다는 것입니다. 공중의 세상은 항상 파괴적 능력으로 역사하고 무한한 괴력의 힘을 발휘하며 하나님의 천국적 진리를, 그리스도예수의 구속의 생명을 차단하고 있었기 때문입니다.

그렇기에 하나님의 아들이신 예수그리스도의 신권을 거부하는 것입니다. 그들에게는 그리스도예수의 생명으로 살리시는 구속의 영이 아닌, 성령의 거룩하신 인도하심의 영이 아닌, 사탄의 불순종의 영이, 타락의 영이, 거짓의 영이, 멸망의 영이 흐르고 있기 때문입니다. 그것들은 인간의 육신에 조용히 들러붙어 숨죽이며 숨어 있다가 기회를 포착하기만 하면 죄 성의 아불루온의 불화살들을 영혼들을 향해 가차 없이 쏘아대곤 했습니다. 인간이 그것들을 받아먹고 죄를 짓도록 미혹하며 충동질을 가하고 있었습니다. 인간이 그것들을 저항 없이 받아먹고 행동할 때마다 인간은 자신들도 모르게 점점 내면에 똬리를 틀고 앉아 있는 inner monster, 괴물처럼 흉측한 악마의 형상을 닮아가고 있었습니다. 바로 그 죄 성의 실체가 인간의 삶은 물론이고 생각과 마음과 육신을 모두 삼켜버린 채, 좌지우지하고 있었다는 사실을 알게 된 나는 경악하지 않을 수 없었습니다.

그것들의 실체와 정체를 알고 난 후, 나는 비장한 결단을 내리지 않을 수 없었습니다. 내 육신은 내 안에 도사리고 있는 악한 죄의 영향을 받아 점점 더 강성해지고 있었습니다. 반대로 내가 지켜야만 하는 내 영혼의 소중한 생명은 내 강성한 육신 안에서 점점 힘을 잃고 쇠약해져 갔으며 생기를 잃은 채, 죽어가고 있었습니다. 나는 내 강성한 육신과 싸워야 했습니다…! 내 안에 거머리처럼 들러붙어 나의 영혼의 생명을 흡혈하고 지배하며 마음대로 나를 조종하면서 죄 성의 노예로 삼아 저주와 멸망의 끝자락으로 끌고 가고자 하는 악한 실체들을 알게 된 이상, 나는 그것들을 향해 전쟁을 선포하지 않을 수 없었습니다.

더 이상의 지체도, 방관도, 있을 수 없었습니다…! 나는 소중한 내 영혼의 생명을 지켜야 했고 죄 성에 지배를 당하도록 그냥 내버려 둔 채, 저주 속에 멸망 당하게 할 수 없었습니다. 나는 내 육신을 관장하는 생명의 주인이었고 내 소중한 영혼의 생명은 내 육신 안에 존재하고 있었기에 내 영혼의 생명을 반드시 내가 지켜내야만 했습니다. 그런데 실상은 내 육신의 생명도, 내 영혼의 생명도, 내 것이 아니었다는 진실을 어느 날 알게 되었고 진짜 주인은 바로 내 영혼의 생명의 주인이신 구속의 주님, 그리스도예수께 속해 있었다는 것입니다. 내 육신의 생명과 내 영혼의 생명은 오직 주님께만 속해 있었고 오직 주님만이 관장하실 수 있었습니다. 다만 내가 할 수 있는 것은 내 육신이 추악한 죄에 물들지 않도록, 죄를 허락하지 않도록, 죄에 지배받지 않도록, 죄와 싸우면서 동시에 내 육신과 영혼을 거룩하게 지키고 소중하게 보살피는 거룩한 믿음의 능력을 주 예수그리스도 안에서 건강하게 준비하는 것이었습니다.

나는 악한 자아를 향해 무수히 꾸짖고 채찍질하며 기도했습니다. 그리고 나보다도 더 나의 생명을 귀하게 여기시고 사랑하시는 분을 향해 절절한 마음으로 SOS 구조를 요청했습니다. 통치자들과 권세자들과 어둠의 세상 주관자들과 공중을 붙들고 역사하는 악한 영들은 사악한 능력을 행사하는 영물들이었습니다. 모든 점에서 연약하고 무지한 내가 혼자 싸울 수 있는 세력들이 결코 아니었습니다. 그 세력들은 언제라도 내 생각과 육신을 파고들며 공격할 수 있었고 나의 환경을 집요하게 방해하면서 산산조각으로 파괴할 수 있는 원흉이자 파괴자의 파워를 소유하고 있었기 때문입니다. 그러므로 나는 그것들을 그리스도예수의 권세의 이름으로 반드시 물리치고 파쇄시켜야만 했던 것입니다.

나는 저주의 십자가에서 모든 핍박과 고통과 비난과 수난을 감수하시고 피와 물을 다 쏟고 장렬하게 희생하신 구원의 주이신 주님의 도우심을 간절히 요청했습니다. 그리고 나는 치열한 영적 전쟁터를 향해 과감히 뛰어 들어갔습니다. 십자가의 주님이, 긍휼의 주님이, 나를 도우시고 지켜주실 것이라는 무조건적 믿음을 가지고 있었습니다. 그러나 그랬음에도 불구하고 영적 전쟁터에서 항상 승리만 있었던 것은 아닙니다. 영적 전쟁터에서의 나는 힘겨워했고 지쳐있었습니다. 영적으로, 심리적으로, 환경적으로, 모든 것들이 총체적으로 복합되고 합세해서 공격해오고 있는 살벌한 전쟁터였기에 나는 그 전쟁터에서 고뇌하고 근심하면서 힘들게 싸웠고, 그러므로 많이 지쳐 있었고, 그러다가 안일한 게으름을 피우기도 했습니다. 나는 나와의 싸움인 육신과의 전쟁에서 가끔은 승리하기도 했고 가끔은 지기도 했다고 정직하게 이 지면에 대고 고백합니다.

아니, 사실은 지는 날이 더 많았다고 고백합니다…. 죄 성을 벗 삼고 있었던 육신은 그만큼 강성하기만 했습니다. 육신의 미혹을 이기지 못해 영적 싸움에서 패배하고 말았다는 비참한 자책이 들 때는 후회하고 억울해하며 분통을 터트리기도 했습니다. 사악한 영물들이 지배하고 있는 영적 전쟁터에서의 흑암의 영역은 형용할 수 없을 만큼 광대했고 광활하기만 했습니다. 그런 광활한 세상에서 어둠 속에 꼭꼭 숨어 있어 언제 어느 때, 공격해올지 모르는 사악한 정체들을 발견해야 했고, 나는 그것들과 쉴 새 없는 전쟁을 치러야 했습니다. 그것들은 평강의 순간에 젖어 행복을 취하고 있는 나를 향해서 사정없는 바알세불의 불화살을 쏘아대고는 했습니다. 평강의 시간을 누리고 있으면서도 문득문득, 순간순간, 마음에 불안과 두려움이라는 원수가 나를 공격해오고 있었기 때문입니다.

　그러나 끈질긴 전쟁은 그때뿐만이 아닌, 지금 글을 쓰고 있는 이 순간까지도 변함없이 지속해 오고 있습니다. 아니, 이 땅에서 생명의 숨을 쉬고 살아가는 한, 영적 싸움은 끊임없이 지속되어 갈 것입니다. 믿는 자들에게 그 전쟁은 피할 수 없는 전쟁입니다. 지금도 나는 어떤 전쟁에서는 이기기도 해서 승리와 환희로 가득 찬 기쁨을 맛보기도 하지만, 또 어떤 전쟁에서는 나의 무지와 자아로 인해 억울하게 패배하기도 하는 참담한 분노와 한탄과 후회의 쓴맛을 철저히 맛보기도 하는 것입니다. 그럴지라도 내가 전쟁에서 승리하든지 패배하든지, 내가 전쟁을 원하든지 원치 않든지, 지상에서의 영물들과의 영적 전쟁은 내 영혼의 마지막 때가 닥칠 때까지 현재 진행형으로 continue on going, 끊임없이 지속되어 간다는 것은 변함없는 사실이자 진리가 될 것입니다.

　그러나 믿음의 사람들이 전쟁에 졌다고 해서 꼭 나쁜 것만은 아니었습니다. 비록 졌다고 할지라도 다시 일어나 변함없는 영적 전쟁을 또다시 치를 것이기 때문입니다. 그러면서 영적 전쟁에서 승리할 수 있는 용장과 같은 비결을 얻을 것이고 영적 싸움에서 어떻게 싸워야 승리할 수 있는지 know how, 노하우를 배워나가는 좋은 경험과 실제적 실력을 쌓을 수 있다는 것입니다. 영적 싸움에서의 수많은 체험과 경험을 통해 하나님은 내게 산 지혜를 깨닫는 명철함과 강건한 심령과 담대한 용기를 선물해주셨습니다. 만약 내게 주님 주신 강건함과 담대한 용기가 없었다면 신앙의 글 또한 쓸 수 없었을 것입니다. 신앙의 글은 많은 영의 능력이 필요합니다. 성령께서 베풀어주시는 산 지혜들과 영의 간증을 은혜롭게 밝히는 통로이기 때문입니다.

그러나 신앙의 글을 쓰고자 컴퓨터 앞에 앉을 때마다 원수들은 내 생각과 마음에 대고 사정없이 공격해오고 있었습니다. "헤이, 지금 네가 쓰고자 하는 글들은 너의 고집과 의지와 집념으로 쓰는 글이지 사실 너의 글은 아무도 읽어주는 사람들이 없을 거야. 너의 글은 훌륭하신 분들의 글들과 비교해서 형편없고 정말 아무것도 아니야. 그러니 지금 당장이라도 신앙의 글을 쓰는 것을 멈춰, 창피를 당하고 싶지 않으면 말이야." 흠…. 뭐 그렇다고 할지라도 나는 신앙의 글을 쓸 것이고 지금도 쓰고 있고 앞으로도 계속 쓸 것입니다. 그러므로 명성 있는 분들은 훌륭한 글, 영성의 글을 쓰면 될 것이고 나는 부족한 대로 나만의 색깔을 담고 있고 입히고 있는 신앙의 글을 쓰면 되는 것입니다. 신앙의 책을 출간하는 일도 마찬가지입니다. 명성 있는 사람들의 책은 이름 있는 출판사가 대대적 기획상품으로 만들어 책을 출간할 것이기에 쉽게 출간할 수 있을 테고 많은 이익도 창출할 수 있을 것입니다. 그러나 질그릇과 같은 위치에 있는 사람들의 글은 개인 스스로가 모든 것을 알아서 책을 출간해야 하기에 힘이 드는 것입니다. 그래도 괜찮습니다. 어떤 방식으로든지 신앙의 책을 출간할 수만 있다면 말입니다.

　사실 죄와의 싸움에서 많은 죄의 원리를 배울 수 있었고. 나쁜 실패에서도 배울 점은 얼마든지 많았다는 것입니다. 나쁜 것을 깨닫고 각자의 생에서 나쁜 것을 과감히 버리는 결단을 행동으로 옮기면 좋은 점을 배울 수 있고 좋은 것을 풍성히 얻어 갈 수 있으며 거룩함의 믿음과 능력을 자신의 내면 안에 굳건하게 쌓을 수 있게 되는 것입니다. 거룩함의 믿음과 능력은 하늘에서부터 내려오는 하나님의 신령한 영권이자 능력입니다. 믿음의 거룩한 능력과 영권은 가지고 싶다고 해서 쉽게 얻을 수 없습니다. 하나님은 영권과 능력을 무지하고 어리석었던 내게 더도 말고 덜도 말고 딱 어울릴 만큼만 적절하게 베풀어 주셨다고 믿고 있습니다. 하나님은 능력을 받을 수 있는 사람들에게는 많이 베풀어 주시기도 하지만, 능력을 받을 수 없는 보잘것없는 사람들에게는 적절하게 베풀어 주시기도 하는 것입니다. 그 이유는 넘치게 베풀어 주셔도 받은 사람이 그것을 능력있게 활용하지 못하면 무익한 낭비가 되고 말 것이기 때문입니다. 그래서 집안에는 귀하게 쓰임을 받는 금 그릇도 있고 은그릇도 있지만, 함부로 사용할 수 있는 투박하고 천박한 나무 그릇, 질그릇도 있는 것입니다.

태초에 아담은 하나님이 먹지 말라고 극구 명령하신 선악과를 사탄의 유혹을 이기지 못하고 따 먹음으로 선악을 알게 되는 눈을 뜨고 말았습니다. 선악과를 먹기 전에 아담은 하나님의 본질적 성품인 선한 영만 소유하고 있었고 악이 무엇인지 그 근본조차 알지 못했습니다. 그러나 아담이 선악과를 먹고 나자, 선이라는 하나님의 본질 안에는 악이라는 사탄의 불순종 죄라는 본성이 침범하고 말았습니다. 그 후, 인간은 선이라는 축복과 악이라는 저주의 갈림길 위에 놓여 있는 저주의 생을 살아가게 되었고, 염려와 근심과 수고함의 고통과 불안과 함께 반드시 죽음을 맛보아야 하는 공포의 순간을 맞이하게 되었던 것입니다.

사실 하나님은 첫 사람이었던 아담을 완벽한 천국인의 모습으로 창조하셨습니다. 그리고 아담을 향해 생육하고 번성하고 땅을 정복하고 다스리라는 축복과 권세를 허락해 주셨습니다. 그러나 아담은 불순종의 죄를 하나님 목전에 지음으로 하나님의 명령을 거역하고 말았으며, 그 후부터 인간은 죄로 죽을 수밖에 없는 불안전한 존재로 남아 있게 되고 살아가게 되었던 것입니다. 불순종한 인간은 저주와 멸망으로 죽어갈 수밖에 없는 존재들이기에, 마지막 살리시는 아담의 영으로 이 땅에 오신 임마누엘 하나님 바로 그분이 죽어가는 영혼들을 다시 살리시고 온전케 하시는 구속의 주, 완전한 구원의 주가 되어서 영혼들을 천국의 나라로 인도하시는 축복의 통로, 구속의 통로, 휘장의 통로가 되어 주셨던 것입니다. 그러므로 각 사람의 인생이 어떤 삶을 살아왔든지 생명주시고 새 부활의 영을 베풀어 주시는 그리스도예수께서 함께만 하신다면 영혼들은 매일의 삶을 승리하는 쾌거를 부르며 생명의 숨이 다하는 그 날까지 평화를 누리고 감사하며 살아가는 천국 영혼들이 되는 것입니다. 그것을 나는 믿음의 눈으로 확신하며 선포합니다…!

인간의 생명은 유한이라는 육신 가운데 갇혀 있다가 죽으면 추악한 냄새를 풍기면서 썩는 허망한 존재들에 지나지 않습니다. 만약 아담이 하나님의 명령하심에 순종하고 동산 중앙에 있는 선악과를 먹지만 않았다면 인간은 지금도 에덴이라는 태초의 아름다운 paradise, 천국동산에서 선의 본질 되시고 생명의 본체 되시는 하나님과 더불어 영원한 영생의 삶을 어제도, 오늘도, 내일도, 세세토록 누리면서 살아가게 되었을 것입니다. 그러므로 아담의 불순종은 피조물인 세상은 물론이고 온 인류에게 타락과 부패와 불순종이라는 죄의 유산을 물려주었고 죄는 저주와 멸망이라는 영원한 사망, 유황불의 지옥 불못을 인간에게 선물해주었던 것입니다.

선과 악은 상대적이라는 상관과 원리적 관계를 지니고 있습니다. 나쁜 것의 존재가 있기에 좋은 것이 한층 더 눈 부신 빛을 발하는 것입니다. 세상에는 빛과 어둠이 존재하는 것처럼 선한 것과 악한 것이 일관적으로 존재하고 있으며 거룩함과 추악함도 동일하게 존재하고 있으며 생명과 사망도 동일하게 존재하고 있습니다. 그러므로 이 땅에서 숨을 쉬며 살아가는 영혼들은 싫든지 좋든지 그것들을 동시에 끌어안고 살아갈 수밖에 없는 것입니다. 그러나 생을 살아가면서 무엇을 선택했느냐에 따라 마지막 날에 인생들의 모습도, 영혼들의 모습도, 선명하게 갈라지게 될 것입니다. 그렇게 영혼의 때까지 각자만의 소중한 영혼들을 가꾸고 보살피고 지켜야 하는 선악 간의 영적 전쟁을 인간은 쉴 새 없이 치러나가야 하는 것입니다. 그 결과 영적 전쟁에서 눈부시게 승리하는 영혼들이 존재할 것이고 처참하게 패배하는 영혼들도 존재할 것입니다. 선악 간의 전쟁은 영혼들의 생명을 아주 냉정하고 극명하게 갈라놓고 말 것입니다. 그것의 근본적 본질이 완전히 다르기 때문입니다. 하나는 생명이고 또 하나는 사망이기 때문입니다.

선을 쌓는 사람들은 내면과 영혼에 아름다운 선의 집을 강건하게 지어나갈 것입니다. 악을 쌓는 사람들은 내면과 영혼에 흉측한 악의 집을 강성하게 지어나갈 것입니다. 인간이 선이라는 진리에 힘을 실어주면 선은 강건한 힘을 받고 아름다운 생명의 열매를 맺을 것이지만, 인간이 악이라는 죄에 힘을 실어주면 악은 강성한 힘을 받고 죄의 열매를 수북이 맺게 될 것입니다. 나쁜 실례에서 배울 점은 다시는 악한 것들의 미혹과 술수와 계략에 넘어가지 않겠다는 굳은 결심을 매번 실패할 때마다 다짐하고 또 결단하는 용기입니다. 설령 실패한다고 해도 매번의 다짐과 결단은 필요합니다. 실패는 좌절이 아닌, 새롭게 결단하는 또 다른 기회와 원동력의 힘을 실어줄 것이기 때문입니다. 무엇이 잘못됐고 무엇 때문에 실패했는지 조용히 성찰하며 "이제 다시는 지지 않을 거야, 그럼, 어림도 없어…!"라고 매번 굳게 결단하는 힘의 능력을 키우는 것입니다. 결단할 때마다 영적 싸움의 원리와 기량과 담대함을 점진적으로 배워나가는 것입니다.

바로 그런 점을 가리켜 깨닫는다고 말하는 것입니다. 깨닫는 것은 행동으로 실행하는 것입니다. 그래서 깨닫는다는 것은 아주 귀한 것입니다. 타락하고 부패한 사탄적 존재들에게는 깨달음 자체가 있을 수 없습니다. 타락하고 부패한 존재들은 오직 악한 것만을 생각하고 악한 것들만을 도모하는 것에만 힘을 쓰는 탁월한 능력을 발휘하기 때문입니다. 거짓의 아비, 멸망의 가증한 것, 최초의 살인자였던 사탄은 근본적으로 본성과 태생이 악한 것들이라 좋고 선한 것은 아예 깨닫지 못하는 흉악한 존재들입니다. 그것들에게는 양심의 꾸짖음이란 없습니다. 양심이 새까맣게 죽어버린 마귀의 화인을 단단히 맞아버렸기 때문입니다. 그래서 사탄에게 지배를 받는 인간들에게서는 인간의 선한 양심을 찾아볼 수 없고 악한 자의 형상만을 닮아가는 이유가 바로 본질적 태생이라는 악한 원리에서 비롯된 사탄의 것을 그대로 물려받고 답습했기 때문입니다. 악한 자들은 그 무엇에도 제약받지 않고 규제받지 않습니다. 오직 죄 된 본성인 성질들과 죄의 정욕들과 멸망의 혈기를 있는 대로 부리면서 쉽게 죄를 짓고 쉽게 악을 행하는 것뿐입니다. 멸망 당하는 그것들에게는 그것이 바로 법입니다…! 악의 법이고 죄의 법입니다…! 사탄은 그런 근성과 악한 구조와 반항적 성질을 이미 창세 전부터 소유하고 있었습니다. 삼층천 거룩한 하늘에서 하나님의 영광을 질투한 나머지, 하나님이 받으시는 세상의 모든 찬양과 영광을 하나님으로부터 찬탈해서 하나님보다 더 높은 자리에서 자신이 받고자 반란을 일으켰던 패악한 것들이자 전적 타락하고 전적 부패한 사탄의 본 실체이기 때문입니다.

가끔가다 우리는 인간의 선한 양심을 아예 통째로 내팽개쳐 버리고 악의 축으로 살아가는 사람들을 목격하기도 합니다. 대표적으로 북한의 김일성 삼대 세습을 물려받은 김정은 같은 사람입니다. 자신의 완전한 체제와 권력을 보장하기 위해서는 피를 나눈 형제 할 것 없이 사람의 생명을 파리 목숨 죽이듯이 잔악하게 죽여버리는 악한 짓을 서슴지 않고 행사하고 있습니다. 나이도 젊은 사람의 잔악한 심장 때문에 북한에서는 수많은 무고한 생명들이 처참하게 피를 뿌리고 희생되어 갔습니다. 김정은은 나이는 젊지만, 사탄의 잔악한 악을 심장에 소유한 사람입니다. 그러나 그의 악은 두려움으로 파생한 악이기도 합니다…. 만약 그가 보통의 사람들처럼 보통의 평범한 삶을 살아가는 사람이었다면 작은 죄는 지을 수 있어도 많은 사람을 끔찍하게 살해하는 잔인무도한 범죄는 저지르지는 않았을 것입니다. 김정은은 자신의 두려움을 해소하기 위해, 자신이 살기 위해, 역으로 사람의 생명을 가차 없이 죽이는 극악한 악을 선택한 것입니다. 그 결과 앞으로도 북한에서는 무고한 생명들이 처참한 피를 흘리며 죽어갈 것이라는 극명한 현실이 자연스럽게 상상이 되는 것입니다.

또 있습니다…. 오직 자신의 쾌감과 쾌락만을 위해 사람을 끔찍하게 죽이는 사이코패스 같은 psychopath, 잔악한 인간들도 목격합니다. 얼굴은 인간의 형상을 하고 있지만 그들의 생각과 정신과 행동은 인간이기를 거부하는 짐승들입니다. 정상적 인간이라면 도저히 행할 수 없는 잔인무도한 짓들을 아무렇지도 않게 저지르기 때문입니다. 그들의 얼굴을 보면 이미 악령에게 들씌움을 받은 지옥의 몰골을 하고 있다는 것을 알 수 있을 것입니다. 그들의 악행을 보면 가슴이 섬뜩하면서도 한편으로는 가슴이 아파져 옴을 느낍니다. 그들도 세상에 갓 태어났을 때는 연약한 아기, 사랑스러운 아기, 축복받은 아기의 모습을 하고 태어났을 것이기 때문입니다. 그러나 사랑스러웠던 갓난아기는 후에 사람을 잔악하게 살해하고 파괴하는 사이코패스 살인자가 되는 것입니다.

하나님을 사랑한다는 기독교와 교회 안에서도 악한 자들이 무수히 많다는 것을 볼 수 있습니다. 그리스도인이라고 자칭하는 사람들 가운데서 사람들을 헛된 희망으로 속이고 이용하고 악용하는 악한 자들이 들끓고 있다는 것을 뉴스를 통해 목격합니다. 불법을 행하는 자들은 아예 드러 내 놓고 멀쩡한 사람들을 거짓으로 속이면서 그들의 삶과 물질을 통째로 갈취하면서 파괴하고 있었습니다. 그들은 하나님이 허락하신 선한 양심 을 깔끔하게 사탄에게 팔아 넘겨버린 악한 자들입니다. 그런 자들이 이 땅은 물론이고 온 세상에서 판을 치고 있습니다. 모습은 모두 그럴듯한 양의 탈을 쓰고 있고 광명한 천사의 모습을 하고 있지만, 가면 속은 언제 라도 날카로운 이빨을 드러내며 단숨에 물어뜯고 약탈하는 무서운 이리 떼들입니다. 그런 자들을 향해 이천 년 전, 주님은 불법을 행하는 불법자 들과 지옥자식들이라고 무섭게 야단치셨고 질책하셨습니다.

뱀들아 독사의 새끼들아
너희가 어떻게 지옥의 판결을 피하겠느냐- 〈마 23:33〉

영물인 마귀와의 영적 전쟁은 그야말로 피를 튀기는 살벌한 전쟁터 그 자체입니다. 악한 것들의 실체는 영적 전쟁터가 있다는 산 진리를 이 땅 의 영혼들이 영원히 알지 못하게 하고, 영원히 깨닫지 못하게 하고, 영원 히 바라보지 못하도록 눈과 귀와 마음을 철저하게 가두어 버린 채, 오직 세상의 것과 정욕의 것과 육신의 것만 바라보라고 달콤한 말로 미혹하고 있습니다. 반대로 영혼들의 생명되시는 주님은 이 땅을 살아가는 모든 영 혼이 죄를 붙들고 미혹하는 사탄이라는 극악한 영적 존재가 있다는 것을 지금 이 순간에도 끊임없이 가르쳐 주고 계십니다. 한시라도 빨리 죄에서 벗어나 하나님 앞에 죄를 각성하고 회개하도록 깨닫게 해주십니다. 육의 눈에는 보이지 않지만, 실체적 어둠의 영들과 멸망적 존재들인 영물들이 강성한 능력으로 영혼들의 삶을 지배하고 있으며 영혼들을 저주와 멸망의 세상으로 끌고 가고 있다는 것을 영의 눈을 뜨고 바라보고 깨닫기를 하나님은 간절히 바라시는 것입니다. 영적 세상에서 일어나고 있는 마귀와의 잔혹한 전쟁을 믿음의 영혼들이 바로 알고 깨달을 때, 영혼들 또한 각자에게 주어진 생명과 삶을 소중히 여기고 각별히 보살피고 가꾸면서 영혼의 때인 마지막 때까지 거룩하게 지켜나갈 수 있게 되는 것입니다.

그러나 그 어떤 전쟁이든 항상 영혼들과 함께하시고, 항상 영혼들에게 힘을 실어주시고, 나약한 영혼들을 위해 항상 함께 싸워주셨던 숭고하고 거룩하신 분이 계셨습니다. 그분이 바로 모든 영혼의 생명되시는 구원의 주, 임마누엘 하나님, 예수그리스도이십니다. 이제까지 치러왔던 무수한 영적 전쟁은 주님이 나와 함께 치러주셨기 때문에 가능할 수 있었습니다. 주님이 함께하시지 않았다면 오늘날의 나의 모습은 감히 상상도 하지 못했을 것입니다. 만약 주님이 나와 함께 하시지 않았다면, 나를 보살펴 주시지 않았다면, 나를 인도하시지 않았다면, 여전히 나는 세상 속에 치이고 갇혀 육신의 불안과 마음의 근심과 영혼의 두려움과 행복하지 못한 쓸쓸하고 허망한 삶을 살아가고 있었을 것이 뻔하기 때문입니다. 때때로 인간은 강한 것처럼 괜히 잘난 척하고 허세를 떵떵 부리기도 하지만, 그러나 한없이 나약하고 불안전한 존재들이기만 합니다. 그래서 쉽게 미혹당하고, 쉽게 절망하고, 쉽게 무너질 수밖에 없는 것입니다. 그리스도예수의 부활과 생명이 아니면 영혼들은 패배할 수밖에 없는 나약한 존재들에 지나지 않는다는 것은 변하지 않는 확고부동한 진리입니다.

끔찍한 가분수였던 내가 영혼의 생명을 되찾고 오늘의 나로 살아갈 수 있었던 것도 생명의 주님이 항상 나와 함께 해주신 은혜와 긍휼과 사랑의 결과였습니다. 한없이 무지하고 어리석고 교만했고 허약하기 짝이 없었던 나를 강건한 믿음 가운데 살아가도록 힘과 용기를 베풀어 주신 성 삼위일체 하나님을 찬양합니다…! 무력한 나를 영적 깨달음과 생명적 진리 가운데로 인도하시고 나를 위해 싸워주시고 나를 가르쳐주시고 나를 깨닫게 해주신 주님을 온 마음을 다해 사랑한다고 고백합니다…! 항상 연약했고 미혹으로 흔들리기 쉽고 넘어지기 일쑤였던 내게 하늘의 능력을 허락하시고 거룩한 인격과 내면의 아름다운 성품으로 변화시켜주신 나의 주님을 영원토록 경외하고 찬양합니다…! 혹 이 글을 읽는 분들이 계신다면 자신의 나약함을 바라보며 절망하지 말고 악한 영들과의 싸움에서 승리케 하시는 주님의 거룩한 십자가의 생명과 구속의 은혜를 바라보시기를 간절히 바라는 마음입니다. 하나님께서 기뻐하시고 상주시는 믿음으로 눈부신 승리를 삶 가운데서 이루시기를 기도하며 축복합니다.

너희는 믿음을 굳건하게 하여 그를 대적하라
이는 세상에 있는 너희 형제들도
동일한 고난을 당한 줄을 앎이라-
모든 은혜의 하나님 곧 그리스도 안에서 너희를 부르사
자기의 영원한 영광에 들어가게 하신 이가
잠깐 고난을 당한 너희를 친히 온전하게 하시며
굳건하게 하시며 견고하게 하시리라- 〈벧전 5:9-10〉

영광의 왕이신 예수그리스도

빛이 나의 영혼을 눈부신 빛으로 비춘다.
살리는 빛이 나의 심령을 생명의 빛으로 비춘다.

그동안 나는 얼마나 완악하고 교만한 자였던가-
그동안 나는 얼마나 불결하고 불충한 존재였던가-

오 주님…! 주님의 은혜를 내게도 베풀어 주시옵소서…!
오 주님…! 주님의 구원을 내게도 허락하여 주시옵소서…!

영존하시는 하나님의 전능을 경외하고
하나님의 공의를 두려워하는 영혼들이여-

영광의 하나님께서 무지한 영혼들을 위해
사랑으로 행하신 그 놀라운 일들을 보라-

숭고하신 분의 생명을 충만하게 받으라고-
거룩하신 분의 보혈을 흠뻑 받아 마시라고-

주님의 찬란한 하늘보좌 영광 안에서
영광의 주님과 더불어 영원토록 살아가라고-

내 영혼의 거룩함

육신의 완악한 생각에 잡혀 세상을 살아가는 사람들은 예수님이 하나님이라는 증거를 보여달라고 조롱하듯이 기막힌 요구를 하기도 합니다. 예수님이 하나님이라는 증거를 자기들의 눈앞에 선명하게 보여만 준다면 군말 없이 당장에 자기들도 하나님을 믿겠다는 것입니다. 그러면서 덧붙이는 말이 꼭 있습니다. 살아있다는 증거를 보여주지도 못하면서 눈에 보이지도 않는 하나님과 예수님을 믿으라고 강요만 하는 당신들의 주장 그 자체가 어리석고 무지한 자들의 발상이라고 도리어 복음을 전하는 전도자들을 향해 혀를 차는 것입니다. 세상 사람들은 절의 거대한 금붙이 불상과 같은, 신당에 차려져 있는 울긋불긋한 우상들처럼, 성당 입구에 세워져 있는 성모 마리아와 같은, 육신의 눈에 보이는 것만을 믿겠다는 교만과 아집을 부리는 것입니다.

그러나 그리스도인은 다릅니다. 그리스도인은 보이지 않는 하나님을 바라봅니다. 영의 거룩한 눈으로 살아계시는 하나님을 바라봅니다. 거룩한 영으로 하나님을 만나고 거룩한 영으로 하나님과 교제를 나누는 영혼의 기쁨과 마음의 평안과 안식을 충만하게 누립니다. 그러나 영혼의 기쁨과 평화와 안식이 무엇인지 전혀 모르는 사람들은 복음을 전하는 하나님의 사역자들을 정신 빠진 사람들이거나 혹은 머리가 어떻게 되어버린 사람들처럼 생각하면서 안됐다는 듯, 측은한 눈길로 바라보는 것입니다. 육의 눈으로 볼 수 없는 그리스도예수라는 하나님은 자기들이 추구하는 탐욕적 삶과 육신의 성공과는 아무런 유익이 되어주지 않는다고 미리부터 단정을 짓기 때문입니다. 하나님은 신화적 존재이자 허구적 존재이며 창작된 fiction, 픽션의 존재이고 다른 이방민족 나라의 삶과 애환의 스토리를 담은 역사적 존재로만 인식하기에 영으로 살아계시는 하나님을 극구 부인하는 것입니다. 그들에게는 육의 눈에 비치는 세상만이 전부라고 생각하기 때문에 전능의 하나님을 거부하는 완악함을 부리는 것입니다.

그러나 아이러니하게도 그런 사람들도 눈에 보이지 않는 미신들을 믿는 것은 물론이며 무당들의 능력도 믿고 점쟁이들의 사주도 믿습니다. 보이지 않는 귀신들의 존재도 믿고 있고 원한 맺힌 혼령들이 살고 있다는 귀신들의 세상도 믿고 있습니다. 그러나 온 우주 만물을 오직 말씀으로만 창조하시고 인간의 생명을 고귀하게 지으시고 "하이 네페쉬 하야"라는 영원한 생명을 인간의 코끝에 힘차게 불어 넣어 주신 전능의 하나님은 믿지 않겠다는 교만함과 완악함을 부리는 것입니다. 전능의 하나님을 실존하지 않는 그림자 같은 존재로 여기면서 요지경 속인 세상의 요행과 육신의 힘과 우상귀신들을 믿고 의지하며 세상을 정욕적으로 즐기면서 살아가기를 열망하는 것입니다. 그러나 신본의 하나님을 대적하는 영혼들의 교만과 무지한 독선 끝에는 영원한 저주와 멸망을 붙들고 역사하는 마귀가 그들을 집어삼키기 위해 기다리고 있다는 사실을 사람들은 한시라도 빨리 깨닫고 살리시는 그리스도예수의 생명과 영광을 붙들어야 할 것입니다.

그들은 세상에 속한 고로 세상에 속한 말을 하매
세상이 그들의 말을 듣느니라- 우리는 하나님께
속하였으니 하나님을 아는 자는 우리의 말을 듣고

그러나 어떤 영혼들은 생의 길목, 어느 순간부터 생각들이 조금씩 달라지기 시작하는 찰나의 순간에 부딪히기도 합니다. 희망과 열망을 품었던 세상과 정욕적 삶에서 서서히 지쳐가고 실망하고 좌절하면서 잊고 있었고 냉정하게 버리고 떠났던 하나님이라는 전능하신 분의 존재를 희미하게나마 기억해내는 것입니다. 그렇게 하나님이라는 분에 대해서 알고 싶고 믿고 싶고 의지하고 싶다는 영의 눈을 조금씩이나마 뜨게 되는 것입니다. 그렇게 지푸라기라도 잡고 싶은 절박한 심정으로 하나님의 살아계심을 인정하면서 어느 날부터는 있는 힘을 다해 하나님의 얼굴을 찾으면서 뜨겁게 부르짖는 것입니다. 하나님의 사랑을 간절히 찾고 뜨겁게 부르짖을 때가 영혼들의 생명이 무척이나 절박하고 위급하고 다급해지고 있다는 찰나의 순간입니다. 절박하고 갈급하지 않으면 영혼들은 여전히 하나님의 현존을 외면하고 무시한 채, 교만한 삶, 완악한 삶, 죄의 삶, 불충한 삶, 저주의 삶, 멸망의 삶, 지옥의 삶을 살아갈 것이 뻔하기 때문입니다.

영혼들을 향하시는 하나님아버지의 조건 없는 은혜와 사랑은 모든 영혼의 맏아들 되시고 하나님이셨던 성자예수님을 죄 많고 타락한 땅에 구속의 희생양으로 보내주셨다는 것만으로도 잘 나타나 있습니다. 하나님이셨던 성자예수님은 타락하고 부패한 세상에서 에스겔 골짜기의 마른 뼈들처럼 추악한 악취를 풍기며 죄와 사망으로 처참하게 죽어있었던 영혼들을 다시 살리시기 위해 새 부활의 생명으로, 구속의 하나님으로, 이 땅에 오셔서 저주와 멸망의 십자가에 달려 자신을 장엄히 희생시키셨던 것입니다. 그리고 사흘 만에 죽은 자 가운데서 부활하셨고 죄와 사망을 이기고 승리하셨습니다. 그 결과 무력한 삶을 살아가는 영혼들에게 부활의 길을 활짝 열어주셨고 믿음의 영혼들은 생명의 주이신 예수그리스도의 은혜로 하나님아버지의 은혜와 축복을 충만하게 받을 수 있는 구원의 길, 영생의 길로 들어설 수 있게 되었던 것입니다. 죄의 삯은 사망이고 하나님의 은사는 그리스도예수 안에 있는 영생이라고 사도바울은 로마서에서 확고하게 말씀하셨습니다. 그러므로 예수그리스도의 생명을 받지 않은 사람들과 죄의 삯에 붙들린 자들은 멸망 당할 수밖에 없다는 것입니다. 바로 그것이 영원히 변치 않는 확고 불변한 하나님의 진리이기도 합니다.

사람들은 죽어가는 영혼들의 생명을 부활의 새 생명으로 살리시는 예수그리스도를 각자의 구주로 믿고 마음 안에 고이 모셔야 합니다. 태초에 첫 사람이었던 아담이 지었던 불순종의 죄와 타락으로 말미암아 순식간에 하늘과 땅에 존재하는 모든 피조물은 죄악의 물로 깊이 물들 수밖에 없었습니다. 그러나 하나님아버지는 공중과 땅을 통치하는 통치자들과 사망의 권세를 쥐고 있는 사탄을 멸망시키기 위해 마지막 아담이신 숭고한 분을 세상으로 보내주셨습니다. 그리고 저주의 십자가에서 희생의 핏값으로 장엄하게 치러주셨던 분의 발 앞에 세상의 모든 신을 무릎 꿇게하셨고 모든 입으로 예수그리스도를 구원의 주라고 시인하게 하셨던 하나님아버지의 권능을 인정하며 왕권을 가지신 영광의 주님을, 빛의 주님을, 생명의 주님을, 믿음으로 믿고 순종하는 것입니다. 구속의 주님을 믿을 때, 영혼들은 죄와 사망에서 벗어나고 자유롭게 되며 영원한 생명의 나라, 거룩한 천국의 나라로 옮겨질 수 있는 신분상승과 함께 구원의 은혜를 하나님께 받을 수 있게 되었던 것입니다.

그리스도예수, 영광의 왕이신 주님은 어둠의 세상에서 죄와 마귀들의 지배와 멍에의 억눌림과 압제와 착취를 당하고 있던 영혼들을 부활의 생명으로 살리시고 제사장이라는 권위의 옷을 입혀 주셨습니다. 또한 영혼들을 각각 거룩한 나라로 칭하여 주셨고 주님이 먼저 승리로 들어가신 영광의 휘장의 길, 피의 길, 기이하고 신비한 생명의 빛 가운데로 인도해 주셨습니다. 그리고 아름다운 덕의 나라, 생명의 나라를 선포하게 하시고 온전케 하시는 주님의 사랑 안에서 주님께 소유된 백성들의 거룩한 모습으로 주님과 더불어 영원히 살아갈 수 있는 은혜를 베풀어 주셨습니다. 바로 그분이 영혼들의 생명의 주 되시고 영광의 왕이 되시는 그리스도예수, 임마누엘 구원의 하나님이셨습니다.

영혼들은 아버지의 독생자 되시는 그리스도예수의 영광을 바라보며 순종해야 합니다. 그 길만이 죄와 사망을 붙들고 있는 통치자들과 사망의 권세자와 어둠의 주관자와 공중과 세상을 통치하고 있는 악한 영들과 싸워 이길 수 있는 거룩함의 능력을 신령한 하늘로부터 받을 수 있기 때문입니다. 생명의 길, 권능의 길, 영생의 길이 그리스도예수께만 있기 때문입니다. 주님과 함께 호흡하고 동행하는 거룩한 삶을 살아가게 될 때, 비로소 육신을 붙들고 있던 세상 죄와 육신의 미혹을 담대하게 물리칠 수 있는 하늘의 영권이 믿는 자들의 심령 안으로 충만하게 주입되는 것입니다. 주님의 고귀한 보혈과 생명이 믿는 자들과 언제나 항상 함께하며 생각과 정신과 마음과 육신을 붙들고 수없이 미혹하고 공격하며 방해했던 죄와 사탄의 권세를 단호하게 꾸짖고 물리치는 눈부신 승리를 영의 세상을 향해 당당히 선포하게 되는 것입니다.

죄와 사망의 권세를 이기고 승리하신 영광의 주님은 바로 영혼들의 영광이고 부활이며 승리였습니다. 피와 물과 성령으로 거듭난 영혼들은 그리스도예수의 영광을 우러러보며 더더욱 간절한 마음으로 주님을 사랑하는 것입니다. 또한 죄와 사망의 법에서의 영혼들의 승리는 바로 주님의 승리였습니다. 하나님아버지는 이 땅의 영혼들이 영광의 왕이신 그리스도예수의 생명과 능력 안에서 승리하며 살아가기를 지금 이 순간에도 간절히 바라고 계십니다. 영혼들의 승리는 하나님아버지께 눈부신 영광이 되어 드릴 것입니다…! 영혼들의 승리는 하나님아버지의 마음을 기쁘고 영화롭게 해드릴 것입니다…!

그리스도예수를 사랑하는 영혼들은 주님의 구속과 생명을 떠나서는 그 무엇도 할 수 없는 죄의 존재들이고 연약한 존재들이라는 진리를 깊이 깨달은 사람들입니다. 그리스도예수를 떠나서는 결코 살아갈 수 없는 어리석고 무능하고 무지하고 교만하고 게으르고 완악하기 짝이 없는 존재들이라는 사실을 절실히 깨달은 자들입니다. 다만 안타까운 것은 아직도 그런 진리를 깨닫지 못한 채, 죄악 가운데 머물며 죄에 지배를 받으며 죄를 탐닉하며 죄와 함께 안주하며 살아가고 있는 멸망의 영혼들이 이 땅은 물론이고 온 세상에는 너무도 많이 존재한다는 것입니다.

그러나 하나님의 사랑과 구원을 잃어버린 채, 살아갔던 영혼들은 반드시 하나님의 사랑과 구원을 그리워하고 목말라 하며 그것의 소중함을 깨닫게 되고 찾게 된다는 것입니다. 그리스도예수께서 베풀어 주시는 생명과 구원 따위는 필요 없다고 맹렬히 비난하면서 떠나갔던 불순종의 영혼들도 영혼의 눈을 뜨게 될 때는 메마른 공허로 가득히 차 있었던 자신들의 참담한 모습을 발견하게 되고 그제서야 잃어버린 하나님의 사랑을 찾아서, 그리스도예수의 숭고한 피로 물든 십자가를 바라보면서, 절절한 심정을 끌어안고 십자가 앞으로 나아오는 것입니다. 그리고 예수부활의 생명과 긍휼과 사랑을 붙들기 위해 주님의 이름을 필사적으로 부르는 것입니다.

영혼들이 자신들의 완악함을 깨닫고 주님의 이름을 참되게 부르짖었을 때, 십자가의 주님은 고귀한 성결의 빛과 찬란한 생명으로 영혼들을 찾아와 주실 것입니다. 부드러운 사랑의 손길로 메말라 있었던 영혼들의 심령을 포근하게 안아주시고 위로해 주실 것입니다. 하나님의 성품이신 평강과 신실하신 열정을 사람들의 심령 안에 풍성하게 베풀어 주실 것입니다. 그동안 잔뜩 메마르고 고갈되어 있었던 영혼들의 거칠고 딱딱한 돌 같았던 심령들을 부드러운 심령으로, 아름다운 심령으로, 맑은 물의 씻음으로, 가꾸어 가실 것입니다. 하나님은 죄 많은 영혼이 은혜와 사랑의 섭리 안에 푹 잠기며 살아갈 수 있도록 점진적으로 갈고 닦아 가시며 모나지 않고 불결하지 않은 아름다운 천국 영혼들로 transformation, 변화시키시고 sanctify, 성화시키시며 마지막 영혼의 때까지 인도해 가시는 것입니다.

하나님의 신비는 세상과 사탄과 인간은 결코 copy, 카피할 수 없는 신성한 하나님의 거룩한 영역입니다. 창조주하나님만 아름다운 신비 가운데 현존하실 수 있는 분이십니다. 죄악으로 물든 부패하고 타락한 세상이 세상의 영혼들을 거룩하고 아름답게 변화시킬 수 없을 것입니다. 오직 하나님의 생명과 진리의 말씀으로만 세상의 영혼들을 거룩하고 아름답게 transform, 변화시킬 수 있기 때문입니다. 변화는 sanctification, 영혼들의 거룩한 성화를 불러올 것입니다. 말씀은 로고스로 오셨고 하늘의 하나님이셨던 예수그리스도이십니다. 길이요, 진리요, 생명이요, 부활이요, 모든 영혼의 대속 주이신 예수그리스도만이 믿는 자들의 모든 것이 되는 것입니다. 할렐루야…!

영광의 빛이신 그리스도예수는 말씀이셨습니다. 말씀 안에는 숭고한 생명의 빛이 들어 있었으며 빛은 죽어가는 영혼들을 비추시고 새 생명으로 살리시는 권능의 빛이셨습니다. 그리스도예수는 모든 영혼을 살리시는 참빛으로 이 죄 많은 땅에 오셔서, 흠도 없고 점도 없는 어린양으로 십자가에 달려 물과 피를 죄에 찌들은 땅 위에 다 쏟는 숭고한 죽음을 선택하셨습니다. 그때까지 생명의 빛을 잃어버리고 캄캄한 어둠 속에 묻혀 죄와 사망으로 침몰하고 있었던 세상을 그리스도예수는 창세 전 아버지께서 묵시하신 뜻을 완전한 완성으로 성취하셨고, 그리스도예수를 믿는 자마다 멸망치 않고 영생의 구원을 하나님께 받을 수 있게 되었던 것입니다.

하나님의 살리시는 창세적 섭리와 생명적 진리를 깨닫는 것이야말로 하나님의 축복이자 은혜가 될 것입니다. 그 진실을 한시라도 빨리 깨닫고 하나님의 전능하심을 믿고 의지하며 그리스도예수의 눈부신 부활의 영광을 붙들고 그 영광에 참예해야 하는 것입니다. 그때가 되면 한 사람의 죄인이 죄인의 삶에서 돌이키고 회개함으로 눈부신 의인이 되었다는 승전고의 나팔소리와 영광의 북소리가 어둠에 묻혀 있는 멸망의 무거운 세상을 헤치고 둥둥 크게 울려 퍼져 나갈 것입니다. 그럴 때, 하나님은 시온의 하늘보좌에서 영혼들을 내려다 보시고 아버지의 영원한 기쁨으로 삼으시며 찬란한 영광을 받으시는 것입니다…! 할렐루야…! 거듭난 영혼들이 하나님께 올려드리는 승리와 영광은 하나님만 받으시는 것이 결코 아닙니다. 사람들은 오직 하나님만 받으시는 것처럼 생각하고 오직 하나님께만 영광을 돌려드린다고 말하지만, 사실 하나님은 받으신 그 영광을 거듭난 영혼들을 향해 은혜와 기쁨으로 다시 돌려주시는 긍휼과 사랑의 하나님이시라는 사실을 잊지 말기를 바랍니다.

하나님은 그리스도예수 안에서 생명의 성령의 법으로 거듭난 영혼들과 하나님을 진실하게 사랑하고 정직하게 순종하며 거룩한 믿음의 능력을 소유한 영혼들을 위해, 죄에서 돌이키고 회심하는 영혼들을 위해, 하나님은 받으신 영광을, 성취의 기쁨을, 풍성한 은혜를, 영혼들에게도 아낌없이 베풀어 주신다는 것입니다. 하나님은 창세 전에 예비해 두신 생명의 길, 찬란한 영광의 길, 영원한 천국의 길을 죄에서 돌이킨 영혼들이 모두 동참할 수 있도록 영혼의 때 끝까지 인도해 가시는 것입니다. 부디 그러한 하나님의 눈부신 영광과 은혜와 축복이 이 글을 읽으시는 모든 주님의 영혼들과 영원히 함께하시기를 영광의 왕이신 예수그리스도 존귀하신 이름으로 축복하고 축원합니다.

그러나 너희는 택하신 족속이요
왕 같은 제사장들이요 거룩한 나라요-
그의 소유된 백성이니 이는 너희를 어두운데서 불러내어
그의 기이한 빛에 들어가게 하신 이의
아름다운 덕을 선포하게 하려 하심이라- 〈벧전 2:9〉

주님의 빛, 성결의 꽃

빛이 하늘로부터 내려옵니다.
새하얀 눈처럼 희고 고운 성결의 빛입니다.

성결의 빛은 주님이십니다.
성결의 빛은 나를 향해 내려옵니다.

눈처럼 희고 고운 빛을 바라보는 나의 두 눈에는
어느덧 맑은 이슬방울들이 고여 들고 있습니다.

아픈 현실과 삶에 지쳐버린 슬픈 나의 육신을
주님은 피로 물든 사랑으로 살포시 어루만져 줍니다.

내 안에 성결의 빛들로 가득히 차오릅니다.
내 안에 희열의 빛들이 송송 솟아오릅니다.

시리도록 희고 고운 성결의 빛은
상심하는 내 슬픈 영혼 안에 오래도록 머뭅니다.

성결의 빛은 이슬방울에 흠뻑 젖어버린
나의 두 눈을 영롱한 보석들로 반짝이게 합니다.

눈물로 얼룩진 초췌한 내 얼굴에
성결의 빛은 생명의 빛으로 찬란히 머뭅니다.

희열의 기쁨으로 들뜬 푸석한 내 얼굴이
빛의 하늘을 향해 조용히 올려다봅니다.

눈처럼 희고 고운 성결의 빛에 흠뻑 젖은 나의 영혼은
거룩한 하늘을 향해 속삭이듯 묻습니다.

"주님…! 주님의 빛이지요…?
 맞아요…! 주님의 거룩한 빛이에요…!
 주님만이 이런 신비한 빛들을 빚을 수 있기 때문이에요…!"

혼자 묻고 혼자만의 독백이 이어지지만, 빛은 대답이 없습니다.
대신 빛의 물결들을 비추며 다정하게 화답하여 줍니다.

"주님- 보아요- 이 찬란한 빛들을-
 참으로 신비롭고 아름답기만 해요-
 참으로 마음이 따뜻하고 평화롭기만 해요-"

감격하는 내 얼굴을 비추는 신비의 빛들은
아름다운 은혜의 꽃망울들을 방울방울 맺기 시작합니다.

한번 꽃망울들을 피우기 시작한 빛들의 향연은
나의 영혼 위에 머물며 우아한 원을 따라 돌고 있습니다.

찬란한 빛으로 물결 파도를 이루는 빛의 무리가
가슴 아팠던 내 영혼을 부드럽게 어우르며 감싸 안아 줍니다.

신비한 빛들의 향연들은 나를 감미롭게 정복하며
천상의 세계를 내 영혼의 세계 안에서 눈부시게 펼쳐갑니다.

찬란한 빛들의 향연이 초라한 내 얼굴을 비추고 있습니다.
맑고 은은한 천상의 향기가 내 코끝을 감미롭게 어우릅니다.

주님의 성결하신 빛들의 임재입니다…!
주님의 숭고하신 빛들의 출현입니다…!

하나님의 신비

항상 그렇듯이 주님을 사모하는 간절한 마음으로 기도하면서 주님의 거룩하신 빛의 임재 가운데 한동안 고요히 머물고 있었던 순간들이 있었습니다. 당시에 느꼈던 신비로운 빛의 체험과 영의 감동을 잊을 수 없어 그때 영혼이 느꼈던 기쁨과 감격을 "주님의 빛, 성결의 빛"이라는 제목 아래 부족한 글로 표현해 보았던 순간이 있었습니다. 그러나 항상 그렇듯이 내 영혼이 느끼고 체험했던 신비의 감격과 기쁨을 부족한 필체로 형용하기란 참으로 어렵다는 것을 매번 느끼고는 했습니다. 까닭 잘못 표현되고 까닭 잘못 쓰다 보면 하나님의 말씀과 진리에서 벗어난 신비주의자로 오해를 받을 수도 있기 때문입니다. 그래서 기도할 때마다 항상 하나님의 말씀을 올려놓고 항상 말씀을 먼저 묵상하면서 영혼과 마음을 때리는 성령님의 회개의 영을 간구했고 영성의 힘과 믿음의 능력을 간구하면서 기도하고는 했습니다.

빛의 주님은 신비한 빛들의 향연들로 어우러진 천상의 세계를 연약한 내 영혼에 눈부시게 창조하시며 아름답게 펼쳐 보여주셨습니다. 신비한 빛의 세계는 육의 눈으로는 볼 수 없는 오직 영의 눈으로만 바라볼 수 있기에 부족한 필설로는 형언할 수 없는 아름다운 신비, 신비로운 색깔들의 언어, 바로 그 자체였습니다. 주님의 신비를 완벽하게 필설로 표현할 수 있는 언어와 문장은 아마도 세상에는 존재하지 않을 것이라는 생각을 해 보았습니다. 그만큼 주님의 빛은 신비로움이었고, 아름다움이었고, 성결함이었고, 거룩함이었고, 엄숙하고 진지한 감동이었기 때문입니다.

그러나 예수그리스도를 사랑하고 주의 길을 가는 주님의 사람으로서 환상적 신비와 느낌과 체험이 어떤 것인지에 대해 설명하는 것에 있어서는 무척 조심스럽고 염려가 되는 마음이기에 글을 쓸 때는 항상 마음에 부담이 되는 것입니다. 한 문장만 잘못 표현되어도 불경하거나 신비 사상을 가진 사람으로 정죄 받을 수 있기 때문입니다. 로만 가톨릭을 비롯한 타 종교에서 열성으로 추구하는 신비적 체험은 그렇다고 치더라도, 삼위일체 하나님을 믿고 예수그리스도를 구원의 주로 믿고 있는 기독교 안에서 체험하는 신비적 체험은 정통보수 교단과 교회에서 고운 시선으로 바라보지 않으며 불경하다고 배척하는 경우가 많다는 것을 목격하기 때문입니다.

　한국에는 유교적 사상은 물론이고 불교식 사상을 기반으로 삼고 오랜 관습과 풍습을 따랐던 샤머니즘 미신적 사상이 무의식 가운데 사람들의 정신과 내면에 깊은 뿌리를 내리고 있다는 것을 알 수 있었습니다. 그렇기에 하나님을 믿고 그리스도예수를 사랑한다는 사람들의 마음 깊은 곳에는 은연중에 샤머니즘 미신들을 귀로 자주 듣고 있으며, 마음에 부담을 가지면서도 은근히 믿고 있으며, 자신들도 모르게 따르고 있다는 것입니다. 그런 것이 복합적으로 어우러졌을 때, 믿음의 사람들도 기이한 하나님의 신비를 보기를 원하고 무조건적 성령의 능력과 은사를 추구하고 갈망하면서 하나님께 기도하는 형태로 나타나는 것입니다. 그러나 그동안 나타났던 잘못된 사건들을 목격하면서 그리스도예수를 믿는 믿음이 무언가 잘못된 길로 가고 있다는 사실을 깨닫게 되었습니다. 그렇기에 그리스도인의 삶에서 하나님의 말씀 중심과 참된 회개의 기도와 거룩함의 능력이 배제된 기도는 참으로 위험한 기도가 되고 만다는 것입니다. 알게 모르게 믿는 사람들의 무의식 가운데에서는 자신들도 모르는 샤머니즘이라는 미신적 누룩이 언제 어느 때라도 초청되고 있었기 때문입니다.

하나님의 말씀을 떠나있는 맹목적인 기도는 사람의 믿음을 잘못된 길로 미혹할 수도 있고, 영 분별없는 무조건적 신비와 은사와 능력만을 열망하는 기도는 악한 영의 출현을 스스로 초청하는 섬뜩한 결과를 맞이할 수도 있다는 것입니다. 살아있는 하나님의 말씀과 죄의 옷을 깨끗이 빠는 회개 기도와 거룩한 영의 기도는 믿음의 사람들에게 항상 먼저 전제되어야 하지만, 거룩한 방향성이 없는 무조건적 육신의 기도와 정신없이 무아지경에 빠져서 하는 맹목적 기도는, 공중에 떠돌아다니는 악한 영들의 출현을 초청하는 참으로 위험한 기도가 되고 마는 것입니다. 그런 기도는 항상 결말이 좋지 않게 끝나고 만다는 것을 확인할 수 있을 것입니다. 병마에 걸린다거나 육신이 망가진다거나, 정신이 피폐하게 된다거나, 주위의 환경에 시달린다거나, 믿음을 해치는 해로운 결과로 나타나기 때문입니다. 그러므로 신비는 기도하는 사람들이 항상 주의해서 살펴보고 하나님의 말씀과 영의 날카로운 눈으로 살펴보고 각별히 분별해야 하는 것입니다. 신비에는 성령하나님의 거룩한 신비도 역사하지만, 그러나 공중과 세상을 붙들고 있는 사탄과 악령들과 영물들이 실어다 주는 조악한 신비들과 귀신들의 환상들도 난무한다는 것을 믿음의 사람들은 필히 알고 있어야 하는 것입니다. 신비라고 다 같은 신비가 아니고, 영이라고 다 같은 영이 아니라는 산 진리를 예수그리스도, 주님의 영적 제자이셨던 사도바울은 서신서에서 정확하게 가르쳐 주셨습니다.

마음속으로 샤머니즘적 미신을 믿으면서 오랜 세월 동안 지속 시켜 왔던 풍습과 관습들의 습관을 완전하게 내려놓지 못한 사람들이 하나님께 축복받는 삶을 살아보겠다고 기독교의 옷을 걸쳐 입고 교회 안으로 흘러

들어 왔습니다. 그러나 불결한 미신의 옷을 강건한 믿음으로 벗어던지지 못하고 여전히 불결한 옷을 걸치고 있었습니다. 하나님의 언약의 말씀과 권능을 믿고 예수그리스도를 구원의 주로 믿는다고 고백하지만, 어느 순간부터는 관습적이고 미신적 행위를 여전히 믿고 따르는 것입니다. 예를 들면 이런 것입니다…. 수능을 보는 자녀들이 시험에 합격하게 해달라고 어머니들이 불교 의식을 따라 매일 100일 동안 새벽예배를 다니면서 하나님께 기도한다는 것입니다. 그러다가 시험 당일이 닥치면 세상 사람들이 하는 행위를 그대로 따라서 미역국은 미끄러지니까 절대 먹어서는 안 된다거나, 시험에 단번에 붙으라고 끈적한 엿을 붙이는 의식을 행한다거나, 자녀에게 찰떡을 먹인다거나, 하는 세상 사람들이나 하는 세속적 행동을 믿는 자들도 똑같이 따라서 행하고 있다는 것입니다. 물론 하나님께 기도하는 많은 믿음의 사람들은 그런 식의 기도의 행위를 택하지 않을 것이라고 믿습니다. 다만 그런 사람들이 기독교 안에서도 존재한다는 것입니다. 그리고 그러한 것들이 실생활의 삶에서 확연하게 확인되는 것입니다.

또 이사하게 되면 윤달이 끼어 있는지 아닌지 살펴서 피해가야 하고, 이사하는 날에는 반드시 국수를 먹어야 한다고 중국집에서 짜장면을 주문해서 먹는 것입니다. 만약 믿음의 사람들이 삼위일체 하나님만을 믿는다면 시험을 치르는 자녀에게 아침에 소고기를 넣고 끓인 따끈한 미역국을 든든하게 먹여도 아무렇지 않을 것이고, 끈적거리는 엿을 붙이지 않아도 괜찮을 것이며, 찰떡을 먹이지 않아도 아무렇지도 않을 것입니다. 그러나 그렇게 행하기에는 왠지 모르게 마음이 켕기고 염려가 되고 혹이라도 재수가 없어 극심한 피해를 당할까 봐, 은근히 두려움이 앞서는 것입니다. 그만큼 기독교인의 생각과 삶에도 관습적이고 미신적 행위는 깊이 물들어 있는 것입니다. 그러나 예수 안에서 물과 피로 거듭난 그리스도인은 삶 가운데서 미혹하는 미신적 생각들과 미신적 행위를 단호하게 타파해야 합니다. 하나님은 그러한 행위를 용납하는 분이 아니시기 때문입니다.

믿음의 사람들이 미신적 행위들을 하나님의 말씀에 의지해서 믿음으로 송두리째 뿌리 뽑지 않는 이상, 사탄은 여전히 믿는 자들의 귓가와 생각에 대고 달콤하게 속삭이며 미혹할 것입니다. 다양한 미신의 신비와 환상을 보여주고 미신의 생각들을 뇌리에 주입하면서 믿으라고 영혼들의 궁금증을 조성할 것입니다. 미혹을 당하는 사람은 미신의 생각으로부터 심리적 압박을 받게 될 것이고 미신에서 완전히 자유로운 삶, 해방된 기독교인의 참된 삶을 누리지 못하게 되는 것입니다. 미신이라는 귀신의 굴레가 그들의 생각과 육신을 지배해 버렸기 때문입니다. 미신이라는 귀신은 믿는 자들이 불러오는 저주입니다. 그러나 예수권세의 이름으로 미신을 단호히 대적하면 미신이라는 저주는 더이상 따라붙지 않게 될 것입니다.

신비와 환상도 그렇다고 생각합니다… 무아지경에 빠져 무분별하고 맹목적인 기도를 하는 사람들이 기도 가운데 나타나는 괴이한 현상들을 보고 성령의 임재를 받았고 불의 체험을 했다고 주장하면서부터 환상과 신비를 제대로 검증하지 않은 채, 자연스럽게 성령하나님의 신비와 은사로 한 묶음으로 묶어버리고 연결시키고 있었습니다. 그 결과 성령의 신비가 이상한 현상으로 나타나고 이상한 것들과 어우러져 어떤 신비가 성령하나님의 신비고, 어떤 신비가 악령의 신비인지 분간할 수 없을 정도로 혼탁해져 버리고 말았습니다. 은사 역시 어떤 은사가 성령하나님께로부터 온 은사이고, 어떤 능력이 마귀가 가져다주는 것인지 분별하기가 난해하게 되었으며, 성령의 불 역시 어떤 불이 성령의 참된 불이고, 어떤 불이 악령이 가져다주는 가짜 불인지 분별하기가 어려운 지경까지 도달하고 말았습니다. 성령의 은사를 사용한다는 사람들은 소수의 지도자들과 신실한 사역자들과 믿음의 그리스도인만 빼고 대부분 인기와 물질과 명성을 탐하고 있었습니다.

　기도하는 사람들이 하나님의 생명의 말씀이 초석이 되어 있지 않고 회개의 거룩함의 능력을 각자의 심령판 안에 쌓지 않았다면, 또한 내면이 하나님의 거룩한 영으로 충만하게 채워지지 않았다면, 성령하나님의 은사와 신비와 거룩함의 능력을 하늘의 하나님께 받을 수 없다고 단호히 말씀드리고 싶습니다. 만약 받았다면 그것은 전능의 하나님으로부터 받은 것이 아닌, 공중을 떠돌아다니는 사악한 악령으로부터 받은 것이라고 확신합니다. 물론 개인적인 생각이고 결론이지만 말입니다. 이런 주장을 할 수밖에 없는 이유는 성령의 은사와 능력은 언제나 맑고 거룩하게 임재하신다는 것을 믿기 때문입니다. 성령하나님은 거룩한 영혼들과 동행해 주시며 은사와 능력을 베풀어 주십니다. 그러므로 성령의 역사가 임재하는 곳에는 거룩함의 열매들을 심령판 안에 맺을 수밖에 없는 것입니다. 나타나는 신비가 아무리 놀랍도록 신기하고 휘황찬란해도 거룩함이 배제된 역사는 성령하나님의 임재라고 볼 수 없습니다.

　금식하며 기도했다는 사람들이 너도나도 받았다는 이상하고 괴이한 환상들과 능력들과 은사들 때문에, 도리어 참된 성령의 아름다운 신비와 능력은 점차 힘을 잃어가고 있었습니다. 자신들의 정욕을 위해 성령의 은사를 잘못 사용했던 사람들에 의해, 그러므로 오직 말씀만이 진리와 생명으로 여기고 있던 정통보수 교단과 교회들에게 혼돈과 위해를 안겨다 주었고, 도리어 성령하나님의 거룩하신 역사와 신령한 임재는 터부시되고 있었던 것입니다. 참으로 속상한 일이 아닐 수 없습니다…. 무소부재하시고 언제 어디서든지 일곱 영의 신령한 눈동자로 살아서 시공간을 초월하시며 권능으로 온 세상에 역사하시는 보혜사 성령하나님은 믿는 자들의 심령 속에도 좌정하시는 전능의 하나님이십니다. 그런데 탐욕적인 사람들에 의해 성령하나님의 은사가 보수교단들과 교회들과 믿음의 사람들에게 무시당하고 거부당해 왔다는, 가끔은 그러한 안타까운 상황을 목격하면서 속상한 심정을 누를 길이 없었습니다.

살아있는 믿음의 기도가 아니라면 그것은 기도가 아닙니다…. 자신들의 죄를 하나님께 고백하면서 진실하게 회개하는 기도가 아니라면 그 또한 참된 기도가 아닙니다. 여전히 옛사람의 정욕적 죄의 겉옷을 벗어버리지 못하고 있다면 역시 참된 믿음의 기도가 될 수 없습니다. 일방적 자신들의 성공과 욕망을 충족시키기 위해 맹목적으로 성령의 신비와 은사와 능력만을 간구하는 탐욕적 기도를 한다면, 그 또한 하나님이 기뻐하시는 거룩한 믿음의 기도라고 칭할 수 없습니다. 당연히 그런 기도와 간구는 하나님도 고개를 돌려 외면하실 것입니다. 하나님은 오직 참되게 자신들의 죄를 회개하며 새하얀 눈처럼 깨끗하고 고운 성결의 능력을 간구하는 영혼에게만 하나님의 신비와 은사와 능력을 베풀어 주시기 때문입니다.

물과 피와 성령으로 거듭난 영혼들의 영과 눈빛에는 살아계시는 주님의 권능이 함께하시고 거룩하게 역사해 주신다는 것을 나는 굳게 믿고 있습니다. 그리스도예수, 공동체 안에서 형제자매들과 상담을 하고 사랑의 교제를 나눌 때, 보통 대화하는 과정에서 서로의 눈빛을 바라보며 교감을 나눌 때가 있습니다. 영의 눈빛으로 상대방의 눈빛을 바라보면서 정말 나도 모르게 무의식 중, 내면에 자리 잡고 있는 영혼의 모습을 조용히 주시할 때가 있습니다. 바로 그때, 돌연 상대방이 기침을 쏟아낼 때가 있었고 재채기를 심하게 할 때도 있었고 그저 소리 없는 눈물만 줄줄 흘리고 있는 슬프고 안타까운 모습들을 지켜볼 때도 있었습니다. 그러나 그 순간이 곧 지나고 나면 좀 전의 그늘지고 어두웠던 얼굴과 눈빛에는 반짝하고 생기가 돌면서 환하게 바뀌어 있다는 것을 볼 수 있었습니다. 그런 상대방의 모습이 나의 눈에는 한없이 예쁘다는 느낌의 감동을 받을 때가 많이 있었습니다. 아무런 의식 없이 자연스럽게 대화하는 과정에서도 사람을 지배하고 있었던 악한 영들이 실제로 떠나가는 성령의 역사가 조용히 임재하신다는 사실을 나는 수없이 목격했고 체험할 수 있었습니다.

이것은 내가 어떤 의도적 목적을 가지고 사람에게 붙어 있는 어둠의 영을 쫓아내고자 일부러 어떤 방법을 쓰거나 기도를 했던 것은 아니었습니다. 단순히 대화를 나누는 자연스러운 과정일 뿐이었습니다. 대화를 나누는 가운데 상대방의 눈빛을 조용히 바라볼 때, 어둠의 영들이 떠나갔던 것입니다. 그러나 나의 능력이 어둠의 영들을 쫓아낸 것이 아닙니다. 내 심령 안에 빛과 생명으로 좌정하고 계시는 성령 하나님께서 역사하셨다는 것입니다. 대화하는 과정에서 나도 모르는 순간에 성령님은 긍휼과 사랑으로 역사하셨고 진실하게 대화하는 과정에서 상대방의 심령에 자리 잡고 있던 상심과 절망과 아픔을 치유하셨고 동시에 어둠의 악한 영들을 쫓아주셨으며 회복하셨다는 부연 설명의 글을 쓰면서, 부디 이 글이 나의 의를 드러내는 교만한 글이 되지 않기를 바라는 마음입니다.

만약 믿는 자들을 통해 하나님의 초월적 역사와 권능이 아름다운 임재와 함께 거룩한 치유와 회복의 역사로 나타났다면 그것은 믿는 자들에게서 나간 것이 아닌, 바로 전능의 삼위하나님으로부터 능력이 나간 것입니다. 하나님은 믿는 자들을 거룩한 도구로 사용하신 것뿐입니다. 그러므로 하나님의 영권과 은사는 개인의 것이 아닌, 온전히 하나님의 것이고 하나님께 속해 있는 것이기에, 개인이 어떤 능력과 은사를 가지고 있다고 할지라도 결코 본인의 것이 될 수 없다는 것에 올바른 중점을 찍고 싶습니다. 그러므로 은사를 받았다고 마냥 우월감을 느낄 필요는 없다는 것입니다. 주의 일을 하고 주의 길을 가는 사람들은 성령의 은사를 가지고 자신의 것인양, 함부로 교만을 부리거나 자신의 정욕을 위해 사람들을 미혹하거나 사용해서는 안 되는 것입니다. 성령의 은사를 받았다는 사역자들도 성령의 참된 은사와 의미와 뜻이 무엇인지에 대해 잘 알고 있어야 합니다. 성령의 은사를 조금이라도 잘못 받아들여서 잘못 사용해서는 안 되기 때문입니다.

믿음의 사람들은 적재적소, 적재적시에서 하나님께 쓰임을 받는 "순간의 종의 그릇, 순간의 일꾼의 그릇, 순간의 통로의 그릇"에 지나지 않는다고 생각합니다. 결코 개인의 것이 될 수 없기에 무엇이든지 사람들 앞에 자신들이 받았다는 하나님의 은사를 교만하게 드러내놓고 자신의 사욕과 인기와 물욕을 충족시키기 위해 함부로 사용해서는 안 된다는 것이 필자의 기본적 생각입니다. 만약 하나님의 일을 수행하는 주의 사역자들이 그런 기본적이고 양심적인 철칙을 지키지 않고 자신의 정욕을 위해 경히 여기는 행위를 함부로 취할 때, 결과는 악하고 흉측한 쭉정이의 모습을 띠고 세상 밖으로 나타나고 말 것입니다. 그런 결과는 삼위하나님의 권능과 거룩하신 임재를 만홀히 여기는 불경의 죄를 짓는 행위로 나아가게 되고 말 것이라는 무명의 필자가 내린 결론이자 지론입니다.

Tropicana, 트로피카나 열대 나라의 태양이 찬란하게 빛나는 상쾌한 아침이었습니다. 그날 아침도 변함없이 새 생명 주시는 하나님의 은혜를 감사하며 거실에서 버터가 발린 토스트를 먹으면서 행복한 마음으로 향기로운 모닝커피를 마시고 있던 순간이었습니다. 문득 나는 거실 밖 발코니에서 유난히 맑고 높은 아름다운 목청의 소리로 지저귀는 새들의 합창 소리를 들었습니다. 나도 모르게 몸과 마음이 이끌려 거실문을 열고 발코니로 나갔고 푸르른 하늘을 올려다보았을 때, 순간 오직 말씀으로만 지으셨다는 위대하고도 장대한 하나님의 창조적 세상이 내 눈앞에 활짝 펼쳐지고 있다는 것을 볼 수 있었습니다. 올려다 본 하늘은 참으로 눈부시고 아름다웠습니다…! 찬란한 하늘은 주님의 권능과 은혜의 성품을 고스란히 내포하고 있었습니다. 하늘은 끝없는 생명을 부르짖고 있었고 하나님의 아가페 사랑을 노래하고 있었으며 푸르른 하늘바다 창공에서는 영혼의 생명을 끊임없이 부르짖는 힘찬 파도처럼 거대한 파도의 물결을 이루면서 쉴 새 없이 넘실대고 있었습니다.

하나님의 무한하신 아가페 사랑이 푸르른 하늘바다에 거룩한 전능으로 임재하고 있었던 것입니다. 광활한 허공에는 작은 입자들로 빛을 뿜는 은빛 물방울들이 반짝반짝 빛을 발하는 보석처럼 영롱한 빛을 발하고 있었고, 은빛 물방울들은 감격의 눈으로 황홀하듯 올려다보는 내 얼굴 위로, 내 영혼 위로, 내 심령 위로, 단비처럼 우수수 쏟아져 내리고 있었습니다. 은빛 물방울들의 세례를 한 몸에 받으면서 탄성을 지르며 감격하고 있던 나는 눈이 부셔옴에 스르르 그만 눈을 감고 말았습니다. 생명으로 충만한 하늘을 올려다보면서 신비로운 주님의 나라를 그리워하는 내 영혼의 생명은 영의 목소리를 울려 뜨거운 감사와 찬양과 영광을 하나님께 올려드렸습니다. 육신 안에 갇혀 있던 내 영혼의 생명은 주체할 수 없는 감격과 희열의 춤을 내 심령 안에서 생명의 몸짓으로 열정적 춤을 추고 있었고 뜨거운 기운을 억제하지 못한 나는 연신 "사랑의 주님, 감사합니다, 주님, 감사합니다!"라는 감격의 탄성만을 입술 밖으로 쏟아내고 있었습니다.

눈을 감았지만 내 영혼의 눈은 여전히 푸르른 하늘바다와 눈 부시게 빛을 발하는 은빛 태양을 바라보고 있었습니다. 마치 3D, 4D와 같은 신비하고 아름다운 영화처럼 삼, 사층의 계단을 겹겹이 이루고 있는 Tropicana, 트로피카나 푸르른 하늘바다에 떠 있는 새하얀 구름 위로 하나님의 창조적이고 신성한 생명의 빛이 나를 향해 눈부시게 비추고 있다는 것을 온 마음과 영혼으로 실감하고 있었습니다. 나는 주님의 이름을 영의 소리로 부르며 광활한 하늘 공간에 내 영의 눈빛과 내 영의 손가락으로 거대한 주님의 십자가를 그려나가고 있었습니다. 그럴 때마다 육신의 손가락도 움찔움찔하며 저절로 따라 움직이면서 주님의 십자가를 그렸습니다.

영의 눈빛과 영의 손가락으로 주님의 십자가를 그리는 것은 아주 오래 전부터 지속적으로 해오고 있었던 습관이었습니다. 영적 방해와 혼란 속에 빠져 있을 때마다 나는 주님께 긴박하게 SOS를 치는 간절한 심정으로 주님의 십자가를 무의식 가운데 그리고는 했었습니다. 어둠의 세력들과 치열한 영적 전쟁을 치를 때마다, 쓸데없는 의구심과 깊은 고뇌 가운데 깊숙이 침몰해 있을 때마다, 죄의 미혹을 물리치지 못하고 맥없이 패배할 때마다, 주님의 도우심을 간절히 간구하면서 내가 긴급하게 사용했던 SOS, 수단이자 방법이었고 나만의 독특한 영적 무기였습니다. 나는 어디서든지 눈을 감고 기도할 때마다 영의 눈은 저절로 무한한 영의 세상에 주님의 십자가를 무수히 그려 넣고는 했습니다. 동시에 육의 손가락도 움찔대며 따라 그리고 있었습니다. 영의 눈과 영의 손가락과 육의 손가락으로 무수히 그려나갔던 주님의 십자가는 내 영혼의 눈과 내 영혼의 심장과 내 영혼의 손가락에 깊숙이 새겨져 있다는 것을 나는 매번 믿고 확신하면서 하나님께 기도를 올려드리고는 했습니다.

이런 행동은 내 개인의 의지와 집념과 고집을 멋지게 관철시키기 위한 기도방식은 아니었습니다. 하나님의 긍휼을 간구하는 불쌍한 영혼의 몸부림이었고 목마른 영혼의 갈증이자 주님의 지키심과 인도하심을 간구하는 절박한 바람의 표출이었습니다. 그러나 과연 그렇게 하는 방법이 옳은 것인지에 대해서는 확고하게 주장할 수는 없을 것 같습니다. 그러나 한 가지 분명히 확신할 수 있었던 것은 나는 그런 기도를 통해 마음의 따뜻한 위로와 영혼의 평강을 십자가의 주님께 받을 수 있었고 연약했던 나의 믿음도 조금씩 강건한 믿음으로 자랄 수 있었다는 것입니다.

어떤 해방신학자들은 십자가는 우상이라고 강하게 주장하는 것을 봅니다. 그러나 내게 있어 주님의 십자가는 주님이라는 숭고한 분을 바라볼 수 있는 확실한 물증과 영의 근거가 되어 주었다고 확신하고 있습니다. 나약한 믿음을 가지고 있었던 내게 주님의 거룩하신 희생과 눈부신 부활의 생명을 주님의 십자가에서, 흘러내리는 주님의 숭고한 보혈에서, 영의 눈으로 확인할 수 있었기 때문입니다. 영의 눈으로 확인했던 주님의 십자가는 확실한 구원이었고 따뜻한 친구였으며 든든한 동반자였습니다. 언제부터인가 자유신학과 해방신학을 한 사람들이 교회로 침범해 들어오기 시작하면서 예수는 하나님이 아닌, 선지자로 둔갑하고 있었고 단순히 윤리와 도덕을 가르치는 현자나 성인군자로 낙인찍고 있었습니다. 예수그리스도는 영혼들의 생명을 살리는 구원의 주가 될 수 없으니 우상을 상징하는 십자가를 교회에서 떼어버리라는 황당하고도 불경한 주장을 하는 사람들도 기독교 안에 나타나고 있었습니다.

이천 년 전, 그리스도예수께서 매달린 십자가는 십자가가 아닌, "스타오로스" 하나로 된 원통의 나무였고 진짜 십자가의 주인은 고대 바벨론의 용장이었던 니므롯과 아내 세미라미스와의 사이에서 태어난 아들, 담무스의 합작품이었다고 주장하는 것입니다. 그러자 언제부터인가 교회들이 십자가를 건물에서 하나둘씩 떼어내고 있었습니다. 새로 세워지는 교회에는 십자가가 보이지 않고 있었고 교회 내부에도 십자가는 보이지 않았습니다. 어떤 교회에서는 십자가를 완전히 떼어버리기가 부담스러웠던지 겨우 한 귀퉁이에 걸어 놓은 십자가를 볼 수 있었습니다. 십자가를 우상이라고 믿는 해방신학자들의 선동과 미혹에 넘어가는 기독교인들이 대폭 늘어나고 있다는 슬픈 현실을 목격하는 것입니다. 교회에서 기독교를 상징하는 주님의 십자가를 없애버리면 교회는 아무 것도 아닌, 거대한 사교모임의 현장이 되고 말 것입니다. 현실적으로 가까이에서 볼 수 있었던 십자가의 주님이 믿는 자들의 눈에서 사라지는 것입니다. 주님의 십자가는 믿음의 능력을 모르고 있는 초신자들에게도 강건한 영의 힘을 안겨주었습니다. 그러므로 십자가가 없는 교회는 교회라고 말할 수 없습니다. 믿음의 사람들은 십자가를 무작정 우상으로 바라보는 것이 아닌, 십자가에서 산 영으로 역사하시는 부활의 주님을 바라볼 수 있기에 무한한 영의 힘을 십자가에서 받는 것입니다. 그러므로 주님의 십자가는 단순 우상이 아닌, 믿는 자들에게 있어 능력이고 평안이며 구원의 위로가 되는 것입니다. 십자가의 도가 멸망하는 자들에게 있어서는 미련한 것이며 구원을 받는 자들에게 있어서는 하나님의 능력이 된다고 사도바울은 고린도교회를 향해 선포하셨습니다. 십자가의 도는 바로 구원의 주이신 예수그리스도이십니다. 주님의 십자가는 우상이 아닙니다. 십자가에서 주님의 희생적 사랑과 구원을 바라보고 그 놀라운 은혜를 상기하기 때문입니다.

성령하나님의 은사는 개인이 받았다고 할지라도 개인의 것이 아닌, 바로 하나님의 것입니다. 그런 거룩한 진리를 받아들이는 믿음의 사람마다 각자의 심령에 하나님을 깊이 각인시키고 각자의 심령에 높이 모시고 존귀하게 섬기는 아름다운 믿음의 사람들이 되는 것입니다. 하나님의 의의 나라는 그런 거룩한 믿음의 사람들에 의해 끝없이 확장되어 갈 것이고 하나님의 영권 또한 더더욱 신비롭고 아름다운 권능으로 영혼들의 삶에 역사해 주실 것이라고 확신합니다. 주님의 참된 사역자와 참된 그리스도인은 바로 그런 맑고 빛나는 정신과 성결한 신부의 심령으로 믿음의 길을 걸어가며 사도바울처럼 믿음의 길을 완주하고 완성하는 사람들인 것입니다. 부디 주님의 숭고한 빛, 성결의 빛 가운데 푹 젖어서 살아가는 강건한 믿음의 영혼들이 되시기를 예수그리스도의 생명의 이름으로 축복합니다.

마음을 살피시는 이가 성령의 생각을 아시나니
이는 성령이 하나님의 뜻대로 성도를 위하여
간구하심이니라- 〈롬 8:27〉

신부의 꿈

내 마음이 하얀 눈꽃이면 될까
내 영혼이 영롱한 이슬이면 될까

내 심장이 설렘으로 박동하면 될까
무엇으로 나를 아름답게 장식할까

무엇이 나를 진한 핏빛 꽃잎처럼 예쁘게 꾸며줄까
무엇으로 나를 예쁘게 꾸며줄까

아름다운 천상의 빛을 따라 성결한 신부의 옷을 입고
나는 신비한 빛 속으로 하염없이 흘러 들어간다

내 마음이 간절히 원하는 사랑을 찾아
내 영혼이 부르짖는 열정을 따라

내 심장이, 내 심장이 멈추는 곳, 그곳에
내 사랑하는 님이 나를 기다리고 있노라

내 마음이 하얀 구름이면 될까
내 영혼이 거룩한 바람이면 될까

내 심장이 생명의 불꽃이면 될까
무엇으로 나를 성결하게 장식할까

무엇이 나를 순백의 백합처럼 예쁘게 꾸며 줄까
무엇으로 나를 순결하게 꾸며줄까

이 밤, 이 밤에 이 깊은 밤을 따라서
나는 심장이 터져버릴 것 같은 절절한 꿈을 꾸노라

내 사랑하는 님을 만나는 꿈을-
내 사모하는 님을 만나는 꿈을-

거룩한 신부가 되어서-
천상의 신부가 되어서-

꿈속에서 주님과 하는 사랑

어느 날, 뜻하지 않게 그리운 주님을 꿈속에서 만나고 난 후, 달콤한 감동의 여운으로 자유시를 써보았던 적이 있었습니다. 그리고 나만의 곡을 붙여 찬양곡을 만들어 보았습니다. 내 영혼의 음률을 내 심장에 담아 나만의 목소리로 주님을 향하는 나의 사랑을 표현해 보았습니다. 그러나 아쉽게도 음계는 없습니다…. 오직 빛나는 정신 속에서만 살아있고 존재하는 음률들이기 때문입니다. 오직 주님만을 향하는 내 영혼의 순수한 사랑과 열정을 표현하는 나만의 음률들이기 때문입니다.

누군가를 절절히 사랑한다는 것은 떨리는 희열의 감격이자 심장이 세차게 박동하는 열망의 소리이기도 합니다. 사랑한다는 것은 달콤하지만 달콤한 만큼 애절하고 날카로운 통증을 심장에 느끼기도 합니다. 가끔은 지극히 소모적이고 이익 없는 무모한 싸움을 벌이기도 합니다. 그런데도 누군가와 사랑을 한다는 것은 참으로 아름답기만 합니다. 그래서 사랑을 하는 것입니다…. 그러나 심약한 영혼들은 그리운 사랑이 애달파서 사랑에 수백 번 죽기도 하고 한편으로는 뜨거운 사랑에 힘을 얻고 시들었던 자리에서 생명을 머금고 싱싱하게 살아나기도 하는 것입니다.

첫사랑의 원천되시는 숭고하신 주님과 하는 사랑은 더더욱 간절하기만 합니다. 특별히 꿈속에서 하는 사랑은 애절하기 짝이 없어 핏빛으로 물든 열정의 빛들을 무수히 탄생시킵니다. 꿈속에서 하는 주님과의 사랑은 송이꿀보다도 감미로우며 백합화 향기보다도 향기로운 천상의 향기이자 고귀한 열정입니다. 그러나 주님과의 사랑은 왠지 냉정한 사랑처럼 느껴질 때도 많이 있는 것 같습니다. 그래서 주님과 사랑을 하는 영혼들의 심장은 어느 순간 감격으로 팽팽하게 터져 나가다가도 어느 순간 급속하게 냉각되어 사정없이 쪼그라들기도 하는 것입니다. 가까이 계시는 주님의 임재를 느끼지 못할 때, 나약한 인간은 그렇게 느낄 수밖에 없는 것입니다. 그럼에도 뜨거운 열정과 간절한 소망이 공존하는 꿈속에서의 세상은 그야말로 신비로운 천상의 나라입니다. 그래서 찬란한 빛들의 시샘을 받기도 하는 것입니다. 빛들은 주님과의 사랑을 오랜 시간 나누지 못하도록 자꾸만 나의 사랑을 방해하다가 결국에는 애달픈 심정만을 잔뜩 안겨준 채, 매정하게 떠나가는 것입니다.

눈 부신 빛들은 형언할 수 없을 만큼 찬란하고 신비로운 기운을 띠고 있지만, 왠지 내 마음에는 얄밉게만 느껴지는 순간입니다. 주님과 함께 하는 나의 사랑을 자꾸만 방해하기 때문입니다. 눈 부신 빛들은 언제 어느 때 나타나 자기들 마음대로 사랑하는 주님을 내게서 빼앗아갈지 모르기 때문입니다. 빛들은 내가 도저히 알 수 없는 그 어딘가의 또 다른 신비의 세상을 향해 내 사랑하는 주님을 데리고 감쪽같이 사라질 것이기 때문입니다. 그래서 꿈속에서 하는 주님과의 사랑은 더더욱 애처롭고 애달프기만 한 것입니다.

정말 얄미운 빛들의 시샘입니다…!
냉정한 빛들의 반란입니다…!

시샘으로 가득 찬 눈 부신 빛들은 현란한 춤을 추어대며 끝도 없는 빛의 향연의 물결들을 화려하게 이어가고 있습니다. 신비한 꿈속 세상에 존재하는 아름다운 빛들이란 빛들은 모두 끌어와서 달콤한 사랑에 잔뜩 부풀어 있는 내 영혼을 향해 도도히 물결치며 덮쳐오다가 또 물결치듯 찬란한 빛들을 매정하게 몰아서 사라지는 것입니다. 빛들의 시샘을 바라보는 나의 심장이 빠르게 뛰기 시작합니다…! 어느 순간 시샘하는 빛들을 따라 주님의 임재가 내게서 떠나갈까 봐, 내게서 영원히 사라질까 봐, 내 영혼의 심장은 마냥 초조하기만 한 것입니다. 애끓는 불안과 애달픔에 연약한 나의 심장은 바싹바싹 타들어 가기만 합니다.

그래도 고백하지만 나는 눈 부시고 찬란한 빛들을 많이 사랑합니다. 많이 아쉽지만 꿈속에서 찬란한 빛들과 함께 주님과의 사랑을 오래 할 수 있기를 간절히 바라고 소원합니다. 눈 부신 빛이 없으면 주님을 만날 수 없기 때문입니다. 빛이 있는 곳에 주님이 계시며 내 사랑하는 주님은 항상 찬란한 빛들과 함께 나타나기 때문입니다. 그래서 오늘도 나는 그리움으로 가득 찬 꿈을 꾸기를 열망하는 것입니다. 꿈속에서 하는 주님과의 사랑은 언제나 항상 가슴 떨리고 달콤하고 행복하기 때문입니다. 아련한 꿈속에서 그리운 주님과 감미로운 사랑을 하기 위해 오늘 밤에도 나는 보이지 않는 주님의 빛을 찾아서, 주님의 얼굴을 앙망하며, 그리움의 거대한 바다를 헤엄치며 하염없이 항해할 것입니다. 내 보잘것없는 생에 있어 주님은 언제나 절박한 사랑이기에 말입니다…! 내 무지한 생에 있어 주님은 참으로 숭고하고 고결한 아름다움이기에 말입니다…!

모든 눈물을 그 눈에서 닦아 주시니
다시는 사망이 없고 애통하는 것이나 곡하는 것이나
아픈 것이 다시 있지 아니하리니 처음 것들이
다 지나갔음이라-〈계 21:4〉

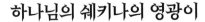

하나님의 쉐키나의 영광이

내 심장에는 믿음의 불씨가 유유히 흐르고 있어.
불씨는 언제라도 높이 솟아오를 수 있는 열정을 가지고 있지.

나는 내 뜨거운 열정을 찢고 내 무지한 영혼을 찢어 저 높고
높은 묵시적 거룩한 하늘을 향해 힘차게 솟아오르고 싶어.

하늘보좌에 좌정하신 하나님이 내 초라한 얼굴을 바라보시고
하나님의 쉐키나의 영광을 내 얼굴에 비추어주실 때까지-

영혼들이여 일어나라…!
영혼들이여 눈부신 생명의 빛을 발하라…!

이는 네 빛이 네게 이르렀고
여호와의 영광이 네 위에 임하였음이니라…!

오…! 쉐키나의 눈부신 영광이여…!
찬란한 쉐마의 빛을 내게도 비추어 주시옵소서…!

오…! 숭고하신 독사의 영광이여…!
영원토록 찬란한 전능으로 타오르시옵소서…!

이스라엘에서 온 주님의 종

　나는 오래전, 모 교회가 주관하는 미스바 기도성회에 참여했던 적이 있고 바로 그 성회에서 이스라엘에서 오신 유대인 목사님들을 만나는 기회가 있었습니다. 그리고 나는 성회에서 유대인 목사님들을 통해 놀라우신 하나님의 은혜를 가슴이 벅차도록 충만하게 받았던 순간이 있었습니다. 이스라엘에서 오신 유대인 목사들은 어떤 분은 키가 작고, 어떤 분은 키가 크고, 어떤 분은 배가 나왔고, 또 어떤 분은 삐쩍 마른 몸을 하고 있었습니다. 제각각 판이한 개성과 모습을 하고 있는 그분들의 첫인상은 처음 보았을 때는 그다지 정감이 가지 않았고 특별하다는 느낌도 받지 않았습니다. 그냥 세련되지 않은 수수하고 어쩌면 촌스러운 옷차림에 가까운 모습을 하고 있다는 느낌만 받았을 뿐입니다.

　그러나 예배 시간이 되어 하나님께 찬양을 올려드릴 때, 그분들이 일제히 앉았던 자리에서 일어났고 하늘의 하나님을 향해 모두 두 팔을 높이 들어 올려 전심을 다해 찬양하는 모습을 바라볼 때, 나는 어느새 감동하고 있었습니다. 그분들의 모습에는 하나님의 영광으로 빛을 발하는 "쉐마의 영광, 쉐키나의 영광, 독사의 영광"이 눈부시게 비추고 있었다는 것을 나는 영의 감동을 통해 곧바로 느낄 수 있었기 때문입니다. 광야의 장막에 임재하셨던 하나님의 쉐키나의 눈부신 영광이, 찬란한 빛의 영광이, 그분들의 심령과 함께하신다는 것을 나는 영의 눈동자로 확인할 수 있었기 때문입니다. 그분들은 오직 하나님의 거룩한 보좌와 영광만을 바라보고 있었습니다. 그때부터 일거수일투족 그분들을 지켜보는 나의 영혼은 참나무에 붙어 있는 곁가지처럼 되어 하나님의 은혜와 감격을 충만하게 받을 수 있었습니다. 나는 그분들이 올려드리는 찬양의 모습을 내내 바라보면서 끝없이 감동했고 하나님의 빛으로 비추시는 "쉐마의 영광, 쉐키나의 영광, 독사의 영광" 가운데로 나의 영혼 역시 푹 빠져들어 가 무한한 찬양과 경배를 사랑하는 하나님께 올려드리고 있었습니다.

비록 그분들이 얼굴은 긴 여행과 바쁘게 진행되는 집회 일정 때문에 피곤하고 초췌하게 비쳤지만, 그러나 찬양하는 영의 모습에서는 하나님의 놀라우신 Grace, 은혜가 넘쳐흐르고 있었습니다. 주님의 눈부신 Gloria, 글로리아의 영광이 충만하게 비추고 있었습니다. 아버지의 독생자이신 예수그리스도, 독사의 영광이 눈부시게 빛나고 있었고 영과 진리로 충만하게 넘쳐 흐르고 있었습니다. 그분들의 모습에서 비치는 영광과 은혜의 빛은 하나님의 영광과 은혜의 출현이었고 거룩한 빛, 숭고한 생명의 빛으로 성전을 환하게 밝히고 있었습니다. 나는 조용히 그분들에게서 흘러내리는 글로리아의 영광과 은혜를 조용히 훔쳐보면서 살며시 내 것으로 만들고 있었고 은혜의 단비에 감격하고 있던 나는 그 순간의 은혜를 만끽하고 있었습니다.

그분들의 모습에서 구약의 성막에 강력한 빛으로 임재하셨던 여호와하나님의 쉐키나의 영광을 보았습니다. 온 대지가 타들어 갈듯이 뜨거운 열기의 불을 뿜어냈던 태양을 서늘한 구름기둥으로 가려주었던 글로리아의 영광을 보았습니다. 온 지면이 캄캄한 밤, 냉랭하게 불어오는 찬 바람을 막아주면서 주위를 따뜻하게 해주었던 불기둥의 장대한 영광을 보았습니다. 성막 가운데 권능으로 임재하셨던 여호와하나님의 장엄하고 위엄에 가득 차 있는 빛의 영광을 보았습니다. 하나님의 성막을 둘러싸고 있던 장대한 구름의 영광을 보았습니다. 눈부신 빛을 발하는 그분들의 영혼이 나는 한없이 부럽기만 했고 부러워하면서도 동시에 영의 질투를 느끼고 있었습니다. 할 수만 있다면 자리를 박차고 일어나 저분들 앞으로 뛰어가서 내가 전심으로 사랑하는 하나님아버지께, 그리스도예수께, 무한한 영의 찬양과 경배와 영광을 올려드리고 싶다는 충동 속으로 걷잡을 수 없이 빠져들어 가고 있었습니다.

그 순간 "거룩하게 하시는 이와 거룩하게 함을 입은 자들이 다 한 근원에서 난지라"라는 히브리서 말씀이 감격의 눈물을 흘리고 있는 나의 심장을 관통하고 있었습니다. 거룩하신 하나님께 거룩하게 여김을 받은 사람들의 모습은 바로 저렇듯이 은혜와 영광의 모습으로, 찬란한 빛의 모습으로, 은혜의 빛을 발하면서 사람들 앞에 나타나는 것입니다. 그리고 생뚱맞게도 나 같은 사람의 눈에 발각이 되는 것입니다. 나도 저분들의 모습을 닮고 싶었고, 나도 저분들처럼 전심으로 하나님을 사랑하고 경외하는 순종의 모습을 닮고 싶었습니다. 아니, 저분들의 뜨거운 영혼의 심장을 아예 내 것으로 만들 수만 있다면 정말 만들고 싶었습니다. 나의 영혼도 저분들처럼 영광의 모습으로 변화되어 사랑하는 하나님께 인정받고 사랑받으며 찬란한 빛을 발산하고 싶다는 소망과 열망을 내 심장 안에 담아내고 싶었습니다.

하나님께 내 아들, 내 종이라고 인정받는 빛의 사람들은 확실히 다른 클래스의 모습으로 나타나고 있었고, 겉모습에서부터 확연한 질적 차이를 보여주고 있었습니다. 비록 입고 있는 의복은 초라할지라도, 얼굴은 초췌할지라도, 표정과 몸짓에는 하나님의 쉐키나의 영광이, 쉐마의 영광이, 은혜의 영광이, 독사의 영광이, 언제나 항상 함께하며 찬란한 빛을 발하는 것입니다. 얼굴에 BB크림으로 화장하고 luxury, 럭셔리한 승용차를 몰고 값비싼 디자이너의 옷을 입고 화려하게 나타나는 여느 목사들과는 확연히 다른 영적 클래스의 차이를 압도적으로 보여주고 있었습니다. 영혼은 맑고 깨끗한 영의 빛을 발산하고 있었습니다. 영의 고귀함이 무엇이고 영의 아름다움과 가치가 무엇인지 바로 저분들의 모습을 통해 예수그리스도의 고결함과 우월함과 기품이 넘쳐흐르는 클래스를 확인할 수 있었습니다. 숭고한 빛은 예수그리스도의 빛이었습니다.

그렇게 쉐키나의 영광, 쉐마의 영광, 독사의 영광, 글로리아의 영광의 빛을 발했던 그분들의 모습은 세월이 흘러갔어도 여전히 내 기억 속에서 선명한 은혜의 모습으로 각인되어 있습니다. 나의 예민한 영의 안테나와 날카로운 정신은 하나님으로부터 흘러내리는 은혜와 축복이라면 하나도 놓치고 싶지 않았습니다. 메마른 스펀지가 물을 빠르게 빨아들이듯이, 하나님의 은혜라면, 하나님의 영광이라면, 누구의 것이든지 상관없이 다 흡수하고 싶다는 강렬한 열망이 항상 나의 내면 안에 기본적으로 깔려 있었습니다. 그 옛날, 다윗의 시편을 사랑하고, 다윗의 영혼을 사랑하고, 다윗의 아름다운 시편을 내 것으로 만들어 보겠다는 일념으로 다윗의 시편을 카피하고자 욕심을 부렸던 것처럼, 하나님의 은혜가, 하나님의 영광이, 임재하는 것을 영의 눈으로 확인하면 내 것으로 만들기 위해 한없는 욕심을 부렸던 것입니다. 그렇게 나는 은혜로운 사람들로부터 하나님의 은혜를 훔쳐서 내 것으로 만들었다고 고백합니다. 오늘도 나는 하나님께 간절한 마음으로 기도합니다. 이스라엘의 유대인 목사님들처럼 쉐키나의 눈부신 영광이, 쉐마의 찬란한 영광이, 독생자이신 독사의 영광이, 은혜와 글로리아의 영광이, 내 영혼에 차고 넘쳐흐르기를 말입니다. 부디 그러한 하나님의 은혜와 영광이 이 글을 읽으시는 주님의 지체들과 심령에

도 언제나 충만하게 차고 넘치시기를 영혼들의 생명 되시는 예수그리스
도 이름으로 축복하고 축원합니다.

모세가 이르되 원하건대 주의 영광을 내게 보이소서-
내 영광이 지나갈 때에 내가 너를 반석 틈에 두고
내가 지나도록 내 손으로 너를 덮었다가 손을 거두리니
네가 내 등을 볼 것이요
얼굴은 보지 못하리라 〈출 33:18, 22-23〉

성령하나님은 삼위일체하나님 중, 한 분이십니다.
삼위일체하나님의 위격에는
하나님아버지와 하나님아들과 하나님성령이 함께하십니다.
세 분의 하나님은 페리코레시스
서로 상호통제하시고 상호내주하시며
하나님 위격 중 그 어떤 분도 뺄 수 없는
휘포스타시스 삼위일체이신 하나님이십니다.

Chapter 2.

죽음 끝에서
피어나는
새 생명의
노래

Trinity 삼위일체 하나님

박동하는 뜨거운 내 심장 안에는
전능의 삼위하나님이 현존하고 계십니다.

삼위하나님의 무한한 전능 안에는
박동하는 내 뜨거운 심장이 힘차게 뛰고 있습니다.

나는 불꽃을 튀기는 공의의 하나님을
떨리는 경외의 눈동자를 하고 우러러봅니다…!

천계의 거룩한 신비로 싸여 있는 신성의 하나님을
감격하는 아이의 맑고 영롱한 눈빛으로 우러러봅니다…!

오늘도 나는 거룩한 신부의 영으로 하나님을 만나고
맑고 성결한 영혼으로 하나님과 사랑을 나누고 있습니다.

영광의 하나님께 무한한 찬양과 감사를 올려드리면서
삼위하나님과 함께 아름다운 영의 화합을 이루고 있습니다.

삼층천 묵시의 나라

창세 전부터 하나님은 삼층천이라는 거룩한 하늘나라에서 아름다운 천사들인 seraph's, 스랍들과 cherubim's, 체루빔 그룹 천사들에게 둘러싸여 영원한 찬양과 경배를 세세토록 받고 계셨던 전능과 영광의 하나님이셨습니다. 그러나 찬양을 맡고 있던 루시퍼 대천사장은 하나님의 무한하신 신권과 그 영광을 질투 시기했고, 자신이 하나님보다 더 높은 자리에서 하나님께서 받으시는 온 세상의 영광을 빼앗고자 삼 분의 일이 되는 부하들인 졸개 천사들을 선동해서 하나님께 용서받지 못할 대 반역을 일으키고 말았습니다. 그러나 루시퍼의 음모와 계획은 당연히 전능의 하나님께 발각되었고 반역은 무산으로 돌아가고 말았습니다. 하나님의 무서운 진노를 산 대천사장 루시퍼와 그를 추종했던 졸개 천사들은 결국 삼층천 하늘나라에서 쫓겨나게 되었으며 공중의 세상으로 내려와 어둠의 영으로 공중을 지배하며 떠돌다가 하나님이 사랑으로 창조하신 피조물인 인간이 사는 지상 세계까지 내려오게 되었습니다.

그때부터 루시퍼 사탄과 그의 천사 졸개들은 하나님이 창조하신 인간의 삶에 침투해 들어와 하나님과의 사이를 이간질하면서 전능의 하나님께 불순종하고 대적하는 사악한 영물들이 되었던 것입니다. 사탄을 위해 일하는 악한 영들은 수천 년의 시대를 지나 오늘날 이 현대 시대, 인간의 삶까지 어김없이 흘러들어 왔습니다. 그렇게 끈질기고 집요하게 인간의 삶에 들러붙어 영혼들의 삶을 방해하고 갈취하며 파괴해 왔던 것입니다. 사탄은 인간의 생각과 마음을 미혹해서 불결한 죄악을 심어주고 육신으로 죄를 짓게 하고 인간의 영혼을 도둑질하고 죽이고 파괴하고 멸망시키면서 유황불이 불타는 불 못의 구덩이로 끌고 가는 사악한 일을 수천 년 동안 도맡아서 해오고 있었습니다. 하나님의 존귀한 형상을 입고 하나님의 거룩한 생기를 코끝에 물려받고 탄생한 지적 인간에게 그것들은 원수 같은 존재였고 저주와 멸망의 존재들이었습니다. 그러나 인간은 사탄의 미혹을 달콤하게 여겼고 그 미혹을 받아들인 결과 사탄이 탐욕으로 실어다 주는 죄의 유혹과 삼대정욕인 육신의 정욕과 안목의 정욕과 이생의 자랑을 사랑하는 사람들이 넘쳐나는 부패하고 타락한 시대로 전락하고 말았습니다. 사탄의 미혹을 받아들인 인간은 타락한 세상에서 오직 자기만을 사랑하는 이기적 존재들로 변질되어 갔고, 인간의 심령에는 전능의 하나님, 존귀한 하나님은 없었습니다. 단지 죄와 사망을 붙들고 역사하는 사탄의 파괴적인 멸망의 영만 존재할 뿐이었습니다.

창조주하나님은 각자 영혼들의 속에 속 사람의 법, 마음의 법, 양심의 법을 허락하셨고 그것을 사용해서 죄악의 법, 멸망의 법, 사망의 법과 싸워서 이기라는 권능의 말씀을 각 영혼들에게 부여해 주셨습니다. 인간의 정신에는 하나님께서 부어주신 지, 정, 의, 자유라는 인격체가 자리 잡고 있습니다. 인간의 지, 정, 의, 자유 인격체 안에는 양심이라는 거룩한 기관이 자리 잡고 있습니다. 인간에게 양심은 매우 중요한 영적 기관으로서 인간의 잘잘못을 느끼고 깨닫게 해주는 빛의 기관이고 공의의 기관이며 생명의 기관입니다. 인간의 양심은 선과 악을 분별시켜주고 죄와 의가 무엇인지, 생명과 사망이 무엇인지, 의인과 악인이 무엇인지, 축복과 멸망이 무엇인지, 천국과 지옥이 무엇인지, 가르쳐주고 깨닫게 해주는 영의 기관이자 빛의 기관이며 지혜와 지식의 기관이기도 합니다. 양심이라는 기관을 통해서 인간은 죄에 단호한 통제를 걸고 죄의 악한 점을 세세히 깨닫게 되고, 그러므로 죄를 미워하고 혐오하면서 단호히 죄를 물리치는 담대한 능력을 소유하게 되는 것입니다. 정상적인 사람은 양심이라는 빛을 받게 되면 죄에 대해 수없이 곱씹어 생각하고 번뇌하면서 죄의 유혹을 과감히 물리치기도 하지만, 어떤 사람의 양심은 생명의 빛을 받지 못했으므로 새까맣게 죽어있어 죄의 통제를 걸지 못하고 끔찍한 죄를 반복해서 저지르는 죄의 악순환을 연신 되풀이하는 것입니다.

하나님을 사랑하는 사람들의 양심에는 하나님의 법이 생명으로 활발하게 활동하고 있습니다. 하나님의 법은 권능이자 생명의 빛입니다… 사람의 양심은 하나님의 빛을 따라 반응하고 움직입니다. 하나님의 빛은 사람의 양심을 활발하게 움직이게 해서 선과 악을 분별하고 구별하게 하는 능력을 내포하고 있습니다. 하나님의 빛으로 역사하시는 분이 바로 진리의 영으로 오신 "파라클레토스 보혜사" 성령하나님이십니다. 보혜사는 comforter "위로자"라는 뜻을 담고 있습니다. 연약하고 가엾은 영혼들의 곁에는 위로자 되시는 성령 하나님께서 항상 함께하시며 진리를 가르쳐 주시고 어둠의 악한 영들과 싸워주시고 언제나 곁에서 동행해 주시는 것입니다. 성령하나님은 삼위일체 하나님 중, 한 분이십니다. 삼위일체 하나님의 위격에는 하나님아버지와 하나님아들과 하나님성령이 함께하십니다. 세 분의 하나님은 "페리코레시스" 서로 상호통제하시고 상호내주하시며 하나님의 위격 중 그 어떤 분도 뺄 수 없는 "휘포스타시스" 성 삼위일체이신 하나님이십니다.

세 분의 위격은 하나의 신격 안에 좌정하고 계시며 하나의 위격 안에는 세 분의 신격이신 하나님이 동일하게 좌정하고 계십니다. 그리스도인들은 바로 이 성 삼위일체이신 하나님을 믿고 사랑하는 천국 백성들입니다. 세

분의 신격에는 누가 더 높고, 누가 더 낮음이 없이 Divine God of Holy, 동일한 신성을 내포하고 계시며, 세 분의 하나님 모두 죄와 사망으로부터 죽어가는 영혼들의 생명을 살리시기 위한 영혼 구속의 사역에 최종 목적을 두고 계십니다. 이미 창세 전부터 하나님께서 계획하신 섭리와 목적을 위해 함께 일하시고 전능으로 함께 영존하시는 Trinity, 성 삼위일체 하나님이십니다. 믿음의 사람들이 하나님아버지께 기도할 때는 아들예수님의 이름으로 기도하지만, 예수님의 이름에는 삼위일체이신 하나님께서 동일하게 임재하시며 영혼들의 간구의 기도를 함께 듣고 계시고 함께 이루어주시는 것입니다. 예수그리스도를 사랑하는 믿음의 사람들이 삼위일체 하나님을 잘 알고 있을 때, 올바른 신앙관과 구원관과 천국관을 심령 안에 구축할 수 있게 되는 것입니다.

　Omniscient, 옴니션 하나님아버지는 창세전, 묵시의 세상에서부터 위대한 영혼 구원 사역을 펼치실 것을 계획하셨으며, 옴니포텐 Omnipotent, 하나님아들은 구속의 희생양으로 저주의 십자가에 달려 아버지의 위대한 영혼 구속의 사역을 완성으로 이루시는 아들의 사역을 수행하셨으며, Omnipresence, 옴니프리센스 하나님성령은 오순절 이 땅에 바람처럼, 불처럼, 물처럼, 영혼들의 심령에 강림하셔서 아버지와 아들의 영혼 구원 사역을 함께 도우시고 수행하시는 Trinity, 트리니티 삼위일체이신 하나님이십니다. 세 분 모두 동일한 목적으로 상호내주하시고 상호통제하시며 함께 협력하여 일하시는 Almighty, 전능의 하나님이십니다. 그러므로 창세 전 아버지의 뜻은 곧 아들의 뜻이 되어 순종으로 받들고, 아버지와 아들의 뜻은 곧 파라클레토스 보혜사 성령님의 뜻이 되어 서로 합력하여 일하시고 선을 이루시는 것입니다. 세 분 모두 동일한 신격과 위격 가운데 현존하시고 영존하시는 하나님이십니다.

세 분의 하나님께는 특별히 누가 더 많은 신적 권력을 가지고 있는 분도 없으며, 또 누가 더 적게 신적 권력을 가지고 있는 분도 없습니다. 한 위격 안에 세 분의 하나님은 동일한 신격과 신성과 전능으로 온 우주 만물과 인생들을 굽어살피시고 통괄하시며 현세적 세상은 물론이고 눈에 보이지 않는 묵시적 영원한 세상까지 전능으로 주관하시고 통치하시는 전능자이십니다. 그러므로 성 삼위일체 하나님은 인간들처럼 서로 간의 권력 게임을 한다거나, 서로 간의 이견이 맞지 않는다거나, 서로 간의 반대를 한다거나, 서로 간의 역모를 일으키거나, 서로 간의 분쟁을 일으키는 일은 결코 하지 않으며 있을 수도 없습니다. 아버지와 아들과 성령 세 분 하나님 중, 한 분만 빼도 이단이라고 불림을 받습니다.

그러나 이 시대 마귀는 만 왕의 왕이시고 만 주의 주이신 예수그리스도, 권세의 이름을 제거하기 위해 종교혼합이라는 사악한 슬로건을 내걸고 불법을 행하는 불법자들을 육신의 삼대 정욕으로 미혹해서 세계적으로 끌어모아 예수그리스도의 신권을 대적하며 무너트리는 것에 혈안이 되어있습니다. 실제로 육신의 삼대정욕에 불타는 불법자들은 사탄의 일을 돕고 있으며 예수그리스도의 신권을 파괴하기 위해 사악한 음모와 불경한 술수를 꾸미고 있는 상황까지 흘러오고 있고, 심각한 영적 위기에 봉착해 있습니다. 모두 하나같이 종교통합과 종교평화와 종교단합이라는 현수막을 내걸어 앞장서고 있으며, 불법자들이 대거 출몰하고 있는 혼란한 현실에서 어떤 복음이 진실하고, 어떤 복음이 거짓되고, 또 어떤 믿음이 진짜고 어떤 믿음이 가짜인지, 확실하게 분별할 수 있는 영의 눈, 지혜의 눈, 빛의 눈, 성령의 눈을 잃어버리고 말았습니다. 맑고 영롱한 예지의 빛을 뿜어내야 하는 영의 눈빛들이 점점 흐릿해지고 침침해지고 있는 심각한 상황으로까지 흘러가고 있습니다.

오늘날 이 시대는 코로나19 Pandemic, 위험한 시국을 거쳐 이제는 Omicron, 오미크론이라는, 듣도보도 못한 신종 바이러스 시대를 맞이하고 있습니다. 신종 코로나19에서 또 다른 변이 바이러스가 출몰한 것입니다. 그래서인지는 몰라도 코로나19와 오미크론 변이 바이러스에 감염되었다는 이름도 알 수 없는 종교시설들이 많이 발각되고 있는 것입니다. 위험한 시국임에도 불구하고 젊은 청소년들이 종교시설에서 단체로 몇 달씩 합숙하면서 영생에 관한 성경공부를 하고 있다는 뉴스들이 세상 밖으로 뛰쳐나온 적도 있었습니다. 코로나19 사태 때문에 이단 종교시설들이 여지없이 발각이 나고 있는 것입니다. 정말 걱정입니다…. 이름도 이상한 불법 종교시설이 한창 어린 청소년들을 모아 놓고 영원토록 살 수 있다는 영생에 관한 것을 가르치고 있다니 참으로 기막혔고 일반교회에서는 감히 상상도 하지 못할 일을 이단 종교시설은 대담하게 실현하고 있는 것입니다. 이 땅에 존재하는 이단들과 교주들이 자신들을 하나님이라고 신격화시키면서 영생을 베풀어 주겠다고 청소년들의 부모들을 미혹하는 것도 모자라 아무것도 모르는 청소년들까지 미혹하고 있는 것입니다. 바로 그런 자들이 말세 때, 사악한 사탄을 위해 일하는 가증한 불법자들이자 지옥노예들인 것입니다.

　하나님아버지는 아들예수께 가시적 세상은 물론이고 비가시적 세상까지 통치하도록 왕의 모든 통치권과 왕권의 권세까지 부여하셨습니다. 살아계시는 하나님의 진리는 오직 하나뿐입니다. 성육신하시고 말씀과 빛으로 오신 예수그리스도, 오직 한 분께만 모든 초점이 맞추어져 있는 것입니다. 하나님은 오직 아들의 희생적 보혈만 기억하고 계십니다. 숭고한 생명을 바쳐 흘려주신 보혈이기에 하나님아버지는 아들의 공적을 드높이 올려 하늘에 있는 영들과 땅에 있는 우상 신들까지 예수이름에 무릎을

꿇게 하시고 모든 입으로 예수그리스도를 주라 시인하게 하셨고 그러므로 하나님아버지께 영광을 올려드렸다고 빌립보서 2장은 말씀하고 있습니다. 아들예수님도 세상에서 공생애 사역을 하는 동안에는 오직 아버지께 들은 말만 제자들과 회중들에게 전하셨으며 오직 하나님아버지의 영광과 그 나라만을 위해 전심으로 전파하셨고 아버지의 말씀에 순종하셨습니다. 그러므로 살아계시는 하나님의 진리를 대표하는 왕은 영원토록 영혼들 곁에 함께 하시는 임마누엘 하나님, 예수그리스도, 한 분뿐입니다. 그 이외의 것은 필요치 않습니다.

진리의 영으로 이 땅에 강림하신 보혜사 성령하나님 또한 오직 아버지와 아들께 들은 말만 전하시는 분이시며 결코 자의로 해석하거나 말씀하시는 분이 아니라고 이천 년 전, 예수님은 제자들과 회중들을 향해 말씀하셨습니다. 그러나 불법자들은 도리어 뻔뻔하게 하나님의 자리에서 하나님의 행세를 하고 더러운 귀신들과의 혼합을 주장하면서 예수그리스도의 신권을 떨어트리고 무지한 영혼들의 믿음을 성결한 믿음에서 떨어지게 하는 파멸의 길로 끌고 가는 것입니다. 그런 자들은 육신의 삼대정욕을 위해 일하는 사탄의 종들이자 지옥자식들이 확실합니다. 그렇지 않고서야 구원의 주이시고 생명의 하나님이신 예수그리스도의 신권을 무참하게 추락시킬 수는 없을 것입니다.

빛의 주님은 이천 년 전, 제자들을 향해 양의 탈을 쓰고 오는 이리떼들과 광명한 천사의 옷을 입고 미혹하는 불법자들을 주의하고 죄와 불의한 삶에서 벗어나서 빛의 거룩한 아들들이 되는 것에 힘쓰라고 말씀하셨다는 것을 기억하기를 바랍니다. 그렇습니다… 참 구원과 참 생명의 진리는 오직 그리스도예수 한 분께만 있다는 생명의 진리를 믿음의 지체들은 믿고 있습니다. 예수님은 자신이 아버지께로 올라가야만 진리의 영이신 보혜사 성령하나님이 영혼들의 곁으로 오셔서 불쌍한 고아들처럼 내버려두지 않으실 거라는 약속을 주셨습니다. 성령님은 오직 아버지와 아들의 영광과 이름만을 나타내시기 위해 일하시고, 오직 참 생명의 진리만을 온 세상 가운데 나타내시기 위해 무소 부재하시는 영으로 일하시며, 죄에 대하여, 의에 대하여, 심판에 대하여, 부활에 대하여, 영생에 대하여, 재림에 대하여, 살아있는 모든 진리를 영혼들에게 가르쳐 주기 위해 강림하신 고마우시고 거룩하신 하나님이십니다. 성령하나님 안에는 역시 아버지와 아들이 언제나 항상 지존하고 계십니다.

세상에서 가장 위대하고, 가장 아름답고, 가장 거룩하고, 가장 놀라운 신비의 기적은 바로 전능의 삼위하나님께서 죄와 육신의 옷을 입고 있는 영혼들의 심령 안에 불멸의 생명으로, 영존하는 생명으로, 내주하셨다는 것입니다. 그리고 세상 끝날 때까지, 영원한 천국이 이어질 때까지, 영혼들의 심령을 갈고 닦고 깎아 세워주시며 거룩한 영혼들로 승화시키시고 인도해가시는 것입니다. 세상에 그것처럼 놀랍고 위대하고 은혜롭고 찬란한 기적은 없을 것입니다. 온 우주 만물을 샅샅이 뒤지고 찾아보아도 결단코 찾을 수 없는 참으로 위대한 하나님의 선물이 아닐 수 없습니다. 그렇게 삼위일체 하나님은 서로가 서로를 위하고 협력하여 아름다운 선을 이루어 가시고, 천국은 삼위일체 하나님이 현존하시는 신비와 묵시의 거룩한 나라이기에 그 나라에 참예 하기 위해 영혼들은 각자의 믿음을 가지고 오늘도 몸부림을 치고 있는 것입니다.

믿음의 지체들에게는 삼위하나님을 아는 것이야말로 참으로 소중한 진리가 되는 것입니다. 영혼들의 생명과 영생의 문제가 달려 있기 때문입니다. 영생의 천국복음은 복음을 듣는 영혼들이 삼위하나님의 창세적 뜻과 섭리를 믿음으로 받아들이고 순종하는 것으로부터 시작합니다. 믿음에는 항상 순종이 따르고 순종에는 항상 믿음이 함께 합니다. 하나님의 섭리는 영원히 변치 않는 신적 아가페 사랑으로 죄와 사망으로 멸망 당하는 불쌍한 영혼들을 구원하시기 위한 거룩한 목적에 있습니다. 하나님은 묵시적 영원한 천국에서 구원받은 사랑하는 영혼들과 함께하시기 위해, 이미 창세 전에 하나님의 언약으로 세워 놓으셨던 뜻과 계획과 섭리를 따라 성경에 기록된 예언과 말씀 그대로 이루어 가시는 것입니다. 그리고 세상 끝날 때까지 일점일획도 제하지 않고 다 이루실 거라는 이천 년 전, 하나님이신 예수님의 계시가 있었습니다.

성 삼위일체 하나님은 오직 인간에게만 유일하게 살아있는 Living Spirit, 산 영을 코끝에 불어 넣어 주셨습니다. 그러므로 인간은 하나님과 영으로 아름다운 교통 교제를 나눌 수 있는 영적 존재가 될 수 있었고 동시에 살아 움직이는 living soul, 생령이 될 수 있었습니다. 하나님의 산 영을 물려받고 살아 움직이는 생령이 되었다는 것은, 인간은 partially living flesh, 흙으로 만들어진 유형의 육체와 눈에는 보이지 않는 partially living, soul, 무형의 혼과 또 partially living spirit, 무형의 영을 동시에 소유하게 되었다는 것입니다. 그러나 어떤 교단의 신학자들은 이분설인 육체와 영혼으로만 구분해서 말하고 있으며, 또 어떤 교단의 신학자들은 삼분설인 육체와 혼과 영으로 구분해서 말하면서 서로의 주장을 펼치고 있습니다. 그러나 이분설이든지, 삼분설이든지, 영과 혼이라는 무형의 영혼은 모두 하나님께 속한 것입니다. 그러나 면밀하게 살펴보면 영과 혼은 확실히 다른 성질을 띠고 있는 무형의 것이기도 합니다. 분명 성경은 하나님은 살리시는 영 Spirit으로 표현되고 있고 육신과 함께 하는

soul, 혼은 인간의 mind 마음으로 표현되고 있기 때문입니다. 예수님은 mind 마음으로 음란을 품는 자들마다 간음하는 자들이라고 말씀하셨고, 마음에서 나오는 것들은 악한 생각과 살인과 간음과 음란과 거짓 증언과 비방이라고 말씀을 하셨지, 영으로 음란과 악한 일을 품는다고 말씀하시지 않으셨기 때문입니다. 또한 살리는 것은 영이요 육은 무익하다고 요한복음에서 말씀하셨습니다. 여기서 육은 곧 허탄한 생각과 악한 마음과도 일치하는 것입니다. 허탄한 생각과 악한 마음을 따라 육신은 항상 악하게 움직인다는 것입니다. 상대적으로 살리는 영은 거룩하고 신성한 하나님께 속해 있는 본질이자 속성입니다. 하나님의 영을 물려받은 천국적 백성들은 하나님의 거룩함을 쫓고 하나님의 거룩함을 사랑할 수밖에 없습니다. 하나님의 영이 죄를 짓는 것들과 불결한 것을 싫어하시는 것처럼 하나님의 영을 물려받은 영의 사람들도 죄와 불결한 것들을 미워하고 배척하기 때문입니다.

인간은 간절한 마음의 소원을 통해 하나님의 영과 교통하면서 사랑의 교제를 나눕니다. 그러나 영은 눈에 보이지 않는 실체가 없는 무형의 기관입니다. 혼이라는 마음은 하나님의 영과 인간의 육체를 하나로 연결시켜 주는 통로의 역활을 해줍니다. 그러나 혼이라는 마음 역시 눈에 보이지 않고 실체가 없는 무형의 기관입니다. 인간의 마음은 육체에게 지시를 내리고 마음대로 육체를 다스리지만, 그러나 인간의 마음과 육체는 하나님의 영으로 다스림을 받습니다. 하나님께 마음이라는 기관을 온전히 내어 드릴 때, 인간은 영의 존재가 되어 살아서 생동하는 것입니다. 인간의 영이 그동안까지는 없었던 것이 아니라, 사탄의 미혹과 이간질로 하나님의 영의 생명을 모르고 있었기에 하나님의 영과 차단되어 있었을 뿐입니다. 차단되어 있던 영의 통로가 인간이 하나님을 찾고 하나님께 죄를 회개하면서 하나님의 전능하심을 인정하고 받아들이면서 온 마음을 내어드릴 때, 죄로 막혀 있던 단단한 둑이 무너지고 비로소 살리시는 하나님의 생명의 영으로 충만하게 주입되면서 채워지는 것입니다. 그렇게 하나님의 영으로 다스림을 받는 사람들이 하나님께 속한 하늘적 존재이자 거룩한 천국 백성들이 되는 것입니다.

그러나 반대로 사탄이 던져주는 달콤한 미혹에 현혹되어 혼의 기관인 마음이 죄를 짓고, 죄를 탐닉하는 사람들은 사람의 마음과 육신을 붙들고 역사하는 사탄의 지배와 다스림을 받게 될 것입니다. 마귀는 이미 오래 전에 하나님의 묵시적 세상에서 하나님의 전능을 반역함으로 하나님의 거룩하신 영을 상실한 반역자입니다. 그러므로 사탄의 지배와 다스림을 받는 사람들도 마음이라는 혼적 기관에 사탄의 시꺼먼 화인을 맞아버린 처참한 지옥 백성으로 전락하고 마는 것입니다. 여기서 화인 맞은 마음은 곧 양심을 말하기도 합니다. 양심도 눈에 보이지 않는 무형의 기관이지만 그러나 양심에 찔리면 사람은 후회와 아픔과 자책과 고통을 느끼는 것입니다. 그러다가 양심이 딱딱하게 굳어져 버리면 더 이상의 고통은 느낄 수 없을 것입니다. 이미 양심이 돌이킬 수 없이 새까맣게 변질되어 버렸기 때문입니다. 그래서 죄의 화인을 양심에 맞았다고 표현하는 것입니다. 하나님이 흙으로 만들어진 육신의 코에 생명의 바람을 불어넣었을 당시 인간은 영으로 살아계시는 하나님의 전능하신 영과 혼을 동시에 물려받았습니다. 그래서 살아있는 생령이 되었다고 창세기 2장은 말씀하는 것입니다. 영이 하나님의 것이라면 혼은 각자의 개성을 대변하는 본질적 DNA이기도 하지만, 그러나 영과 혼 모두 역시 전능의 하나님께 속해 있고 그러므로 하나님의 것이 되는 것입니다. 그래서 이분설인 영혼으로도 불리는 것입니다. 결국에는 신학자들이 왈가왈부 주장하는 이분론이나 삼분론은 각각 조금의 어휘는 다를 수도 있겠지만 거기서 거기인 것입니다. 육체는 죽으면 영혼과는 완전히 분리되어 흙으로 돌아가지만, 영과 혼은 하나님께 속한 고유물이므로 반드시 하나님의 품으로 돌아가야 하는 것이 순리입니다. 바로 그것이 하나님의 창조적 섭리이고 은혜의 순리이자 질서의 법칙인 것입니다. 생명의 하나님은 창조적 섭리를 따라 사랑하는 영혼들을 찾고 계시고 섭리대로 사랑하는 영혼들을 품에 안아주시기를 지금 이 순간에도 간절한 마음으로 기다리고 계십니다. 영혼들을 하나도 잃어버리고 싶지 않은 하나님의 아가페 사랑으로 기다리고 계십니다.

만약 생령인 인간이 산 영이신 하나님의 생기의 영을 물려받았음에도 불구하고 도리어 하나님을 거부하고 오래도록 하나님을 떠나 살면서, 죄를 짓고 죄를 탐닉하며 죄에서 벗어나지 못하고 여전히 죄에 안주하고 살았다면, 그들의 영은 죽어있을 수밖에 없습니다. 살리시는 하나님의 Living Spirit, 산 영을 받지 못했기 때문입니다. 이미 그들에게는 살리시는 하나님의 영이 계시지 않기에 죽어버린 것입니다. 단지 그들은 partially living soul, 본능적 느낌과 육적으로만 살아가는 혼적 존재들에 지나지 않게 되는 것입니다. 그러나 영혼의 때가 닥치면 반쪽짜리 유형의 육신은 흙으로 돌아가지만 무형인 영혼은 육신과 분리되어 완전한 부활의 영체로 살아나서 삼위일체 하나님과 함께 더불어 영의 세상인, 천국에서 살아가게 될 것입니다. 그러나 부활의 영체를 잃어버린 또 다른 형태의 무형의 부활체들은 저주받은 영혼들이 되어 영벌의 지옥 세상으로 떨어지게 될 것입니다. 그렇기에 생명으로 살리시는 하나님의 영을 상실해 버린 인간들은 멸망 당할 수밖에 없는 것입니다.

인간은 산 영이신 하나님의 영적 존재로 지어졌기에 반드시 하나님의 산 영을 물려받아야만 하고, 하나님의 산 영을 소망해야 하는 것은 당연한 이치입니다. 마치 아버지의 따뜻한 품을 떠나 살았던 탕자가 자신의 허랑방탕한 삶을 깊이 뉘우치고 참회하며 잃어버린 아버지의 사랑과 품을 그리워하고 갈망하며 다시 돌아오고 싶어 몸부림치는 것과 같은 이치입니다. 그러나 만약 영혼들에게 그러한 뉘우침과 회개의 몸부림조차 없다면 안타깝지만 이미 그들의 영혼은 타락한 천사장 루시퍼 사탄의 영에 종속되어 버린 참담한 지옥백성들이 되어 버렸다고밖에 볼 수 없을 것입니다.

인간의 마음에는 항상 두 개의 법이 서로 간의 능력의 법을 앞세워 팽팽하게 맞서고 있습니다. 능력의 법은 인간의 영혼을 자신의 것으로 소유하기 위해 팽팽한 능력의 행사를 펼치고 있습니다. 사도바울께서 로마서에서 말씀하신 것처럼 인간의 마음에는 성령의 법과 죄의 법이 서로 동시에 공존하고 있으며 서로의 승리로 가져가기 위해 인간의 생각과 마음을 붙들어 긴박하고 치열한 영적 전쟁을 치르고 있다는 것은 부인할 수 없는 놀라운 진리의 가르침입니다. 그러나 인간이 무엇을 더 원하고 무엇에 더 강한 힘을 실어주느냐에 따라서 승리는 확연히 갈라지게 될 것입니다. 선택은 오직 사람들의 마음과 생각과 결단에 달려 있으며 사람들의 마음이 무엇을 더 원하고 있으며 무엇을 거부하느냐에 따라 승리와 패배는 극명하게 판가름이 나게 될 것입니다.

그러나 삼위일체 하나님을 믿고 순종하는 믿음의 지체들은 그리스도예수 안에 있는 생명의 성령의 법으로 말미암아 죄와 사망의 법에서 자유하고 죄를 이길 수 있는 강건한 힘과 영권을 하나님으로부터 물려받게 될 것입니다. 그리스도예수의 구속과 생명 가운데 살아가는 영혼들은 사랑의 원천되시고 생명의 주관자 되시는 하나님의 법을 항상 마음 중심 가운데 세워놓고 눈에 보이지 않는 영적 존재들과의 전쟁을 담대하게 치러 나가는 것입니다. 믿음의 지체들은 죄의 미혹을 단호히 끊어내기 위해, 거룩한 하늘나라 새 예루살렘성, 찬란한 천성에 입성하는 권세의 성도들이 되기 위해, 오늘도 끊임없이 애를 태우며 몸부림치는 것입니다. 부디 살아계시는 삼위일체하나님의 현존과 항상 함께 동행하시고 하나님께 구원받은 천국 눈부신 영혼들이 되시기를 생명의 주이신 예수그리스도의 이름으로 축복하고 축원합니다.

물로만 아니요 물과 피로 임하셨고
증언하는 이는 성령이시니 성령은 진리니라
증언하는 이가 셋이니 성령과 물과 피라
이 셋은 합하여 하나이니라- 〈요일 5:6-8〉

내 안에 있는 믿음의 여린 떡잎

지금 내 안에는 불길 같은 혁명이 일어나고 있다…!
꼿꼿이 머리를 들어 새로운 혁명을 외치고 있다…!

내 안의 혁명은 믿음을 소리치고 있다…!
믿음이라고 당당히 외치며 선언하고 있다…!

진정 그대는 생명의 주님과 동행하는
참된 믿음의 사람이 되기를 소원하는가-

진정 그대는 거짓으로 부르짖는 믿음이 아닌
뜨거운 심장의 열정으로 믿음을 부르짖고 있는가-

지금 내 안에는
불길 같은 믿음의 혁명이 뜨겁게 솟아오르고 있다…!

지금 내 안에는
새로운 생명을 열망한다고 끝없이 외치고 있다…!

겨자씨만한 믿음이 내게 있다면

언제부터인가 내 안에는 믿음이라는 열정의 씨앗이 뜨겁게 자리 잡고 있었습니다. 믿음은 작고 보잘것없는 믿음이었고 겨우 그런 믿음을 가지고 나는 믿음의 대담한 항해를 향해가는 처음을 시작할 수 있었습니다. 그러나 말이 그렇지 나의 믿음은 겨우 발목 밑에서 찰랑대는 shallow faith, 얄팍한 믿음에 지나지 않는 믿음이었다고 단정 짓고 있었습니다. 그 이유는 내가 믿음이라고 확신했던 믿음이 정작 메마른 현실과 냉혹한 환경에 된통 충격을 받으면서 직면하게 되었던 순간, 바람에 사정없이 흔들리는 갈대처럼, 폭풍우에 출렁이는 파도처럼, 제멋대로 마구 흔들리고 요동치고 있었기 때문입니다.

겨자씨만한 믿음도 믿음이라고 확신했던 믿음이 정작 내 안에서는 믿음의 능력으로 발휘하지 못하는 얄팍한 믿음으로, 연약한 믿음으로, 순식간에 변질되기 일쑤였습니다. 그런데 그렇게 얄팍하고 신조 없는 나의 믿음이 언제부터인가 조금씩 자라기 시작하더니, 나의 믿음을 말살하기 위해 집요하게 방해하고 있었던 악한 세력들의 미혹들과 의심들과 불신들과 열심히 싸우고 있었다는 놀라운 사실을 깨닫게 되었던 것입니다. 그렇게 나의 겨자씨만한 믿음은 내 안의 악한 불신을 조금씩 죽여 나가고 있었고 어느 사이 앙증맞은 초록빛 찬란한 떡잎을 예쁘게 피워냈던 것입니다.

처음에는 콩알보다 작고 좁쌀보다 조금 큰, 딱 두 잎의 여리고 여린 떡잎이었습니다. 그렇게 한 잎, 두 잎, 예쁜 싹을 틔워 나가는 앙증맞은 떡잎을 바라보는 나의 두 눈은 놀라움과 기쁨으로 가득 찬 탄성을 지르지 않을 수 없었습니다. 나의 두 눈에 비치는 여린 떡잎은 참으로 대견하고도 사랑스럽게 비쳤고 살겠다고 단단히 버티고 있는 끈질긴 생명력이 놀라워서 나는 가슴 저린 감동을 하며 눈물을 흘리기도 했습니다. 생동하는 생기를 머금고 자라나는 새싹들을 조심스럽게 지켜보는 나의 마음은 가끔은 위태롭고 가끔은 조마조마하며 조바심을 탈 때도 있었습니다. 그러나 내 안에 자리 잡은 믿음의 여린 새싹은 나의 걱정과 염려와는 달리 씩씩하게 잘 자라주고 있었습니다. 그 모습이 나는 또 신기하기만 했습니다…. 저렇듯 작은 떡잎이 어쩌면 저리도 쌩쌩하게 잘 자라고 있을까, 어쩌면 저리도 생명력이 있을까, 참으로 대견해 보였으며 자랑스럽기까지 했습니다.

이것은 나의 믿음 생활에 있어 놀라운 기적이었습니다…! 얄팍했던 나의 믿음이라고 함부로 무시하고 경멸했던 믿음이 조용히, 열심히, 내 안에 자라고 있었고 결국에는 예쁘고 앙증맞은 초록빛 떡잎을 찬란하게 피워냈던 것입니다.

나는 이 떡잎을 가리켜 "내 안에 있는 믿음의 여린 떡잎"이라고 이름 지어 부르기 시작했습니다. 그러자 무수한 언어들과 다양한 문장들이 나의 정신 속 세계를 휘휘, 휘저으며 발랄하게 생동하고 있었습니다. 내 안에서 자라나는 믿음의 여린 떡잎은 주님의 숭고한 사랑을 부르짖고 있었습니다. 내 안에서 자라나는 믿음의 여린 떡잎은 주님을 향하는 순결한 신부의 사랑을 가슴속 깊이 간직하기를 소망했고 사랑하는 주님을 천국에서 반드시 만나리라는 거룩한 다짐과 위대한 결단을 품고 있었습니다. 내 안에 있는 믿음의 여린 떡잎은 성결한 주님의 보혈로 반드시 거룩한 생명을 얻으리라는 영혼의 열망으로 외치고 있었습니다. 내 안에 있는 믿음의 여린 떡잎은 육신의 죄악을 이기고 마귀의 유혹을 물리칠 것이며 죄의 근원인 가나안 칠족과 싸워 승리하리라는 영의 인도자 여호수아와 용장이었던 갈렙의 믿음과 맹렬한 용장의 정신을 뜨거운 심장에 각인시키고 있었습니다. 내 안에 있는 믿음의 여린 떡잎은 승리의 나팔소리와 승전고의 북소리가 온 세상을 향해 둥둥, 힘찬 소리를 울리며 하늘보좌에 좌정하고 계시는 아버지와 아들 예수께 영광을 올려드리는 열정과 감사함으로 오늘을 살아갈 것이라고 결단하고 있었습니다.

믿음이 없이는 하나님을 기쁘게 하시지 못하나니
하나님께 나아가는 자는 반드시 그가 계신 것과
또한 그가 자기를 찾는 자들에게
상주시는 이심을 믿어야 할지니라- 〈히 11:6〉

진심 고백

hey- 나는 네게 고백할 것이 있어….
내게도 육신의 dna 정욕이 내 핏속에 들끓고 있다는 것을-

hey- 나는 네게 토로할 것이 있어….
내게도 번영의 dna 탐욕이 내 핏속에 들끓고 있다는 것을-

육신의 삼대정욕이 나를 파괴한다는 것을 뻔히 알면서도
내 속에 들끓는 정욕의 피는 그것을 절절히 갈망하는 거야.

이런 육신의 정욕과 탐욕이 언제까지 지속되어 갈지
나는 알 수 없지만, 한편으로는 야릇한 쾌감을 느끼기도 해.

그것들을 한 번이라도 내 손에 찰지게 쥐어볼 수만 있다면…!
그것들을 한 번이라도 멋지고 화려하게 누려볼 수만 있다면…!

이런 욕망을 품고 있는 나는 불결한 죄인일까…?
이런 탐욕을 품고 있는 나도 구원을 받을 수 있을까…?

아니면 구원받지 못하는 죄인의 영혼으로 낙인찍혀
영영히 불타는 영벌의 유황 불못 속으로 떨어지게 될까…?

무지하고 어리석은 나는 도저히 그 진실을 헤아릴 수 없어서
지금 이 순간에도 미혹의 올가미에 빠져 허덕이고 있는 거야.

hey- 나는 진심으로 네게 고백할 것이 있어….
나는 내 자아의 욕망을 시원하게 날려버리고 싶다고…!

hey- 나는 진심으로 네게 토로할 것이 있어….
나는 내 육신의 정욕을 정말 깨끗하게 처리하고 싶다고…!

성공과 번영을 사랑하는 사람들

세상 사람들과 불신자들과 다른 종교인들은 살리시는 영으로 역사하시는 하나님의 영을 자신들의 심령 안에 담고 있지 않습니다. 그렇기에 그들은 살리시는 영과 진리로 역사하시는 하나님의 영이 무엇인지 모르고 있으며 알 수도 없는 그저 깨끗한 백지상태에 머물러 있는 사람들이라고 볼 수 있을 것 같습니다. 살리시는 하나님의 영을 심령에 품지 않았기에 영의 세상과는 아무런 상관없는 그저 혼적 동물들처럼 혼적 능력과 본능적 힘으로만 열심히 살아가는 것에 온 힘을 쏟아붓는 것입니다. 하나님의 영을 소유하지 못한 사람들은 하나님의 형상을 하고는 있지만, 그러나 생명의 영이 죽어있는 가엾은 혼적 존재들에 불과할 뿐입니다. 그러므로 그들의 결말은 안타깝지만, 유황불이 불타는 지옥 불못 속으로 떨어질 수밖에 없다는 것이 하나님의 생명의 말씀에 입각한 결론입니다.

이것은 제가 하는 말이 아니며 원색적이고 극단적인 말도 아닙니다…. 또한 위협적이고 오만한 말도 결코 아닙니다…. 성경과 예수님이 말씀하신 확고부동한 진리의 말씀이기 때문입니다. 인류의 모든 생명은 바로 살리시는 하나님의 영과 직통으로 연결되어 있습니다. 세상에는 하나님과 연결되어 있지 않은 것은 단 하나도 존재하지 않습니다. 온 우주 만물과 거대한 세상에서 숨을 쉬며 살아 움직이고 있는 모든 피조물의 크고 작은 생명까지도 하나님의 창조물로 지어졌고 하나님의 본질적 생명과 연결되어 있기 때문입니다. 하나님이 오직 말씀으로 그것들을 위대하게 창조하셨기 때문입니다. 하나님의 말씀이 없었다면 그것들은 존재할 수 없는 것들이었습니다. 특히 삼위하나님의 형상을 입고 삼위하나님의 "하이 네페쉬 하"라는 영원한 생명의 생기를 코끝에 물려받고 탄생한 전 인류는 전능의 하나님에 의해 창조된 전인격적 피조물들이었습니다. 인간 자체가 살아있는 하나님의 참 진리가 되는 것입니다. 하나님은 자신들의 형상을 닮은 인간을 창조하셔서 하나님과 더불어 에덴동산에서 영원토록 함께 살아가기를 원하셨기에 인간의 위대한 탄생을 위해 먼저 온 우주 만물을 말씀으로 창조하셨고 그것들을 미리 준비해두셨던 것입니다. 인간의 창조는 천지창조가 완벽하게 창조된 후에야 비로소 만들어졌다는 것이 참 진리가 되는 것입니다. 그것을 깨닫고 하나님의 순리에 복종하며 하나님 앞으로 나아오는 사람들이 하나님께 구원을 받는 거룩한 영혼들이 되고 부활체의 영체로 천국에서 영원토록 살아가는 아름다운 천국백성들이 되는 것입니다. 하나님은 바로 그런 영혼들을 기뻐하시고 사랑하십니다.

살리시는 하나님의 산 영을 물려받고 그리스도예수를 각자의 구주로 심령 안에 모시고 살아가는 사람들은 그러한 영의 진리와 창조의 순리를 너무나 잘 알고 있을 것입니다. 창조의 진리란 태초에 하나님이 천지를 오직 말씀으로 창조하셨다는 그 말씀을 믿음으로 받아들이고 순종하는 것입니다. 하나님의 위대하심을 피조물의 입장에서 순복하고 경배와 찬양과 감사를 하나님께 올려드리는 것입니다. 생명과 관계된 모든 크고 작은 피조물들은 바로 전능의 하나님께 속해 있고 하나님으로부터 비롯되었다는 사실을 믿음으로 믿고 받아들이는 것입니다. "호 코스모스"라는 우주적 광대한 세상과 거대한 현상계의 세상을 과거와 현재와 미래와 묵시적 세상으로 구분해서 인도해가는 시간이라는 신비와 물질계에 존재하는 역사적이고 세계적인 모든 스토리들 또한 전능의 하나님으로부터 시작되었다는 것을 마음으로 믿는 것입니다. 애당초 하나님이 없이는 그 무엇 하나 이루어질 수 없고, 전개되어 갈 수 없다는 산 진리를 믿음의 사람들은 묵시적 질서를 따라 역사하는 하나님 섭리와 창조적 순리를 믿음으로 받아들이고 순종하는 것입니다. 바로 그런 사람들이 살리시는 하나님의 영을 물려받은 하늘적 존재들이 되는 것입니다.

믿음의 사람들은 아무리 자신들의 죄를 감추고 숨기려고 해도 하나님의 양날의 칼과 같은 날카로운 영의 눈빛을 결코 피해갈 수 없다는 진리를 너무나 잘 알고 있기에 하나님께 자신들의 죄를 고백하고 회개하며 용서를 간구하는 것에 습관화 되어 있고 생활화 되어 있습니다. 바로 그것이 죄의 옷을 빠는 거룩한 영혼들의 행함의 순종이 되는 거라고 믿기 때문입니다. 그러나 하나님의 산 영을 심령 안에 받지 못한 세상 사람들과 불신자들과 다른 종교인들은 하나님 앞에 자신들의 죄를 회개할 수 없습니다. 그들은 회개라는 언어를, 회개의 능력을, 모르기 때문입니다. 아니, 회개라는 행위 자체를 무시하고 거부하는 것입니다. 오직 인간만이 제일이고 모든 것이라는 교만과 완악함이 하나님 앞에 회개하지 못하도록 단단히 막아버렸기 때문입니다. 저주와 멸망이 완악한 그들의 영혼을 집어삼켜버렸다는 것입니다. 분명히 육신의 죄 사함을 받을 수 있는 생명의 길, 구원의 길, 천국의 길을 하나님께서 열어두고 계심에도 불구하고 애써 하나님의 은혜와 구원의 축복을 부인하고 거부하며 돌아서는 것입니다.

그리스도예수라는 신권의 하나님을 그들은 거부하고 있습니다. 예수그리스도를 죄와 멸망으로 죽어가는 영혼들을 살리시는 구원의 주님으로 믿고 싶지 않다는 것입니다. 그런 사람들은 자신들이 살아생전에 지었던 무수히 많은 죄악을 육신 안에 수북이 쌓아두고 있다가 영혼의 때가 닥치면 육신의 죄덩어리와 함께 처참하게 멸망 당하고 마는 것입니다. 죄가 그들의 영혼을 단숨에 집어 삼켜버렸다는 것입니다. 매우 원색적이고 극단적인 말처럼 들리기도 하지만 성경에 입각한 영의 진리를 말하고 있습니다. 성령하나님은 바로 그러한 산 진리를 인간에게 깨닫게 하시려고 오늘도 무소부재하시는 일곱 영의 눈동자로 온 세상을 두루 다니시며 하나님을 향해 있고 전심으로 하나님의 얼굴을 구하며 부르짖는 영혼들을 위해 쉬지 않고 찾아다니시는 것입니다. 아버지의 영으로 오시고 아들의 영으로 오신 성령하나님은 예수그리스도의 생명복음을 듣고 말씀에 순종하는 영혼들을 천국백성으로 삼기 위해 하나님의 열심으로 매 순간, 순간마다 쉬지 않고 일하고 계시는 것입니다.

살리시는 거룩한 산 영에 의해 더러운 육의 것은 고스란히 드러나게 되어 있습니다. 영적인 일은 영적인 것으로만 분별한다고 로마서에서 사도 바울께서 하신 말씀을 기억하기를 바랍니다. 또한 사람의 혼과 영과 및 관절과 골수를 찔러 쪼개기까지 하시며 사람의 생각과 마음과 행동을 관찰하시고 판단하시는 two edges sharp sword, 양날의 날카로운 검같은 하나님의 말씀을 잊어서는 결코 안 될 것입니다. 온 우주 만물과 인간의 생각과 마음을 일거수일투족을 감찰하시는 하나님의 전능은 Infinity 무한하고, Immunity 영원불멸하며, Eternal to Eternal, 영원에서 영원까지 이르는 초월적 역사로 전개되어 가고 있습니다. 가시적 세상과 묵시적 세상에 동일한 권능으로 살아서 역사하시는 전능의 아버지하나님과 전능의 아들하나님과 전능의 성령하나님이 한 신격 안에 동일하게 살아서 현존하고 계시는 The God of Trinity, 삼위일체이신 하나님이십니다.

　산 영으로 깨어 있는 믿음의 사람들은 가시적 세상과 현실에 나타나는 일련의 사건들과 현상들을 바라보면서 영의 세상에서 일어나고 있는 것들을 어느 정도쯤은 들여다볼 수 있고 앞으로 어떤 모습으로 현대 세상이 전개되어 갈지 조금쯤은 예견할 수 있는 지혜와 명철을 소유하고 있으리라고 생각합니다. 예를 들면 현재 온 세계를 아비규환의 혼란 속으로 몰아가고 있는 신종 코로나19(COVID-19) Pandemic의 출현입니다. 지금은 Omicron, 오미크론이라는 새로운 신종 변이 바이러스가 온 세상을 또다시 세차게 강타하고 있습니다. 신종 변이 코로나바이러스로 인해 세계적으로 많은 사상자를 내는 것은 물론이고, 급격한 경제의 몰락과 소상공인들의 존립과 생명을 위협하는 위급한 위기의 혼란 속으로 휩쓸어 가고 있습니다. 신종 코로나 현상이 인류에게 무엇을 전달하고자 하며, 앞으로 세상이 어떤 위급한 상태로 직면해 갈 것인지 평범한 사람들의 생각으로는 도저히 알 수 없을 것입니다. 그러나 살리시는 하나님의 영으로 깨어 있는 믿음의 사람들은 하나님의 무서운 경고성 징계가 온 세상을 향해 내리고 있다는 것을 어느 정도는 미루어 짐작할 수 있을 것입니다. 어쩌면 하나님은 세계를 강타하고 있는 Pandemic, 신종 코로나19 바이러스와 Omicron, 신종 변이 바이러스를 통해 세상 불신자들이 아닌, 세상 종교인들이 아닌, 바로 하나님을 사랑하고 그리스도예수를 구원의 주로 믿고 순종한다는 믿음의 종들과 믿음의 사람들을 향해 경고성의 말씀을 하고 싶으신 것은 아닌지, 라는 생각을 위급한 현실과 혼탁한 세상을 바라보면서 해봅니다. 육신의 삼대정욕과 세상 번영과 인기와 성공을 열망하며 쫓아가는 불법자들과 그들을 따라 번영과 성공을 위해 정욕적으로 믿었던 자들을 향해 하나님은 분명한 경각성 메시지를 보내고 계시는 것입니다.

하나님은 신종 코로나19와 변이 바이러스를 통해 우상들과 더러운 죄로 붉게 물들었던 믿는 자들의 심령을 회개로 각성시키기 위한 경고성 메시지를 온 세상을 향해 보내고 계시는 것입니다. 하루빨리 정욕의 자리에서, 죄악의 사슬에서, 불경한 귀신 우상들에게서, 자신을 사랑하는 self 우상에게서 벗어나 생명의 하나님께로 돌아오라고 말입니다. 그러므로 Pandemic, 신종 코로나19와 Omicron 변이 바이러스의 출현은 우연히 일어난 것이 아닌, 하나님의 섭리와 계획에 따라 일어날 수밖에 없었던 이 시대 사태라는 것입니다. 세상에 닥치는 모든 위급한 재난과 긴박한 환난은 하나님의 허락이 없이는 단 하나도 일어날 수 없습니다. 전능의 하나님이 온 세상을 권능으로 붙들고 계시고 무한한 전능으로 control, 컨트롤하고 계시기 때문입니다. 하나님은 이스라엘 백성들처럼 목이 곧고 각종 우상과 귀신들을 하나님처럼 사랑하고 숭상하는 인간의 교만한 정욕과 완악함을 깨트리기 위해 환난과 역경을 허락하시는 것입니다. 그러므로 깨어 있는 자는 듣고 나아올 것입니다. 깨어 있는 자는 하나님의 말씀과 명령하심에 즉각 순종할 것이고, 깨어 있는 자는 마음을 찢으며 회개할 것이고 하나님의 공의를 구하면서 전심으로 기도할 것입니다. 그리고 그런 행위는 믿음의 사람이 행해야 하는 당연한 순종이자 의무입니다.

신종 코로나바이러스가 세계의 패권을 다투는 강대국의 사악한 정치적 음모를 꾸미는 흉악한 자들의 흉계에 의해 전염되는 전염병이라고 할지라도 하나님의 통괄 아래 있습니다. 말세 때 나타나는 무서운 심판과 징계와 징조도 모두 하나님의 권능 아래 행해지고 있으며 세상에 나타나는 모든 것은 당연히 하나님이 운행하시고 통괄하십니다. 믿음의 사람들이라면 하나님의 경고성 메시지를 겸허한 마음으로 받아들일 것입니다. 하나님 전으로 나아와 죄로 얼룩졌던 불결한 마음과 죄의 더러운 겉옷과 심령을 찢어 참되게 회개하며 하나님의 긍휼과 용서를 간구할 것입니다. 그런데도 세상에는 여전히 불법을 행하는 불법자들이 하나님의 신권을 배격하고 있다는 것을 목격합니다. 하나님이신 예수그리스도를 가증한 우상들과 나란히 함께 세워 놓고 불경한 예배 의식을 치르는 짓들을 서슴없이 행하는 기막힌 현실을 목격하는 것입니다. 사람의 교만한 생각과 완악한 마음을 붙들고 역사하는 사탄은 그렇게 육신의 삼대 정욕을 탐하는 불법자들을 미혹으로 선동해서 지옥 불못이라는 멸망의 장소를 향해 끌고 가는 것입니다.

세상에 널려있는 온갖 더러운 우상들과 귀신들을 다 불러모아 놓고 그것들도 신이라고 명하고, 신으로 인정하고 포용해서 지구의 평화를 지켜야 한다고 종교혼합과 종교다원의 예배 의식을 뻔뻔하게 치르는 행위를 하는 것입니다. 신권의 하나님이신 그리스도예수를 구원의 주로 믿는 믿음의 사람들 앞에 가증한 미혹의 의식을 보여주며 멸망의 길로 끌고 가는 것입니다. 이미 육신의 삼대 정욕에 침식당해 버린 불법자들을 따라 역시 잘못 믿고 있는 자들의 죄가 도를 넘어가고 있다는 하나님의 무서운 경고라는 사실을 한시라도 빨리 깨닫고, 니느웨 성의 왕과 대신들처럼, 성안에 있는 모든 높고 낮은 자를 불문하고 하나님을 창조주, 구원의 하나님이라고 믿는 그리스도인이라면 모두가 금식하면서 굵은 베옷을 입고 재 위에 앉아 참되게 회개해야 할 때가 바로 이 순간이고, 거룩한 영의 예배를 드려야 할 때가 바로 지금인 것입니다. 세상이 급격하게 불법과 타락의 길을 향해 치닫고 있으며 사탄의 가증한 전술 전략이 육신의 삼대 정욕을 사랑하는 불법자들에 의해 제대로 먹혀들어 가고 있다는 참담한 현실과 광경을 이 시대, 공공연하게 목격하고 있기 때문입니다.

　그렇다고 해서 그리스도예수를 믿는 믿음의 사람들이 믿음이 없고 능력이 없다는 뜻이 아닙니다. 믿음의 패러다임과 믿음의 본질이 무조건적인 번영과 성공과 은사와 방언과 불의 능력에서, 이제는 하나님의 진리의 말씀으로, 그리스도예수의 생명복음으로, 거룩함의 능력을 사모하는 성결한 신부의 믿음으로, 전환되어 가고 있기 때문입니다. 예를 들면 출처가 어디인지 알 수 없는 무조건적 뜨거운 불의 능력에서 이제는 맑고 깨끗한 샘물의 생수로, 잔잔한 물결의 믿음으로, 부드럽게 바뀌어 가고 있다는 것을 느끼기 때문입니다. 기독교 채널 어디를 보아도 하나님의 진리의 말씀에 입각한 귀중한 말씀들을 주의 종들이 선포하고 있기 때문입니다. 본질적이고 근본적인 하나님의 말씀으로 다시 본연의 제자리를 찾아가고 있다는 것입니다. 그리고 그것은 참으로 다행스러운 일입니다. 하나님의 기록된 생명의 말씀에는 그리스도예수의 보혈이, 성령하나님의 거룩하신 임재와 권능이 임하시기 때문입니다. 이 시대 성령의 은사와 하늘의 영권은 결코 사라진 것이 아니라 하나님의 말씀 안에 생명으로 역사하고 계신다는 것은 변하지 않는 진리입니다.

　당시 교회 부흥이라는 슬로건을 앞세워 육신의 삼대정욕을 탐했던 사람들에 의해 미혹의 역사가 순식간에 성령의 역사로 잘못 왜곡되어 주님의 교회들과 성도들을 미혹하면서 무차별적으로 사용되어 왔던 것은 사실입니다. 그 결과 하나님의 말씀과 거룩함의 믿음과 참된 회개를 중시해야 할 그리스도의 교회에 삼위하나님의 생명의 영이 아닌, 세상 번영의 맘몬의 신이, 육신의 성공의 신이, 죄의 미혹의 신이, 쓰나미처럼 침투해 들어오고 있었던 것입니다. 안타깝지만 오직 말씀으로만 "솔라 스크립트라" 하나님의 복음을 전했던 목자들은, 그런 식으로 목회를 하다가 언제 교회를 부흥시키겠느냐는 동료 목사들의 비웃음을 받았다는 말을 고국에 돌아와서 들을 수 있었습니다. 급속도로 변천하고 하루가 다르게 급변하는 당시 패러다임의 시대를 분별하지 못하고 기회를 잡지 못한 채, 고지식하게 성경만 붙들고 하나님의 말씀만을 전하고 있었던 게 잘못이라는 아픈 질책을 받았다는 것입니다.

그러자 언제부터인가 정통교회들도 앞장서서 교회를 부흥 시켜 보겠다고 성령의 은사와 불의 능력을 구하기 위해 너도나도 3일씩, 7일씩, 21일씩, 40일씩, 또 어떤 사람들은 100일씩 작정 금식하면서 기도를 했다는 것입니다. 그러는 중에 애꿎은 나무뿌리를 몇 뿌리나 뽑았는지 셀 수도 없다는 무용담을 전하는 일부 사역자들의 말을 나는 고국에 돌아와 직접 두 귀로 듣는 신기한 기회를 접할 때도 있었습니다. 물론 교회는 크게 성장했고 부흥했다고 인정합니다. 그러나 정직하게 말하면 백 퍼센트 질적인 성령부흥은 아니었다는 것입니다. 세상번영과 육신누룩이 교회로 침투해 들어왔던 성행적인 부흥이었다는 것입니다. 그러므로 당연히 양적인 성행이었지 성령의 영적이고 질적인 부흥은 아니었다는 것입니다. 그것에 대한 확답이 성도들의 실생활에서의 살리는 믿음의 능력과 거룩함의 열매를 심령 안에 맺지 못한 채, 자꾸만 미운 육신의 모습이, 정욕적인 탐욕의 모습이, 거룩하지 않은 부패와 타락의 모습으로 나타나고 있었던 것입니다. 이 말은 개인적 필자의 판단에 의한 말이 아닌, 한국교계의 깨어 있는 많은 지도자 분들의 영적 판단에 의한 결론이기도 합니다.

그래서 곰곰이 생각해 보았습니다…. "하나님의 구원이 꼭 그런 각종 은사와 신비의 환상과 뜨거운 불의 능력에만 있을까…? 꼭 그렇게 되어야만 하나님께서 천국구원을 베풀어 주시는 걸까…?" 정말 진지하게 숙고하지 않을 수 없었습니다. 결론적으로 따져 보았을 때는 하나님의 말씀을 궁극적 기본으로 삼아 복음을 열심히 전하셨던 고지식했던 목자들의 목회 사역이야말로 백번, 천 번, 옳고 정직했고 하나님의 뜻에 부합했다는 것입니다. 그분들은 하나님의 말씀을 육신적으로, 정욕적으로, 사용하기 위해 헛되이 전하거나 성도들의 믿음을 잘못된 길로 가도록 mislead, 미혹하지 않았다는 것입니다. 그래서 또 생각해 보았습니다…. 하나님의 영혼 구원은 열기가 미친 듯이 뜨겁게 타오르고 있고 흥이 클라이맥스를 향해 치솟는 뜨거운 은사파티나 능력파티에 있지 않았다는 것입니다. 예수그리스도의 생명복음과 거룩한 영생의 나라는 오직 하나님의 말씀에 근거한 복음이었고 그것이야말로 영혼들을 살리는 참된 복음이었다는 것입니다. 보혜사 성령하나님의 은사와 능력은 바로 말씀의 능력을 사모하는 자들에게, 믿음의 능력을 간구하는 자들에게, 죄의 미혹을 견디고 죄와 싸우고 대적하는 자들에게, 거룩함을 심령 안에 지키고자 열성을 쏟아붓는 자들에게, 능력으로 역사해주셨던 것입니다. 그것이야말로 성령하나님의 참된 부흥이자 하나님의 나라와 그의 의를 이 땅에 눈부시게 실현하는 것이었습니다. 그리고 그런 믿음은 어떤 가시밭 고난과 환난과 역경이 닥쳐와도 결코 후퇴하거나 퇴색하지 않는다는 것입니다. 생명의 말씀이야말로 참된 부흥이고 참된 진리가 되기 때문입니다. 참된 생명과 참된 진리 안에는 바로 삼위하나님이 역사해주시기 때문입니다.

그러나 금식기도를 통해서 성령의 불과 은사를 받았고 영권이 있다는 사역자들이 멋진 능력의 옷을 입고 하나님의 복음을 번영복음, 성공복음, 정욕복음으로 변질시켰던 시절이 있었다는 것은 부정할 수 없을 것 같습니다. 처음 취지는 참으로 좋게 시작했을지도 모릅니다. 그러나 무조건적 성령의 불과 성령방언과 성령의 은사를 앞세워 참된 그리스도교회의 구원의 본질과 믿음을 흐리게 하고, 혼탁하게 하고, 퇴색하게 만들어버리고 말았습니다. 그 결과 그리스도교회와 성도들을 근본적 믿음에서 떨어지게 하는 지대한 악영향을 끼쳤던 것도 사실이었습니다. 그러나 세계적으로나 역사적으로나 살펴보면 세상의 인기와 정욕을 탐하는 자들은 각각의 시대마다 항상 존재하고 있었다는 것입니다. 그런 그들에게 성령의 은사와 능력은 참으로 좋은 무기가 되어주었던 것입니다. 그 좋은 기회를 놓칠세라 사람들은 자신들의 인기와 물질의 이익을 채우기에 급급했으며 더불어 성공과 명예와 권력을 모두 한 손에 취할 수 있었던 것입니다. 모두가 하나님의 말씀이고 하나님의 명령이라고 수많은 영혼 앞에 하나님의 권위를 앞세웠습니다. 그러자 수많은 물질이 사람들에게서 쏟아져 나왔습니다. 그러나 이천 년 전, 주님은 제자들을 향해 "거저 받았으니 거저 주라"는 명령을 하셨다는 것을 기억하기를 바랍니다. 예수님의 그 말씀을 백 퍼센트 믿음으로 순종하여 백 퍼센트 순수사역을 감당했다고 확신하며 말할 수 있는 사역자들이 과연 이 시대 얼마나 될지 개인적 생각이고 의문이기도 하지만 아마도 그런 사역자들은 그다지 많지 않았으리라고 봅니다. 모두가 받는 것에만 익숙해져 있었고 받는 것에 깊숙이 매몰되어 있었기 때문입니다. 그리고 그런 것이 당연한 권리와 행위로 그 당시에는 각인되어 있었습니다.

그 결과는 참담했고 단번에 기독교의 변질과 타락으로 이어져 버리고 말았습니다. 오래전, 이 가난하고 척박한 땅에 발을 내디디셨던 외국인 선교사님들과 믿음의 선진들이 순교적 거룩한 피를 흘려 기독교의 국가로 이 땅에 굳건하게 세웠고 지켜왔지만, 살아있는 하나님의 천국복음을, 그리스도예수의 생명복음을, 순식간에 세상의 번영과 맘몬의 누룩으로 희석시키면서 후퇴시켜 버리고 말았던 것입니다. 한국교회를 향해 달려갔던 수많은 사람이 너도나도 세상기복을 원했고 세상번영과 물욕의 성공을 열망했기 때문입니다. 교회만 가면 무조건 성공하고 부자로 잘살 수 있다는 것으로 하나님의 천국복음과 그리스도예수의 생명복음은 왜곡되고 있었고 당연히 그렇게 인식하고 있었던 시절이 있었습니다.

그러나 어느 순간 신기했던 환상과 멋진 매직들이 힘을 잃고 사라지자 그곳에는 이상한 형상의 모습을 띠고 있는 뜨겁지도 차갑지도 않은 얄궂은 기독교의 옷을 입고 있는 사람들이 교회 안을 가득히 메워 놓고 있었습니다. 옷은 기독교인의 옷을 입고 있는데 정작 그들의 본 모습에는 맘몬의 세상 신이 어른대고 있었습니다. 기독교에 능력 없는 믿음, 신앙 없는 믿음은 믿음이라고 말할 수 없을 것입니다. 기독교인이 육신의 죄와 싸우지 않고 작은 죄 하나도 이기지 못한다면 살아있는 믿음을 소유했다고 볼 수 없을 것입니다. 믿음의 사람들이 어떤 열매를 맺었는지 당장은 그 열매를 알 수 없습니다. 열매는 시간이 흘러가야 어떤 열매를 얼마만큼 맺었는지를 비로소 확인할 수 있기 때문입니다. 당시 한국교회에 나타났던 부흥의 열매도, 뜨거웠던 불길도, 매한가지였습니다. 한때는 뜨겁게 시작했던 믿음이었고 그래서 너도나도 뜨겁게 불타올랐던 믿음이었지만, 언제부터인가 심장이 더는 뜨겁지 않고 데면데면하게 되었습니다. 뜨겁게 불타올랐던 불의 믿음이 이상하게도 그 힘을 끝까지 능력으로 밀어붙이지 못하고 발휘하지 못하고 중간에서 멈추어 버리고 말았기 때문입니다. 그러다가 어느 순간 미지근하게 식어버리고 말았습니다. 비록 기독교의 옷을 입고는 있지만, 반석 위에 집을 짓는 참된 믿음은 아니었다는 것입니다. 그래서 쉽게 허물어졌던 것입니다. 다만 여전히 정욕을 충족시켜주는 육신적 성공과 세상의 화려한 번영의 옷을 입고 그것들을 열망하고 있는 사람들의 종교적 무익한 모습들만 기독교 안에 남아있을 뿐이었습니다. 그러자 교회와 기독교 안에서 부패와 비리와 권력 싸움인 술수가 도를 넘고 있었습니다.

아니, 좀 더 정직하게 말하면 성령의 교회부흥과 함께 거룩한 심령천국을 이루었던 믿음의 지체들도 분명 많았다고 확신하고 그것을 인정합니다. 그러나 반대로 맘몬의 세상 번영과 육신의 성공과 성행을 이룬 사람들도 분명 많았다는 것입니다. 그러나 열매라고 다 같은 열매가 될 수 없을 것입니다. 두 종류의 열매는 결코 함께 갈 수 없는 열매들입니다. 각각 다른 열매를 맺는 사람마다 영혼의 마지막 때, 가야 할 길이 분명하게 나타나고 선명하게 갈라질 것이기 때문입니다. 오랜 세월이 흘러간 후, 조용히 돌이켜 보니, 하나님의 천국복음이, 예수그리스도의 생명복음이, 잘못 전해지고 있었다는 사실을 깨닫게 되었습니다. 오직 성령의 은사와 불의 능력에만 깊이 심취해 있던 소위 은사자들에 의해 하나님의 천국복음이, 예수생명복음이, 왜곡되고 있었고 과장되게 선동되고 있었고 저급하게 변질되어 있었다는 것을 깨닫게 되는 것입니다. 성령의 은사와 불을 사용하는 사람들에게서 그동안 과장된 광고와 선동이 있었다는 것을 알게 되었던 것입니다. 물론 어떤 분 중에는 "거저 받았으니 거저 주라"는 예수님의 가르침에 근거하여 힘없고 가난하고 심각한 질병과 귀신에게 고통받는 불쌍한 사람들을 위해, 예수님처럼 긍휼히 여기는 사랑의 심정으로 은혜로운 성령사역을 펼치시고 실천하신 분들도 있었다고 확신합니다. 그러나 대부분 성령의 은사와 불의 능력이 자신들만의 성공과 인기와 정욕을 위해 펼쳐지고 있었다는 것 또한 숨길 수 없는 사실이었다는 것입니다.

오직 하나님의 말씀과 거룩하심과 신실하심과 공의로움과 권능만이 영혼들을 치유하시고 회복시켜 주셨다는 것이 참된 진리였습니다. 그런 산 진리를 하나님은 믿는 자들로 하여금 깨닫게 해주셨던 것입니다. 거룩하시고 공의로우신 하나님의 영이 없는 곳에는 성령하나님의 역사는 없었습니다. 예수님은 열매를 보아 나무를 알 수 있다고 말씀하셨다는 것을 기억하기를 바랍니다. 좋은 나무는 향기롭고 좋은 열매를 맺을 것이고 나쁜 나무는 당연히 썩고 냄새나는 나쁜 열매를 맺을 것입니다. 그러므로 믿는 자들이 어떤 열매를 맺었는지는 오직 결과로만 확인할 수 있을 것입니다. 과연 내 심령 안에 어떤 열매들을 맺고 있으며 어떤 성품으로 변화되고 있는지 믿는 자들이 스스로 바라볼 때, 반드시 확인할 수 있을 것이라고 확신합니다.

그런데도 여전히 기독교에 나타나고 있는 것들은 세상으로부터 온 미혹적인 복음으로 충만하게 차 있었습니다. 기복복음과 번영복음과 성공복음과 육신복음과 세상복음과 불교식의 샤머니즘 미신복음이 교회 안과 성도들의 심령 안에 깊숙이 침투해 있으며 여전히 그곳에서 벗어나지 못하고 있었다는 것입니다. 정신 중심에는 유교적 사상이 뿌리 깊게 내리고 있었고, 혼적으로는 불교사상이 지배하고 있었고, 실생활에서는 샤머니즘의 미신적 사상들이 압도적으로 지배하고 있었다는 것입니다. 그것들의 영향을 받았기 때문인지는 모르지만 참된 구원의 믿음을 소유한 그리스도인들은 점점 줄어들고 있었습니다. 예수그리스도를 구원의 주로 고백은 하고 있지만, 정작 예수그리스도의 아름다운 성품과 경건의 능력과 고결한 품격은 각자의 인격에서 나타나지 않고 있었습니다.

다양한 말씀의 지식은 많지만, 말씀 가운데 능력은 나타나지 않고 있었으며 경건의 능력을 스스로 부인하고 있었습니다. 그만큼 경건의 능력이 힘을 잃어가고 있었다는 것입니다. 아니, 경건의 능력을 순순히 따르고 지키는 것이 부담스럽고 싫었기 때문인지도 모릅니다. 하나님의 경건에는 많은 제약과 규칙과 불편과 거부감이 따르기 때문입니다. 지키기 힘든 경건의 능력보다도 교회 안에 침투해 들어온 세상의 기복복음과 번영복음과 성공복음에 더 마음이 쏠리는 것입니다. 경건의 능력보다도 세상이 제시하고 보여주는 맘몬의 신과 육신의 삼대정욕이 그지없이 좋고 흥미롭고 달콤하기에 비록 몸은 기독교에 담고 있지만, 마음은 그것들을 열심히 쫓아가는 것입니다.

하나님의 살리는 천국복음과 그리스도예수의 생명복음은, 단연코 그런 것에 있지 않습니다. 스스로 기독교인이라고 고백하는 사람들은 저마다 하나님의 천국과 영생을 믿고 있으며 예수그리스도의 부활의 생명을 믿는다고 고백합니다. 그러나 한편으로는 토속미신들도 믿고, 점쟁이들과 무속인들도 믿고, 재수 좋다는 운 때도 믿고, 그야말로 인생에 좋다고 생각하는 것들은 닥치는 대로 믿고 본다는 것입니다. 범신론적 사상과 유물론적 사상과 불교식의 샤머니즘 기복사상이 그야말로 성스러운 그리스도의 교회와 성도들을 멸망으로 침몰시키고 있었다는 실상을 사랑하는 고국으로 돌아와서 지극히 작은 사역을 시작하고 나서부터 조금씩 그 원인에 대해 알게 되었고 안타까운 마음을 금할 길이 없었다고 조심스러운 심정으로 고백합니다. 고국의 땅, 어디를 가든지 불결한 우상들과 사악한 악령들과 더러운 귀신들이 떼를 지어 몰려다니고 있었습니다. 더러운 귀신들은 사람이 모이는 곳곳마다 더러운 까마귀 떼들처럼 어김없이 출몰하고 있었습니다. 그러나 많은 사람들은 그러한 사실을 모르고 있었습니다.

인파가 많은 도심에 나가면 사주팔자를 보아준다는 점쟁이들이 곳곳에 간이 천막을 쳐놓고 행인의 마음과 발걸음을 미혹하고 있었습니다. 공기 좋고 물 맑은 산세를 찾으면 액운을 떼어주고 대신 복을 가져다준다는 무속인들의 신당깃발들이 기세등등하게 휘날리고 있었습니다. 수목이 빽빽이 우거지고 산세가 아름다운 산 중에는 화려하게 공들여 지어 놓은 불교사찰들과 막대한 돈을 들여 금칠로 칠하고 금장으로 만들어 놓은 거대한 석가의 신상들이 산속 깊은 곳곳마다 번쩍거리며 세워져 있었습니다. 유튜브 인터넷을 이용한 사기꾼 무속인들이 이 시대 삶에 지쳐있고 아무런 이유 없이 몸이 아프고 하는 일마다 이상하게 안 풀린다는 힘든 사람들을 좋은 타켓팅으로 삼아 거짓 쇼로 각색된 영상을 만들어 인터넷에 올려놓고 방송을 보고 몰려드는 사람들을 자신의 제자들로 삼아 신내림을 내려 준다고 속여서 수천만 원씩 돈을 갈취했다는 documentary, 다큐멘터리 방송을 얼마 전 지상파 TV를 통해 보면서 분기하는 심정으로 시청했던 적이 있었습니다.

코로나19 때문에 힘들고 지친 현실에서 수많은 소상공인과 자영업자는 돈을 벌지 못해 목숨줄을 위협받는 참담한 현실에 봉착해 있습니다. 결국 생명줄을 지탱 시켜 주었던 가게 문을 닫고 파산을 신청하는 사람들이 줄을 잇고 있습니다. 식당 일을 운영했다는 어떤 자영업자는 도저히 나아질 수 있는 절망의 현실을 비관하다가 스스로 목숨줄을 끊었다는 슬픈 뉴스를 이 시대 계속 목격하고 있습니다. 그러나 사기꾼 무속인들은 코로나 19의 파동 때문에 도리어 한 해에 수억 원의 돈을 벌어들이면서 뜻밖의 호황을 맞이하고 있다는 기막힌 뉴스를 접했습니다. 어떤 여성은 인터넷 유튜브에서 용하다는 여성 무속인에게 수천만 원이라는 돈을 지불하고 무속인의 길을 가는 신내림을 받았음에도 불구하고 아무 점괘도 나타나지 않았고, 그래서 답답한 마음에 또 이름 있다는 다른 무속인을 찾아가 역시 수천만 원이라는 돈을 지불하고 신내림을 받았지만 역시 아무런 점괘도 볼 수 없었다는 것입니다. 그렇게 신내림을 받기 위한 일념으로 몇 군데를 더 돌아다니면서 뿌린 비용만 수억 원이 됐다는 것입니다. 그러나 여전히 점괘를 볼 수 없었고 결국엔 목숨줄 같은 돈만 허망하게 날렸다는 절망에 찬 푸념의 얘기를 들었습니다. 무지한 자들을 속여서 돈을 갈취하는 자들의 대담한 행태를 볼 때, 참으로 어이가 없었습니다. 그러한 자들의 속임수에 맥없이 넘어갔다는 사람들의 심약한 정신 상태도 어이가 없었습니다. 그만큼 그들의 정신과 심리는 불안정했고 위태로웠던 것입니다. 미래에 나타날 자신들의 운명이 끔찍한 저주와 멸망으로 이어질까 봐, 피해망상적인 강박적 두려움과 알 수 없는 불안감에 떨고 있었다는 것입니다.

사도바울께서 디모데후서에서 말씀하신 것처럼 말세에는 악한 자들과 속이는 자들은 더더욱 악해져서 서로 속이기도 하고 또 서로 속기도 하는 세상이 너무나 극명한 현실이 되어 나타나고 있는 것입니다. 교활한 속임수로 속이는 악한 사람들은 너무나 대담하고 당당한 것입니다. 대담하기에 그 입에서 신내림을 받는 비용이 수천만 원이 된다는 말이 아주 자연스럽게 흘러나오는 것입니다. 그렇게 지푸라기라도 붙잡아 보겠다는 사람들의 부푼 기대와 희망을 사정없이 도둑질하는 것입니다. 그러나 속이는 사람만 잘못이고 문제가 된다고 말할 수는 없을 것 같습니다. 자신의 허황된 욕심에 스스로 속아 넘어가는 사람들의 잘못이고 문제도 되기 때문입니다. 아니, 속아 넘어가는 사람들의 잘못이 더 크다고 볼 수 있을 것입니다. 오늘날의 세상은 서로 속고 속이는 세상으로 미쳐 돌아가고 있는 참담한 실정에 놓여 있습니다. 그 세상에서 무언가 손에 움켜든 자가 승리하는 것입니다. 그러나 더 큰 문제는 교회에 다니는 기독교인들이었습니다. 교회에 다닌다는 믿음의 사람들이 자신들의 중심 안에 살리시는 하나님의 거룩한 영과 말씀의 능력과 믿음의 능력으로 충만하게 채워놓는 것이 아닌, 도리어 미신의 것에 혹해 용하다는 점쟁이들과 무속인들을 몰래 찾아가서 현재와 미래에 나타날 자신들의 운명과 운세를 점친다는 것입니다. 정말 믿고 싶지 않지만, 교회에 다니는 사람들이 여전히 불교적인 기복의 마인드와 샤머니즘적인 미신의 관습에서 벗어나지 못하고 있고 그곳에 여전히 머물러 있다는 확실한 단서가 되고 있는 것입니다.

신천지 같은 이단과 자신을 하나님이라고 칭하는 사이비교주 같은 사람들이 이 땅에 출몰하고 있으며 나날이 성장하고 있습니다. 신천지는 여기저기 짜깁기한 성경말씀을 들고 나타나 사람들을 미혹하면서 이 좁은 땅을 이단의 가증한 물결로 휩쓸고 있는 것입니다. 지도자들로부터 영의 양식을 충분하게 받아먹지 못하고 영의 생수를 풍족하게 받아 마시지 못하는 사람들은 이단에게 쉽게 미혹 당할 수밖에 없을 것입니다. 비유 식으로 서로 연결되는 말씀 구절마다 교묘하게 추려내고 교활하게 짜깁기한 계시들을 예언 중심으로 가르쳐 준다고 사람들을 미혹하면서, 말도 되지 않는 십사만 사천이라는 열두 지파 제사장 반열에 세워 주고 영생 복락을 베풀어 준다는 신천지 이단의 꼬임에 넘어간 사람들은, 그때부터 자신들의 소중한 영혼과 인생과 물질과 노동력을 교주에게 꼼짝없이 저당 잡힌 채, 교주에게 충성 맹세를 하며 노예들처럼 착취당하는 참담한 삶으로 전락하고 마는 것입니다.

분명히 이 땅의 믿음이 무언가 잘못되어도 아주 많이 잘못된 방향을 향해 오랫동안 흘러가고 있었고 그렇게 흘러오고 있었다는 것입니다. 영혼들은 시원한 영의 생수를 마음껏 마시고 싶고 영의 양식으로 배부르게 공급받고 싶지만, 그러나 여전히 목마르고 갈급하고, 여전히 허기지고 배고프고, 그것을 만족스럽게 충족시켜 줄 수 있는 주님의 참된 종들은 턱없이 부족했던 것입니다. 비록 외적으로는 모두가 고상하고 훌륭한 인품과 경건의 모습으로 나타나고 있음에도 불구하고 영의 거룩함의 능력은 발휘하지 못하고 있는 것입니다. 그렇기에 영혼들의 믿음 없고 나약한 것만을 탓할 수만은 없을 것입니다. 지도자들이 살리는 진리의 말씀을 성경적이고 성령적으로 확고하게 전하지 않으면서 올바른 믿음의 길, 참된 구원의 길, 영생의 길을 영혼들 앞에 제시해줄 수는 없을 것입니다. 잘못 제시하고 잘못 가르친 책임은 가르치고 양육하는 지도자들의 책임이 될 것입니다. 주님은 마지막 심판의 때, 잃어버린 영혼들의 죗값을 반드시 찾고 물으실 것이기 때문입니다.

그리스도예수의 사람들에게 능력 없는 믿음은 믿음이라고 말할 수 없을 것입니다. 조금만이라도 능력 있는 믿음이 성도들의 심령 안에 깊은 뿌리를 내렸다면 한국교회의 믿음은 보다 강건하고, 보다 위대하고, 보다 거룩하게 확장되어 민족복음화로 온 전역을 향해 펼쳐나갔을 것이라고 확신합니다. 그러나 안타깝게도 아직도 이 땅에는 살리시는 하나님의 천국복음이, 예수그리스도의 구속의 생명복음이, 성령하나님의 진리의 복음이, 완전하게 전해지지 않고 있다는 것은 참으로 안타까운 마음이기만 했습니다. 오늘날 많은 사람이 무속인들과 점쟁이들을 찾아다니며 자신들의 운명을 점치고 있습니다. 공중파, 지상파, 방송을 열면 무속인을 가장한 연예인들이 나타나 사람들의 고민과 인생을 점쳐주는 것이 일상화되고 있는 실정입니다. 단순한 재미와 흥미로움에 이끌려 tarot, 타롯의 운명과 하늘 별자리의 점을 찾아다니면서 보고 있고 미신 우상을 아무렇지 않게 쫓는 사람들이 대폭 늘어나고 있는 추세입니다. 무조건 식의 기복만 열망하는 불교식의 믿음과 샤머니즘 미신복음이 오래전부터 교회 안으로 흘러들어와 세상 사람들은 물론이고 기독교인의 올바른 복음적 신앙과 생각과 정신까지 미혹하고 파괴하는 시점까지 와 있는 것입니다.

갈라디아서에서 기록하고 있는 사도바울의 말씀을 빌려서 말하자면 초창기에는 성령으로 시작했을 것입니다. 그러나 마지막 끝은 허망한 육체로 자리매김을 할 수도 있다는 것입니다. 상대적으로 성도들의 영의 능력이, 죄와 싸우는 거룩함의 능력이, 살리는 믿음의 능력이, 죄를 회개하는 기도의 능력이, 천국을 소망하는 신부의 능력이, 예수재림을 고대하는 기다림의 능력이, 점차 힘을 잃어가고 있는 반면에, 세상번영과 기복복음은 활기차게 움직이고 있었고 어느 사이 뿌리를 깊게 내리고 자리 잡고 있었습니다. 사악한 음녀가 밀가루 서 말에 살며시 뿌려 넣은 세상 맘몬의 누룩 신이 기독교 안으로 퍼져나가 맛있게 부풀어진 빵은 먹기 좋을 만큼 교회와 믿는 자들의 심령으로 어김없이 흘러 들어갔고 신성한 그리스도 교회 안에는 어느 사이 세상 번영과 성공과 육신의 정욕이 판을 치고 있었던 것입니다.

양적인 면에서 교회는 크게 성공했지만, 질적인 면에서는 성도들의 믿음이 단단히 뿌리를 내리지 못했고 알찬 알곡으로 성장하지 못했다는 것입니다. 필자는 크고 멋지고 화려한 교회들과 성도들이 많은 것을 문제로 삼기 위해 이런 글을 쓰는 것은 결코 아니라는 점을 밝히기를 원합니다. 하나님의 부르심을 받고 타국에서 현지인을 위한 작은 사역을 하고 있을 때, 세계적으로 부상하는 한국교회의 눈부신 성장을 보고 현지 동역자들과 현지인들 앞에서, 얼마나 큰 자부심으로 삼았는지 모릅니다. 한국교회의 지도자들이 집회인도를 위해 방문하면 무척이나 기쁘고 자랑스러운 마음이었습니다. 다만 교회 건물이 크고 멋지게 세워지고 많은 사람이 모이는 거대한 그리스도교회로 성장했다면 그것만을 자랑할 것이 아니라, 그만큼 성도들의 심령에도 살리시는 그리스도인의 성품과 향기로운 향기를 뿜어내고 어둠을 비추는 밝은 빛과 짠맛을 맛있게 내는 믿음의 맛을 내야 한다는 것이 제가 생각하는 신앙의 지론이자 결론입니다. 바로 그것이 성경에 기록되어 있는 하나님의 진리의 말씀이고 주 예수그리스도께서 가르쳐 주시는 올바른 가르침이자 올바른 성경관이고 신앙관이라고 믿고 있기 때문입니다.

이 어렵고 힘들고 혼란한 시대, 주님의 참된 선지자들인 지도자들과 성도들이 외롭게 소외된 불쌍한 이웃들과 사회를 위해 사랑과 긍휼의 마음으로 성심성의껏 많은 물질과 물품으로 헌신하는 것을 수도 없이 목도하고 있습니다. 그러나 아무리 많은 물질과 물품을 베풀고 육체의 노동으로 수고하고 헌신을 해도 밝은 빛을 발하지 못하고 빠르게 뒤안길로 사라지는 것을 보면서 괜히 혼자서 속상해 하고 마음 아파했던 적이 많았습니다. 세상 사람들은 받은 그때만 교회와 기독교인을 칭찬하지만 돌아서면 바로 교회와 기독교인의 나쁜 점을 꼬투리를 잡아 교회와 성도들을 향해 매몰찬 비난의 말을 던지는 것입니다. 안타깝게도 세상은 갈수록 교회들과 기독교인의 선한 영향력에 대한 반응은 싸늘해지고 있고 국가와 사회에도 좋은 호응으로 나타나지 않고 있으며 도리어 비난 받고 거부 당하고 핍박 받고 멸시받고 있다는 것이 가슴 아프지만, 확연한 비극적 현실로 나타나고 있다는 것을 목격하는 것입니다. 더욱이 코로나19 사태를 겪으면서, 변이종 오미크론 사태를 맞이하면서, 이 땅의 한국교회들과 기독교인이 세상과 대중들로부터 가장 많은 핍박과 모욕을 당하고 있다는 것을 피부로 느끼는 것입니다. 현재 전 세계를 흥미로운 세상으로 몰고 가고 있는 모 영화에 기독교인이 등장하고 기독교인이 모욕적인 풍자로 연출되는 장면을 보면서 거룩한 분기의 마음이 격하게 솟아올랐다고 이 지면에 대고 토로합니다. 그렇듯 기독교의 수많은 노력과 많은 물질의 도움과 사랑과 헌신은 이 사회에 티도 나지 않은 채, 헛되이 사라지고 있는 이 기막힌 시대 기독교인은 살아가고 있는 것입니다.

단지 믿는 사람들끼리 교회 안에서만 서로 사랑으로 섬기고 상냥하게 미소 띤 얼굴과 눈빛으로 좋은 교제를 나누고 있다고 말할 수 있을지는 모르겠습니다. 오늘날 교회를 다니는 기독교인이 세상 사람들 앞에 나설 때는 자신이 예수를 믿는 기독교인이라는 사실을 떳떳하게 밝히지 못하고 숨기고 있다는 말을 많이 들었습니다. 왠지 드러내어 밝히기가 껄끄럽다고 생각하기 때문인지도 모릅니다. 설령 기독교인이라는 사실을 밝힌다고 할지라도 세상 사람들과 쉽게 타협하고 어울리는 것입니다. 이유는 세상 사람들과 타협해서 나쁠 것이 하나도 없고 군이 기독교만이 최고라는 이기와 부끄러운 독선을 부릴 필요가 없다는 것입니다. 가톨릭과 다른 종교인들이 선동하는 말을 복사기처럼 그대로 따라 말하는 것입니다. 어쩌면 그런 말이 이성적이고 합리적인 말로 들리기도 하고 자신들은 극단주의가 아닌, 평화를 지향하고 사랑하는 평화주의자, 이타주의자, 박애주의자로 보여줄 수 있기 때문입니다. 즉 기독교를 믿고 있지만 다른 종교인들의 종교도 얼마든지 존중하고 불편함과 이질감 없이 얼마든지 잘 어울릴 수 있고 합류할 수 있다는 모습을 보여주는 것입니다. 그러나 기독교는 독선과 이기를 부리는 것이 아니라 참된 구원의 복음을 세상 사람들을 향해, 다른 종교인들을 향해 보여주고 제시해주고 싶을 뿐입니다. 이유는 한 가지뿐입니다. 단 한 영혼이라도 구원의 주님께 인도하고 싶다는 사랑의 열정과 안타까운 마음 때문입니다. 그런 모습이 다른 이들에게는 대단히 독선적이고 이기적 모습으로 보이는 것입니다.

　그래서 절의 스님들은 천주교 성당에 가서 목탁을 두드리며 설법을 하기도 하고 천주교의 신부님들은 절에 가서 설교하기도 하고 천주교 여성 신자들은 절에서 율동을 담아 하나님께 올리는 몸 찬양을 하는 것입니다. 모든 종교는 하나님의 전능 아래에서 똑같이 평등하고 하나님은 모든 종교인을 차별 없이 공평하게 대해주시고 공정하게 똑같은 천국을 예비해 주시는 하나님이시기 때문이라는 것입니다. 그러나 궁극적으로 거기에는 신권의 하나님이신 예수그리스도가 설 자리는 이미 사라지고 없습니다. 저들은 하나님아버지를 인정하되 하나님의 아들이신 예수그리스도의 신권은 인정하지 않고 도리어 부인하기 때문입니다. 그런 말에 점차 현혹되어 가는 기독교의 목사들과 기독교인이 가톨릭이 주장하는 종교혼합과 종교다원을 지지하며 나서고 있었습니다. 그러자 어느 순간부터 그리스도교의 믿음은 죽도 밥도 아닌 것이 되고 말았습니다. 그런 불결한 곳에는 전능으로 살아서 역사하시는 성령하나님의 거룩하심의 임재는 기대할 수 없을 것입니다.

　기독교는 그들의 종교와는 완전히 다른 종교입니다…. 기독교는 은혜의 종교, 부활의 종교, 생명의 종교, 구원의 종교이기 때문입니다. 영혼들의 생명은 오직 믿음의 주체가 되시는 삼위일체 하나님께만 속해 있습니다. 믿음의 사람이라면 적어도 자신들이 믿는 기독교의 성경관과 구원관과 신앙관과 천국관에는 확실한 믿음으로 입각한 신앙의 확립을 굳건하게 확보해서 지켜야 한다고 생각합니다. 그렇지 않으면 너무나 쉽게 세상의 우상종교들이 실어다 주는 혼탁한 미혹의 물에 물들어 뜨겁지도 않고 차갑지도 않은 미지근한 물처럼 되어 믿음이 변질 되는 것은 시간문제이기 때문입니다. 그것은 대적자, 사탄이 아주 기뻐하는 것이기도 합니다. 사탄은 참된 그리스도의 교회들과 믿음의 사람들의 정신을 혼란하게 하고 혼탁한 미혹의 물을 흠뻑 들여 놓아야 전능의 하나님을 대적할 수 있고 하나님이 사랑하는 영혼들을 지옥의 불못으로 끌고 갈 수 있기에 온갖 가증한 음모와 사악한 술수를 부리면서 발악을 치고 있는 것입니다.

그리스도인은 혼탁한 세상에서 살지만 다른 종교인들과 세상 불신자들과는 확연히 구별되는 믿음의 삶, 생명의 삶, 능력의 삶, 거룩한 삶, 천국인의 삶을 살아가야 합니다. 믿음의 삶, 천국인의 삶이란 구원의 주가 어떤 분이고, 구원이 어느 분에게 속해 있는지, 확고하게 깨닫고 세상에 밝히 알려야 하는 거룩한 소명을 하나님께 받은 사람들이기 때문입니다. 이 방우상들의 대표주자인 가톨릭과 다른 우상을 섬기는 세상종교인들처럼 코에 걸면 코걸이, 귀에 걸면 귀걸이 식으로 하나님의 구원을 제멋대로 해석하고 흔들리는 갈대처럼 줏대 없이 이리저리 흔들거리며 살 수는 없기 때문입니다. 그리스도인은 반드시 구별된 삶, 거룩한 삶을 살아가야 하는 그리스도예수의 사람들이고 영적 존재이자 하늘적 존재들이라는 사실입니다. 하나님은 바로 그런 영혼들의 믿음을 원하시고 사랑하시고 기뻐하시는 것입니다.

만약 믿음의 사람들이 순수한 하나님의 진리의 말씀을 따라 믿음으로 순종하고 각자 더러워진 죄의 두루마기를 깨끗이 빠는 참된 회개와 함께 죄를 멀리하고 힘을 다해 죄와 싸우면서 다시 오실 예수재림의 대망복음을 소망한다면, 영 분별의 능력은 더더욱 영롱하게 활성화될 것이고 그것이야말로 최상의 영적 축복이 될 것이라고 확신합니다. 천국과 지옥 또한 거짓으로 꾸며낸 허상이나 창작된 스토리들이 아닌, 실제로 묵시적 세상에 존재한다는 산 진리가 각 사람의 심령에 믿음의 초석으로 굳건하게 자리 잡고 있다면, 사탄이 제시하고 보여주는 선악과의 미혹을 받아도 절대 흔들리지 않을 테고, 죄에서 해방하고 자유롭게 될 것이며, 강건한 믿음의 능력으로 심령천국을 구축할 것이라고 확신합니다. 육신의 죄를 깨끗이 사함 받고 자유로울 수 있는 참된 회개가 기독교인의 심령에 탄탄한 반석의 기반으로 자리 잡고 있다면, 기독교 세상에 나타나고 있는 밉고 흉측한 가라지와 쭉정이 같은 열매들이 아닌, 당연히 맑고 깨끗한 성령의 열매들과 구원받은 천국 성도들의 아름다운 모습으로 변화되어 하나님의 나라와 그의 의를, 아름다운 예수생애의 구령의 열정과 재현을, 이 땅은 물론이고 온 세상을 향해 눈부시게 구현할 것이라고 확신합니다. 그동안 기독교의 부흥은 성령의 부흥처럼 거대하게 비쳤지만, 실상은 믿는 자들이 성령의 부흥보다는 세상적이고 번영적이고 정욕적인 성행에 더 많은 뜨거운 불을 지피고 있었다는 것이 진실 쪽에 더 가깝다는 결론을 감히 내려보았습니다.

너희는 믿지 않는 자와 멍예를 함께 매지 말라
의와 불법이 어찌 함께 하며 빛과 어둠이 어찌 사귀며
그리스도와 벨리알이 어찌 조화되며
믿는 자와 믿지 않는 자가 어찌 상관하며
하나님의 성정과 우상이 어찌 일치가 되리요
우리는 살아계신 하나님의 성전이라- 〈고후 6:14-16〉

내 영혼의 때, 심판의 때

살아계시는 공의의 말씀이 나를 인도해 가신다.
공의의 말씀은 나를 살리시는 생명의 말씀이다.

예언의 말씀을 듣고 따르는 자는 복이 있다는 것을-
기록한 말씀을 읽고 지키는 자는 복이 있다는 것을-

하나님의 말씀은 각자의 시간의 때를 가리키고 있고
각자의 시간의 때를 따라서 하나님은 공의의 손을 번쩍 드신다.

시간의 때는 내 영혼의 때이다.
내 영혼의 때는 바로 내 심판의 때이기도 하다.

솔라 스크립트라, 하나님의 말씀으로

신실한 그리스도예수께 속해 있는 교회는 표피적으로 나타나는 양에 있지 않습니다. 작아도 내면의 질이 중요하고 소중합니다. 하나님은 스가랴 선지자를 통해서 말씀하시기를 삼 분의 이는 멸절하고 남은 삼 분의 일은 다시 불 속에 던져 은같이 연단하고 금같이 시험할 것이라는 언약의 말씀을 각각 믿음의 사람들에게 주셨습니다. 그런 사람들만 하나님을 나의 하나님, 나의 아버지라고 부를 수 있는 것입니다. 이 말씀만 보아도 하나님은 비록 숫자는 작아도 참된 믿음의 사람들을 기뻐하시고 사랑하신 다는 것입니다. 고국에 돌아와서 지켜본 한국기독교는 양적인 번영과 성 공은 화려하게 이루었다고 자신할 수 있을지 몰라도 성령의 질적인 부흥 과 성령의 거룩하고 아름다운 영의 열매들은, 천국 신부의 모습들은, 각 자의 심령 안에는 맺지 못하고 있었다는 것입니다. 가시적으로 나타나는 교회의 건물은 기독교인의 자부심으로 삼을 만큼 멋지게 디자인된 화려 한 빌딩으로 크고 높이 세워졌고 성도들의 삶 또한 과거의 삶에 비해 훨 씬 더 풍족하고 훨씬 더 기름질지라도, 정작 성도들의 내면 안에는 각각 의 바싹 메마른 고독한 영적 우물이 존재하고 있었고 그 속에서 갈급한 목마름으로 허덕이며 지쳐있었습니다. 물이 흐르고 있어야 할 우물 속에 물을 찾을 수 없었습니다.

예수그리스도라는 숭고하신 분을 향하는 성도들의 거룩한 능력은 나 타나지 않고 있었습니다. 그러면서도 교회에 다니는 사람들은 하나님께 이미 구원받은 천국 성도들이 다 된 것처럼 착각하고 있었습니다. 이렇게 말하는 순간 무례한 말이 될 수 있을 것 같아 심히 염려되는 마음이기도 합니다. 그러나 교회에서 예배를 올려드리는 성도들의 모습은 참으로 경 건하게 비쳤습니다. 눈물이 날 만큼 정말 예쁜 모습으로 비치고 있었습니 다. 그리고 그것은 사실입니다. 그래서 나의 생각을 무척이나 혼란하게 만들어 주고 있었습니다. 가시적으로 비치는 성도들의 모습은 저렇듯 경 건하고 예쁜 믿음의 모습으로 나타나고 있건만, 도대체 무슨 이유 때문인 지 오늘날 믿음의 영혼들에게 경건의 능력은 나타나지 않고 있으며, 도대 체 무슨 이유 때문인지 성령의 열매를 심령 안에 맺지 못하는 것일까, 참 으로 많은 생각을 하지 않을 수 없었습니다.

그렇게 생각하며 고심하는 중, 문득 날카로운 질책이 나의 뇌리를 빠르게 스치고 지나가면서 단숨에 내 생각과 마음을 주눅이 들게 하고 말았습니다. 그것은 나의 양심이 나를 향해 날카롭게 소리치며 야단치고 있었기 때문입니다. 그 소리는 바로 이런 소리였습니다…: "주님께 속해 있는 교회들과 성도들의 구원은 모두 전능의 하나님께 속해 있고 공의의 불타는 눈동자로 하나님께서 일거수일투족 바라보시고 하나님께서 다 알아서 판단하실 테니, 너는 쓸데없는 일에 괜한 마음 쓰지 말고 그런 일을 생각할 시간에 네 앞에 놓여 있는 산더미 같은 문제들과 너의 사역과 미래나 걱정하면서 그나마 남아있는 너의 생을 주님의 때를 위해 더더욱 경건하게 보살피고 성결하게 준비시켜 놓으라" 하는 말이었습니다. 양심의 심한 질책을 듣고 나자 정말 나는 곧바로 주눅이 들고 말았습니다. 그렇다면 지금까지 써 왔던 글들은 어떻게 해야 하나, 폐기해야 하나 그 순간만큼은 무척이나 고민이 되는 순간이었다고 이 지면에 대고 정직하게 고백합니다.

하나님의 천국복음과 예수그리스도의 생명을 전하는 영적 지도자들이 세상 물욕과 정욕으로 가득히 차 있다면 하나님의 생명복음은 당연히 생명을 잃어버리고 말 것입니다. 믿는 자들이 육신의 정욕과 세상의 번영을 탐하고 있다면 천국적 능력으로 승화될 수 없을 것입니다. 흑암의 영으로 무겁게 덮고 있는 공중의 세상을 활력 있게 뚫고 나갈 수도 없을 것입니다. 당연히 능력 없는 성도들의 모습으로 남아있게 될 것이고 딱딱하게 고착되어가는 종교인의 모습으로 변질될 수밖에 없을 것입니다. 말씀을 전하는 지도자들에 의해 하나님의 말씀이 어떤 능력으로 선포되고 있으며, 하나님의 영의 흐름이 어떤 방식을 따라 어떻게 흘러가는지를 따라서 성도들의 심령 안에 향기로운 열매들을 풍성하게 맺을 수도 있고, 아니면 가라지와 쭉정이들을 수북하게 쌓을 수도 있다는 것입니다. 결과는 개개인의 삶과 현실 가운데 고스란히 나타나게 될 것입니다. 또한, 각자만의 영혼의 때가 닥칠 때는 더더욱 선명한 모습으로 드러나게 될 것이라고 확신합니다.

미혹의 믿음에는 살리시는 하나님의 영과 거룩한 구원의 믿음은 임하시지 않습니다. 그냥 자갈밭에 뿌려진 생명 없는 씨앗들처럼 곧 뜨거운 햇빛에 말라비틀어져 죽어가는 생명 없는 믿음에 지나지 않을 것입니다. 살리는 믿음을 소유하지 못했다는 것은 영혼의 때, 곧바로 멸망으로 연결되고 만다는 뜻입니다. 생명의 영으로 역사하시는 하나님의 구원은 반드시 영혼들의 믿음과 함께하기 때문입니다. 그러므로 살리는 믿음이 없는 믿음은 죽은 믿음이고 영혼들의 천국 구원도, 영생하는 생명도, 반드시 각자가 믿는 믿음으로 받게 되어 있다는 것입니다. 믿는 자들의 믿음이 없이는 상주시는 하나님의 마음을 기쁘게 해드릴 수도 없으며 면류관이라는 구원의 상도 받을 수 없습니다. 하나님의 구원은 반드시 예수그리스도 보혈과 구속을 통해 각자의 믿음으로 받는 것이기 때문입니다.

가끔은 주의 일을 한다는 사람들의 탐욕적이고 육신적 행동을 볼 때마다 매우 불쾌하다는 이질감을 느낄 때도 있었습니다. 그리스도예수의 온유와 겸손과 낮은 자의 성품을 갖추는 것보다는 절제되지 않는 오만과 독선적 성품들이 확연하게 드러나고 있었기 때문입니다. 물론 그분들 역시 육신의 몸을 하고 있기에 완벽한 인간이 될 수 없다는 점을 잘 알고는 있지만, 그러나 함부로 사람을 판단하고 평가하다가 지극히 작은 일에도 절제하지 못하고 상대방을 향해 혈기를 부리는 모습을 목격할 때는 어이가 없었고, 많은 실망을 느끼지 않을 수 없었습니다. 저마다 하나님의 거룩한 기업, 영광의 기업을 이루겠다는 야심에 찬 계획과 목적 아래, 열심을 쏟아붓고는 있지만, 실상은 자신들의 정욕이 품고 있는 사업과 번영을 추구하는 일에 더 많은 열심을 쏟아붓고 있었다는 것입니다. 그동안 모르고 있었던 고국의 실상에 대해 조금씩 접하게 되면서 낯설고 어색하지만 이방인의 의심의 눈초리를 하고 구석구석 은밀하게 살펴보던 나의 눈에 발각되는 그러한 모습들은 불쾌한 이질감의 가시처럼 되어 나의 살갗을 껄끄럽게 찔러오고 있었습니다.

그래서 생각해보았습니다…. 어쩌면 이 땅의 사역자들은 하나님의 천국 복음을, 예수생명 복음을, 정욕적으로 희석해서 전달하는 사업가의 모습으로, 혹은 기업가의 모습으로 변질되어 버린 것은 아닌지, 라는 의구심이었습니다. 성공한 사역자들에게 있어서 목회와 공동체는 모든 것을 누리고 향유할 수 있는 풍요로운 사업이자 훌륭한 직업이었다는 것입니다. 또한 신뢰와 존경을 한 몸에 받는 권위와 명예와 영광의 자리였습니다. 이미 오랜 세월 동안 복음을 전해왔던, 그래서 뇌리에 너무나 깊숙이 각인되어 있는 성경 속 구절들이 생각과 혀와 입술에 매끄러운 버터를 바른 것처럼 항상 standby, 스탠바이가 되어 있다는 것입니다. 그런 말씀들을 반복하면서 성도들이 듣기 좋아하는 기복적 복음과 번영의 복음만을 전하고 있었던 것은 아닌지 하는 의구심이 들었습니다. 자신들의 내면에 자리 잡고 있는 inner man, 자아의 모습은 어떤 모습으로 변하고 있는지 상관하지 않은 채, 말입니다. 말씀을 받아먹는 성도들 역시 말씀에 너무나도 익숙하게 길들여 있었고 각각 말씀의 지식도 많았습니다. 당연히 하나님의 말씀으로 알아듣고 받아먹고는 있지만, 자신들도 모르게 종교인이라는 매너리즘 속으로 빠져들어 고작 이름뿐인 기독교인의 모습으로만 현상 유지만 되고 있었던 것은 아닌지, 라는 의구심도 들었습니다. 그렇지 않고서야 성도들의 거룩함의 행실과 믿음의 능력과 성령의 열매와는 전혀 상관없는 세속적 모습으로, 물욕적 모습으로, 능력 없는 무력한 모습으로, 변질되는 특별한 이유가 없다는 생각이 들었기 때문입니다.

물론 한국교회와 믿음의 성도들이 모두 다 그렇다고 말하고 싶은 마음은 추호도 없다는 것을 아울러 알려드립니다. 사실 이 땅에는 주님의 참된 종들과 전심으로 기도하는 주님의 강력한 용사들과 주님의 나라를 소망하는 참된 성도들도 많이 계신다는 것을 너무나 잘 알고 있기 때문입니다. 그분들 때문에 한국교회의 불은 여전히 꺼지지 않고 생명의 빛을 발하고 있으며 전도의 빛, 능력의 빛을 계속 밝히면서 타오르고 있기 때문입니다. 그러므로 이 글의 목적은 비판의 시선이 아닌, "어쩌면 그렇지 않았을까…?"라는 안타까운 마음이 많이 작용이 된 사고적 의문들에서 비롯된 글이라는 것을 알아주시면 좋겠습니다.

그러나 저 넓은 열방세계를 살펴봐도 그렇고, 이 땅을 살펴봐도 그렇고, 사역자들이 전하는 천국복음에는 이상하리만큼 모두 맘몬이라는 세상 기복신으로 연결되고 있었다는 것입니다. 화려하게 보여주며 유혹하는 것들이 사람들의 눈과 마음을 달콤하게 하고 육신의 정욕과 안목의 정욕과 이생의 자랑을 사랑하게 되고 그곳에 메몰되어 있었다는 것입니다. 세상을 향한 욕망을 마음에 품게 되고 그것들을 열망하면서 번영과 성공이라는 맘몬의 전차를 타고 빠르게 질주하고 있었다는 것은 사실이었습니다. 그리스도교회 안에 있는 믿음의 사람들도 결코 세상 맘몬신에게서 자유하지 못했다는 것도 숨길 수 없는 사실이었습니다.

태초에 이브가 사탄의 유혹을 받고 선악과 열매를 바라보았을 때, 나무에 달린 실과가 먹음직도 하고, 보암직도 하고, 지혜롭게 할 만큼 탐스럽게 보이기도 했기에, 자신이 먼저 따먹고 남편인 아담에게 먹으라고 건네주었던 당시의 상황과 요즘의 상황이 거의 같은 흐름과 맥락의 모습을 띠고 있지는 않을까, 라는 생각이 드는 것은 필자의 유별난 상상력 때문이고 쓸데없는 예민함 때문일까, 아니면 지나친 노파심 때문일까, 라는 질문을 스스로 던져보기도 했습니다. 스물다섯 해가 넘는 오랜 세월을 고국 땅을 떠나 타국에서 살아오다가 이제는 사랑하는 고국에 돌아와 조금씩 안착하고 있습니다. 안착한다는 것이 결코 쉽지만은 않았지만 그래도 조금씩 적응이 되고 있습니다. 그러나 나도 모르는 의문점들을 생각하게 되고 스스로를 향해 계속 물음들을 던지면서 혼자 생각하고 혼자 고민하는 습관들이 그동안 저절로 길러졌는지도 모르겠습니다.

아니면 날카로운 시선으로 유난을 떨었던 필자의 생각이 혹이라도 그리스도교의 교회와 성도들을 지나치게 사랑하는 애착에서 비롯된 것은 아닌지 하는 생각이 들기도 했습니다. 사랑하는 고국을 떠나 오랜 세월을 물설고 낯선 타국에서 삶을 살아가면서 여러 민족의 색다른 언어들을 배우고 타국인들과 경쟁하며 열심을 내며 살았던 내가 오래전 젊었던 시절, 잃어버렸던 하나님의 사랑을 되찾게 되었습니다. 하나님의 부르심을 따라 주의 길을 가기로 마음의 결단을 내리고 타국에서 선교사역을 하다가 그리운 고국으로 돌아왔지만, 실상 돌아와서 보니 이방인처럼 보이는 내가 할 수 있는 것은 별로 없었고 설 자리도 없었습니다. 내가 만났던 많은 주의 사람들은 표피적으로는 좋은 모습으로 나타나고 있었습니다. 그러나 내면의 모습은 반드시 좋은 모습만은 아니었던 것 같습니다. 날이 흘러갈수록 마음에 품었고 기대했던 많은 것들이 조금씩 무너지는 실망에서 오는 상처를 받았고 동시에 쌉쌀한 맛을 맛보았다면 설명이 잘 되고 있는지 모르겠습니다. 그렇게 사역의 삶을 살아가고 있는 애잔한 나의 모습이 자꾸만 내 시야에 어른대고 있는 것 같아 왠지 서글픈 마음이기도 합니다.

하나님은 참된 복음의 진리를 올바르게 가르쳐 주시기 위해 언제나 항상 마음 쓰고 계신다는 것을 깨닫고 말씀에 행함으로 순종하는 사람들만이 하나님께서 예비해 주신 새 예루살렘 성의 생명나무의 실과를 먹을 수 있고 성에 들어갈 수 있는 성도의 권세를 누릴 수 있게 될 것입니다. 그리스도예수의 생명 안에서 역사하시는 진리의 영이신 성령하나님께서 가르쳐주시는 하나님의 말씀에는 예수그리스도라는 숭고한 분의 생명이, 하나님의 묵시적 신비로운 구원이, 함께 하는 것입니다. 현시대를 바라보면 세상 사람들이나, 불신자들이나, 다른 우상을 섬기는 종교인들이나, 미신을 섬기는 무속인들이나, 교회에 다니는 성도들이나, 너나, 나나, 모두 할 것 없이, 세상이 활짝 펼쳐 보여주는 화려한 번영과 달콤한 성공과 기복을 향해 전력 질주하고 있다는 느낌을 강하게 받습니다. 그래서 세상이 갈수록 부패하고 타락하고 혼란스러운 것입니다.

모든 영의 질서는 육의 눈에 보이지 않는 곳에서부터 흐르고 있습니다. 영의 질서는 위에서부터 아래로 흐르는 것입니다. 살리시는 하나님의 영도 거룩한 하늘에서 내려오고 거룩한 기름부음도 하늘 성소에서 흘러내리기 때문입니다. 믿음의 사람들은 위에서 무엇이 흐르고 있는지 영의 눈으로 자세히 살펴보고 분별해야 한다는 것입니다. 과연 살리시는 하나님의 거룩하신 영이 내 심령 안에 흐르고 있는지, 아니면 반대로 세상과 육신을 붙들고 역사하는 마귀의 미혹과 맘몬의 영이 흐르고 있는지, 성도들은 각자 믿음의 능력으로 그것들을 분별해서 바라보고 깨달을 수 있어야 합니다. 내 육신 안에 들어있는 소중한 내 영혼의 생명은 그 누구에게 속해 있는 것이 아닌, 오직 삼위하나님께만 속해 있고 오직 전능하신 삼위하나님께만 의탁해야 하기 때문입니다.

적어도 믿음의 사람들은 그리스도예수께서 베풀어 주시는 산 영으로 능력 있는 생명의 삶을 살아가야 합니다. 그리스도예수의 존귀하신 보혈을 힘입어 매일의 삶을 거룩한 믿음의 능력으로 강건하게 무장하는 삶을 살아가는 것입니다. 하나님의 신령한 영권과 능력이 바로 거기서부터 부어지기 때문입니다. 믿음의 사람들은 저주와 멸망으로 사라져 갈 육신의 삼대정욕과 허망한 세상으로 눈길을 돌려서는 안 됩니다. 하나님께서 그리스도예수라는 숭고한 분의 희생을 통해 베푸시는 은혜와 영생이라는 고귀한 구원은 세상의 번영과 육신의 성공보다 훨씬 더 품격 있고 훨씬 더 아름답고 훨씬 더 고귀하고, 훨씬 더 거룩하다는 산 생명의 진리를 잊지 말고 꼭 기억했으면 좋겠습니다.

그 외의 것은 살리는 복음이라고 말할 수 없습니다…. 믿음의 사람들은 미혹으로 미혹하는 맘몬신의 선동에 조심해야 할 것입니다. 지금은 다시 교회들과 목자들과 성도들이, "솔라 스크립트라" 오직 하나님의 말씀으로, "솔라 피데" 오직 믿음으로, "솔라 그라시아" 오직 은혜로, "솔리 데오 예수스" 오직 예수께로 귀착되고 있다는 영적 추세를 볼 때, 참으로 기쁘고 안도하는 마음입니다. 그러나 완전한 구원을 이룰 때까지는 아직도 넘어야 할 산이 많고 험난한 광야의 가시밭이 펼쳐질 것입니다. 사망의 음침한 골짜기에서 무자비하게 쏘아대는 아불루온의 불화살의 공격들과 맞서 피 흘릴 때까지 싸워 이겨야 하는 살벌한 영적 전쟁터에 믿음의 사람들은 서 있기 때문입니다. 그러한 영의 산 진리를 깨닫고 지금부터라도 죄에서 멀리하고 죄를 이기고 승리하는 천국 신부의 거룩함으로 영혼의 때를, 공의의 심판의 때를, 준비해야 할 것입니다.

이 세상은 타락한 세상이며 저주받은 부패한 세상입니다. 어둠의 세상 주관자들과 공중의 권세 잡은 사탄이 통괄하고 있는 멸망의 세상이라는 사실을 믿음의 사람들은 반드시 기억하기를 바랍니다. 하나님의 진리의 말씀을 받들고 진리의 영과 함께하며 살아가는 믿음의 사람들은 살리시는 하나님의 영으로 승리하는 삶을 살아가게 되리라고 확신합니다. 그러나 만약 하나님의 진리의 말씀과 성령의 거룩하신 뜻대로 살지 못한다면 아름다운 하늘천국, 영원한 생명의 나라는 보장받을 수 없을 것입니다.

믿는 자들의 거룩함은 내 영혼의 강건함이며 능력입니다. 아무것도 보이지 않는 캄캄하고 긴 터널 속 음침한 세상에 있다고 할지라도 내 소중한 영혼의 생명을 안전하게 인도하는 영롱한 새벽별입니다. 타락하고 부패한 세상을 바라보며 번영과 성공을 바라는 열망보다는 오늘의 삶에 더 한층 삼위하나님을 사랑하고 믿음으로 순종하며 정직함의 능력과 거룩함의 능력을 각자의 내면 안에 굳건하게 쌓기를 기도합니다. 세상을 향하는 맘몬신과 육신의 정욕을 과감히 버릴 때, 눈부신 성도의 영광의 기업과 영의 축복은 기적처럼 믿는 자들의 곁으로 사뿐하게 찾아들 것입니다. 그러하신 하나님의 은혜와 사랑이 언제나 항상 함께하시기를 생명 되시는 그리스도예수, 숭고하신 빛의 이름으로 축복합니다.

너희 마음의 눈을 밝히사

그의 부르심의 소망이 무엇이며

성도 안에서 그 기업의 영광의 풍성함이 무엇이며-

그의 힘의 위력으로 역사하심을 따라 믿는 우리에게

베푸신 능력의 지극히 크심이 어떠한 것을

너희로 알게 하시기를 구하노라- 〈엡 1:18-19〉

죽음 끝에서 피어나는 새 생명의 노래

악마는….
삶에 지쳐 절망하는 나에게 슬그머니 다가와
끈적거리는 목소리로 내 귓가에 대고 속삭입니다.

내가 절망하는 세상은 배신의 세상이고
원망의 세상이며 불신의 세상이라고 말입니다.

더는 살아갈 가치가 없는
보기 좋은 허울뿐인 세상이라고 미혹합니다.

아등바등 몸부림을 치면서 살아가는 나의 삶이라는 것은
알맹이가 빠져나가 버린 빈 껍질 같은 삶뿐이라고 역설합니다.

나의 삶이라는 것은 그저 허망한 삶에 지나지 않으며
껄끄러운 삶만을 붙들고 있을 뿐이라고 마냥 비웃습니다.

악마는….
삶에 채이고 억울한 아픔으로 온몸을 절절 떨고 있는
내게 다가와 교활한 미소를 띠고 으스대며 바라보고 있습니다.

이어 끈적거리는 목소리로 내 귓가에 대고 속삭입니다.
저주의 옷을 그만 벗어버려도 된다고 나의 절망을 부추깁니다.

가시밭 삶에 찌들어버린 멍에의 무거운 armor 갑옷을 입고
힘들게 살아가지 않아도 된다고 나의 고통을 상기시켜줍니다.

빛나는 예지로 영롱한 빛을 발했던 나의 정신은
어느 순간 흐릿해지고 분별과 명철을 잃어버리고 말았습니다.

그래서 이 순간 저 세상에 머물기도 하고-
그래서 저 순간 이 세상에 머물기도 합니다-

이 세상과 저 세상은 얇은 종이 한 장의 차이입니다.
마치 사람의 손등과 손바닥 같은 차이밖에 나지 않습니다.

나의 변덕스럽고 얄궂은 기분을 따라 순식간에
손바닥 뒤집듯이 앞과 뒤의 인생이 바뀌는 것입니다.

나의 빛나는 정신과 예지가 알려주는 지시를 따라
눈부신 생명과 거룩한 세상이 내 곁에 따라붙습니다.

나의 어둠의 생각과 부정적 반항이 알려주는 지시를 따라
끔찍한 파괴와 영원한 멸망이 내 곁에 따라붙습니다.

생명의 빛과 사망의 어둠은 항상 내 안에 꿈틀대어
서로 대적하며 함께 공존하고 있습니다.

내 안에서 서로의 힘을 자랑하면서 능력의 사투를 벌이며
무수한 순간의 전쟁을 치열하고 절박하게 치르고 있습니다.

살벌한 전쟁들은 순식간에 내 앞에 나타나
자기들이 주장하는 세상을 적나라하게 보여주고 사라집니다.

그러나 그 어떤 세상을 원하든지 원치 않든지
그것은 오직 생각의 주인인 나만이 선택할 수 있습니다.

악마는….
슬그머니 내 곁에 다가와 내 귓속 깊숙이 대고
더한층 끈끈한 목소리로 속삭이며 나를 재촉합니다.

무거운 armor의 갑옷을 던져버릴 때가 지금이라고 말입니다.
고통의 삶을 과감히 버리면 절망하지 않아도 된다고 말입니다.

그러나 내 안 깊숙한 곳에 자리 잡은 내 영혼의 생명은
나의 명치 끝에서 단호히 악마의 속삭임을 거부합니다…!

세상을 아파하지 않고 살았다는 생은—
세상을 원망하지 않고 살았다는 생은—
세상을 반항하지 않고 살았다는 생은—
세상을 절망하지 않고 살았다는 생은—
세상을 미워하지 않고 살았다는 생은—
세상을 분노하지 않고 살았다는 생은—
세상을 외로워하지 않고 살았다는 생은—
세상을 두려워하지 않고 살았다는 생은—

그런 생은 참된 생을 살았다고 자부할 수 없다고 말입니다—

살을 저미는 아픔과 고통의 쓴맛을 생에서 맛볼 수 있었기에
숨을 쉴 수 있는 생명은 소중하다는 진리를 깨닫게 되었습니다.

흑암의 긴 터널 속에 갇혀 생의 공포를 체험할 수 있었기에
영혼의 생명은 참으로 고귀하다는 진리를 알게 되었습니다.

아뜩한 벼랑 끝에서 떨어지지 않으려고 발버둥을 치는 극심한
두려움이 있었기에 새 소망의 문을 바라볼 수 있었습니다.

두려움 너머에는 소망의 문으로 나아갈 수 있는 생명의 빛
영광의 찬란한 대로의 길이 활짝 펼쳐지고 있었습니다.

그러므로 세상은 역시 살아갈 가치가 충분히 있었습니다.
세상은 끔찍한 절망만을 불러오는 저주의 세상이 아니었습니다.

나는 소중한 생명을 지켜야만 하는 명분이 충분히 있었습니다.
숭고한 생명으로 찾아오시는 기적의 주님을 만났기 때문입니다.

끈적거리는 음흉한 목소리로 호시탐탐 나를 유혹했던 악마는
갑자기 냉랭해진 나의 반응을 보고 소스라치게 놀랍니다.

악마는 자신의 유혹을 단호히 거부하는 냉랭한 나를 바라보며
밀려오는 패망과 괴로운 고통에 발버둥을 치기 시작합니다-

하나님의 생명을 열망하며 결단하는 단호한 나의 모습에서
악마는 멸망하는 자신의 모습을 발견하곤 두려움에 떱니다-

악마는….
거짓의 가면이 벗겨진 본래의 흉측한 자기 모습으로 돌아와
끔찍한 소리로 아우성을 치며 나를 위협하기 시작합니다-

그러나 단호한 나의 결심과 의지를 꺾지 못합니다…!

누가 무어래도 세상은 눈부시도록 아름답기만 했습니다…!
누가 무어래도 내 생명은 하나님의 존귀한 작품이었습니다…!

결국 악마는 힘을 잃고 빠져나왔던 멸망의 구덩이,
영원한 스올의 세상을 향해 스멀스멀 사라져갑니다.

사라져간 그곳엔-

영롱한 초록빛 생명을 머금은 작고 예쁜 새싹이
어느덧 고개를 배시시 들면서 기지개를 켜고 있습니다.

새 생명으로 솟아난 초록빛 어린 새싹은-

스올의 저주와 사망을 딛고 찬란한 생명의 빛을 발하며
더한층 많은 잎을 풍성하게 피우게 될 것입니다…!

그곳엔 너와 나의 고귀한 생명이 있습니다…!
그곳엔 우리 모두의 찬란한 생명이 있습니다…!

육신의 생명이 소중한 이유

　오랜 세월을 타국에서 살면서 비정한 현실과 냉혹한 삶에 절망하는 현지인 내담자들의 사연들과 고통의 모습을 지켜보면서 상담할 때가 있었습니다. 괴로운 현실을 견디지 못해 삶을 버거워하며 고통의 눈물을 흘리는 내담자들의 모습을 바라보면서 나 역시 나만의 현실에서 맞닥트리고 있는 은밀한 나의 고통의 모습도 함께 over lab, 오버랩시켜 조용히 바라볼 때가 있었다고 고백합니다. 나 역시 완벽한 삶을 살지 못하고 있으며, 나 역시 고통을 순간을 만나고 있으며, 나 역시 두려움과 불안한 삶에서 헤어나지 못하고 있으며, 나 역시 좌절의 삶을 살아가고 있다는 것을 은연중 인정하기 때문입니다. 인간의 힘과 교과서적인 긍정의 마인드만 가지고는 날카로운 손톱을 곤두세워 할퀴려고 무섭게 달려드는 마귀의 공격과 환난의 고통을 나약한 인간은 이겨나갈 수 없을 것입니다.

결단코 쉽지 않은 믿음의 길을 가면서 그 길목에서 만나고 부딪치는 가시밭 역경들이 있습니다. 수많은 혼란과 고뇌들과 보이지 않는 어둠의 영들의 끈질긴 방해에서 고통으로 부르짖는 영혼들의 아픈 고백들이 있습니다. 고통은 각자마다 크고 작은 차이는 있을 수 있겠지만, 생명의 숨을 쉬고 살아가는 영혼들이라면 누구나 똑같이 경험하고 체험하는 사실적이고 실제적 고통의 모습이라는 것을 부인할 수는 없을 것입니다. 세상의 어떤 누구도 고통이라는 환난에서 자유로울 수 있는 사람은 없기 때문입니다. 만약 환난과 고통 속에서도 자유롭고 행복한 삶을 살아갈 수 있다면 그런 사람은 십중팔구 정신에 어떤 이상이 생겼거나, 아니면 안타까운 치매에 걸린 사람들일지도 모른다는 생각을 해봅니다.

생명의 숨을 쉬며 살아가는 인간의 생에는 저마다의 가파른 굴곡과 가시밭 광야가 현실 가운데 나타나 펼쳐지고 있습니다. 그러나 삶 가운데 영혼들이 당하는 혼란과 고통은 본인 개인만이 당하는 문제는 아니라는 것입니다. 면밀히 따지고 보면 나 혼자만 재수 없어서 혹은 운명을 잘못 갖고 태어나서 특별하게 당하는 고통이 아니라는 것입니다. 잘난 생이든 못난 생이든, 인간이라면 모두가 당하는 똑같은 고통이자 문제이고 똑같이 풀어나가야 할 궁극적 문제입니다. 그러나 영혼의 문제, 생명의 문제, 신본의 문제와 영생의 문제이기도 합니다. 그러므로 타인의 불행과 고통은 반드시 그들만의 것은 아니라는 것입니다. 인간 모두의 문제라는 것입니다. 이방인의 눈길로 먼발치에서 담담한 심정으로 바라보고 지켜보았던 타인의 불행이고 고통이라고 생각했던 것들이 어느 날, 어느 순간, 문득 나의 불행과 고통으로도 연결될 수 있기에 타인의 불행과 고통을 충분히 공감하며 하나님의 사랑과 긍휼의 눈으로 바라볼 수 있는 영적 능력을 믿음의 사람들은 심령 판 안에 키워내는 것입니다. 바로 그런 사람들이 그리스도예수께 속해 있는 하늘적 거룩한 존재, 천국백성들인 것입니다.

사랑의 주님께서 긍휼의 눈길로 모든 영혼을 동일하게 바라보시고 희생적 사랑으로 동일하게 구속해 주셨듯이 말입니다. 하나님의 사람들은 바로 이런 영적 마인드를 각자의 심령에 품고 살아가는 사람들입니다. 세상과 사람들이 너도나도 말하는 긍정적 마인드가 아닌, 영적이고 신적 마인드라는 것입니다. 영적 마인드는 죽어가는 사람들의 생명을 살리는 거룩함의 능력을 내포하고 있습니다. 하나님이 베풀어 주시는 신적 마인드는 세상과 인간이 말하는 긍정적 마인드와는 그 질적인 차이가 확연히 드러나고 있습니다. 하나님의 영적 마인드가 없는 긍정적 마인드는 환난이라는 고통과 가시밭 역경이 닥칠 때, 언제라도 쉽게 무너질 수 있다는 것입니다. 하나님의 영적 마인드를 각자의 믿음에 접목을 시키면 훨씬 더 좋은 결과를 기대할 수 있게 되는 것입니다. 그렇기에 하나님께 속한 영의 사람들은 항상 많은 점에 대해서 숙고하고 또 많은 의문점을 생각해내고 자신을 향해 끊임없는 물음을 던지면서 무거운 고뇌를 한 아름 가득히 초청하기도 하지만, 그래도 괴롭지만은 않은 이유는 왠지 모르게 마음이 기쁘고 흐뭇하고 가뿐하기 때문입니다. 필자는 영혼의 기쁨이고 영혼의 행복이라고 말하고 싶습니다. 그래서 예수그리스도의 사람들은 헌신적이고 힘든 일을 일부러 자청하면서도 행복에 겨운 비명을 지르는 것입니다.

세상을 살아가는 인간이라면 누구나 할 것 없이 생 가운데 눈부시게 성공하고 풍족한 삶과 행복을 안락하게 누리면서 살아가기를 열망할 것입니다. 그렇더라도 성공하고 행복하고 안락한 삶만 고집하면서 영위할 수는 없을 것입니다. 성공한 사람은 성공한 대로, 실패한 사람은 실패한 대로 부자인 사람은 부자인 대로, 가난한 사람은 가난한 대로, 잘난 사람은 잘난 대로, 못난 사람도 못난 대로, 건강한 사람은 건강한 대로, 건강하지 않은 사람은 건강하지 않은 대로, 멋지고 예쁜 사람들도 그렇고, 혹은 멋지고 예쁘지 않은 사람들도 그렇고, 언제나 항상 험난한 역경과 고통이 그들의 앞을 가로막고 지독하게 방해하고 있다는 것입니다. 그러나 환난 중에 있는 인간이 가장 먼저 직시하고 바라보아야 할 것은 인간의 긍정이나 도움이나 요행이나 행운이 아닌, 바로 묵시적 세상에 현존하고 계시는 본질적 하나님의 신본과 그 생명을 깨닫는 것에 있다는 것입니다. 지구상에 살아서 움직이는 모든 생명은 바로 하나님이라는 전능의 신께 속해 있고 모두 그분의 생명과 은혜 안에 구속되어 있기 때문입니다. 그런데도 하나님의 창조와 구속의 섭리를 바득바득 비난하고 대적하면서 하나님의 섭리에서 벗어나고자 애쓰는 인간들이 바로 하나님의 신본을 대적했던 전적 타락하고 전적 부패한 반역자이자 거짓의 아비였던 사탄의 불순종의 영을 물려받은 지옥노예들인 것입니다. 그러므로 하나님의 구원은 전 인류를 향해 동일하게 베풀어졌지만 그러나 인간들 모두가 받을 수 있는 것은 결코 아니라는 것입니다. 루시퍼 사탄을 따랐던 졸개 천사들처럼 본질적 멸망에 속해 있는 인간들도 세상에는 많기 때문입니다.

영적이고 지적인 존재라고 불리는 인간의 정신과 생각을 집요하게 헤집고 파고들면서 사탄이 가져다주는 영적 혼란과 영적 상실이라는 굴레 안에 갇혀 있는 영혼들은 오늘도 고통 속에서 힘든 삶을 살아가고 있습니다. 냉혹한 현실과 가시밭 환경 속에서 수없이 좌절하고 끝없는 번민과 갈등하는 사투를 벌이면서도 살아야 한다는 열망에 인간은 마지막 모든 힘을 쏟아붓지만, 그럴수록 더더욱 냉혹한 환난과 역경은 조롱하듯 영혼들의 앞을 가로막고 대적해오는 것입니다. 현실의 어려움과 가시밭 환경을 인간의 힘으로 헤쳐나가기란 언제나 항상 힘들고 버겁기만 합니다. 결국에는 한줄기 소망의 빛을 찾지 못한 영혼들은 맥없이 무너져 절망하다가 어느 순간, 새벽이슬처럼 사라지고 없는 허망한 영혼들이 되고 마는 것입니다. 세상에는 그런 가엾은 영혼들이 너무나 많다는 것입니다. 인간의 생명은 개인의 것이 아닌, 바로 하나님의 것이라는 창조적 진리를 깨닫는 것이 바로 지혜의 능력입니다. 깨달음의 능력이, 구원의 능력이, 생명의 능력이, 하늘의 하나님께로부터만 내려오기 때문입니다. 그런 지혜를 깨달을 때, 좌절하고 상심하고 절망하는 영혼들이라고 할지라도 다시 새롭게 살아갈 수 있는 강력한 하늘의 힘이 찾아오는 것입니다. 강력한 힘은 전능의 하나님께만 있습니다. 절망에 빠진 인간이 전능의 하나님을 바라보고 하나님의 도움을 간절히 간청한다면 얼마든지 살아갈 수 있는 신적 힘과 능력을 하나님께 받을 수 있는 것입니다.

특히 그리스도예수를 사랑하는 신앙인들의 영적 싸움은 세상에서 맹목적으로 살아가는 세상 사람들보다 한층 더 힘들고 치열하기만 합니다. 매일의 영적 전쟁을 새날, 새해가 뜨고 전개될 때마다 힘겹게 치러야 하기 때문입니다. 그러나 아무리 세상과 현실이 고통스럽고 힘들다고 해도 예수그리스도의 생명을 가슴에 품고 살아가는 영혼들은 반드시 환난의 세상을 이기고 승리하는 생을 성취하리라는 것을 믿음의 눈으로 바라보고 확신하는 것입니다. 바로 거기서 영혼들의 희열이 시작하고 영혼들이 새 힘과 용기를 얻는 것입니다. 현재 당하는 고난은 장차 다가올 영광과 족히 비교할 수 없는 큰 기쁨이자 축복이라는 사도바울의 영혼의 고백을 오늘날 이 시대를 살아가는 영혼들 또한 살리는 생명의 말씀이라고 동일한 믿음으로 믿고 확신하는 것입니다. 예수그리스도의 구속과 함께 살아가는 영혼들은 하나님께서 베풀어 주시는 영광의 상속자가 되기 위해, 예수그리스도께서 받으신 동일한 영광을 얻기 위해, 그리스도께서 당하신 고난에도 기꺼이 참예하는 고통을 기꺼이 감수하고 감당해내는 것입니다. 믿음의 사람들은 고난과 환난을 통한 인내와 거룩한 연단을 받은 후에 영광의 주님께서 베풀어 주시는 의의 면류관을 머리에 쓰고 영생의 나라에서 주님과 함께 영원히 살아간다는 생명의 진리를 굳게 믿고 확신하는 것입니다.

주님이 십자가에서 받으셨던 수난과 고통이 내게는 영광과 축복과 생명의 길이 되는 것입니다. 현재 내가 당하는 환난과 고난 또한 주님이 함께하고 계시기에 환난과 고난을 이겨나갈 수 있고, 승리함으로 하늘의 하나님께 눈부신 영광을 올려드릴 수 있는 믿음의 사람, 천국인의 사람이 되는 것입니다. 사도바울의 말씀처럼 우리의 싸움은 혈과 육의 싸움에 있지 않습니다. 세상의 통치자들과 어둠의 주관자들과 공중을 지배하고 있는 악한 영들과 권세자들과의 싸움에 있습니다. 예수그리스도, 부활의 생명을 물려받은 영혼들은 영의 세상과 직결되어 있고 하나님의 거룩한 영과 직결되어 있습니다. 한편으로는 공중을 지배하고 있는 악한 영들과 연결되어 있기도 합니다. 그렇기에 영혼들은 하나님의 권능을 의지하면서 눈에 보이지 않는 영물들과 치열한 전쟁을 치르는 것입니다. 그리스도인의 운명이라고 말할 수밖에 없을 것 같습니다. 왜냐하면 그리스도인은 영의 세상이 무엇인지에 대해서 너무나 잘 알고 있기 때문입니다. 내 영혼의 생명을 나의 아버지이신 하나님께 드리고 싶지 저주와 멸망으로 나타나는 사악한 사탄에게 빼앗기고 싶다는 생각은 추호도 없기 때문입니다.

만약 그러한 영의 진리를 고난과 역경에 처해 있는 사람들이 알고만 있었다면 자신들의 소중한 생명을 함부로 끊어버리는 어리석은 행동은 결단코 하지 않았을 것입니다. 사실 따지고 보면 그들의 잘못도, 그들의 못난 생도, 아니기 때문입니다. 가난한 부모 형제의 잘못도 아니고, 지독하게 척박한 환경도, 현실의 냉혹함 때문도 아니라는 것입니다. 바로 죄와 사망을 붙들고 공중의 권세를 지배하고 있는 사악한 영물들이 가져다주는 파괴와 저주이기 때문입니다. 그러나 세상 사람들은 하나님의 영을 모른다고 치고 그리스도인이 그런 진리를 모른다면 그리스도인이 아닐 것입니다.

이 모두가 영의 세상과 관련되어 있고 영혼의 생명과 관련되어 있다는 것입니다. 불순종의 반란자였고 거짓의 아비였으며 최초의 살인자였던 사탄과 관계된 죄의 궁극적 문제를 예수그리스도의 구속의 보혈로 깨끗이 해결 받지 못했기 때문입니다. 자신들의 육신과 영혼을 무겁게 짓누르고 있는 멸망이라는 영물의 세력들에게서 빠져나올 수 있는 단 하나의 생명의 통로, 구원의 통로가 되는 생명의 주님, 예수그리스도라는 숭고하신 분의 죄 사함의 보혈을 받지 못했기 때문에 비참하게 멸망 당하는 불쌍한 영혼들이 되고 마는 것입니다. 어찌 보면 다른 사람들이 듣기에는 극단적 말처럼 들리고 비정하고 냉혹하게 들릴 수도 있겠지만 믿는 자들에게는 그것이 사실이고 영의 진리라는 사실을 부정할 수 없을 것입니다.

육신의 생명은 참으로 소중하기만 합니다…. 그러나 육의 눈에 보이지 않는 영혼의 생명은 더더욱 소중하기만 합니다…. 생명의 주인이신 하나님은 바로 그 영혼의 생명에 사랑과 관심을 기울이고 계시기 때문입니다. 영혼의 생명은 육의 눈에는 보이지 않지만, 육신의 생명과 함께 공존하고 있습니다. 만약 사람이 육신의 생명을 스스로 끊어버릴 때, 육신 속에 함께 공존하고 있었던 영혼의 생명까지도 함께 끊어버리는 돌이킬 수 없는 끔찍한 죄를 하나님 앞에 짓게 되는 것입니다. 인간이 스스로 육신의 생명을 죽였을 때, 영혼의 생명도 죽어버렸기 때문입니다. 그렇기에 인간이 육신의 생명을 죽이면 소중한 영혼의 생명까지도 자연적으로 멸망할 수밖에 없는 것입니다. 육신의 생명이 소중한 이유가 바로 이 점 때문입니다. 소중한 영혼의 생명을 육신 안에 담고 있기 때문입니다. 부디 육신의 생명을 소중하게 여기시고 아름답게 가꾸시고 단단히 보살피기를 바랍니다.

영벌의 저주와 멸망이라는 지옥 불못은 하나님이 인간에게 내리신 것이 결코 아닙니다. 믿음의 사람들은 바로 이 점을 잘 알고 있어야 합니다. 저주와 멸망이라는 형벌은 바로 하나님을 대적했던 사탄과 그의 종속된 마귀부하들만 받도록 전능의 하나님께서 이미 창세 전에 계획하고 예비해두신 섭리였습니다. 그러나 거짓의 아비였던 사탄은 자기들만 유황불이 불타는 지옥 불구덩이 속으로 떨어지기 싫다고 억울하다고 반발하며 하나님께 속한 영혼들을 죄와 정욕으로 미혹해서 지옥 불구덩이 속으로 집요하게 끌고 가는 복수를 저지르고 있는 것입니다. 인간이 하나님께서 부여해주신 소중한 목숨을 하찮게 여기게 하고, 스스로 포기하게 하고, 결국에는 비정하게 끊어버리게 함으로써 사망과 흑암의 세상을 주관하고 있는 사탄에게 영원히 종속되는 비참한 영혼들로 전락하게 만들어 버리는 것입니다.

그때부터는 사탄의 것이 되고 마는 것입니다…. 창조주하나님께서 사랑으로 베풀어 주신 고귀한 생명을 하찮게 여기고 소중한 생명을 끊어버리는 죄를 짓는 영혼들은 결국에는 사탄이 지배하게 되고 사탄과 함께 지옥 불 못 속으로 떨어질 수밖에 없는 처참한 영혼들로 전락하고 마는 것입니다. 하나님께서 허락하신 육신의 생명과 영혼의 생명을 존귀하게 생각하지 않았던 것에 대한 참담한 결과입니다. 하나님께서 피조물인 인간에게 허락하신 고귀한 생명은 개인의 것이 아닌, 바로 하나님의 것이고 영원히 하나님께 속해 있는 생명입니다. 그러므로 세상에는 인간의 것이라 부르는 것은 하나도 없습니다. 애당초 없습니다…! 온 우주 만물이, 온 인류의 생명이, 온 피조물들이, 오직 전능의 하나님께만 속해 있는 전능자의 것이기 때문입니다.

다시 강조하지만 육신의 생명과 영혼의 생명은 하나님의 눈에는 참으로 존귀한 보배이기만 합니다. 육신의 생명이 소중한 것은 육신의 생명 안에는 영혼의 생명이라는 또 하나의 고귀한 본질인 생명이 숨을 쉬면서 공존하고 있기 때문입니다. 고귀한 생명을 인간에게 허락하신 하나님의 사랑은 예수그리스도의 부활의 생명을 받을 수 있는 소중한 특권을 영혼들을 향해 베풀어 주셨습니다. 육신의 생명은 인간이 살아있을 때만 허락되었습니다. 육신은 죽으면 썩고 흙으로, 먼지로, 돌아가지만, 그럼에도 육신의 생명은 영혼의 생명 못지않게 소중하기만 합니다. 육신이 살아 있고 숨을 쉬고 움직이고 있는 동안에 반드시 예수그리스도의 속죄의 보혈로 죄 사함을 깨끗이 받아야 합니다. 그것이 하나님의 태초의 뜻과 섭리를 거룩하게 이루는 것입니다.

죄가 영혼들을 멸망으로 끌고 가고 있습니다. 죄를 붙들고 있는 것은 사탄입니다. 인간이 스스로 육신의 생명을 끊으면 그것으로 영혼의 생명도 영원한 끝을 선포할 것입니다. 영혼의 생명을 살릴 수 있는 단 하나의 유일한 통로인 육신의 생명을 잃어버렸기 때문입니다. 그러므로 영혼의 생명의 효력은 육신의 생명이 살아있을 때까지만입니다…. 그 후에는 끝입니다…. 그때가 지나가면 더 이상의 기회는 없습니다…. 한 번뿐인 육신의 생명이 죽어버렸으므로 더 이상의 기회는 없습니다. 육신의 생명이 끝났을 때, 육신은 썩고 먼지로 돌아가지만, 육신 안에 함께 했던 영혼의 생명은 육신과 철저하게 분리될 것입니다.

부활의 생명에서 분리된 어떤 영혼들은 지옥불의 저주가 지속되는 영벌의 멸망으로 추락할 것입니다. 죄와 사망에서 분리된 어떤 영혼들은 신분 상승이 되어 전능하신 삼위하나님이 좌정하고 계시는 묵시의 세상, 천국의 세상, 신비의 세상으로 옮겨지게 될 것입니다. 죄 많았던 지상에서 하나님이 좌정하고 계시는 천상의 세상으로 옮겨지는 영혼들은 의인의 신분으로 천국에서 삼위하나님과 더불어 영원토록 살아가는 거룩한 영혼들이 될 것입니다. 그러한 생명의 진리를 모르는 영혼들은 오늘도 원망과 불평과 한탄과 절망만 하다가 스스로 목숨을 끊은 채, 허망한 존재로 세상에서 사라지는 것입니다. 사탄은 하나님께서 존귀하게 여기시는 영혼들의 생명을 찬탈하고 파괴하기 위해, 지금 이 순간에도 인간을 죄로 미혹하고 있으며, 죄를 짓게 하고 있으며, 죄로 지배하며, 죄의 세상인 지옥불 못 속으로 끌고 가기 위해서 우는 사자처럼 으르렁대며 눈에 불을 뻘겋게 켠 채, 삼킬 자를 찾아 쉬지 않고 다니고 있습니다. 부디 육신의 생명을 소중하게 가꾸고 영혼의 생명을 고귀하게 다루면서 그리스도예수의 구속의 보혈을, 하나님의 전능을, 의지하기를 기도합니다.

하나님의 형상과 생기를 물려받고 이 땅으로 오는 영혼들을 하나님은 참으로 많이 사랑하십니다. 세상에 태어나는 모든 영혼을 하나도 놓치고 싶어 하시지 않는 분이 바로 하나님이십니다. 그렇기에 흠도 없고 점도 없는 하나님이셨던 독생자예수를 더럽고 불결한 죄인들의 죄를 대속해주시는 어린양, 십자가에 달리는 속죄물로 이 땅에 보내주셨던 것입니다. 이 땅의 영혼들이 하나도 빠짐없이 예수께서 피 흘려 주신 구속의 생명을 받고 부활의 천국 백성으로 영생하는 생을 살아가기를 하나님은 이미 창세 전부터 거룩한 섭리 안에 사랑의 언약으로 예비해 두셨던 것입니다. 그리고 지금 이 순간에도 하나님의 섭리는 변치 않는 언약으로 살아서 영혼들을 부르고 계시며, 부르심에 순종으로 화답하는 영혼들의 심령 안에 영의 힘, 능력의 힘으로 살아갈 수 있도록 진리의 영이신 파라클레토스 보혜사 성령하나님을 각 사람의 심령에 보내주셨던 것입니다. 믿음의 사람들은 그런 생명적 진리와 천국적 언약과 묵시적 신비를 잘 알고 있는 하나님의 백성들입니다.

하나님의 존귀한 형상을 입고 탄생하는 영혼들이 예수그리스도, 구속의 생명을 받은 천국 백성들입니다. 거룩한 제사장들입니다. 하나님은 오늘도 떠나간 영혼들이 돌아오기만을 간절함으로 기다리고 계십니다. 부디 세상 욕심부리지 말고 육신의 삼대 정욕을 탐하는 탐심을 단호히 버리기를 바라는 마음입니다. 부디 육신의 생명을 소중하게 다루어 영혼의 생명을 더더욱 거룩하고 아름답게 보살피고 가꾸기를 바라는 마음입니다. 부디 스올이라는 죽음의 흑암을 딛고 당당히 승리하는 초록빛 예쁜 새싹들의 생명으로 새롭게 탄생하는 주님의 영혼들, 하나님의 아름다운 천국 백성들이 되기를 바라는 마음입니다. 삼위하나님의 사랑과 보살피심과 지키심이 이 글을 읽으시는 모든 분들과 영원히 함께하시기를 예수그리스도, 숭고하신 생명의 이름으로 기도하며 축복합니다.

우리가 세상의 영을 받지 않고
오직 하나님으로부터 온 영을 받았으니
이는 우리로 하여금 하나님께서 우리에게
은혜로 주신 것들을 알게 하려 하심이라- 〈고전 2:12〉

골방 이곳에서

좁은 기도 굴, 지금 이곳에 내가 있습니다.
사방이 일 미터가 조금 넘는 아주 협소한 공간입니다.

벽 중간에는 작은 십자가가 고독하게 걸려 있습니다.
한쪽 구석엔 조그마한 알전등도 달랑 매달려 있습니다.

생각보다 방바닥은 따뜻해서 마음에 안정을 주고 있습니다.
지금 밖은 영하 십 도가 훨씬 내려가는 매서운 날씨입니다.

몸은 좁은 방 안에 갇혀 있지만, 왠지 마음은 따뜻합니다.
처음 이곳을 들여다보고는 약간의 이질감을 느끼기도 했습니다.

그러나 완전히 몸을 들이밀고 난 후엔,
알 수 없는 평화와 아늑한 정감이 잔잔하게 스며들었습니다.

아마 모르긴 몰라도 이 방엔-
수많은 영혼의 지쳐버린 육이 거쳐 갔을 것입니다.

아마 모르긴 몰라도 이 방엔-
수많은 영혼의 눈물과 숨 가쁜 울부짖음이 있었을 것입니다.

잔인하고 날카로운 쇠갈고리 같은 세상에서 주는 깊은 상처들과
배신으로 인한 쓰라린 아픔과 절망이 함께 했을 것입니다.

그 결과 수없이 흩뿌려지고 또 흩뿌려진 영혼들의 눈물 바람과
몸부림치는 영혼들의 처절한 통곡이 있었을 것입니다.

그리고 지금 이곳에 내가 있습니다.
누가 이곳으로 가라고 억지로 시키지도 않았습니다.

나 역시 가슴 속, 정신 속, 쏟아내고 뿌려내고
버릴 것들이 너무도 많아 이곳에 왔습니다.

멀고 먼 타국에서 나의 고국인 이곳까지 날아왔습니다.
그리고 무릎 꿇어 절박한 얼굴로 벽을 향해 앉아 있습니다.

문득 가슴이 답답하면서 울컥함이 심장을 강타하고 있습니다.
가쁘게 숨이 차오르며 심장의 박동이 빠르게 뛰고 있습니다.

벅차오르는 뜨거운 심장을 따라
여지없이 반응하는 두 눈덩이도 뜨거워져 오고 있습니다.

그런 울컥한 심정을 끌어안고 그동안 수없이 걸어왔던
내 인생길에 새겨진 발자국 모양들을 찬찬히 돌아보았습니다.

처음 그곳에는 희망으로 찬란했던 무지갯빛,
아름다운 꿈으로 충만했던 영혼의 모습이 있었습니다.

처음 그곳에는 세상에서 가장 행복하고 싶은 영혼의 꿈과
파란 빛깔의 희망으로 충만했던 청춘의 시절이 있었습니다.

그러나 나는 하나님이 부담스럽다고 내 생에서 지워버렸고
하나님의 사랑이 싫다고 거부한 채, 떠나버리고 말았습니다.

사람들은 무엇 때문에 하나님의 사랑이 귀찮다고 거부하며
못 본 척 고개를 돌려 외면한 채, 매정히 떠나는 걸까요-

그리고 무엇 때문에 사람들은 하나님의 사랑을 떠나서는
단 한시도 살 수 없는 존재라는 것을 깨닫고 돌아오는 걸까요-

하나님을 배신하고 떠났으면 당연히 하나님 보란 듯이
행복을 마음껏 구가하며 인생을 잘 살아야 하지 않을까요-

결국 돌아와 애절하게 부르짖고 눈물 뿌리며 통곡할 것을
왜 그렇게 하나님의 사랑과 간섭이 싫다고 뿌리쳤던 걸까요-

하나님 앞으로 돌아오지 않고서는 그 인생들 가운데서
해결할 수 있는 올바른 방법과 강구책은 없었던 걸까요-

하나님은 제약하는 것이 너무 많아 싫고 반항하고 싶다고
무모한 용기를 부리고 떠나갔던 목이 곧은 영혼들이었습니다.

하나님 없이도 의지와 신념을 따라 얼마든지 행복할 수 있다고
큰소리쳤던 영혼들의 교만에 찬 아집과 뻔뻔함이 있었습니다.

그랬던 영혼들이 하나둘씩 차례대로 돌아오는 것입니다.
교만했던 영혼들이 속속들이 하나님 전으로 몰려오는 것입니다.

신기루 세상이 유혹하는 꿈을 찾아갔다가 처절하게 실패한 채,
그 세상에서 상처받고 고통의 세월을 살아온 영혼들이었습니다.

하나님을 잃어버린 영혼들은 캄캄한 어둠 속 세상을 허우적대며
미친 듯 헤매기만 하는 결과 없고 열매 없는 생을 살았습니다.

결국 상처투성이 참담한 몸을 이끌고 두 손 높이 들어
모두 하나님의 사랑 앞으로 돌아오는 것입니다.

그리곤 하나같이 일그러진 얼굴로 가슴을 치고 통곡하며
처절한 모습으로 하나님의 전능 앞에 무너지는 것입니다.

영혼들의 울부짖음이 지금 이곳, 좁은 방에 빠르게 지나가는
영화 필름처럼 눈앞에 선명히 나타났다가 사라지고 있습니다.

영혼들의 심장을 세차게 때리는 참회의 눈물방울들은
여기저기 갈지자로 마구 흩뿌려지고 있습니다.

통곡하는 영혼들은 하나같이 고백합니다—

내 생에 하나님이 없는 세상은 아프고 서러웠다고 말입니다—
참으로 외롭고 힘들기만 했던 음침한 세월이었다고 말입니다—

무언가 목구멍과 가슴을 답답하게 틀어막고 있는 것 같습니다.
견딜 수 없어 주먹을 쥐고 심약한 가슴을 마구 때립니다.

후회로 점철된 삶을 살았던 순간들이 뇌리를 스쳐 지나갈 때마다
완악했고 교만했던 모습들을 속속들이 끄집어내어 바라봅니다.

한 인생 살아보니 결국 아무것도 아니었다는 것을 말입니다—
한 인생 돌아보니 결국 무엇도 될 수 없었다는 것을 말입니다—

그래서 참담한 머리를 벽에다 부딪치며 울부짖는 것입니다—
하나님을 향해 다시 한 번 기회를 달라고 애원하는 것입니다—

영혼들이 아프게 부르짖는 절절한 통회와 회개는
하늘 보좌를 감동으로 움직이는 눈부신 기적을 몰고 옵니다.

성령님의 거룩하신 내주와 맑은 물의 역사가
울부짖는 영혼들의 아픈 심령 안으로 조용히 좌정하십니다.

성령님의 맑은 물의 역사는 하늘 보좌에 좌정하고 계시는
아버지와 아들의 마음에 기쁨과 감동과 영광을 상달해드립니다.

이제부터 풍성한 사랑의 스토리들을 새롭게 써 내려가시며
찬란한 완성으로 성취시키실 거라는 감동의 언약을 주십니다.

이미 수많은 영혼들이 흘렸을 참회의 눈물과 아픈 몸부림들이
이 좁은 방에 뜨겁고 강렬하게 느껴지는 찰나의 순간입니다.

이곳에 머무는 내 영혼도 그들 중 하나가 될 수 있을까
무력하고도 나약한 물음표를 힘없이 던져 봅니다.

그리고 어쩌면 지금이야말로 내가 하나님 앞에 나설 수 있는
마지막 기회가 주어졌는지도 모릅니다.

갈급한 목덜미에서 터져 나오는 뜨거운 내 심장 소리가…!
처절한 영혼이 부르짖는 애달픈 나의 눈물이…!

하늘보좌, 지성소에 좌정하고 계시는 아버지와 성자예수께
선명하게 들리기를 간절히 소망하고 열망하는 마음입니다.

지금 이 순간 성령하나님의 아름다우신 내주임재를 간구하며
나 역시 고통에 찬 입술을 서서히 열어나가고 있습니다.

지금부터 나의 기도는 시작이다

영하 십 도가 훨씬 내려가는 어느 춥고 매서운 겨울에 나는 사랑하는
고국을 찾았습니다. 사시사철 강렬한 태양이 뜨겁게 내리쬐이는 Tropi-
cana, 열대 나라에서 오랜 세월을 살았던 나는 숨을 쉴 수 없을 만큼 날
카로운 칼날처럼 불어닥치는 고국의 찬바람을 참으로 오랜만에 맞으면서
순식간에 온몸이 꽁꽁 얼어붙었고 몸을 잔뜩 웅크린 채, 덜덜 떨면서 모

기도원의 기도굴을 찾았던 적이 있었습니다. 당시 나의 영혼은 혹독하게 추운 영하의 겨울 날씨 못지않게 극심한 영적 혼란과 무력감이라는 혹독한 추위 속에 몸과 마음은 얼음덩어리처럼 꽁꽁 얼어붙어 있었습니다.

어디를 향해 가야 할지, 내 생에서 앞으로 내가 무엇을 어떻게 해야 좋을지 전혀 감도 잡지 못한 채, 이곳저곳 영혼의 위로를 따뜻하게 받을 수 있는 안식의 장소를 찾아서, 하나님의 말씀과 성전을 찾아다니면서 수많은 예배와 찬송과 기도를 드렸습니다. 그러나 여전히 영혼의 만족감은 느끼지 못하고 있었습니다. 내 영혼이 원하고 갈망하는 곳을 찾지 못한 나는 복잡한 미로의 길 한가운데 그만 지칠 대로 지쳐서 어느 순간, 기계 동작처럼 탁 멈추어 버려 어디를 향해 가야 할지, 무엇을 어떻게 해야 할지, 도무지 알 수 없는 가련하고도 무력한 영혼의 모습을 하고 있었습니다.

세상 밖으로 갓 부화한 여린 아기새가 뇌리에 떠오르고 있었습니다. 나는 날갯짓을 하지 못하는 연약한 아기새와 같은 모습을 하고 있었습니다. 아기새는 엄마새가 물어다 주는 먹이를 먹고 엄마새의 따뜻한 품을 간절히 고대하지만, 어찌 된 일인지 기다리던 엄마새는 돌아오지 않았고 아기새는 생명의 주체인 엄마새를 잃어버린 채, 결국 그리움과 배고픔에 울다가 지치고 탈진되어 서서히 죽어가는 불쌍한 아기새의 모습을 하고 있는 그런 슬프고도 애절한 감정의 느낌 속에 푹 젖어 있었습니다. 그러면서도 보이지 않는 하나님의 얼굴만 애달프도록 찾아 헤매고 있었고 하나님의 사랑과 은혜와 보살피심과 인도하심을 절절히 간구하고 있었습니다.

때때로 나는 마치 몽롱한 꿈을 꾸고 있는 것만 같은 몽환적 환상에 사로잡혀 있기도 했습니다. 그런 느낌과 감정을 안고 이곳저곳을 또박또박

걸어 다니면서 하루하루의 나날을 보내고 있었고 하나님의 성전이 아닌, 진짜 살아계시는 하나님을 만나고 싶다는 내 영혼의 갈급함과 몸부림은 마치 얼이 빠져나가 버린 듯한 사람의 멍한 눈빛을 하고 있었고 그러나 반대로 열정적 얼굴빛을 하고 있을 때도 있었습니다. 그런 모습은 내가 바라보기에도 어딘가 합이 맞지 않고 왠지 어색하고 정상이 아닌 것처럼 비치기도 했지만, 한편으로는 그런 나의 모습이 왠지 모르게 애틋하다는 감정의 느낌을 느끼기도 했습니다. 저 모습은 속일 수 없는 진짜 나의 모습이라는 묘하게 설득이 되는 긍정의 예쁜 생각을 하고 있었습니다.

어쩌면 나는 나를 많이 아끼고 사랑하고 있었는지도 모릅니다. 가끔은 내 영의 눈에 감지되고 포착되는 영혼의 간절함은 왠지 모르지만 맑고 순수한 모습으로도 비쳤기 때문입니다. 그런 나의 모습에는 분명 특별한 이유가 있는 것처럼, 분명 어떤 가치와 목적이 있는 것처럼, 열정의 몸부림으로 비쳤고 그런 모습을 바라보는 나의 두 눈을 알 수 없는 묘한 감동으로 적셔주고 있었습니다. 그래서인지는 몰라도 영의 눈에 포착되는 나의 모습은 애절하지만 예뻤고 서글프지만 정겨움이 듬뿍 가는 연민의 정을 동시에 느끼고 있었습니다. 어쩌면 나는 그런 나의 모습이 좋았던 것 같습니다.

내 영혼의 몸부림은 세상에서의 성공과 따뜻한 안주함을 열망하는 것이 아니었습니다. 육신을 만족시키기 위한 행복과 화려한 생을 갈망했던 것도 아니었습니다. 이미 그것들은 예전에 충분히 다 차지했고 누렸던 것들이기에 하나도 그립지 않았습니다. 내 영혼은 잃어버린 하나님의 사랑과 생명을 찾고 싶어 몸부림치고 있었습니다. 내 영혼의 주인이시고 내가 사랑하는 주님을 만나고 싶었습니다. 내 영혼이 부르짖는 열정을 열심히 따라가다 보면, 그 끝에는 내가 간절히 찾는 주님의 숭고한 사랑이 나를 기다리고 계실 것만 같은 가슴 저리는 부푼 기대가 있었고 그리운 주님을 만나기를 열망하고 있었습니다. 그래서 내 영혼의 부름이 시키는 대로, 내 생각과 마음이 지시하는 대로, 나의 육신은 무조건 순종하며 행동으로 옮겼던 당시 나의 모습이 있었습니다. 그러다가 문득 깨달았던 점이 있었는데, 그것은 나의 뜻과 생각과 마음이 지시하는 대로 무작정 나의 육신이 따라갔던 것이 아닌, 바로 성령하나님의 부르심과 지시하심과 인도하심을 따라 나의 마음과 육신이 순순히 순종하며 따랐다는 사실을 어느 날, 어느 순간의 때, 문득 깨닫게 되었던 것입니다.

성령하나님의 부르심과 인도하심을 따라 열심히 움직였던 나의 발걸음은 마치 꿈을 꾸는 것 같았습니다. 새날의 아침이 기다려졌고 무슨 이유 때문인지는 모르지만, 가슴은 많이 설렜습니다. 나의 영혼은 마치 새하얗고 폭신한 뭉게구름 위를 사뿐사뿐 걸어 다니거나 훨훨 날아다니는 것 같은 감동의 신기한 느낌을 받기도 했습니다. 또 예쁘게 깔린 총천연색 블록길을 구두 굽 소리를 경쾌하게 울리면서 멋지고 세련된 걸음으로 걸어가는 아름다운 영혼을 소유한 아가씨의 모습을 하고 있기도 했습니다. 또 한편으로는 자유분방하게 쿵쾅대며 이곳저곳 뛰어다니는 꿈 많은 사춘기 소녀의 맑고 영롱하게 빛나는 예쁜 영혼의 몸짓도 하고 있었습니다. 내 영의 카메라는 순간순간마다, 그러한 모습들을 빠르게 포착해서 예쁘게 사진을 찍었고 정신이라는 빛나는 창고 속에 고이 담아 보관하고 있었습니다. 언제 어느 때라도 사진 속 모습들을 꺼내어 볼 수 있고 추억할 수 있도록 말입니다.

그때 그 추억을 기억의 창고 속에서 깨끗하게 끄집어내어 지금 글을 쓰고 있는 것처럼 말입니다. 나는 그런 내 영혼의 모습을 사랑과 연민의 눈길로 바라보고 있었습니다. 성령하나님의 거룩하신 임재는 그런 내 영혼을 부드럽게 불어오고 불어가는 바람처럼 순간 나를 이 장소에 머물도록 깜짝 인도해 가셨고, 또 순간 저 장소에 나를 머물도록 깜짝 인도해가시고는 했습니다. 마치 신비한 하늘나라 광활한 영의 세계를 마음껏 훨훨 날아다니는 아름다운 영의 천사들처럼 환상적이고 가슴 부푼 순간들이었습니다. 세상이라는 광대한 스크린을 통해 마음을 따뜻하게 울리는 감동의 영화를 한 눈으로 시청하는 것 같은 영혼의 깊은 감동과 자유로운 감격의 느낌을 나는 충만하게 받고 있었습니다.

그러나 가끔은 나 자신이 추운 창공을 날아가는 한 마리 고독하고 쓸쓸한 겨울새의 힘겨운 날갯짓 같다는 쓸쓸한 생각을 하기도 했습니다. 하지만 자유롭게 이리 훨훨, 저리 훨훨, 생동의 날갯짓 하며 어디든지 날아가는 새들처럼, 내 영혼 또한 가고 싶은 곳을 찾아 마음껏 날아다니면서 희열과 감격을 맛보는 것도 내 생에 있어 훨씬 더 행복하고 훨씬 더 기쁘고 훨씬 더 감사하다고 생각하기도 했습니다. 그리고 기도굴을 찾았던 것입니다…. 기도굴을 찾기 전까지의 나는 여기저기, 이곳저곳, 마음이 내키는 대로 하나님의 성전을 찾아 자유롭게 다니면서 말씀을 들었고 또 고국의 경치 좋고 아름다운 자연을 찾아 하나님의 창조물인 자연의 장대함을 감상하며 다니기도 했습니다. 그러나 이제 내 영혼이 기도굴을 찾았고 그 좁은 공간에 완전하게 나의 육신을 담았다는 것은 내 영혼이 하나님의 사랑을 찾아 부르짖는 마지막 SOS signal, 구원의 시그널 같은 비장한 심정이자 결단이었습니다.

기도굴에 들어가서 자리를 잡고 앉는 순간 나의 두 눈에는 알 수 없는 눈물이 마구 솟구쳐 오르고 있었습니다. 가슴 아픈 영혼들이 이 좁은 방을 거쳐 갔을 것이라는 생각이 뇌리에 떠올랐고 나의 가슴을 먹먹하게 했던 것입니다. 그러자 무겁게 압박해오는 심장의 무게를 느껴야만 했습니다. 기도굴은 제각기 다른 영혼들의 가슴 아픈 사연들과 고충들과 절망을 끌어안고 있었으며 뜨겁게 간직하고 있는 방이었습니다. 기도굴은 저마다의 고통의 스토리들을 앞을 다투어 내세워 아우성을 치고 있었고 절박한 영의 언어들로 내게 들려주기를 원했습니다. 어느 날 영혼들의 삶에 갑자기 들이닥친 아픔과 원통함과 설움과 비정한 배신과 미움과 증오와 억울한 사연들과 캄캄한 두려움의 절망이 강한 회오리바람처럼 훅 불어와 나의 영혼을 휩쓸고 있었고 연약한 내 심장을 아프도록 쿡쿡 찔러대고 있었습니다.

이름도 얼굴도 알 수 없는 영혼들을 향하는 짙은 연민이 나의 심장을 무겁게 강타해 오고 있었습니다. 그 어떤 언어로도 형언할 수 없는 영혼들의 간절한 몸부림이 내 심장을 묵직한 무게로 압박해오고 있었습니다. 답답한 목덜미는 시원하게 소리를 내지르고 싶다는 급박한 충동으로 몰아가고 있었습니다. 심장은 터져버릴 것만 같았고 뜻도 모를 먹먹한 슬픔이 여전히 나의 심장을 무겁게 짓누르고 있었습니다. 나 역시 하나님의 사랑과 위로와 안식을 찾아서 내 영혼의 목마름을 해소하고 싶어 이곳을 찾았습니다. 나 역시 하나님 앞에 그동안의 무능함과 무지함과 어리석음을 고백하고 나의 전부를 풀어헤쳐 놓아 하나님의 은혜를 간구하기 위해 멀리 타국에서 이곳 기도굴을 찾았습니다.

그런데 왜, 무엇 때문에, 얼굴도 알 수 없는 영혼들의 아픔들과 절규들과 울부짖음 때문에 내가 더 슬프고, 내가 더 마음 무겁고, 내가 더 고통의 심정을 느껴야 하는지 영문을 알 수 없었습니다. 아마도 먼저 이 골방을 거쳐 갔을 수많은 영혼이 느꼈던 생의 절망과 괴로움과 두려움들이, 지금 내 영혼이 맞닥뜨리고 있는 혼란과 고통과 일맥상통을 이루고 있었기 때문이 아닐까 하는 생각들이 나의 정신을 혹하고 치고 들어와 무수한 상상의 파편들을 파생시키며 끝없이 흩뿌려지고 있었습니다. 레이저의 반짝이는 빛처럼 정신 속에서 빠르게 나타났다가 순식간에 사라지면서 또 다른 것으로 새롭게 교차되는 순간순간마다 영혼들의 아픈 울부짖음은 나의 뇌리에 선명하게 일깨워주고 있었습니다.

하나님은 이스라엘 백성들을 메마른 광야에서 만나와 메추라기로 배불리 먹이시고 르비딤 반석의 생수로 갈증 타는 목을 시원하게 마시도록 해주셨습니다. 낮에는 시원한 구름기둥으로, 밤에는 따뜻한 불기둥으로, 선민으로 선택하신 이스라엘을 따뜻한 관심과 사랑으로 보살피시며 인도해가셨습니다. 이스라엘 백성들은 메마른 광야에서 사십 해를 떠돌아다녔지만 의복과 신발이 해지지 않았고 발도 부르트지 않을 만큼 하나님은 이스라엘 백성들을 살뜰하게 보살피셨다고 출애굽기, 신명기는 기록하고 있습니다. 그러나 이스라엘 백성들은 그런 하나님의 사랑과 은혜를 배반했고 세상 우상 신들을 찾아 하나님의 곁을 냉정하게 떠났습니다. 그러다가 아쉬우면 찾고 그러다가 또 냉정하게 버리고 그러다가 또 아쉬우면 찾고 버리고를 수없이 반복하는 불순종의 죄를 짓고 말았습니다. 그렇게 사십 해 동안 춥고 메마른 광야를 떠돌면서 하나님을 원망하는 삶을 살다가, 결국 바로 왕이 지배했던 애굽 땅에서 처참한 노예의 신분으로 살았던 육십만 명의 육적 이스라엘 백성들은 모두 메마른 광야에서 죽고, 대신 광야에서 새롭게 태어난 육십만 명의 영적 백성들만이 여호수아의 인도를 따라 하나님께서 약속하신 젖과 꿀이 흐르는 가나안 땅에 입성할 수 있었던 것입니다.

광야에서 태어난 육십만 명의 이스라엘은 애굽세상에서 바로 왕의 노예로 살아갔던 육적 이스라엘을 전혀 모르고 있었던 하늘적 존재들이었습니다. 모세의 영도를 따라 죄악의 세상인 애굽 땅에서 유월절 어린양의 희생의 피로 말미암아 영광의 출애굽을 할 때, 이스라엘은 노예의 삶에서 해방시켜 주시고 젖과 꿀이 흐르는 구원의 길로 인도해주시는 여호와하나님을 기뻐하면서 소고를 켜고 춤을 추며 여호와하나님의 위대하심을 찬양했습니다. 그러나 이스라엘은 메마른 광야라는 연단길에서 천국백성이 되는 순종이라는 거룩한 인내의 훈련을 이겨내지 못했고 도리어 하나님 전에 불순종의 죄를 수없이 반복해서 지었던 죄악으로 말미암아 육십만 명의 육적 이스라엘 백성들은 젖과 꿀이 흐르는 가나안 땅에는 들어가지 못한 채, 모두 메마른 광야에서 허망한 생을 마쳐야 했습니다.

이스라엘의 완악했던 육적 백성들이 그랬듯이 오늘을 살아가는 영혼들의 인생길 역시 매한가지인 것 같다는 생각을 해보았습니다. 이유 없이 하나님께 불순종하고 대적하고 비정하게 배신하고 떠났다가 또 아쉬울 때는 언제 그랬냐는 듯, 뻔뻔하게 하나님을 찾고 부르짖는 것 같더니 또 불순종하는 죄를 반복하며 짓는 죄의 삶을 살아가는 것입니다. 그러나 세상에서는 그 어떤 돌파구도 찾을 수 없다는 것을 깨닫게 되자, 비로소 냉정하게 버리고 떠났던 하나님의 사랑과 긍휼을 기억해내는 것입니다. 그때서야 그리웠던 하나님의 사랑과 은혜를 찾아서 두 팔을 번쩍 들고 속속들이 하나님 전으로 돌아와 통곡하며 무너지는 것입니다.

그 세상은 영혼들이 머물고 있었던 어둠 속 침체 된 광야의 광활한 영적 세상이었습니다. 그러나 그 세상에서만이 거룩한 연단을 쌓을 수 있는 유일한 출애굽의 세상이기도 했습니다. 하나님의 구원은 출애굽한 영혼들이 영적 메마른 광야에서 참고 견디고 인내하며 거룩한 연단을 쌓고 새 영으로 거듭나고 완성됐을 때, 비로소 얻게 되는 것입니다. 오직 어둠의 광야에서만 하나님의 얼굴을 구할 수 있고, 오직 어둠의 광야에서만 잃어버린 하나님의 사랑을 다시 찾을 수 있고, 오직 어둠의 광야에서만 하나님의 거룩하신 생명을 받을 수 있습니다. 어둠의 광야는 회개하며 돌아오는 영혼들이 하나님의 은혜와 구원을 받을 수 있는 유일한 통로, 축복의 장소가 되는 것입니다. 육적인 야곱이 춥고 외롭고 음침한 어둠의 광야에서 살아계시고 현존하시는 조부 아브라함의 하나님, 아버지 이삭의 하나님을 만나 이스라엘이라는 영적 거룩한 이름으로 불림을 받고 영의 생명으로 새롭게 탄생할 수 있었듯이, 어둠의 광야는 육적 인간들이 영적 인간으로 탄생하는 구원의 문, 천국의 문, 소망의 문, 찬란한 빛이 쏟아지고 펼쳐지는 생명의 장소였습니다. 어쩌면 이 기도굴도 어둠의 광야에 속해 있지만 결국에는 출애굽한 영혼들이 눈부신 하나님의 구원의 길, 천국의 길을 향해 가는 하나님의 영적 부속물이자 영적 장소였던 것입니다.

지금 이 순간, 맑은 눈물이 나의 두 뺨을 타고 흘러내리고 있습니다. 갈급한 내 영혼의 울부짖는 소리가 내 가냘픈 목덜미를 통해 흘러나오고 있습니다. 내 뜨거운 심장에서부터 뚫고 나오는 애끓는 소리는 하늘 보좌에 좌정하고 계시는 하나님아버지와 성자예수께 선명하게 들리고 가 닿기를 간절한 마음으로 간구하는 열망의 소리입니다. 이 순간 성령하나님의 자비로우신 내주와 임재를 간청하면서 나 역시 고통에 찬 입술을 서서히 열어나가고 있었습니다. 지금부터 나의 기도는 시작입니다….

"하나님아버지, 제가 잘못했습니다-
저의 잘못을 진실한 마음으로 회개합니다-
하나님의 사랑을 외면했던 불순종의 죄를 용서해주시옵소서-
하나님아버지, 제가 정말 교만했고 어리석었고 완악했습니다-
주님의 보혈로 완악함의 무지를 깨끗이 씻어 주시옵소서-
하나님아버지를 떠나 살았던 탕자였던 저를 용서해주시옵소서-
불쌍한 영혼에게 천국 소망을 품을 기회를 베풀어 주시옵소서-
오직 주님만을 사랑하는 신부의 모습이 되게 해주시옵소서…!"

하나님의 신적 사랑으로 창조된 지적 인간은
하나님의 신본적 사랑과 생명으로 채워져야만
비로소 육신의 외로움에서 해방하고
자유로울 수 있게 되는 것입니다.
하나님의 생명과 사랑으로 채워지는 영의 풍성함은
세상의 모든 것을 이기고 덮는 권능입니다.
사랑은 하나님께 속해 있고 하나님의 신적 사랑에는
인간의 죄와 육신의 외로움과 영혼의 두려움을
완전히 덮고도 남음이 있기 때문입니다.

Chapter 3.

외로움이라는
저주

하나님의 나라는 아무나 들어갈 수 없다

하나님의 구원은 거저 얻어지는 것이 아닙니다.
참된 회개와 얼룩지는 눈물로 얻어지는 것입니다.

거룩함의 열매는 얻고 싶다고 해서
거저 얻어지는 것이 아닙니다.

죄를 멀리하고 죄와 피 흘리기까지 싸우는
영혼들의 열심과 인내로 얻어지는 것입니다.

하나님께서 예비해 두신 천국 또한 마찬가지입니다.
천국은 들어가고 싶다고 해서 아무나 들어가는 곳이 아닙니다.

상주시는 믿음의 능력을 심령 안에
거룩하게 쌓은 영혼들만 들어갈 수 있습니다.

주 예수그리스도의 숭고한 생명을 소유한 영혼들만
당당하게 들어갈 수 있는 곳이 바로 하늘나라 천국입니다.

천국이 욕심이 나면 거룩함의 능력을 내면에 쌓기를 바랍니다.
살리는 하나님의 생명을 심령 안에 고이 모시기를 바랍니다.

주님의 나라를 대망하는 신부의 준비를 하기를 바랍니다.
신비롭고 아름다운 천국에 초록빛, 소망을 두기를 바랍니다.

새 땅, 새 하늘, 주님의 거룩한 성,
새 예루살렘 성이 당신과 나를 기다리고 있습니다.

찬란한 성, 그곳에 당신과 나, 우리 모두 들어가기를 힘쓰고
전심으로 주님께 기도하는 성결한 신부들이 되기를 기도합니다.

하나님은 사랑이시지만 공의의 하나님이시다

그러나 얼핏 들으면 하나님은 공평하지 않고 사랑이 없는 무서운 하나님으로 생각될 수도 있을 것 같습니다. 그래서 또 생각해보았습니다…. 만약 하나님이 아무에게나 구원을 베풀어 주실 것 같으면 굳이 이천 년 전, 하나님의 아들이신 예수께서 흉악한 죄인들이나 달리는 멸망의 십자가에 처참하게 달려 피와 물을 다 쏟고 고통 속에 돌아가실 하등의 이유와 필요성이 전혀 없을 거라는 것입니다. 그 전에 하나님은 창조주의 전능으로 하나님의 형상을 하고 있는 모든 영혼들을 단번에 구원하셨을 것이기 때문입니다. 그러나 하나님아버지는 그렇게 하지 않았고 사랑하는 아들을 저주의 십자가에 매달려 죽도록 매정하게 고개를 돌려 외면하셨던 것입니다.

또 생각해보았습니다…. 창세 전에 말씀으로 살아계셨고 하나님아버지와 함께 계셨던 하나님이셨던 예수님도 저주의 끔찍한 십자가에 달리지 않고서도 얼마든지 영혼들을 살릴 수 있는 길을 하나님의 권능으로 모색할 수도 있었을 것입니다. 아니, 고통의 십자가에 달리셨을 당시, 예수님은 얼마든지 하나님의 권능을 사용해서 시끄럽게 떠들면서 조롱하고 비웃는 잔혹하고 잔악한 로마 군사들의 눈앞에, 혹은 예수님의 죽음을 홍

미룹게 구경하고 있는 군중들 앞에, 아니면 예수님의 죽음을 슬퍼하고 가슴 아파하며 참담해 하고 있을 가엾은 제자들 앞에, 하니면 예수님을 메시아로 따르는 가난하고 불쌍한 군중들 앞에, 이 보란 듯이 하나님의 권능으로 얼마든지 십자가에서 스스로 내려오실 수 있었을 것입니다. 그러나 예수님은 그렇게 하시지 않으셨습니다. 예수님은 하나님의 권능을 사용하시지 않았습니다. 구약의 위대했던 대선지자들이 성경에 대언했던 그대로, 마지막 선지자였던 침례요한이 예언했던 그대로, 메시아로 오신 예수님은 하나님의 말씀을 하나도 빠짐없이 이루시기 위해 스스로 어린양이 되어 십자가에 달려 죽는 길을 택하셨습니다. 그렇게 하는 것이 이미 창세 전에 하나님아버지께서 세워두신 섭리와 구속의 대업을 이루는 것이었기 때문입니다. 예수님은 아버지의 뜻을 이루시기 위해, 성경에 기록되어 있는 말씀 그대로 이루시기 위해, 육신의 몸이 저주의 십자가에 달려 물과 피를 다 쏟고 장렬하게 죽는 죽음을 기꺼이 선택하셨던 것입니다.

사람들은 하나님의 언약의 말씀, 하나님의 공의의 말씀을, 자기들의 생각에 편할 대로, 자기들의 입맛에 좋을 대로, 쉽게 생각하거나 경솔하게 풀이하거나 함부로 판단을 내리는 불경의 죄를 지어서는 안 될 것입니다. 곰곰이 생각해보면 영혼 구원에 관해서만큼은 하나님도 하나님만의 피치 못할 사정과 이유가 분명히 있었다는 것을 알 수 있었습니다. 하나님은 온 우주만물을 오직 말씀으로 창조하시고 권능으로 통괄하시고 운행하는 전능의 하나님이십니다. 하나님은 세상에 못 하실 것이 없고 창조물인 인간들처럼 결코 잘못하실 수 없는 신본의 하나님이십니다. 피조물인 인간은 자신들이 만든 세상법을 시대와 현실과 상황을 따라 얼마든지 뜯어고치고 마음대로 개정해서 국회에 상정할 수도 있고 통과시킬 수도 있을 것입니다. 만약 통과시킬 수 없다면 거기에 대체하는 새로운 법을 만들어 국가와 국민의 삶에 적용시킬 수 있을 것입니다.

그러나 창조주하나님은 근본적으로 피조물인 인간들과는 다른 분이십니다. 하나님은 영원 전부터 묵시적 세상에서 전능으로 살아계셨던 창조주, 하나님이시기 때문입니다. 하나님은 피조물인 인간들처럼 변덕이 죽을 끓듯이 하실 수 없는 전능자이십니다. 오직 홀로 전능의 하나님으로 살아계시며 오직 홀로 온 우주만물의 영광을 세세토록 받고 계시는 하나님이시고 오직 홀로 온 우주만물을 통괄하시고 오직 홀로 운행하시고 영존하시는 하나님이시기 때문입니다. 그러므로 하나님은 한번 언약으로 성경에 기록해 두신 말씀의 법을 철회할 수도, 고칠 수도, 새롭게 만들 수도 없다는 것입니다. 하나님께서 창조물인 인간에게 일방적으로 베풀어 주셨던 신적 언약은 이미 창세 전에 사랑으로 섭리해 두셨던 신적 묵시의 언약이었습니다. 하나님의 언약의 말씀이 담겨 있는 로고스인 성경은 수천 년 전이나, 그리고 현세를 지나가고 있는 지금 이 순간이나, 또 앞으로 수천 년의 세월이 또 닥치고 흘러간다고 할지라도, 영원히 변치 않는 하나님의 법으로 남아 묵시적 세상과 현세적 세상을 동시에 통괄하며 운행하신다는 것은 변함없는 확고부동한 진리입니다. 하나님의 기록된 말씀의 법을 중심으로 온 우주만물과 피조물들은 하나님의 전능에 굴복할 것이며 하나님이 계시적 언약으로 세워 놓으신 마지막 종말의 때까지 흘러가는 것은 자명한 진리라는 것입니다.

하나님이 태초보다 훨씬 그 이전이었던 묵시적 세상에서 이미 인간을 향하시는 하나님의 구원의 섭리와 사랑의 계획을 완벽하게 세워두심을 따라 영혼들을 죄와 사망의 법에서 다시 살리실 것이라는 언약의 법을 온 인류에게 베풀어 주시겠다는 약속으로 한번 정해 놓으셨고 그렇게 선

포하셨다면 하나님은 반드시 그 언약의 법을 지키시고 그 법을 위해 오늘
도 하나님의 사랑과 열심으로 일하시며 세상과 인간의 삶에 개입하시고
운행하시고 천국 영혼들이 될 때까지 인도해가시는 것입니다. 비록 인간
의 과학이 첨단을 향해 달려가고 지구를 벗어나 광대한 우주를 향해 끝
없는 미지의 우주를 연구하면서 혹이라도 살아있을지 모르는 화성인들이
나 외계인들이나 괴이한 생명체들을 찾아서 우주탐험 여행을 떠난다고
할지라도, 하나님께서 한번 정해 놓으신 묵시적 종말의 때가 닥치면 하나
님의 전능 아래 세상의 모든 것이 순식간에 무너지고 새로운 세상이 펼쳐
지게 된다는 언약을 법칙으로 지침해 주셨습니다.

　그렇게 하실 때, 하나님은 창조주하나님, 전능의 하나님이라고 불릴 수
있고 한없는 경외와 영광을 피조물인 인간들로부터 받게 되는 것입니다.
그러므로 전능의 하나님이라고 해서 현실과 상황을 따라 언약의 말씀을
살짝 고치신다거나, 스스로 파기하신다거나, 형편에 따라 새로운 법을 만
들어 피조물인 인류에게 제공할 수는 없다는 것입니다. 하나님의 법은 옛
날, 옛적에 존재했던 그대로 일점일획도 변하지 않고 다 이루실 것이며,
또 앞으로도 영원히 변하지 않을 것이고 세상 끝날 때까지 변하지 않고
기록된 말씀 그대로 영혼들을 구원의 완성으로 인도해가실 것이기 때문
입니다. 그러므로 사람들이 그리스도예수를 마음으로 믿어 의에 이르고
입으로 시인하여 천국 구원을 받았다면 그만큼 거룩함의 심령과 거룩함
의 능력과 거룩함의 믿음과 거룩함의 열매를 각자의 심령 안에 반드시 맺
고 소유해야만 하는 것입니다. 하나님의 구원을 말로만 고백한다고 해서
모든 것이 일사천리로 쉽게 용서를 받고 쉽게 구원을 받을 수는 없기 때
문입니다. 마귀가 미혹하는 육신의 죄와 육신의 탐심과 죄의 미혹과 어둠
의 세상과 싸워 이길 수 있는 적어도 겨자씨만한 믿음만큼은 소유하고

있어야 하고, 히브리서에서 속기자가 말씀하는 것처럼 적어도 죄와 피 흘릴 때까지 싸우고자 하는 강한 정신력과 투쟁력과 믿음을 쏟아 부어야 하는 것입니다.

그러나 자신들은 아무것도 하지 않은 채 가만히 있으면서, 여전히 죄를 지으면서, 여전히 회개하지 않으면서, 하나님의 구원을 바란다는 것은 참으로 교만하고 완악하기 짝이 없는 발상이며 어불성설이라고 말할 수밖에 없습니다. 히브리서 기자는 죄와 피 흘릴 때까지 싸워서 승리하라고 했지 무력하게 가만히 있어 멸망을 당하라고 말씀하지 않았다는 것을 기억하기를 바랍니다. 여전히 죄를 대적하지 않으면서도, 여전히 죄와 싸우지 않으면서도, 무능하게 가만히 있는 믿음은 믿음도 아니고 세상 불신자들과 우상을 섬기는 자들과 똑같은 경지에 있다고 보면 될 것 같습니다. 마치 생전에 하나님을 믿지 않았던 세상의 불신자들이 살아 생전에 죄를 한 보따리씩이나 지었으면서도, 죄를 해결 받지 못했으면서도, 자기들도 죽으면 아름다운 천국에 들어갈 것이라고 착각하는 것과 같은 것입니다. 그런 것을 가리켜 어불성설이라고 말하는 것입니다.

물론 믿음의 사람들도 죄의 육신을 입고 있기에 죄와의 싸움에서 언제나 백전백승할 수는 없을 것입니다. 아니, 분하고 억울하지만 패배할 때가 더 많을지도 모릅니다. 저의 경우를 보더라도 패배할 때가 더 많았다고 고백합니다. 그렇더라도 믿음의 사람들은 죄의 미혹과 육신의 정욕과 악한 세상을 싸워 이기는 거룩한 전쟁을 이 생에서 숨을 쉬고 살아가는 동안에는 끊임없이 해야 하고 생이 끝나는 날까지 쉴 새 없이 치러야 한다는 것입니다. 그때까지 아무것도 하지 않고, 아무 노력도 하지 않고, 아무 열성도 내지 않고, 죄의 옷을 빠는 회개기도도 하지 않고, 거룩한 품행을 지키지도 않고, 거룩한 생각을 심령에 품지도 않고, 막연히 하나님의 구원과 복과 천국의 영생을 바란다는 것은, 흠…. 이런 표현은 다소 저급한 표현일지는 모르지만 한 마디로 뻔뻔하기 짝이 없는 도둑놈 심보, 사기꾼 심보를 그대로 드러내는 것과 똑같은 것입니다.

영혼들이 죄와 피 흘리기까지 싸울 때, 사도바울께서 히브리서에서 말씀하신 그대로 하나님께 구원을 받는 거룩한 영혼들이 되는 것입니다. 거룩한 믿음의 능력과 하늘의 영권은 영혼들이 죄와 힘겹게 싸웠을 때, 그래서 작은 승리라도 거두었을 때, 비로소 영권으로 받게 되는 것입니다. 죄와 싸우지 않고서는 거룩한 믿음의 능력은 강건하게 자랄 수 없고 하늘의 영권 또한 받을 수 없습니다. 그래서 또 생각해보았습니다…. 어쩌면 하나님께서 베풀어 주시는 영혼 구원의 길은 그래서 힘겹고 그래서 어렵다고 생각된다는 것입니다. 그러나 그 반대로 생각해보면 매우 쉬운 것이기도 합니다. 왜냐하면 죄와 싸워주시는 주님의 권세와 권능이 믿음의 영혼들과 함께하시기에 역으로 쉬운 싸움이 된다는 것입니다.

하나님의 은혜로 영혼들은 죄라는 참담한 노예의 신분에서 벗어나는 영광의 출애굽을 할 수 있게 되었습니다. 출애굽한 영혼들이 사랑의 하나님께서 베풀어 주시는 소망의 문, 눈부신 구원의 길 가운데 동참하게 되었다는 것은 크나큰 축복이 아닐 수 없습니다. 죄와 피 흘릴 때까지 싸우는 믿음의 사람들이 죄와 미혹을 이기고 승리하는 당당한 믿음의 능력을 소유하게 되는 것입니다. 믿음의 사람들은 누구를 막론하고 동일하게 믿음의 여정길, 광야의 순례길을 걸어가고 있습니다. 믿음의 길에서 하나님의 말씀을 각자의 삶에 순종과 믿음의 행동으로 적용시키고 참되게 회개하면서 매일의 날을 더러워진 자기들의 두루마기를 깨끗이 빠는 회개의 기도, 거룩한 믿음의 능력을 쌓는 사람들이 결국에는 하나님의 나라, 눈부시고 찬란한 새 하늘과 새 땅, 새 예루살렘 성을 들어가게 되는 성도의 권세를 받게 되는 것입니다.

자기 두루마기를 빠는 자들은 복이 있으니
이는 그들이 생명나무에 나아가며 문들을 통하여
성에 들어갈 권세를 받으려 함이로다- 〈계 22:14〉

만약 믿음의 사람들이 거룩한 믿음의 능력을 심령 안에 쌓지 않았다면, 죄와 싸우지 않았다면, 죄를 회개하지 않았다면, 하나님의 구원을 애타는 심령으로 간구하지 않고 소원하지 않았다면, 안타깝지만 하나님의 구원은 힘들고 어려운 것이 되고 말 것입니다. 믿음의 사람들이 능력 없는 막연한 육적 믿음으로만 세상을 살아간다면 하나님의 구원은 어렵다는 것입니다. 원수마귀는 바로 그런 자들을 호시탐탐 노리고 있으며 가만히 내버려 두지 않을 것입니다. 그러나 반대로 원수마귀는 죄와 세상과 육신의 정욕과 열심히, 전심으로 대적하고 싸우는 믿음의 영혼들을 매우 두려워합니다. 삼위하나님은 그런 영혼들과 항상 함께 하시고, 싸워주시고, 보살펴 주시고, 지켜주시고, 안전하게 인도해 가시기 때문입니다. 거룩한 희생양의 속죄 제물로 오신 그리스도예수께서 저주의 십자가상에서 단번에 흘려주신 숭고하신 핏값으로 말미암아 하나님의 구속의 은혜는 세상 모든 영혼들에게 공평하게 부어졌지만, 그럼에도 갈급한 심정으로 하나님의 사랑과 구원을 절절한 심정으로 찾고 간구하는 자들만 하나님의 구원의 생명과 은혜를 소유하게 되는 것입니다. 거룩한 믿음의 능력으로 고백하고 간구하는 영혼들만이 하나님의 구원을 받고 천국의 나라로 옮겨진다는 것입니다. 성령하나님의 열곱 영의 불꽃 눈동자는 지금 이 순간에도 시공간을 초월하시고 온 세계를 두루 다니시면서 그런 순결한 영혼들을 찾아 하늘의 능력과 영권을 베풀어 주시기 위해 하나님의 열심을 내고 있다는 사실을 믿음으로 믿고 받아들여야 할 것입니다.

구원파는 사도바울의 로마서 10장 10절 말씀을 인용해서 하나님의 천국복음과 그리스도예수의 생명복음을 미혹으로 회석시켜버리고 말았습니다. 그리스도예수를 마음으로 믿었다고 고백했으니 의에 이르렀고, 모두가 지켜보는 회중들 앞에서 입으로 시인했으니 구원을 받았다고 아예 확정지어 버리는 것입니다. 시인하고 선포했기에 과거에 지은 죄도, 현재에 짓는 죄도, 또 미래에 짓는 죄까지도, 모두 깨끗이 죄 사함 받았다는 것입니다. 죄에서 자유로운 영혼이 되었기에 이제부터는 하고 싶은 대로 다 하고 살아도 좋고, 마음이 원하는 대로 무엇이든지 즐기면서 살아도 되며, 설령 죄를 지었어도 이미 마음으로 믿어 의에 이르렀고 입으로 시인하고 선포해서 구원을 받았기에 다시는 회개할 필요가 없다는 것입니다. 회개는 한 번으로 족하다는 것입니다. 설령 죄를 지었어도 예수께서 다 해결해주셨고 용서해주셨기 때문에 더이상 죄에 대한 양심의 가책을 느낄 필요가 없다는 식으로 하나님의 말씀과 뜻을 왜곡해서 순진하고 무지한 사람들의 영혼을 하나님의 구원에 이르지 못하도록 멸망으로 끌고 가는 것입니다. 그러나 회개는 한 번으로 끝나는 것이 아니라 숨을 쉬는 생과 함께 지속적으로 이루어져야 하는 것입니다. 물론 세상에서 회심하고 죄에서 돌이킬 때, 이런 표현을 쓰면 어떨지 모르겠지만 필자만의 표현으로 마중물의 회개라고 표현하고 싶습니다. 하나님의 구원과 은혜를 받기 위해서는 마중물의 회개가 반드시 필요한 것입니다. 회개는 그리스도 인들이 살아있는 동안에는 지속적으로 해야 하는 중요한 행위입니다.

한 사람의 죄인이 죄의 불결한 삶에서 회심하고 하나님 앞으로 돌아올 때, 하나님은 약속하신 대로 예수그리스도의 희생의 보혈을 따라 아담의 추악한 원죄를 긍휼과 사랑으로 용서해주시고 깨끗이 씻어주셨습니다. 그러나 인간이 짓는 자범죄는 여전히 믿는 자들의 곁에 달싹 들러붙어 있으면서 사람들이 어디를 가든지 줄기차게 따라다니면서 죄를 보여주고 죄를 지으라고 미혹하며 괴롭히고 있습니다. 아담의 원죄는 어린양, 그리스도예수의 십자가의 속제 희생으로 단번에 하나님께 용서를 받았지만, 그러나 인간이 짓는 자범죄는 언제나 항상 인간과 함께 현재 진행형으로 영혼의 때, 끝까지 함께 가는 것입니다. 그렇기에 예수구속의 보혈은 순간순간마다, 시간시간마다, 믿는 자들에게 언제라도 필요한 것입니다. 아무리 믿음이 좋은 사람들도 죄의 유혹을 받기도 하고 죄의 유혹에서 형편없이 무너지기도 하고 또 가끔은 죄의 삶에서 안주하는 삶을 살아가기도 하는 것입니다. 인간이 짓는 자범죄는 주 예수그리스도 구속의 생명 안에서 육신이라는 죄의 옷을 완전히 벗어 버리게 될 때, 그래서 불결한 죄가 깨끗이 씻음을 받고 해결이 될 때, 천국 영혼으로 부활하게 될 것입니다. 그때가 바로 흔히들 말하는 각자만의 영혼의 때, 주님의 재림의 때가 되는 것입니다.

주님의 재림의 때는 포괄적인 재림과 개인적인 재림이 있다고 필자는 믿고 있습니다. 포괄적인 주님의 재림은 성경에서 계시하고 있는 것처럼 온 인류가, 온 민족이, 주님의 재림을 두 눈으로 직접 목격하는 위엄과 권능과 영광의 재림을 말합니다. 천사장들의 나팔 소리들과 함께 권능의 주님께서 친히 하늘로부터 호령하시며 눈처럼 흰 백마를 타고 아름다운 천사장들과 구원받은 성도들과 함께 공중에 재림하시는 영광의 주님을 직접 두 눈으로 목격하는 재림입니다. 온 지구상에 흩어져 있는 모든 인류는 주님의 눈부시고 찬란한 재림을 각자의 장소에서 똑같이 동일하게 목격하게 될 것입니다. 마치 눈 부신 빛을 발하는 태양을 온 세상 사람들이 각자의 자리에서 똑같이 바라보는 것처럼 온 인류는 각자 서 있는 장소에서 주님의 위엄에 찬 영광의 재림을 목격하게 될 것입니다.

그때 휴거될 Rapture, 주님의 영혼들은 공중으로 들림을 받아 공중에서 영광의 주님을 만나게 될 것입니다. 그리고 개인적 재림은 내 영혼의 마지막 때를 말합니다…. 내 영혼의 때, 주님은 내가 머물 수 있는 천국 처소를 마련해 두시고 나를 친히 맞이하러 오시는 재림입니다. 주님은 요한복음에서 반드시 그렇게 할 것이라는 언약을 사랑하는 제자들과 회중들을 향해 말씀하셨고 계시해주셨습니다. 그러므로 주님의 영광의 재림이 현재 오지 않는다고 해서 함부로 불평하거나, 반발하거나, 원망하거나, 의심하거나, 혹이라도 믿음에서 떨어지는 어리석은 행동은 하지 말기를 바랍니다. 성경의 계시대로 주님의 영광의 재림은 반드시 오신다는 생명의 진리를 각자의 심령 속에 깊이 각인시켜 지금부터라도 거룩한 신부의 수업을 쌓는 천국 준비를 해나가기를 기도하는 마음입니다.

만약 구원파처럼 육신의 힘으로 살아가는 인간의 모든 죄가 단 한 번의 회개로 깨끗이 끝났다면 더이상 하나님께 회개할 필요가 없게 될 것입니다. 이미 구원받은 천국 영혼들이 되었기에 더이상 예수그리스도의 숭고하신 보혈도, 하나님의 권능의 말씀도, 성령의 빛의 임재와 진리의 가르침도, 회개의 기도도 필요가 없게 되는 것입니다. 그렇다면 인간은 굳이 죄와 피 흘리기까지 싸울 필요도 없고 당연히 죄를 회개할 필요도 없게 될 것입니다. 원수마귀들과의 싸움도 필요 없게 될 것입니다. 이미 하나님의 구원을 받았고 그렇기에 불타는 지옥은 나와는 아무런 상관이 없게 되는 것입니다. 또 천국이 가까이 왔다고 회개하라는 예수님의 가르침도 초대 교회 사도들의 피 흘려주신 순교적 가르침도 이상한 설법으로 변질되고 말 것입니다. 하나님의 말씀이 기록되어 있는 성경과도 완전히 배치되는 이상한 나라의 하나님의 구원과 천국이 되고 말 것입니다.

미혹의 영은 인간의 육신은 나약하기 때문에 항상 죄를 지을 수밖에 없는 존재들이고 항상 무너질 수밖에 없는 존재들이기에 당연히 죄를 지을 수밖에 없다는 온갖 변명과 논리적 이유를 대며 믿음의 사람들을 미혹하고 있습니다. 거룩함과는 거리가 먼 삶으로 미혹하며 하나님의 천국관과 예수그리스도의 구원관과 생명의 복음관을 왜곡시키는 것입니다. 미안하지만 그런 자들은 성령하나님의 거룩하신 영을 심령에 받지 못했고 성령의 영권이 무엇인지 전혀 알지 못하는 무지하고 완악한 사람들에 불과할 뿐입니다. 미안하지만 그들은 지극히 작은 죄와 싸워도 이길 수 없는 사람들입니다. 만약 그런 믿음으로 하나님의 구원을 받게 된다면 그런 구원이야말로 가짜구원, 거짓구원이 되고 말 것입니다. 굳이 힘들게 믿음의 길을 갈 필요도 없으며, 굳이 죄와 미혹과 싸울 필요가 없으며, 굳이 죄를 회개할 필요도 없으며, 굳이 죄의 옷을 깨끗이 빠는 거룩한 행위도 필요 없으며, 예수그리스도의 생명의 보혈 또한 더 이상 간구할 필요도 없을 것입니다. 너도나도 모두 쉽게 하나님의 구원을 받았고 천국으로 들어가는 천국 백성들이 되었기 때문입니다.

그렇다면 이 글을 쓰고 있는 저도 이미 구원을 따놓았습니다. 그러므로 살리는 믿음이 내게 있든지 없든지 전혀 상관할 필요가 없습니다. 세상 불신자들과 다른 우상을 섬기는 종교인들도 물론이고, 죄를 짓는 기독교인들도 물론이고, 죄에 젖어 살아가는 사람들도 물론이고, 동성과의 사랑에 미쳐 쾌락을 탐닉하고 있는 사람들도 물론이고, 사람을 잔인하게 살해하는 사이코패스 살인자들도 물론이고, 어린 소녀, 소년들을 탐하는 가증한 소아성애주의자들도 물론이고, 모두 하나님께 구원을 받았고 천국으로 들어갈 거라는 확정을 받았다는 것입니다. 그렇다면 믿는 자들에게 믿음의 능력은 더이상 필요가 없는 것입니다. 이미 천국 백성들이 되었기 때문입니다. 또 주님께서 십자가상에서 흘려주신 숭고한 보혈도 역시 필요가 없게 될 것이고 구속의 생명도 필요 없게 될 것입니다. 너도나도 천국으로 들어가는 영생하는 존재들이 되었기 때문입니다. 그러므로 죄인들이 들어가는 천국은 가증한 원수마귀도 들어가고 사악한 악령들과 더러운 귀신들까지 덩달아 들어갈 수 있다는 괴이한 논리가 성립되고 마는 것입니다. 설령 그러한 천국이 열 개가 있다고 할지라도 믿음의 사람들에게는 무용지물이 되는 것입니다. 하나님께서 말씀하시는 죄와 사망의 법에서 거룩하게 구별되는 영혼들이 들어가는 영생의 천국과는 결코 비교될 수 없습니다.

죄인들이 가는 곳에는 교활한 사탄마귀가 곧바로 들러붙습니다. 더러운 까마귀 떼들이나 바퀴벌레들처럼 죄인들이 우글우글 모여 사는 곳에는 사탄과 악령들과 더러운 귀신들도 우글우글 몰려있을 것입니다. 부패하고 더러운 것들은 끼리끼리 모이는 것을 좋아하고 끼리끼리 몰려다니는 것을 좋아하기 때문입니다. 이미 죄인들의 심령은 사악한 마귀가 점령하고 있기에 마귀의 종속물이 되어있는 것입니다. 그런 영혼들이 들어가는 천국은 말이 좋아 천국이지, 사탄에게 또다시 장악당하는 죄의 세상, 타락하고 부패한 세상이 되고 마는 것입니다.

만약 그렇다면 현세적 세상과 똑같은 죄의 세상이 거룩한 천국에서 똑같이 재현된다는 괴이한 논리가 성립되고 마는 것입니다. 그렇다면 창세 전에 하나님께서 예비해 두신 구원의 섭리와 구약에서 위대한 선지자들이 수없이 외쳤던 수많은 계시들과 예언들과 어린양예수의 십자가 구속의 은혜와 오순절 성령하나님의 거룩하신 강림도, 다시 오실 영광의 예수 그리스도의 위대한 재림도, 아무런 소용이 없게 되는 것입니다. 그러나 삼위일체이신 하나님도 그렇고, 하나님의 천국을 소망하는 참된 그리스도 예수의 사람들도 그렇고, 죄악의 세상으로 또다시 재현되는 그런 추악한 죄의 세상을 결코 원하지 않을 것입니다. 그렇기에 믿음의 능력을 가질 수 있도록, 회개의 기도로 거룩함의 능력을 받을 수 있도록 하나님께 기도하고 간구하며 소원하는 것입니다.

다시 반복하지만 믿음의 사람들이라면 반드시 참된 회개로 자신들의 더러워진 죄의 육신을 깨끗이 빨아야 할 것입니다. 매일의 삶을 참된 회개 중심으로 하나님께 고백하고 깨끗하고 거룩한 믿음 가운데 똑바로 서야 합니다. 회개는 하면 할수록 죄에 대해서 민감하게 되고 죄를 날카롭게 직관하는 영 분별의 능력을 충만하게 활성화 시켜줄 것입니다. 회개가 없으면 거룩함의 능력을 결코 받을 수 없다고 단언합니다. 회개함으로 죄를 멀리하게 되고 회개함으로 죄를 대적하게 되고 회개함으로 죄를 당당히 이기고 승리하는 강건한 믿음의 능력으로 영혼들은 무장하게 되는 것입니다.

그렇습니다…. 회개는 곧 능력이자 하나님의 영권입니다…. 마귀는 하나님 앞에 나아와 눈물을 펑펑 흘리면서 회개하는 영혼들을 매우 두려워합니다. 주님의 십자가를 바라보면서 자신들의 죄를 자복하고 통곡을 하는 영혼들을 사탄마귀는 무서워서 감히 범접도 하지 못합니다. 마귀는 죄를 회개하면서 통곡하는 영혼들에게는 더 이상 붙어 있을 수 없습니다. 죄를 자복하며 회개하는 영혼들이 두렵고 공포스럽기 때문입니다…! 회개하는 영혼들의 심령으로 예수생명의 보혈이 무수히 뿌려지고 덮어지기 때문입니다.

마귀가 가장 두려워하는 것은 예수그리스도께서 희생의 생명으로 뿌려 주시는 신권의 보혈입니다. 생명의 피가 참되게 회개하는 영혼들의 머리 위로, 심령 안으로, 수없이 뿌려지고 힘차게 주입될 때마다 마귀는 두려워 벌벌 떨면서 황급히 도망치는 것입니다. 참된 회개가 가져오는 눈부신 기적입니다. 기적은 바로 그런 것을 가리켜 기적이라고 말하는 것입니다. 세상적이고 성공적이고 물질적이고 명예적이고 번영적인 것은 기적이 아닙니다. 그런 것은 기적이라고 불릴 가치도 없는 세상 가라지와 쭉정이들입니다.

하나님의 나라는 흠도 없고 점도 없는 거룩한 생명의 나라입니다. 불결한 죄인들은 결코 들어갈 수 없는 거룩한 천상의 나라이자 공의의 나라입니다. 그렇기에 성령 안에서 그리스도예수의 보혈로 깨끗이 죄 사함을 받고 새 부활의 생명으로 거듭난 영혼들만 들어가는 것입니다. 거룩함의 믿음의 능력으로 죄와 싸우면서 살아가는 영혼들만이 쟁취하는 하나님의 천국이 되는 것입니다. 이 점을 믿음의 지체들은 분별하고 이단들이 펼치는 사악한 덫에서 벗어나 죄를 대적하고 죄를 회개하고 죄와 싸워서 승리하는 믿음으로 구원의 길, 천국의 길을 눈부시게 완성시키기를 바라는 마음입니다. 거룩하신 성령을 심령 판에 받지 못한 이단자들은 확실한 말씀의 진리도 없이 사탄적 발상들을 마구 지어내면서 하나님의 진리의 말씀과 영의 세상에 대해 무지하고 불쌍한 영혼들을 미혹해서 저주와 멸망의 길로, 뜨거운 화염의 지옥 불구덩이 속으로 끌고 가는 것입니다. 사이비 종교들과 이단자들이 원하는 것은 단 하나의 목적밖에 없습니다. 무지한 사람들을 미혹해서 그들의 물질을 갈취하고 자신들이 꿈꾸는 육신의 삼대정욕을 채우고자 하는 마귀적 탐욕밖에 없습니다.

죄와 맞서 싸워주시는 거룩하신 성령께서 내주하지 않는 영혼들은 당연히 죄와 육신과 세상 마귀와 싸워 이길 수 없을 것입니다. 그렇기에 그들은 자신들이 짓는 가증한 죄를 당연시하고 죄를 합리화시키고 정당화하면서 너무나 쉽게 죄를 받아들이고 죄를 짓는 악의 고리의 순환을 반복하는 것입니다. 그렇게 죄라는 추악한 짐을 자신들의 육신 안에, 심령 안에, 수북이 쌓아가는 것입니다. 이름하여 죄의 집, 귀신의 집, 마귀의 집이라고 부르는 것입니다…! 그러나 그리스도예수의 생명을 마음 깊이 모시고 성령의 거룩함의 능력을 진심으로 간구하며 주님과 함께 동행하는 영혼들은 성령님의 역사하심과 인도하심을 따라 충분히 죄와 싸워 이길 수 있는 하늘의 권세와 영권이 함께 하는 것입니다. 그렇기 때문에 주님의 생명의 빛과 거룩한 믿음의 능력을 달라고, 주님의 거룩한 천국으로 인도해주시라고, 오늘도 하나님께 간절한 마음으로 간구하며 소원하는 것입니다.

또 그들의 죄와 그들의 불법을
내가 다시는 기억하지 아니하리라 하셨으니-
이것들을 사하셨은즉 다시 죄를 위하여
제사 드릴 것이 없느니라- 〈히 10”17-18〉

사랑하는 내 영혼아

하나님의 아름다운 천국구원은
영혼들의 참된 회개로 시작됩니다.

영혼들이 자신들의 완악했던 죄를 돌아보고
하나님 앞에 진실함과 전심으로 회개하며 뉘우칠 때,

공의로 불을 뿜어냈던 하나님의 불꽃 눈동자는
어느 사이 사랑의 눈빛, 긍휼의 눈빛을 그윽하게 발하십니다.

하나님은 회개하며 눈물을 흘리는 영혼들을 불쌍히 여기시며
신적 영원한 아가페 사랑과 긍휼로 꼭 껴안아 주십니다.

그리고 영혼들의 심령에 대고 말씀하십니다.

"사랑하는 내 영혼아, 오랫동안 너를 기다렸단다-
아버지 곁으로 돌아와 주어 나는 기쁘기 짝이 없단다-
이제 너는 나의 사랑이 되어 영원히 나와 함께 할 거란다-."

하나님은 돌아온 탕자를 사랑하신다

　그때 나는 알 수 있었습니다…. 겨우 일 미터 반 남짓 좁은 방 안에서 통곡하고 울부짖으며 기도했을 수많은 영혼의 아픔과 고통에 찬 회개를 나의 영혼 또한 직접적으로 대면하고 있었다는 것을 말입니다. 회개하며 통곡하는 영혼들은 돌아온 탕자들입니다…. 아버지의 사랑이 싫다고 거부하고 자기 지분을 찾아 냉정하게 아버지 곁을 떠나 세상이 좋아 세상속으로 흘러 들어갔고, 그 세상 속에서 허랑방탕한 생을 살아갔던 탕자는 아버지의 소중한 재산을 전부 탕진하는 부끄러운 삶으로 순식간에 추락하고 말았습니다. 결국 돼지 신세보다 못한 수치스런 생으로 전락해버린 자신의 비참한 생을 바라볼 때, 자신이 얼마나 아버지께 불충했고 오만했고 불순종한 자식이었으며 그동안 얼마나 이기적이고 완악한 죄의 삶을 살아왔는지 절실하게 깨닫고 처절하게 후회하는 비통의 눈물을 흘리는 것입니다.

　그리고 잊고 있었던 아버지의 따뜻한 사랑과 품을 생각해내는 것입니다. 아버지의 풍족한 집을 그리워하는 것입니다…. 그러다가 창피와 부끄러움을 무릅쓰고 그리운 아버지의 사랑을 찾아 아버지의 따뜻한 품으로 돌아오고자 뻔뻔한 결단을 내리는 것입니다. 종의 신분이라도 좋으니 풍족한 아버지 집에서 인자한 아버지의 사랑 안에서 아버지와 함께 영원토록 살고 싶다는 간절한 소망을, 따뜻한 생을, 안락한 생을, 소원하는 것입니다. 그러나 아버지는 비록 자신의 곁을 매정하게 떠나갔고 불효했던 아들이지만 여전히 아들을 품에서 놓지 않고 있었습니다. 아버지는 떠나간 아들을 염려하고 걱정하며 아들이 하루라도 빨리 아버지의 품으로 돌아오기만을 오랜 세월 발을 동동대며 동구 밖에서 기다리고 있었습니다. 그렇습니다…. 아버지는 떠나간 아들을 결코 품에서 놓지 않고 있었습니다. 변함없는 사랑과 긍휼의 마음과 염려와 걱정으로 가슴 졸이며 하루라도 마음 쉼이 없었던 아버지는 아들이 돌아오기만을 오래도록 기다려 왔던 것입니다. 아버지의 사랑은 곧 영원히 변치 않는 하나님의 신적 agape, 아가페 사랑이었습니다.

돌아온 탕자들은 모두 하나같이 하나님아버지 앞에 나아와 통곡하며 무너졌습니다. 하나님의 용서와 사랑과 긍휼을 간구하는 영혼들의 고통에 찬 울부짖음과 처절한 회개들을…! 욕망이라는 세상의 잔혹한 덫에 가차 없이 걸려 들어가 아프게 넘어지고 피를 흘리며 참담하게 살았던 죄의 삶을…! 노예처럼 영혼의 착취와 고통을 당하고 살았던 영혼들의 설움과 억울함과 한탄에 찬 하소연을…! 돌아온 탕자들은 하나같이 부끄럽고 절박한 심정으로 하나님을 향해 부르짖는 것입니다. 그렇게 자신들의 죄를 끝없이 자백하는 것입니다. 나 역시 그런 심정을 절실히 통감하며 이 좁은 기도굴에 가련한 몸을 담고 있었습니다. 어느새 내 영혼의 부르짖음 또한 이 좁은 방에서 앞서간 영혼들의 처절했던 아우성과 울부짖음과 아픈 몸부림과 눈물범벅과 더불어 하나가 되어가고 있었습니다.

아버지의 사랑을 매정하게 버리고 떠났던 나의 교만에 찬 모습이 있었습니다. 차갑지도 않고 뜨겁지도 않은, 뜨뜻미지근한 가식적 신앙의 삶을 살아오다가 이제야말로 완전하게 사랑하는 아버지 품으로 돌아오고자 발버둥을 치는 탕자의 부끄러운 모습처럼 나의 모습도 함께 over lab, 오버랩 되어 나의 두 눈과 심장을 아프게 강타하고 있었습니다. 내 심장의 뜨거운 열망의 소리는 내 연약한 목덜미와 입술을 열어젖히면서 감당할 수 없는 벅찬 회개의 고백이 되어 빠르게 터져나가고 있었습니다. 그렇게 나는 하나님께 고백하고 회개하면서 한동안 뜨거운 전율에 온몸을 맡기며 오래도록 오열하고 있었습니다. 무엇이 그리도 아프고 서러운지 하염없는 눈물만을 뿌려대고 있었습니다. 이 순간 나는 정말 하나님의 사랑과 용서와 긍휼함이 절실히 필요했고 아버지의 따뜻한 품이 그리웠으며 아버지의 품에 포근히 안겨 잔잔한 평강과 안식을 깊이 취하면서 꿈도 꾸지 않는 달콤한 잠을 푹 자고 싶었습니다.

　그렇습니다…. 어쩌면 인간 모두는 따뜻한 아버지의 품을 그리워하며 돌아오는 부끄럽고 참담한 탕자들일지도 모릅니다. 그러나 부끄러운 탕자는 아무나 되는 것은 아닙니다. 어쩌면 뻔뻔한 변명이고 비겁한 핑계라고 말할지 모르지만 탕자는 결코 나쁜 것이 아니라고 외치고 싶습니다. 사실 돌아온 동생 탕자가 자신의 자리를 의연하게 지켰던 의인 형보다도 훨씬 더 은혜롭고 훨씬 더 좋은 것입니다. 훨씬 더 많은 아버지의 관심을 받을 수 있고 훨씬 더 많은 아버지의 사랑을 확인할 수 있기 때문입니다. 자신의 죄를 깊이 깨닫고 아버지의 사랑 앞으로 돌아오는 사람들이 바로 하나님아버지께 따뜻한 사랑과 관심과 축복을 충만하게 받는 행복한 탕자들이 되는 것입니다. 그러나 비참한 절망의 자리에까지 떨어졌으면서도 여전히 깨닫지 못하고 여전히 목이 곧은 완악한 영혼들은 아버지의 사랑과 은혜 앞으로 돌아오는 축복받는 탕자는 결코 될 수 없을 것입니다. 그러한 진리를 믿는 자들은 잊어서는 안 될 것입니다. 무슨 일이 있어도, 닥쳐도, 돌아오는 탕자가 아버지의 풍성한 사랑과 은혜와 축복을 받을 수 있는 특권과 자격이 주어지는 것입니다.

하나님께서 사랑하시는 영혼들이 바로 돌아온 탕자와 같은 영혼들이었습니다. 그렇기에 하늘이 무너지고 세상이 무너져도 탕자들은 하나님 앞으로 모두 돌아오게 되어 있다는 것입니다. 돌아온 탕자들을 위해 준비해두신 아버지의 사랑과 은혜와 축복이 이미 풍성하게 준비되어 있었습니다. 탕자들은 이미 준비된 하나님의 사랑과 은혜와 축복을 아주 뻔뻔하게 그러나 아주 당당하게 찾아서 먹기만 하면 되는 것입니다. 여기서 뻔뻔함과 당당함은 이미 아버지의 은혜로, 그리스도예수의 구속의 보혈로, 성령하나님의 임재하심으로, 모든 것이 부드럽고 포근하게 cover, 커버가 되었습니다. 이미 준비되어 있는 아버지의 은혜와 축복을 찾아 먹는 사람들이 바로 돌아온 탕자들인 것입니다. 생의 모든 것을 잃고 참담하게 망가져서 돌아온 탕자들이지만 그러나 하나님아버지는 영혼들이 어떤 모습을 하고 있든지 개의치 않으십니다. 온 우주 만물을 통괄하시는 주인이시고 세상에서 가장 큰 거부이신 전능의 하나님께서 돌아온 탕자들을 위해 사랑과 은혜를 충만하게 베풀어 주실 거라는 언약의 말씀으로 이미 약속해 주셨기 때문입니다. 하나님께서 베풀어 주시는 언약의 말씀은 생명이고 권능입니다. 탕자는 바로 하나님의 언약과 말씀만을 붙들고 신뢰하고 의지하면 되는 것입니다. 그 이외의 것은 사실 필요하지 않고 중요하지도 않습니다. 하나님은 돌아온 탕자들을 기뻐하시며 탕자들을 향해 말씀하십니다.

"사랑하는 내 아들이 내게로 돌아와 나는 참으로 기쁘다-
이 아들은 내가 오래 전에 잃어버렸다가 다시 찾은
내가 사랑하는 참으로 소중한 아들이다…!"

하나님은 돌아온 탕자를 통해 눈부신 영광을 받으십니다. 전능의 하나님께서 가장 기뻐하시고 찬란한 영광을 받으시는 순간이 있다면 바로 세상 죄인이었던 탕자가 죄에서 벗어나 천국 의인이 되는 바로 그 찰나의 순간일 것입니다. 한때는 죄인의 삶을 살아왔던 탕자였지만 이제는 눈부신 의인이 되는 그 순간의 영광을 하나님은 기쁘게 받으시며 죄를 붙들고 있는 어둠과 사망의 세상을 향해 권능의 목소리로 우렁우렁, 쩌렁쩌렁, 선포하시는 것입니다. 아버지는 사랑하는 아들이 돌아오면 아들을 위해 특별히 선물하고자 했던 최고로 값진 옷을 입히시고, 손가락에는 권위의 상징인 반지를 끼워주시고, 주인을 상징하는 값비싼 신발을 신도록 해주시고, 가장 살찐 송아지를 잡아 온 동네 사람들을 초대해서 돌아온 아들을 기뻐하고 축복하며 흥겨운 잔치를 마음껏 베푸는 것입니다.

이것이 바로 하나님아버지께서 불쌍한 영혼들을 위해 베풀어 주시는 무조건적 은혜이자 신적 아가페 사랑입니다. 이것이 바로 구속의 주이신 그리스도예수께서 베풀어 주신 희생적 사랑이자 축복이며 영원한 부활의 생명입니다. 이것이 바로 진리의 영이신 보혜사 성령님께서 돌아온 탕자들을 위해 사랑으로 베풀어 주시는 진리의 선물이자 인도하심입니다. 떠나간 탕자를 기다리는 아버지의 끈질긴 사랑처럼 하나님의 사랑 또한 영원히 변치 않는 신적 아가페 사랑으로 영혼들을 기다리고 계십니다. 하나님은 떠나간 탕자들이 하나님의 품으로 돌아오기만을, 하나님의 영생의 생명을 베풀어 주시는 그 순간의 때를 위해, 하나님은 오늘도 참고 인내하시며 기다리고 계시는 것입니다.

수천 년의 세월이 흘러가고 또 흘러가도 변하지 않는 것이 있다면 바로 인내하시며 기다려주시는 하나님의 사랑일 것입니다. 영원히 목마르지 않는 생명의 생수로 살아계시는 예수그리스도, 모든 영혼들의 구속의 주, 생명의 주, 하나님이십니다. 인간의 생명은 생명의 본질이신 하나님으로부터 시작했고 영혼들의 마지막 날에는 생명의 본질이신 하나님의 품으로 반드시 돌아가야 합니다. 아버지의 곁을 떠나갔던 패망한 탕자가 그토록 그리워했고 간절했던 아버지의 따뜻한 사랑의 품을 찾아 돌아오듯이 말입니다.

세상에서 성공한 사람이든 실패한 사람이든, 큰 사람이든 작은 사람이든, 잘난 사람이든 못난 사람이든, 건강한 사람이든 건강하지 못한 사람이든, 예쁜 사람이든 예쁘지 못한 사람이든, 잘생긴 사람이든 못생긴 사람이든, 몸매가 예쁜 사람이든 예쁘지 못한 사람이든, 부자인 사람이든 가난한 사람이든, 코가 오똑한 사람이든 오똑하지 않은 사람이든, 하나님의 눈에는 모두 똑같은 아이들과 같은 사랑스러운 모습들을 하고 있기에 동일한 하나님의 사랑과 은혜와 축복을 충만하게 받게 되는 것입니다. 그러므로 아버지 품으로 돌아오는 탕자는 하나님아버지께서 베풀어 주시는 무조건적 사랑과 은혜와 긍휼을 풍성하게 받을 수밖에 없는 축복의 영혼들이 되는 것입니다.

하나님께 부르심을 받고 천국백성으로 선택받은 영혼들은 한 번쯤은 반드시 거쳐 가야 하는 곳이 있습니다. 그곳은 바로 춥고 뜨겁고 불뱀과 독을 품은 전갈들이 우글거리는 메마른 광야입니다. 하나님께 부르심을 받은 영혼들은 광야 사십 해의 메마른 땅을 떠돌며 유리하는 삶을 살아가는 것입니다. 그러나 메마른 광야에서 하나님의 전능을 직접 만나는 기쁨과 은혜를 체험하며 하늘나라의 신비함과 거룩함을 직접 경험하면서 하늘나라를 소망하고 바라보는 영적 거룩한 눈을 뜨게 되는 것입니다.

영혼들이 연단 받는 메마른 광야에는 마실 물도 없고 먹을 양식도 없습니다…! 독을 품고 쏘아대는 전갈들이 땅속 곳곳에 숨어 우글거리고 있습니다…! 움직이는 물체가 있으면 무엇이든 상관없이 족족 물어 죽이는 잔악한 불뱀들이 언제나 항상 도사리고 있습니다…! 그런 잔혹하고 냉혹한 세상에서 영적 눈을 뜬 영혼들은 환경 가운데 나타나는 불뱀과 전갈과 지독한 가시밭을 바라보고 가슴 떨며 절망하는 것이 아닌, 먼저 저 너머 찬란한 하늘에 나타나는 눈부신 소망의 문, 하나님의 생명의 나라와 거룩한 구원의 섭리를 바라보는 것입니다. 광야의 부르심입니다. 광야의 연단입니다. 광야에서 받는 거룩함입니다. 하나님의 영원한 생명의 나라는 어둡고 춥고 외롭고 메마른 광야에서부터 시작하는 것입니다. 싫든 좋든 믿는 자들 모두는 반드시 광야에서 거룩한 연단을 받게 되어 있습니다. 그들 중에는 탕자도 있고 의인인 아들도 있고 우상을 섬기는 자들도 있고 또한 보통인 평범한 사람들도 속해 있습니다.

애초부터 비굴한 탕자가 되지 않고 탕자의 형처럼 꿋꿋이 아버지의 곁을 지키고 아버지만을 사랑하고 섬기는 순종의 길, 믿음의 길, 의의 길을 걸어갈 수 있었다면 얼마나 기쁘고 좋을지 모르겠습니다. 그렇다면 하나님아버지의 마음을 실망과 안타까움으로 아프게 해드릴 일도 결코 없었을 테고, 구원의 주님께서 저주의 십자가상에서 피와 물을 다 쏟고 장엄하게 희생하신 숭고한 피의 공로를 결코 부끄럽게 하지도 않았을 것입니다. 하지만 그렇게 하지 못했던 완악하고 타락한 탕자들이기에 하나님 전으로 돌아오는 영혼들은 그래서 하나같이 하나님 앞에 한없이 부끄럽고 송구스럽고 죄송스럽기만 한 것입니다.

탕자들은 그런 진리를 뒤늦게 알고 돌아와 가슴을 치고 후회하며 통곡하는 것입니다. 그저 불결한 죄인의 모습과 처절한 죄인의 심정으로 남아, 바짝 바닥에 엎드려 하늘의 하나님을 향해 한없는 용서와 긍휼을 간구하면서 아프게 몸부림치고 뜨겁게 울부짖는 것입니다. 하나님의 숭고하신 사랑 앞에 자신들의 죄 된 모습이 너무나 부끄럽고 끔찍해서 두 주먹으로 가슴을 치면서 엉엉 소리 내어 우는 것입니다. 하나님 사랑과 은혜 앞에 죄송스러워서 울기도 하고 면목이 없어서 울기도 하고 창피하고 부끄러워서 울기도 하는 것입니다. 하나님아버지를 거역하고 반항하고 하나님의 마음을 아프게 상심시켰던 죄악들이 참으로 크고 무거워서 오래도록 회개하면서 뜨거운 눈물을 흘리는 것입니다. 그러나 하나님아버지는 그 어떤 죄가 됐든지 전혀 상관하지 않습니다. 사랑하는 아들만, 간절히 기다렸던 아들만, 아버지 품으로 돌아오면 그것으로도 충분해 하시고 만족하시기 때문입니다.

그러므로 탕자들의 하나님은 항상 그 자리를 굳건히 지키고 계시는 것입니다. 탕자들이 하나님 앞으로 하루라도 빨리 돌아오기만을 참고 인내하며 변함없이 기다려주시는 사랑의 아버지, 은혜의 아버지, 축복의 아버지, 구원의 아버지가 되시기 때문입니다. 그러므로 탕자들에게는 언제나 돌아갈 수 있는 하나님아버지가 기다리고 계신다는 것만으로도 참으로 커다란 기쁨이고 소망이며 행복이고 축복이며 따뜻한 위로와 안식이 되는 것입니다. 영혼들의 생명의 근원 되시며 영혼들을 하늘나라 천국 백성으로 삼아주시기 위해 부르시고 인도하시는 하나님아버지는 오늘도 탕자처럼 돌아오는 불쌍한 영혼들을 간절한 마음으로 기다리고 계시는 것입니다.

결국 하나님 전으로 돌아온 탕자들은 하나님과 함께하는 생이야말로 세상에서 가장 아름답고 가장 행복하고 가장 고귀한 생이라는 것을 마음 깊이 느끼고 감격하게 될 것입니다. 살아가는 동안 감사와 기쁨이 넘쳐흐르고 따뜻한 평강과 안식의 삶으로 지속 시켜 갈 것입니다. 하늘나라, 천성 가는 그날까지 아버지와 아들과 성령께서 함께 하시며 영원한 천국의 삶으로 인도해 주신다는 소중한 진리를 하나님 전으로 돌아온 탕자들은 믿음의 눈으로 바라보고 확신하며 영혼의 무한한 행복과 기쁨을 느낄 것입니다. 한때는 죄인의 삶을 살았던 탕자들을 변함없이 사랑해주시고 기다려주시는 에벤에셀의 성 삼위일체하나님께 이 시간 모든 감사와 찬양과 영광을 영원토록 올려드립니다…!

이 내 아들은 죽었다가 다시 살아났으며
내가 잃었다가 다시 얻었노라 하니
그들이 즐거워하더라- 〈눅 15:24〉

불나방의 외로움

오늘 밤도 외로운 불나방은 사랑을 찾아 헤맨다.
몸뚱이를 단번에 녹일 만큼 불타는 사랑을 찾아 헤맨다.

여기 있는 듯 같고, 저기 있는 듯 같고-
이곳 같기도 하고 저곳 같기도 하고-

불나방은 그래서 알쏭달쏭 혼란스럽기만 하다.
이번에도 또 누군가 내 심장을 가지고 장난을 치는 걸까…?

불나방의 좁은 뇌로는 도저히 알 수가 없다.
그래서 속이 새까맣게 타들어 간다.

그러나 이번만큼은…!
불나방은 매번 확신을 하지만 이번에도 역시 절망뿐이다.

그래도 이번만큼은…!
부르짖지만 불나방이 찾는 불타는 사랑은 그 어디에도 없다.

그 순간 불나방은-
저 멀리 불꽃의 스파클이 번쩍 튀어 오르는 것을 본다.

그 순간 불나방은-
그곳을 놓칠세라 어둠의 공기를 가르며 힘껏 날아오른다.

날아간 그곳에는 뜨거운 불길이 솟아오르고 있었다.
강렬한 불꽃이 스파클을 튀기며 열정으로 타오르고 있었다.

하나님께 바치는 빨간 심장의 노래

불나방은 순간 타오르는 불길을 향해 용감하게 날아들었다.
불타는 불꽃의 일부가 되기 위해 과감히 몸을 던진 것이다.

강렬한 스파클이 잠깐의 불꽃을 피웠지만 곧 사라져 갔다.
불나방이 몸을 태우는 멋진 불꽃이었지만 그것이 전부였다.

불나방의 외로움의 항해는 그렇게 일단락을 맺었다.
고작 허망한 몸뚱이를 반짝 태우다가 생명을 끝내고 말았다.

외로움이라는 저주

이 시대 많은 사람이 외로움에 찌든 삶을 살아가고 있습니다. 외로움에 지쳐가는 삶을 살아가고 있습니다. 젊은 사람들도, 중년의 사람들도, 노년의 사람들도, 아니, 청소년들과 어린아이들까지도 마음속 외로움을 타고 있습니다. 어둠이 내리면 현대인은 마음속 시린 외로움을 잊어보기 위해, 아니 채워보기 위해, 이곳저곳을 방황하고 있습니다. 방황하게 되어 있습니다. 인간 자체가 외로운 피조물로 만들어진 영적 동물이기 때문입니다. 마음속 시린 외로움을 인간의 따뜻한 사랑으로 충족시키기 위해, 외로운 마음을 무언가 다른 것으로 달래보고 채워보기 위해, 안간힘을 쓰고 있지만 돌아오는 것은 여전히 외로움이라는 냉랭하고 황량한 겨울 바람뿐입니다. 이 시대, 외로움이라는 저주가 현대 시대를 살아가는 수많은 영혼을 단숨에 집어삼키고 있습니다.

현대사회는 외로움 때문에 많은 불상사가 이곳저곳에 일어나고 있습니다. 음성적 사건들이 사회 곳곳에 일어나고 있습니다. 음성적 사건들이란 남편과 아내들이 서로를 속이고 눈에 보이지 않는 어둠의 장소에서 윤리와 도덕을 거스르는 음란한 범죄들을 행하고 있다는 것입니다. 또 어린 청소년들과 소녀들을 상대로 하는 악한 자들의 범죄들과 악행들이 현대사회에서 다반사로 일어나고 있습니다. 어둠의 범죄자들은 부모의 잔소리와 강요적 압박을 피해 집을 가출하는 청소년들이나, 인터넷 채팅방을 이용하는 호기심 많은 소녀를 꾀어내어 범죄의 타겟팅, 범죄의 도구, 범죄의 희생양으로 삼고 있습니다. 아무것도 모르는 채, 범죄의 그물에 걸려든 어린 소녀들의 성을 갈취하고 파괴하며 성매매까지 강요하는 끔찍한 실정에까지 와 있습니다.

　범죄자들의 사악한 그물에 걸려든 불쌍한 청소년들은 단지 먹여주고 재워준다는 약속 한마디에 파렴치한 성 착취와 학대를 당하고 있습니다. 야비한 범죄자들은 자신들의 성적 만족을 채우고 난 후, 다른 남성들에게까지 어린 청소년의 성을 돈을 받고 파는 등 인면수심의 남자들이 사회 곳곳에 독버섯처럼 깔려 있습니다. 이 시대의 모든 범죄는 성을 착취하는 범죄자들과 마약을 밀매하는 마약 범죄자들과 종교의 이름을 이용해서 사이비 종교시설을 꾸며놓고 불쌍한 영혼들의 인생을 미혹하고 농락하고 등쳐먹는 불법자들과 가난한 서민을 속이고 우롱하는 고도의 금융사기 범죄자들과 국가의 중요한 산업기밀들과 국방기밀을 다른 나라에 팔아먹는 극악무도한 산업스파이들의 범죄 등으로 성행하고 있습니다. 그러나 특히 외로움은 인간을 범죄의 세상으로 쉽게 끌어들이고 있으며 범죄의 도구로 쉽게 사용하는 데 있어 가장 편리한 매개체이기도 합니다. 사탄이 지배하고 주도하는 죄의 세상에서는 흉악한 죄를 저지르도록 인간의 정신을 끝도 없이 미혹하고 집요하게 세뇌시키면서 저주와 멸망으로 끌고 가고 있습니다.

하나님의 영의 능력은 육신의 욕망을 단번에 덮어버리고 외로움의 저주조차 말끔히 소멸하는 권능을 가지고 있습니다. 그러나 인간은 육신의 몸을 하고 있는 피조물이기에 loneliness 생의 외로움을 느끼는 것은 당연할 것입니다. 그런데도 외로울 때는 사랑의 주님을 생각하고 주님의 거룩한 나라를 집중해서 바라본다면 외로움조차, 고독감조차도 특별한 기쁨이자 감동으로 뛰어넘을 수 있는 심령의 능력을 갖출 수 있게 되는 것입니다. 그러나 많은 부분 인간은 외로움을 참고 견디는 능력이 약하다는 생각을 해봅니다. 남편을 사별하거나 어쩔 수 없는 상황과 환경에서 이혼한 여성 목회자들을 보면 입술로는 결혼생활이 끔찍해서 다시는 결혼하지 않겠다고 수없이 다짐하지만, 그러나 역시 결말이 좋지 않게 끝나는 사건에 휘말리는 것을 목격하기도 합니다. 긴 세월 동안 병든 남편을 수발하다가 사별한 어떤 여성 목회자는 일상의 자유로운 대화를 주고받을 수 있는 순수한 인간 남자 사람 친구를 원한다고는 말하지만, 실상은 남사친이 순수한 남사친으로만 끝나지만은 않기에 예상치 못한 불미스런 사건들에 얽혀 들어가기도 하는 것입니다. 정신을 차리고 보니, 애당초 기대를 품었던 순수한 기대와 바람은 여지없이 땅바닥으로 떨어졌고 금전적 손실을 인간 남사친으로부터 된통 당했다는 것입니다. 그만큼 외로움은 인간에게 이룰 수 없는 욕망과 미혹의 허상을 한가득 안겨다 주면서 결국에는 인생 자체를 부끄럽고 수치스럽게 하면서 여지없이 파괴하는 것입니다.

외로움은 인간의 마음을 공허하게 하고 비관하게 하며 인간의 자존감을 사정없이 내리깎는 비참함을 안겨다 주기도 합니다. 자존감이 무너질 때, 인간도 따라 무너집니다. 이렇게 표현하면 어떨지 모르겠지만 자존감은 자신감과는 또 다른 클라스의 본질에 속해 있다고 말할 수 있을 것 같습니다. 자신감이 육의 능력이라고 한다면 자존감은 영의 능력인 것입니다. 자신감은 교만하지만, 자존감은 온유하고 겸손합니다. 자신감은 자신의 역량을 드러내기를 열망합니다. 그러나 자존감은 자신을 드러내기를 원하지 않습니다. 항상 낮은 자의 자세를 취하고 있습니다. 그러나 소리 없이 강합니다. 자신감은 인간이 쉽게 카피할 수 있지만, 자존감은 쉽게 카피할 수 없는 본질적 훌륭한 DNA입니다. 궁극적으로 하나님께 물려받은 신본적 DNA라고 필자는 말하고 싶습니다. 안타깝지만 이 시대 많은 사람이 신본적 자존감이 상실한 채, 육신적이고 세상적인 자신감으로만 살아가는 사람들이 매우 많다는 것을 목격합니다.

그러나 그런 자신감은 뜻하지 않는 환난과 역경이 닥쳤을 때, 쉽게 무너지는 것을 봅니다. 인간이 자신감을 상실해버렸을 때, 절망으로 추락할 수밖에 없는 이유는 바로 육신의 나약한 특성을 내포하고 있기 때문입니다. 추락하는 것에는 날개가 없다는 소설가 이문열의 소설 제목처럼 많은 사람이 높은 곳에서 떨어졌을 때, 비굴함과 비겁함을 나타내는 것을 봅니다. 혹은 스스로 소중한 목숨을 끊어버림으로 끝까지 육신의 자존심을 지키기도 합니다. "곧 죽어도"라는 교만함과 완악함의 끝판을 보여주는 것입니다. 그런데도 그들은 여전히 나약한 존재들에 지나지 않습니다. 만약 그들의 자존감이 자존심보다 훨씬 강했다면 결코 쉽게 목숨을 끊는 어리석은 행동은 하지 않을 것입니다. 그들은 본질적 자존감으로 살아왔던 것이 아닌, 언제 어느 때라도 쉽게 무너질 수 있는 육신의 힘과 멋진 환경과 충만한 자신감에 의존해서 살아왔기 때문에 그것들을 잃어버렸을 때는 스스로 자신을 용납할 수 없고 그래서 견디지 못해 쉽게 절망하고 쉽게 생을 포기하는 것입니다. 그러나 본질적 자존감은 환난과 역경이 닥쳐도 쉽게 무너지지 않습니다. 인간을 더더욱 강건하게 지탱시켜 줍니다. 자존감이야말로 인간을 총체적으로 완전하게 지탱시켜 주는 든든한 버팀목이자 초석 같은 기둥이라고 말할 수 있을 것입니다.

그러나 미친 외로움의 저주와 능력은 인간의 상상을 초월합니다. 상상을 초월한 능력으로 인간의 영혼과 심장을 강하게 강타하고 지배합니다. 미친 외로움에 찌든 사람들이 자신들의 생을 죄 가운데로 사정없이 몰아넣는 것은 물론이고 다른 무고한 이들까지 유혹하면서 음행을 저지르게 하는 죄의 나락으로 끌고 가기 때문입니다. 잘못이라는 것을 알면서도 한순간의 쾌락을 위해 모르쇠 일관으로 눈을 질끈 감아버리는 것입니다. 죄가 선물해주는 짜릿한 쾌락과 달콤함이 위태로운 상황을 아무것도 아닌 단순한 것처럼 속여서 단번에 덮어버리기 때문입니다. 그래서 양심의 날카로운 질책에는 못 들은 척, 두꺼운 쇠문을 꽁꽁 닫아 버리는 것입니다. 눈에 보이지 않는 육신의 욕망과 미혹이라는 형체가 너무나 달콤하고 쾌감적이기 때문입니다. 그러나 인간이 아무리 용을 써도, 인간은 여전히 외롭기만 한 존재들입니다. 오늘 외로움에서 가까스로 벗어났다면 내일 또다시 외로움은 저주처럼 스며들 것입니다. 결코 외로움의 우물에서 벗어날 수 없습니다… 외롭기에 인간은 외로움이라는 깊은 우물가에서 생명의 물을 마시지 못한 채, 늘 목말라 하고 늘 갈급한 상태에 헐떡이다가 결국엔 바싹 메말라 버린 깊은 우물 안으로 매몰차게 떨어져 고립당하고 마는 것입니다.

인간은 외로움을 잊기 위해 아니, 외로움의 깊은 구덩이를 무언가로 채워보기 위해 온갖 수단과 방법을 다 써보지만, 여전히 외로움에서 벗어나기란 매우 어렵고 힘들 것 같다는 생각을 외로움의 저주로 덮어 버린 현대사회를 바라보면서 해봅니다. 현대를 살아가는 많은 사람이 외로움에 찌든 불행한 삶을 살아가고 있기 때문입니다. 아무리 듬직한 남편이 있고 사랑하는 아내가 있어도, 꼬물꼬물대는 강아지처럼 사랑스러운 아이들이 있어도, 그래서 가시적으로 나타나는 모습들은 무척이나 행복한 모습으로 비쳐도, 인간은 여전히 외로움을 타는 존재들인 것입니다. 한 살, 두 살, 나이를 먹어가면서 또 사계절이 바뀔 때마다 몸속 구석구석 으슬으슬 시리게 파고드는 외로움을 인간은 무섭게 타는 것입니다.

인간의 본질적 외로움이자 궁극적 외로움입니다. 인간의 궁극적 외로움은 아무리 세계적으로 아름다운 여인을 아내로 맞이한 행복한 남편이라고 할지라도, 아무리 유명세를 타고 있는 인기 있는 배우를 아내로 혹은 남편으로 맞이하고 있는 사람들이라도, 세월이 흐를수록 예전에 느꼈던 감정은 쾌감의 질이 아닌 것으로 퇴색하고 마는 것입니다. 그러다가 젊고 프레쉬하고 매력적인 새로운 여성들이 나타나면 그들에게 눈길을 돌리는 것은 인간의 자연적 본능일 것입니다. 특히 새것에 눈과 마음을 빼앗기는 것도 자연적 본능일 것입니다. 다만 마음속 은밀한 비밀을 남편은 아내 모르게, 혹은 아내는 남편 모르게, 꽁꽁 감추어 두고 있을 뿐입니다. 물론 세상의 부부와 남녀들이 다 그렇다는 것은 아니지만 인간은 원초적으로 외로움을 타는 존재라는 것은 확실합니다.

뜨겁게 불타올랐던 육감적 사랑은 세월이 흘러갈수록 일상적 평범한 사랑으로 안착하고 새로운 욕망의 바람을 실어다 줄 수 있는 색다른 사랑으로 인간은 눈길을 돌리는 것입니다. 그렇기에 아름다운 여인을 아내로 두고 있는 남편이 거기에 만족하지 못하고 다른 젊은 여인들에게 눈길을 돌리고 불륜을 저지르는 이유도 인간의 사랑은 영원하지 않고 불완전하고 어떤 이유에서든지 퇴색하고 잊혀진다는 것입니다. 인간에게 영원한 사랑이란 없습니다. 뜨겁게 지속되는 사랑도 없습니다. 특별했던 사랑이라고 확신했지만 그 사랑도 세월이 흐르면 보편적 사랑으로, 평범한 사랑으로, 자리매김한다는 것입니다. 특별했다고 믿었던 사랑이 어느 순간 평범한 사랑으로 본질의 모습을 찾아가는 것은 당연합니다. 그러면서 인간은 다시 inner man, 내면의 욕구가 갈망하는 특별하고도 쾌감적 사랑을 찾아 끝없이 갈구하는 것입니다.

가끔 금실이 좋은 잉꼬부부라는 별명을 가진 사람들을 만날 때가 있습니다. 그들은 많은 사람에게 칭찬과 박수를 받습니다. 그러나 그런 사람들조차도 마음의 외로움을 타고 있었고 무언의 견제와 함께 서로를 완전하게 신뢰하지 못하는 그 무언가가 분명 있었습니다. 어쩌면 일상생활에서 서로를 너무나 잘 알고 있고 편하게 대하는 습관상의 예의와 매너로 서로가 서로에게 형식화되었다고 말할 수 있을 것 같습니다. 가장 가까운 근거리에서 살아가고 있지만, 마음속에는 상대방도 알 수 없는 오직 자신만의 외로움을 타는 미묘한 심리가 깔려 있고 작용하는 것입니다. 사람의 깊은 내면은 비록 금실 좋은 잉꼬부부라고 할지라도 도저히 알 수 없는 복잡 미묘한 비밀 속 수수께끼고 미로의 길이기만 합니다. 그렇기에 가시적으로 나타나는 것만이 전부가 될 수 없다는 것입니다.

인간에게 외로움이란 참으로 두려운 존재입니다. 그래서 인간은 끝도 없는 외로움을 타고 외로움 때문에 미쳐 날뛰는 것입니다. 불나방처럼 타 죽는 줄도 모르는 채, 타오르는 불길 속으로 과감히 날아드는 것처럼 말입니다. 이유는 한 가지 때문입니다. 인간의 외로움에는 원초적인 목마름 이 본질적으로 존재하기 때문입니다. 인간의 목마른 외로움은 인간의 사 랑으로 풍족하게 채워질 수 없는 특별한 그 어떤 공간이 인간의 내면 깊 숙한 곳에 자리 잡고 있다는 것입니다. 특별한 그 공간은 인간의 뜨거운 사랑과 열정만으로는 결코 채워질 수 없는 공간입니다. 특별한 그 공간에 는 반드시 거룩함으로 구별되고 숭고한 사랑으로 채워져야 인간은 비로 소 안도의 숨을 쉬며 외로움이라는 저주에서 벗어나 평강의 숨, 안식의 숨을 쉬며 살아갈 수 있게 되는 것입니다.

거룩하고 숭고한 사랑은 바로 하나님의 사랑입니다…! 숭고한 하나님의 사랑으로 충만하게 채워져야만 비로소 인간은 온전한 평강의 숨을 쉴 수 있고 따뜻한 안식을 취할 수 있는 것입니다. 필자는 이 말이 하고 싶어 여 기까지 외로움에 관한 주제의 글을 끌고 왔습니다. 다시 말하지만, 인간 은 외로운 존재들입니다. 인간의 내면이라는 깊고 깊은 공간에 하나님의 영원하신 신적 사랑으로 충만하게 채워져야 함에도 불구하고 채워지지 않았기에 인간은 한없이 외로움을 느끼는 것입니다. 그래서 인간은 끝도 없는 외로움을 타는 것이고 외로움에 초조해지고 외로움에 지치는 것입 니다. 하나님의 신적 사랑으로 창조된 지적 인간은 하나님의 신본적 사랑 과 생명으로 채워져야만 비로소 육신의 외로움에서 해방하고 자유로울 수 있게 되는 것입니다. 하나님의 생명과 사랑으로 채워지는 영의 풍성함 은 세상의 모든 것을 이기고 덮는 권능입니다. 사랑은 하나님께 속해 있 고 하나님의 신적 사랑에는 인간의 죄와 육신의 외로움과 영혼의 두려움 을 완전히 덮고도 남음이 있기 때문입니다.

세상 사람들은 인간의 심오한 외로움을 사의 찬미 같은 자조적이고 염세적인 감성의 문장으로 표현하면서 무겁고도 애달픈 음률을 타며 노래합니다. 세상 사람들은 둥둥 떠다니는 하늘의 허망한 구름처럼, 마지막 떨어지는 한 잎의 낙엽처럼, 무심코 스쳐 지나가는 바람처럼, 쉴 새 없이 흘러만 가는 강물처럼, 허망한 생을 깨달았다는 표현으로 음유하면서 인생무상이라는 인간의 외로운 심경과 고독을 달래기도 합니다. 결국 인간 모두는 똑같이 외로운 인생들이고 모두 똑같이 외로운 생을 살다가 모두 똑같이 한 줌의 흙으로 돌아간다는 인간의 공허한 쓸쓸함과 언젠가는 모두가 죽을 수밖에 없는 유한한 생명의 슬픈 비애를 노래하는 것입니다. 그렇기에 외로움을 노래하는 것에는 빈부격차가 없는 것입니다. 숨을 쉬며 살아가는 인간이라면 모두 똑같은 외로움을 뼈저리게 느끼고 있고 언젠가는 아무짝에도 쓸모없는 먼지와 티끌이 되어 세상에서 사라지고 말거라는 덧없는 인생무상을 느끼고 있기 때문입니다.

그렇기에 외로움은 더더욱 외로움을 불러오는 것입니다…. 외로움의 구덩이를 더 깊이 파고 내려가는 것입니다. 처절한 외로움이 같은 처절한 외로움을 서로 갈망하며 부르는 것입니다. 요구란 하나밖에 없습니다…. 지금 내가 한없이 외로우니 너의 뜨거운 사랑으로, 너의 헌신적 사랑으로, 나의 외로움의 구덩이를 그득히 채워달라는 외로움의 열망을 표출하는 것입니다. 인간은 자신의 외로움을 사랑이라는 고귀한 언어로 가장하고 표현하기를 좋아하는 것입니다. 그래서 외로운 사람들끼리 만나면 행복하게 잘 살 것 같지만 도리어 불행한 비극으로 치닫는 케이스가 많은 것은 한 마디로 그 인생 자체가 외롭기 때문에 상대방의 사랑을 확인하고 외롭기 때문에 상대방의 헌신적 사랑을 갈구하는 것입니다. 그러다가 이기적 집요한 사랑으로, 혹은 독선적 집착의 사랑으로, 혹은 편집성 잔인한 사랑으로, 변질되고 마는 것입니다. 그래서 참담하고 끔찍하게 실패하는 것입니다. 물론 외로움이라는 높은 장벽을 뛰어넘어 행복한 삶을 당당하게 누리며 살아가는 성공한 사람들도 분명 많이 있을 것입니다. 그렇더라도 인간은 여전히 본질적 외로움에서 완전하게 자유롭거나 해방하는 삶을 살아가지 못하는 것입니다. 인간의 생은 짧고 인간의 사랑도 짧은 그래서 언제라도 사라질 수 있는 유한한 생명이기 때문입니다.

그러나 사랑을 받지 못한 사람들은 사랑을 어떻게 하는 것인지, 사랑을 어떻게 표현해야 하는지에 대해 잘 모르고 있고 어색하고 서툴기만 합니다. 그래서 항상 사랑보다 앞서서 뛰쳐나가는 것은 외로움이라는 자신의 욕구와 혈기를 품은 독기와 소유욕이 과한 애착과 집착의 표현으로 나타나는 것입니다. 가끔은 너무나 사랑하기에 사랑하는 연인을 어쩔 수 없이 살해했다고 고백하는 사람들의 경우를 보기도 합니다. 그런 사람들은 사랑한 것이 아닙니다…. 단지 비극으로 치닫는 외로운 사랑, 멸망의 사랑을 한 것이고 끔찍한 비극으로 끝낸 것뿐입니다. 언제라도 깨지기 쉬운 살얼음판 참혹한 사랑을 한 것입니다. 자신의 외로움을 채워줘야 하는 상대방이 혹 자기를 버리고 매정하게 떠날까 봐, 아니, 사랑이 변해 다른 남자에게 가기라도 할까 봐, 그래서 자신의 이기적 사랑을 영원히 잃어버리게 될까 봐, 그래서 자신이 외로움의 고통을 견디지 못하고 비참한 생을 외롭게 살아가게 될까 봐, 두려워서 살해하는 것입니다. 사랑하는 사람을 살해해서라도 영원한 자기만의 사랑으로, 자기만의 소유품으로, 남겨두기 위함입니다. 상대방을 위해 기쁘게 사랑을 베풀어 주고 헌신하고 희생하는 사랑이 아니라, 상대방의 사랑만을 끝없이 종용하고 지칠 때까지 요구하고 또 강제적으로 확인하는 편집성 집요함을 악착스럽게 보이는 것입니다.

그런 것은 당연히 사랑이라고 부를 수 없습니다. 그렇게 외로운 사랑을 하는 사람들은 사랑을 벗어난 애착을 하고, 애착을 벗어난 집착을 하고, 집착을 벗어난 편집성 집요한 애증으로 발전하다가, 결국에는 사랑하는 사람을 무참하게 살해하고 마는 것입니다. 그래서 인간의 외로움 끝에는 비참한 파괴가 기다리고 있고 끔찍한 멸망으로 끝을 맺는 비극적 trage-dy case, 케이스가 예상외로 많이 일어나고 있다는 것입니다. 인간의 외로움은 항상 목이 마르기 마련입니다. 밑이 뻥 뚫려있는 빈 항아리이기에 끊임없이 새 물을 부어도, 쉴 새 없이 새 물을 받아도, 채워지지 않습니다. 금방 다른 곳으로 허망하게 새어 나가기 때문입니다. 그래서 외로움의 비극은 반복되고 또 반복되는 악순환을 거듭하게 되는 것입니다.

그러나 영원하신 하나님의 아가페 사랑에는 한계가 없습니다. 무한하고 영원하기만 합니다…. 무슨 일이 있어도 결단코 변하지 않습니다…. 하나님의 사랑만이 영원하고 또 영원한 것이기 때문입니다. 인간은 하나님의 본질적이고 생명적인 사랑으로 풍성하게 채워져야만 살 수 있는 지적 생명들이자 영적 존재들입니다. 하나님의 본질적 아가페 사랑이 없이는 인간의 심령은 언제나 외롭고, 아프고, 메마르고, 각박하고, 어둡고, 악하고, 흉측하고, 두렵고, 살벌한 전쟁터가 될 수밖에 없습니다. 하나님의 사랑이 배제된 인간의 사랑은 아귀다툼의 미움과 증오와 혼돈과 분열과 죽이고 또 죽이는 무법적 혼란한 세상을 만들고 마는 것입니다. 그런 세상은 죄와 사망을 지배하고 있는 어둠의 세상이며 사탄의 세상입니다. 사탄은 인간의 외로움을 미혹해서 걷잡을 수 없는 뜨거운 불을 지펴 놓고 그곳에 또 강한 휘발유성 멸망의 쾌락을 뿌려 넣어 인간의 삶을 철저히 짓밟고 파괴하는 것입니다. 분별없는 문란한 방종과 독선적이고 이기적 사랑은 언제나 항상 끔찍한 파괴와 멸망이 따라붙었습니다. 그렇게 현실 가운데 모습을 드러내고 있었습니다.

아무리 타오르는 불길처럼 뜨거웠던 남녀 간의 사랑도 그 순간이 지나가면 인간은 외롭게 동떨어진 존재로 남아있게 되는 것입니다. 그러면 또다시 뻥 뚫린 육신의 갈증과 목마름을 해소하고 충족시키기 위해 다른 사랑을 찾아 나서는 것입니다. 자신의 멋지고 아름다운 모습을 보여주기 위해 멋진 마스크렛의 가면을 얼굴에 둘러쓰고 불나방처럼 뜨거운 불길 같은 사랑을 열망하면서 끝없이 찾아 나서는 것입니다. 목마른 외로움이 해결되지 않으면, 육신은 끊임없이 진짜 사랑이라는 Utopia, 유토피아 오아시스 환상을 찾아 미친 듯이 헤매고 다니지만, 그러나 육신의 외로움에는 언제나 갈증이 타게 되어 있습니다. 육신의 외로움은 마치 눈에 보이지 않는 바람을 쫓는 것과도 같으며, 하늘에 떠다니는 구름을 맨손으로 잡는 것과도 같습니다.

　육신에는 살리는 영으로 충만하게 채워줄 수 있는 영의 생명과 영의 능력이 없습니다. 육신의 외로움과 목마름은 반드시 하나님의 근본적 사랑과 생명으로, 살리시는 하나님의 영으로, 충만하게 채워져야만 비로소 해결될 수 있을 것입니다. 온 우주 만물을 오직 말씀으로 창조하신 하나님만이 베풀어 주실 수 있는 유일무이한 신적 사랑이자 신적 생명입니다. 영원하신 하나님의 신적 아가페 사랑을 죄의 세상이, 인간의 열망이 가져다줄 수 없습니다. 더욱이 피조물인 인간의 사랑으로 만족할 만큼 충족시켜 줄 수도 없습니다. 그렇기에 피조물인 인간에게는 반드시 하나님의 본질적 아가페 사랑으로 충족되어야 만이 비로소 외롭고 메마른 우물 속에서 탈출할 수 있게 되는 것입니다. 그렇게 됐을 때, 비로소 인간은 제대로 된 기쁨의 숨을 들이쉬며 영혼의 아름다운 평강과 안식을 취하면서 세상을 자유롭게 살아갈 수 있게 되는 것입니다.

성경은 사랑의 시작은 전능자의 사랑으로부터 시작되었다고 기록하고 있습니다. 사랑의 근본이 창세 전 묵시적 세상에서부터 시작했습니다. 사랑은 삼층천에 전능으로 좌정하고 계셨던 하나님으로부터 나왔고 하나님으로부터 시작되었습니다. 그러므로 지적이고 영적인 인간은 하나님의 사랑을 떠나서는 단 한 순간도 살아갈 수 없는 메마르고 각박하고 외로운 존재들입니다. 그러한 진리를 모른 채, 여전히 많은 사람은 우물가의 여인처럼 육신의 끝없는 외로움을 채워줄 수 있는 육신적 사랑을 찾아서, 영혼의 목마른 갈증을 우물가의 생수로 해소하고 해결 받기 위해서, 허망한 우물가를 헤매고 다니다가 어느 순간 자기들도 모르는 사이 깊고 깊은 우물 속으로 떨어져 멸망 당하고 마는 것입니다. 성경에 등장하는 수가성의 사마리아 여인은 분명 여성의 모습으로 기록되어 있지만, 현대사회에는 여성이고 남성이고를 가리지 않습니다. 남녀 모두 똑같이 생수 없는 메마른 우물가를 헤매고 있는 외롭고도 갈급한 영혼들이기 때문입니다.

그러나 천만다행으로 우물가의 사마리아 여인은 생명의 생수를 찾은 여인의 모습으로, 구원받은 여인의 모습으로, 오늘날 하늘나라 천국을 소망하는 믿는 자들에게 생생히 기억되고 있습니다. 사마리아 여인은 여섯 명의 남편이 있었음에도 불구하고 그들에게서 영혼의 참된 사랑과 안식의 평강과 행복의 기쁨을 누릴 수 없었습니다. 아니, 사람들을 피해 더더욱 외롭게 고립되는 생을 살아가고 있었습니다. 동네 사람들에게는 더러운 여인으로 낙인찍히고 손가락질받고 있었습니다. 그도 그럴 것이 우물가의 여인은 많은 남자를 남편으로 맞아들였기 때문입니다. 그럼에도 사마리아 여인은 행복하지 않았습니다. 그러나 사마리아 여인은 영원히 목마르지 않는 생수의 주인이시고 생명의 주인이신 주님을 외로운 생에서 기적적으로 만났고 그 기회를 놓치지 않았던 것입니다. 우물가의 여인은 생명의 주인이신 주님의 사랑을 단단히 붙들었기에 영생의 천국을 쟁취할 수 있었습니다. 멸망이라는 저주와 음침한 사망의 골짜기에서 외롭고 고립된 삶에서 벗어나와 영원한 부활이라는 영생의 생명으로 거룩하게 옮겨지는 영광의 반열에 오를 수 있었고, 사랑하는 주님이 좌정하고 계시는 천국의 나라에 동참할 수 있게 되었던 것입니다.

지금 와서 생각해 보니 나의 생 또한 그랬던 것 같습니다… 믿음의 여정길에서 매번 아프게 부딪쳤고 고독했던 혼란 또한 바로 내 영혼이 애타게 찾는 하나님의 본질적 사랑과 영적 목마름 때문이었다는 것입니다. 애통의 눈물은 바로 내 영혼이 주님의 사랑과 생명을 간구하는 갈급함의 몸부림이었습니다. 아무리 열심을 내어도 채워지지 않는 내 영혼의 본질적 외로움이 항상 나와 함께 하고 있었던 것입니다. 그것은 남편과의 사랑으로도 채울 수 없었고, 사랑하는 자식으로도 채울 수 없었고, 물질로도 채울 수 없었고 위치적 멋진 지위로도 채워줄 수 없었고, 고급승용차와 럭셔리한 집과 값비싼 보석들과 금붙이가 채워줄 수도 없는 것이었습니다. 그러나 이제 나는 외로움이라는 굴레에서 해방되었습니다. 외로움의 뻥 뚫린 공간을 영원히 목마르지 않는 하나님의 agape 아가페 사랑과 생명으로 충만하게 채울 수 있게 되었습니다. 가끔은 생 가운데 닥치는 고독함과 적적함을 느낄 때는 현재 내가 느끼는 내 감정을 주님께 정직하게 올려놓고 지금 내가 느끼는 이런 감정은 어떤 뜻의 감정이냐고 주님께 물으면서 잔잔한 영으로 아름다운 영의 대화를 주고받았습니다. 혹 다른 사람들이 그런 장면을 목격한다면 정신이 이상하게 됐나, 라고 오해할지는 모르지만, 주님과 영의 대화를 나누는 그 순간만큼은 나의 심령은 깊은 호수의 심연처럼 차분하게 가라앉았고 그러나 조금은 차갑지만 차가움을 통해 느껴지는 청량하고도 영롱한 싱그러움을, 맑고 신비한 영의 거룩함을, 나의 영으로 충만하게 느낄 수 있었다고 고백합니다.

영혼의 목마름과 영혼의 굶주림과 영혼의 외로움은 예수그리스도의 살아있는 생수와 하나님의 신적 아가페 사랑만이 풍족하게 채워줄 수 있는 은혜와 사랑과 축복의 선물이라는 소중한 진리를 깨닫게 된 것입니다. 영원히 목마르지 않는 주님이라는 생수와 사랑이 함께할 때, 비로소 인간은 영혼의 충족감과 영혼의 포만감을 충만하게 느끼면서 풍족한 생, 안식하는 생, 자유로운 생을 누리게 된다는 진리의 깨달음이었습니다. 그렇게 될 때, 인간은 깊고 깊은 외로움이라는 저주의 메마른 우물에서 탈출하는 것입니다. 하나님의 피조물에 지나지 않는 인간은 생명의 주인이신 하나님의 본질적 agape 아가페 사랑으로 영혼들의 심령 안에 충만하게 채워져야만 비로소 영혼들은 저주라는 육신의 외로움과 영혼의 목마름과 애타는 갈증에서 벗어나 영혼의 잔잔한 평강과 천국의 안식을 포근하게 취할 수 있게 된다는 것입니다.

혹 지금 이 순간, 힘들고 외로운 환경에서 심히 아파하고 괴로워하는 분이 계십니까- 혹 누구도 알아주지 않는 쓸쓸하고 한적한 공간에서 외롭게 고립된 분이 계십니까- 혹 각박한 현실과 환경에서 상심하며 절망하고 있지는 않습니까- 그러나 아직은 아닙니다…! 벌써 상심하고 절망하기에는 아직 이릅니다…! 얼마든지 극복하고 헤쳐나갈 수 있는 소망의 문이, 소망의 길이, 활짝 열려 있습니다. 새로운 포도원에서 향기로운 포도를 풍성히 경작할 수 있는 소망의 기회가 열려 있습니다. 혹 이 글을 읽는 분들이 계다면 호세아 2장 14절에서 20절 말씀을 찾아서 읽어보는 수고를 반드시 하시기를 바랍니다. 그리고 말씀을 묵상하시고 당신의 입술에서 떨어트리지 말기를 바랍니다. 이 말씀이 바로 하나님이 당신에게 주는 레마의 말씀이자 언약의 말씀이고 사랑의 말씀이기 때문입니다. 사마리아 여인은 예수님을 자신의 생명의 남편으로 받아들이고 순종했을 때, 예수님은 사마리아 여인을 사랑하는 신부로 맞아들였던 것입니다. 지금부터 당신은 예수그리스도의 희생적 사랑과 영원하신 생명의 생수를 마음껏 받아 마시기를 바랍니다…! 예수님을 당신의 영원한 신랑으로 맞아들이기를 바랍니다. 부디 외로워하지 말고 절망하지 말고, 인간의 외로움과 각박한 현실과 가시밭 역경과 고통의 한계를 훌쩍 뛰어넘는 하나님의 위대하신 사랑과 은혜와 위로를 간구하시기를 바랍니다. 우물가의 사마리아 여인처럼 영원히 목마르지 않는 생수 되시는 주님의 눈부신 생명을 단단히 붙들고 승리하는 생을 살아가시기를 예수그리스도 고귀하신 생명의 이름으로 축복하고 축원합니다.

사랑 안에 두려움이 없고 온전한 사랑이 두려움을 내쫓나니
두려움에는 형벌이 있음이라-
두려워하는 자는 사랑 안에서 온전히 이루지 못하느니라-
우리가 사랑함은
그가 먼저 우리를 사랑하셨음이라- 〈요일 5:18-19〉

주님 저를 악에서 구원해 주시옵소서

주님 너무나 힘이 듭니다….
무척이나 고통스럽습니다….

이 순간 평화 가운데 머물러 있다고 내심 안심하면서도
또 순간 고통 속에 머물러 있는 나를 발견하고는 절망합니다.

음산한 어둠의 촉들은 온몸에 얼음 같은 소름들을 창조하고
심약한 나의 몸을 뾰쪽한 손톱으로 할퀴면서 위협하고 있습니다.

심약한 영혼은 살갗의 기분 나쁜 마찰을 소름 끼쳐 하면서도
숨을 죽이며 공포로 위협하는 두려움에 덜덜 떨고 있습니다.

공포에 질린 신음은 입 밖으로 터트리지도 못한 채,
입안에서만 우물우물하다가 맥없이 사라져갑니다.

맑고 빛나는 예지를 뿜어냈던 정신은 둔탁하게 무디어져
비굴한 체념과 절망 속으로 자꾸만 휩쓸려가고 있습니다.

가끔은 절망이 싫다고 꿈틀대는 반항을 불러오기도 하지만
반항조차 소용돌이치는 블랙홀 속으로 빨려들어 가고 있습니다.

마스크렛의 가면을 멋지게 둘러쓴 흉측한 악마는
교활한 비웃음을 감추고 나약한 영혼을 노리며 속삭입니다.

호시탐탐 나를 죽이려고 온갖 술수를 앞세워 미혹합니다.
닥쳐있는 환경도 힘들고 마주친 현실도 버겁다고 속삭입니다.

자조적 한탄과 상실감에 메몰되어 있는 연약한 심장은
악마가 조종하는 대로 제멋대로 찢어지며 파생하고 있습니다.

헤쳐가기 힘든 환난을 잠자코 받아들이는 모습을 바라봅니다.
악마는 이 순간을 놓칠세라 불화살들을 쏘아대며 공격합니다.

음산한 안개가 무겁게 깔린 칠흑 같은 밤 위태로운 수천 길
벼랑길 끝에서 나는 공포에 떨며 서 있습니다.

나약한 발길을 어디를 향해 옮겨야 할지 짐작도 할 수 없는
아뜩한 절망 속으로 휩싸여 들어가고 있습니다.

한 발자국만 잘못 내 딛어도 그대로 수천 길 낭떠러지입니다.
벼랑 길 끝에서 온몸을 떨어대며 처절한 절규를 토해냅니다-

수 갈래로 찢어지고 수없이 파생하며 뛰쳐나갔던
연약한 심장도 덩달아 함께 울부짖습니다-

내가 맞닥뜨리고 있는 영혼의 절망과 현실의 두려움은
도저히 벗어날 길 없는 시꺼먼 구덩이 속, 늪입니다.

나약한 영혼의 생명을 노리고 악마의 술수들이 난무하며
교활한 춤을 추고 있는 멸망의 세상에 나는 갇혀 있습니다.

오- 나의 주님…! 주님은 지금 어디에 계십니까-
오- 나의 주님…! 지금 나는 두렵고 고통스럽습니다-

이 두려운 현실과 악마의 공격에서
한시라도 빨리 나를 구원해 주시옵소서…!

이 사망의 음침한 골짜기에서
한시라도 빨리 나를 벗어나게 해주시옵소서…!

오- 나의 주님…!
죄와 사망을 이기고 부활하신 권능으로
불쌍한 영혼에게 구원의 힘과 용기를 베풀어 주시옵소서…!

오- 나의 주님…!
내 영혼의 처절한 고통의 울부짖음을 잊지 마시고
일초라도 빨리 이 환난 속에서 나를 구원해 주시옵소서…!

오- 나의 주님…!
불행한 나를 불쌍히 여겨 주시옵소서…!
My Lord- miserere misero me-

믿음의 연단은 환난을 통해 이루어진다

인간은 살아가는 동안 생각과 마음과 환경과 현실을 붙들고 역사하는 수많은 마귀 방해와 육신의 유혹을 받습니다. 정신을 똑바로 차리고 있지 않으면 언제 어느 때, 교활한 원수가 쳐놓은 악의 덫에 순식간에 발목이 채여 들어가 깊은 상처를 내고 무릎이 깨지고 연약한 코가 깨지며 고통의 피를 철철 흘릴지 모릅니다. 그럴 때마다 믿음의 사람들은 육신의 힘과 세상의 힘을 빌리는 것이 아닌, 영혼들의 생명되시고 구원의 주 되시는 예수그리스도의 권능을 힘입어 담대하게 원수마귀와 맞서 원수를 대적하고 내쫓아야 합니다. 주님은 주님을 믿고 의지하는 영혼에게 다윗과 여호수아와 같은 용장의 담대한 담력과 강건한 믿음과 날카로운 예지력을 허락해 주셨습니다.

그렇게 순간순간, 생 가운데 닥치는 원수마귀의 방해와 환난과 고난을 이겨나가는 것입니다. 그러나 만약 주님의 도우심과 지키심이 영혼들과 함께하시지 않는다면, 환난 속에 공격해오는 원수를 이겨나가기란 불가능할 것입니다. 그것들은 살아있는 영물이기 때문입니다. 어둠의 세상 주관자들이고 죄와 사망을 지배하고 있으며 하늘에 있는 악한 영들이고 죄와 세상을 통치하고 있는 권세자이기 때문입니다. 그러나 하나님은 부르심을 받은 믿음의 사람들이 광야라는 환난과 고난을 통해 참고 견딜 수 있는 인내를 소유하기를 바라고 계십니다. 영혼들은 참고 견디는 인내를 통해서 악한 자아를 내려놓는 단련을 받게 되고 천국 영혼으로 변화할 수 있기 때문입니다. 가시밭 환경과 현실을 붙들고 역사하는 원수마귀 방해와 술수를 물리치고 이길 수 있는 유일한 방법은 영혼들을 살리시는 구원의 주님께 겸허히 도움을 바라고 기도하며 참고 견디고 인내하는 것입니다. 참고 견디고 인내할 때, 나의 자아를 지배하고 있었던 원수마귀는 힘을 잃고 사라지는 것입니다. 영혼들이 참고 견디고 인내할 때마다 힘과 능력이 되어주는 거룩한 연단을 심령 안에 쌓게 되고 연단은 받으면 받을수록 하늘에도 상급이 쌓여지는 것입니다.

　메마른 광야의 연단 속에 있는 영혼들은 세상마귀와 육신마귀를 이겨나갈 수 있는 하늘의 영권을 하나님으로부터 받게 되고, 참고 견디고 인내하는 거룩함의 연단을 받은 영혼들은 하나님께서 베풀어 주시는 하늘의 지혜와 신령한 계시를 받게 됩니다. 그래서 시험을 참고 시련을 견디고 인내하는 영혼들이 하나님께 복을 받고 하나님께서 예비해두신 생명의 면류관을 얻게 된다고 사도 야고보는 말씀하셨습니다. 하나님으로부터 내려오는 신령한 영권은 강하고 거룩하며 순결하기만 합니다. 공의로 불타는 빛을 발하며 화평하고 온유하고 관용하고 신실하고 양순하기 그지없습니다. 하나님은 거룩한 연단 가운데 있는 영혼들의 심령을 착하고 선한 열매들과 향기로운 열매들을 풍성하게 맺도록 은혜를 베풀어 주십니다.

하나님은 부르심을 받고 선택받은 영혼들의 심령을 죄 된 생각들과 교만과 허탄한 거짓을 깨끗이 제거해주시는 작업을 먼저 해나가십니다. 어둠 속에 묻혀서 헤매고 다니는 영혼들이 아닌, 그리스도예수의 구속으로 말미암아 빛의 자녀들이 되게 하는 권세와 특권을 주셨으며 빛의 열매를 맺을 수 있는 은혜를 베풀어 주셨습니다. 구원의 주이신 그리스도예수를 알지 못했을 때 사람들은 세상이라는 광활한 어둠 속에 깊이 묻혀 살아가는 죄 많은 존재에 지나지 않았습니다. 그러나 생명의 빛을 비추시는 그리스도예수로 말미암아 이제는 빛의 자녀들이 되었고 빛의 열매를 충만하게 맺는 천국영혼들이 되었습니다. 주님이 비추시는 빛의 열매는 모든 착함과 의로움과 진실함에 있다고 사도바울은 에베소서에서 선포하고 있습니다. 그러므로 빛은 영혼들의 생명입니다. 그러므로 빛은 예수그리스도이십니다.

빛의 열매는 그리스도인들이 심령 안에 필히 맺어야만 하는 하나님의 거룩한 성품입니다. 또 예수그리스도의 숭고한 성품이며 성령하나님의 아름다운 성품이기도 합니다. 하나님이 사랑하시는 사람들은 먼저 손이 깨끗하고 마음이 청결한 사람들이라고 다윗의 시편 24장에서 말하고 있습니다. 눈빛과 입술에는 교활한 악이 없고 허탄한 거짓 맹세를 함부로 하지 않는 하나님 보시기에 정직하고 순수한 사람들입니다. 그러므로 하나님의 사람들은 진실함과 거룩함과 믿음의 능력으로 원수마귀들의 공격을 당당히 대적하고 이겨나가는 영권을 하늘로부터 받게 되는 것입니다. 온갖 좋은 은사와 온전한 선물이 빛들의 아버지로부터 내려오기 때문입니다. 빛들의 아버지는 변함이 없으시며 회전하는 그림자도 없다고 사도야고보는 야고보서에서 증거하고 있습니다.

예수그리스도 안에 있는 믿음의 지체들은 생 가운데 환난과 고난이라는 시험이 닥쳐올 때도 항상 하나님께 감사하는 마음으로 환난의 시험을 기쁘게 감수하는 사람들입니다. 그러나 환난과 고통은 절대 즐겁지 않습니다…! 절대 즐겁게 받아들일 수 없습니다…! 아니, 할 수만 있다면 지독한 환난만큼은 무슨 일이 있어도 피해가고 싶습니다…! 그러나 영혼들이 환난을 달갑고 기쁘게 여기지 않는다고 할지라도, 받기 싫다고 무섭게 화를 내며 거부하며 반항할지라도, 수많은 원망과 불평을 내뱉을지라도, 기어코 닥쳐오겠다는 환난은 막을 수 없다는 것입니다. 이미 그렇게 섭리되어 있기 때문입니다. 다만 닥치는 환난을 어떻게 하면 슬기롭고 지혜롭게 헤쳐나갈 수 있을지, 어떻게 하면 환난을 힘차게 대적할 수 있을지, 믿음의 기도를 하나님께 올려드리면서 고민하는 것입니다.

고난과 환난이라는 원수는 그리스도예수의 사람들을 향해 순식간에 훅 치면서 쳐들어오기 때문입니다. 그런데도 믿음의 사람들이 환난과 역경을 기쁘게 여기고 감사함으로 받아들일 때, 비로소 참고 견디고 인내할 수 있는 강건한 연단의 능력, 믿음의 능력을 영혼들의 심령 안에 키우게 되는 것입니다. 환난과 역경과 고난이 없이는 결코 맺을 수 없는 영의 열매들입니다. 환난과 역경과 고난이 없이는 강건한 영의 힘, 영의 능력을 갖출 수 없습니다. 환난과 역경을 겪어보지 않았다면 지극히 심약하고 나태하고 무력한 모습으로 남아있을 수밖에 없을 것입니다. 강건한 힘과 영권은 광야의 환난으로부터 얻어지는 것이기 때문입니다. 하나님은 사랑하는 독생자, 예수께 속해 있는 모든 주님의 백성들이 환난과 역경을 통해 반드시 참고 견디는 인내를 먼저 배우게 하십니다. 거룩한 연단을 통해서만이 하늘의 은혜와 능력을 베풀어 주시며 참고 견디는 인내를 통해 하늘의 눈부신 영광을 바라보는 소망의 눈을 뜨게 해주시고 죄의 미혹을 붙들고 역사하는 원수마귀들과 담대하게 싸울 수 있는 위대한 용장, 여호수아의 영권을 심령들 안에 베풀어 주시는 것입니다.

다만 이뿐 아니라 우리가 환난 중에도 즐거워하나니
이는 환난은 인내를 인내는 연단을
연단은 소망을 이룰 줄 앎이니라
소망이 우리를 부끄럽게 하지 아니함은
우리에게 주신 성령으로 말미암아
하나님의 사랑이 우리의 마음에 부음바 됨이니- 〈롬 5:3-5〉

그리스도인은 거룩한 믿음을 통해서 하나님의 공의와 하늘의 성품을 닮아갑니다. 믿음의 연단이 없이는 하나님의 성품이신 거룩함의 능력을 받을 수 없고 알 수도 없습니다. 환난과 시험을 이기는 믿음의 연단을 심령 안에 강건하게 쌓는 영혼마다 하나님의 나라를 그리워하며 소망합니다. 거룩한 소망은 하나님의 천성을 향해 달려가는 힘찬 원동력이 되어줄 것입니다. 그러므로 소망은 언제나 항상 하늘나라, 거룩한 천국을 향해 있는 것입니다. 하늘을 향하는 간절한 소망이 없다면 전능의 하나님을 심령에 모실 수 없습니다. 하나님은 우리에게 주신 성령으로 말미암아 하나님의 사랑과 소망을 믿는 자들의 심령에 충만하게 베푸시겠다는 언약의 말씀을 주셨고 그러므로 베풀어 주시기를 간절히 바라고 계시기 때문입니다. 하나님은 믿음의 지체들이 각자의 마음에 품고 있는 거룩한 소망을 따라 적절하게 베풀어 주시기도 하고 차고 넘치도록 베풀어 주시기도 하는 것입니다.

오늘도 영적 세상에서는 한 영혼을 놓고 지키느냐 빼앗기느냐 하는 처절한 전쟁이 벌어지고 있습니다. 그리스도인들은 매일의 날을 육의 눈에 보이지 않는 사악한 영물들과의 치열하고도 살벌한 영적 전쟁을 치르고 있습니다. 믿음의 지체들이 영물들과의 영적 전쟁에서 승리할 수 있는 영의 능력을 베풀어 주시라고 전능의 하나님께 간구하며 기도할 때, 하나님은 믿는 사람들의 편이 되고 하늘의 기름 부음을 충만하게 베풀어 주실 겁니다. 살아서 현존하시는 예수그리스도의 숭고하신 생명을 바라보면서 나의 완악한 죄를 돌아보고 깨닫게 되었을 때, 그 죄가 얼마나 불결하고 무거운 죄인지, 멸망의 죄인지, 절실하게 실감하게 될 것입니다. 절실한 깨달음이 없다면 미안하지만, 아직도 늦었습니다.

죄를 깨닫게 되었을 때, 죄를 붙들고 역사하는 영물인 실체들과 원수마귀의 공격과 방해를 날카롭게 예시하고 직감할 수 있는 영적 거룩한 눈을 뜨게 되는 것입니다. 나의 육신을 집요하게 파고들며 조종하고 있었던 악한 자아는 그리스도예수의 구속의 권세로 산산조각으로 파쇄되고 그러므로 자유롭고 해방하는 명백한 신앙의 증거로 삼을 수 있게 되는 것입니다. 승리하는 영혼들은 죄인의 삶에서 벗어나 하나님께서 기뻐하시는 의인의 길, 생명의 길, 구원의 길에 합류했다는 영적 승리를 죄와 사망을 향해, 영물들이 존재하는 공중의 세상을 향해, 어둠의 세상을 향해 담대히 선포하는 능력을 발휘하게 될 것입니다.

성자예수님은 하나님아버지와 본체되심을 부인하시고 도리어 비천한 종의 형체의 모습을 취하셨고 미천한 사람들과 같이 되셨습니다. 그리고 위대한 선지자들이 말씀으로 대언하셨던 하나님의 언약의 말씀을 이루시기 위해 주님 스스로 저주와 멸망의 십자가를 지고 묵묵히 죽음의 길을 향해 올라가셨던, "Via Dolorosa" 십자가의 언덕길, 골고다의 언덕길, 수난의 언덕길을 올라가셨던 것입니다. 필자는 이스라엘 성지순례 때, 벅차오르는 심정으로 주님께서 올라가신 십자가의 언덕의 길을 직접 마주했던 순간이 있었습니다. 이천 년 전, 주님은 죄악으로 죽어가는 보잘것없는 나의 영혼을 구원하시기 위해, 나 대신 공포스러운 쇠갈고리 채찍질을 연약한 몸에 무수히 맞으시고 모진 수난과 고통을 당하시며 이 언덕의 길을 무거운 십자가를 지고 고통스럽게 올라가셨던 것입니다. 그때, 그 순간, 주님이 몸소 당하셨을 숨 가쁜 고통을 벅차오르는 심정으로 절절히 느끼면서 한 걸음씩 올라갈 때, 나의 두 눈에는 격정으로 차오르는 뜨거운 눈물이 쉴 새 없이 흘러내리고 있었습니다. 나는 눈물을 뿌려가면서 주님 올라가신 십자가의 길을 따라 올라갔습니다. 숭고하신 주님의 사랑과 희생의 고통이 연약한 나의 심장을 휘몰아치는 거센 폭풍우와 같은 격정의 바람과 뜨거운 감격으로 휩쓸고 있었기 때문입니다.

바로 그때, 성령하나님은 내 심령에 거룩한 인치심을 베풀어 주셨던 것입니다. 감히 그렇게 확정지어 말할 수 있는 것은 이스라엘 성지순례를 마치고 고국으로 돌아온 이후, 나는 어디를 가든지, 어느 곳에 머물든지, 성령하나님은 나의 심령을 감격에 찬 기쁨과 은혜의 눈물로 항상 충만하게 채워주셨기 때문입니다. 나는 가는 곳곳마다, 성령하나님의 감화감동의 인도를 받았고 성령하나님의 임재와 함께하는 감격의 날을 보내고 있었습니다. 나는 주님의 숭고한 십자가에서 순결한 새 영혼으로, 매번 거듭나고는 했습니다. 매일의 밤을 주님의 십자가에서 죄의 육신을 하고 죽었고 또 매일의 새날을 주님의 십자가에서 새 영혼으로 탄생할 수 있었습니다. 그리스도예수의 사람들은 매일의 새날을 맞이하면서 생명의 숨을 자연스럽게 들이쉬는 것처럼, 밤에는 주님의 십자가에서 죽고, 새 날에는 주님의 십자가에서 탄생하는 영의 사람들, 거룩한 천국에 속한 하늘적 존재들이 되는 것이라고 나는 확신하고 있었습니다.

육신 안에 존재하고 있는 악한 자아를 내가 깨달을 수 있고 그것을 catch, 할 수 있고 그것들을 rebuke, 꾸짖고 물리칠 수 있는 담대한 힘과 용기가 생겼다는 것은 하나님의 은혜와 영권을 받았다는 확실한 증거물이 될 것입니다. 예수그리스도께서 십자가상에서 뿌려주신 생명의 보혈이 그동안 내 악한 육신을 붙들고 버젓이 주인 행세를 하고 있었던 원수마귀를 산산조각으로 박살 냈다는 확실한 증거가 될 것입니다. 그러므로 두려움이라는 환난과 고통 중에 싸우는 믿음의 지체들은 오직 십자가의 주님만을, 주님의 숭고하신 희생만을, 단단히 붙들게 되는 것입니다. 오직 구원의 주이신 예수그리스도 생명 안에서만 부활의 피조물로, 생명의 피조물로, 영생의 피조물로 거듭날 수 있으며 새 예루살렘 성에 입성하는 성도의 권세를 당당히 쟁취하는 기쁨을 누리게 되기 때문입니다.

길다면 길고 힘들다면 힘든 믿음의 여정에서 나는 우여곡절 끝에 삶 속에 닥치는 환난과 두려움을 이겨낼 수 있었습니다. 비록 나약한 믿음이었고 여전히 흔들리는 믿음이었지만 그러나 나약한 그 믿음을 기초 삼아 헤쳐나갈 수 있었습니다. 처음부터 완전한 믿음으로 시작할 수는 없을 것입니다. 믿음은 자라기 때문입니다. 하나님은 환난이라는 두려움을 참고 견디는 연단의 믿음과 능력으로 나를 조금씩 단련시켜 나가셨습니다. 그 결과 십자가의 주님을 더더욱 사랑하게 되었습니다. 언제 어디서나 주님의 십자가를 영의 눈으로 바라볼 때마다 두 눈에는 뜨거운 눈물이 흘러내리고는 했습니다. 눈물은 사랑하는 주님을 향하는 내 영혼의 순결한 눈물이자 나를 구원해주신 감사와 감격의 눈물이었습니다. 지금은 수난절 기간입니다. 나는 주님 당하신 수난절 기간에 기꺼이 동참하기를 원합니다. 그러나 나는 주님께서 받으셨던 비극적 고통과 슬픔과 두려움에 잠겨있지만은 않을 것입니다. 아니, 그런 슬프고 아픈 감정들은 단호히 물리칠 것입니다.

이유는 간단합니다…. 예수그리스도의 생명의 구속 안에서, 우리에게 주신 성령 안에서, 죄와 사망에서 벗어나는 기쁨과 자유로움과 해방을 선포하면서 나는 소리 높여 감사와 찬양을 사랑하는 주님께 올려드릴 것이기 때문입니다. 주님이 그렇게 기뻐하라고, 그렇게 마음껏 선포하라고, 죄 많은 영혼들 대신 저주의 십자가에 달려 죽으셨고 죄와 사망을 이기고 눈부시게 승리하셨기 때문입니다. 옛날 옛적에 주님을 진실하게 사랑하고 행함의 믿음으로 순종하고 헌신하고 충성하며 순교의 거룩한 죽음으로 마지막 생을 장렬하게 마치셨던, 주님께서 사랑하신 믿음의 사도들과 믿음의 선지자들과 믿음의 선구자들의 위대한 발자국을 따라 비록 여전히 부족하고 나태하지만 맨 끝자락에서라도 나 역시 거룩한 믿음의 대열에 동참할 수 있게 되었다는 사실은 얼마나 기쁘고 감격스러운 일인지 도저히 형언할 길 없는 감사한 심정이기만 합니다.

✝

사망아 너의 승리가 어디 있느냐–
사망아 네가 쏘는 것이 어디 있느냐–
사망이 쏘는 것은 죄요 죄의 권능은 율법이라
우리 주 예수그리스도로 말미암아 우리에게 승리를 주는
하나님께 감사하노니– 〈고전 15:55-57〉

이천 년 전, 주님이 당하신 끔찍한 고난과 수난을 바라보면서, 가시면 류관을 쓰신 주님의 피로 물든 고통의 얼굴을 바라보면서, 피와 물을 다 쏟고 장렬하게 돌아가신 십자가를 올려다보면서, 오늘의 나는 죄와 사망을 향해, 어둠의 세력을 향해, 소리치며 선포하는 것입니다. 나는 주님께서 희생과 고통의 십자가에 달려 피와 물을 다 흘려주신 구속의 은혜로 말미암아 승리했다고 말입니다…!

그러므로 나는 기쁘고 감사하는 삶, 평강의 삶, 영광의 삶, 천국인의 거룩한 삶을 살아가고 있다고 말입니다…! 어리석고 무지하고 믿음 없었던 나를 사랑과 긍휼을 베풀어 주시고 강건한 믿음의 삶을 살아갈 수 있도록 오늘날까지 인도해주신 에벤에셀의 하나님, 삼위일체이신 하나님께 이 시간, 모든 감사와 존귀와 권능과 영광을 올려 드립니다.

주여 나는 외롭고 괴로우니

내게 돌이키사 나에게 은혜를 베푸소서

내 마음의 근심이 많사오니 나를 고난에서 끌어내소서-

나의 곤고와 환난을 보시고 내 모든 죄를 사하소서-

내 원수를 보소서- 그들의 수가 많고 나를 심히 미워하나이다-

내 영혼을 지켜 나를 구원하소서 내가 주께 피하오니

수치를 당하지 않게 하소서- 〈시 24:16-20〉

나의 것이라 부르는 것은 하나도 없다

흠- 맞아…. 그렇군….
어차피 인간은 빈 몸뚱이로 왔다는 것을-

아등바등 내 것이라고 아무리 우겨보았자
결국엔 하나도 내 것이 될 수 없다는 것을-

다만 숨을 들이쉬고 사는 이생의 순간만이
완전한 내 것이라고 이름 붙여 부를 수 있다는 것을-

나 대신 누군가 살아줄 수 없기에-
내 생명을 누군가 대신 대체할 수 없기에-

숨을 들이쉬고 있었던 그 순간의 생이 훌쩍 지나가면
나는 아무것도 아닌, 빈 몸뚱이로 돌아가야 한다는 것을-

그것을 잘 알고 있고 수없이 인정하면서도
인간의 완악함은 여전히 자기 것만을 고집한다는 것을-

모든 육체는 타들어 가는 풀과 같고
그 모든 영광은 떨어지는 풀의 꽃과 같다는 진리를

인간은 잘 알면서도 여전히 인간은 내 것에 집착하고
여전히 인간은 내 것을 놓치고 싶어 하지 않다는 것을-

엄마의 따뜻한 뱃속에서 갓 태어난 갓난아기처럼-
벌거벗은 몸뚱이로 차가운 세상으로 나온 여린 생명처럼-

애당초 나의 것이라 칭할 수 있는 것은
이 장대한 세상에 하나도 없었다는 것을-

그러나 영원적 하늘에서 세세토록 말씀으로 살아계셨던
전능의 주님만이 모든 피조물의 주인이 되신다는 것을-

그 진리를 인정하는 것이 그렇게도 힘이 드는 걸까…?
아니면 육신의 탐욕이 강성해서 죽어도 포기를 못 하는 걸까…?

주님만이 모든 피조물의 주인

　그러나 고백하지만, 나는 여전히 만족하지 못하는 나약한 삶을 살아가고 있었습니다. 여전히 무지한 모습으로 살아가고 있는 불완전한 모습임에도 불구하고 그러나 이번에는 무언가 달랐습니다. 이상하리만큼 현실의 삶이 버겁다거나 고통스럽다거나 다가올 미래의 삶이 두렵다거나 하지 않았다는 것입니다. 기실 나의 생명과 나의 믿음과 나의 삶은 내 것인 것 같았고 내 것처럼 비쳤지만 실상은 내 것이 아니라는 사실을 어느 순간부터 자연스럽게 깨닫게 되었고 그것을 인정했던 순간이 있었습니다. 내가 현재 소유하고 있는 현실의 나의 것도 사실 내 것이 아닌, 모두 주님의 것이었다는 것입니다. 나의 믿음 또한 내 것이 아닌, 주님의 것이었고 주님의 영역에 속해 있었습니다. 주님이 내게 소중한 믿음을 허락해 주셨기 때문에 당연히 내 것이 아니었습니다. 만약 주님께서 내게 믿음을 허락하시지 않았다면 나는 여전히 주님을 신뢰하지 않는 완악하고 불결한 존재가 되어 지금쯤 멸망의 세상을 향해 열심히 달려가고 있었을 것입니다. 그렇기에 내 곁에서 나와 함께 하는 모든 것은 주님이 전적으로 내게 베푸시는 사랑이자 은혜였다는 것을 알게 되었던 것입니다.

 사실 더 면밀하게 따지고 보면 세상에서 내 것이라 부르는 것들은 하나도 없었습니다. 내가 사랑하는 자식들도 내 것이 아닌, 주님의 것이었습니다. 말레이시아 쿠알라룸에는 이층집 테라스 하우스가 있습니다. 그 집도 내 것이 아닌, 주님의 것이었습니다. 주인 없이 외롭게 현관에 방치된 SUV 승용차도 내 것이 아니었습니다. 현재 나는 코로나19, pandemic 시국 때문에 몸이 묶여 있는 상태입니다. 물질에 제한을 받는 안타까운 현실 때문에 일부러 많은 출혈을 해서 들어갈 수 없는 난감한 상태에 있습니다. 말레이시아는 한국과는 달리 정부 기관에서 정해준 호텔에서 2주에서 3주간 머물러야 하며 호텔비용, 먹는 비용, 의료치료 비용 등, 모두 본인의 경비로 부담해야 하는 어려움이 있습니다. 그러나 지금은 위드 코로나로 전향이 되었고 또 갑자기 Omicron, 오미크론이라는 코로나 신종 변이 바이러스가 새롭게 부각되어 온 세계의 나라들을 위협하고 있습니다. 그러나 신앙의 책을 출간하게 되면 내 집이 있는 말레이시아로 가서 잠시 휴식을 취할 계획이고 주의 동역자들과 영적 친구들을 만나 쿠알라룸포 교회들을 둘러보고 할 수만 있다면 싱가포르까지 다녀올 예정입니다. 현 코로나 시국이 염려되기도 하지만, 걱정만으로는 아무것도 할 수 없다는 암울한 현실을 자각하면서 기도만 하고 있습니다. 그러나 코로나 시국 또한 주님의 섭리 안에서 이 또한 빠르게 흘러가리라고 믿고 독감처럼 신종 코로나와 함께 서로 상생하는 살 떨리는 시대가 닥치고 있다는 것을 영의 눈으로 바라보며 절실히 실감합니다.

계속해봅니다…. 현재 내게 있는 작은 현금 또한 내 것이 아닌, 주님의 것이었습니다. 그리고 또 있나 곰곰이 살펴보니 작은 다이아몬드가 박혀 있는 플래티넘 십자가 목걸이와 조금 값비싼 진주 귀속품과 좁쌀만 한 다이아몬드 반지와 그 밖에 자잘한 귀금속조차도 나의 손아귀에 영원히 잡아둘 수 없다는 것을 실감하고 있습니다. 사실 내게는 값비싼 패물이 많이 있었습니다. 그러나 수년 전에 죽을 정도로 힘든 경제 상황과 우울 증에 빠져있던 어떤 불쌍한 여성을 위해 힘써 살아보라고 몽땅 헐값으로 팔아서 주었고 그녀의 재기와 성공을 위해 축복하며 기도했던 적이 있습니다. 현재 내게 남아있는 것은 값도 나가지 않고 팔 수도 없는 것들뿐이지만 그것들 또한 언젠가는 내 곁을 떠나 누군가의 소유물이 되고 말 것입니다. 그러나 그 또한 영원하지는 않을 것입니다. 때가 되면 또 다른 누군가의 손으로 흘러 들어갈 것은 자명하기 때문입니다.

그래서 또 곰곰이 생각해보니 세상에서 나의 것이라고 부를 수 있는 것은 아무것도 없다는 것입니다. 그러므로 나는 잃을 것도 없고, 내 것을 잃었다고 마음 아파하거나 억울해하거나 한탄할 필요도 없다는 것입니다. 애당초 내 것은 하나도 없었기 때문입니다. 다만 천성적으로 교활한 사람들과 탐욕적인 사람들은 소유물을 생각하고 다루고 관리하는 방법이 나처럼 평범한 사람들과는 매우 다를 것으로 생각합니다. 순전히 악한 의도를 가지고 일부러 사람에게 접근하고 타인의 순수함을 이용하고 악용해서 상대방 모르게 교활하게 속이고, 온갖 편법과 불법을 행하면서 가중한 불로소득을 수없이 취했으면서도 감사함을 모르는 채, 결국에는 돈 때문에 많은 도움과 정신적 믿음을 주었던 사람의 뒤통수를 잔인하게 치고 배신하는 사악한 자들만이 불법, 편법으로 취득한 자신의 것을 혹이라도 누군가에게 빼앗기지 않을까, 전전긍긍하고 두려워하며 조바심을 태울 것이라는 야무진 결론을 내려봅니다.

또 있습니다…. 내가 사랑하는 두 아들과 그들의 인생도 내 것이 아니었습니다. 모든 것에 서툴고 어설펐던 어미가 자식들을 지켜주고 인도한다는 생각은 세상에 몸을 담고 있었을 때는 감히 했을지는 모르지만, 그러나 이제는 어미의 능력과 힘과 인도함이 아닌, 주 예수그리스도 구속의 생명과 동행하는 은혜로운 삶이야말로 자식들에게 힘이 되고 능력이 되며 자식들의 삶도, 영혼도, 값진 능력의 빛을 발하게 된다는 것을 알게 되었습니다. 하나님이신 주님께서 어미인 나보다도 더 많은 신적 아가페 사랑과 긍휼을 두 아들에게 베풀어 주시고 더 많은 관심으로 강건하게 보살펴주실 때, 나도 그렇고, 아들들도 그렇고, 구속의 주님께서 베푸시는 평강과 은혜 안에서 혈육의 관계를 더더욱 건강하고 아름답게 이루면서 깊은 안도의 숨을 들이쉬며 살아갈 수 있게 되는 것입니다. 그러나 여기까지 깨닫게 되기까지는 못난 어미의 이기와 독선과 횡포가 있었다는 것을 정직하게 고백합니다.

그래서 또 생각해보았습니다…. 이상하게도 자식은 생각대로 쉽지 않았고 마음대로 되지 않았다는 것입니다. 어미의 마음이 원하는 대로, 기뻐하는 대로, 잘 따라주면 정말 좋겠는데 뜻대로 되지 않았다는 것입니다. 기쁜 일이 생길 때는 서로 함께 공유하면서 즐거운 대화를 나누다가도 어떤 민감한 말이 조금만 삐끗 잘못 전달되기라도 하면 서로 오해하기 쉬운 예민한 상황으로까지 진전됐기 때문입니다. 큰일에는 잘도 참고 잘도 힘을 합치면서도 유독 작은 일에는 저마다의 성격의 색깔을 유감없이 발휘하는 것입니다. 청출어람이라는 사자성어가 있듯이 아들들의 성격에서 유감없이 나타나는 어미의 못난 ego의 모습을 발견하는 아이러니를 접할 때는 나의 두 눈과 심장이 깜짝 놀랄 때도 많았습니다. 그럴 때는 원만한 해결이 나지 않았습니다. 무언가 걸리적거렸고 무언가 방해를 걸고 나타나는 방해꾼들이 있었기 때문입니다.

예를 들면 이런 것이었습니다⋯. 어느 날 저녁, 특별히 기쁜 일이 생겨 멋진 양식 레스토랑에서 아들들과 스테이크 저녁 식사를 하기로 약속을 잡았습니다. 그런데 큰아들이 평소에 자신이 즐겨 입는 가장 수수한 옷을 입고 나서는 것이었습니다. 어미의 입장에서 이왕이면 아들이 좀 더 멋진 옷을 입고 갔으면 하는 바람으로, 옷을 골라주면서 그 옷보다는 이 옷으로 입었으면 좋겠다고 권유했습니다. 그러나 큰아들은 한사코 자기가 입은 옷을 그대로 입고 가겠다고 고집을 피우는 것입니다. 이유가 무엇이냐고 물으니 자기는 멋진 옷보다는 수수한 옷차림이 훨씬 더 좋다는 것입니다. 그렇다면 저 옷장에 있는 비싼 옷들은 무엇이냐고 물으니, 자기가 좋아서 산 옷이 아니고 엄마인 내가 산 옷이라는 것입니다. 자신은 엄마가 사준 옷보다는 자신이 산 옷을 입고 가겠다는 주장이었습니다. 그때부터 어미인 나는 이미 감정이 상하고 있었습니다. 그래도 오늘만큼은 좀 더 좋은 옷으로 입고 가면 안 되겠냐는 나의 볼멘소리에는 이미 속상함을 넘어서서 화나는 감정이 잔뜩 묻어나고 있었습니다. 작은아들은 엄마가 사주는 옷이 좋고 멋지다고 잘도 입는데 큰아들은 항상 황소고집을 피우는 것입니다. 외적보다 내적을 더 중요시하는 큰아들의 성격을 이해 못 하는 것은 아니지만, 그래도 특별한 예외가 있는 법인데 어미의 말을 순순히 따라주지 않는 큰아들이 서운할 때도 있었습니다.

이왕이면 큰아들이 내 눈에도, 사람들의 눈에도, 멋지게 비쳤으면 하는 어미의 심정을 몰라주는 큰아들이 어미로서는 야속하기만 하고, 반면에 아들로서는 아들의 취향을 존중해주지 않는 어미의 독선이 야속하기만 하고, 그래서 이미 둘 다 마음이 불편해진 상태에서 옥신각신 한마디씩 하며 다투다가 멋진 레스토랑에서의 스테이크 저녁 식사는 즐거운 식사가 아닌, 마음이 언짢은 웃기고도 슬픈 저녁 식사가 되고 말았다는 에피소드 입니다. 아마도 세상의 많은 부모와 자식들이 이렇게 아무것도 아닌 일을 가지고 티격태격 서로 말싸움과 고집싸움을 하다가 서로 마음만 상하고 상처받는 일이 많을 것으로 생각합니다. 그러나 그런 것까지도 부모의 이기적 발상에서 생긴 일이라는 것을 하나님의 사랑을 접하고 난 후에서야 깨달을 수 있었습니다. 고급 레스토랑에서의 훌륭한 저녁 식사와 멋진 옷이 부모와 자식 간의 관계를 반드시 좋게 인도하지는 않는다는 것입니다. 자식과 좋은 관계는 자식의 취향과 성향을 인정하고 그 인격을 사랑으로 정중하게 존중해주는 점에 있다는 것을 알게 되었던 것입니다. 부모도 자식에게 예의와 매너를 지켜야 합니다. 만약 자식을 자신의 것처럼 함부로 대하는 부모들이 있다면 그들은 실패한 것입니다. 자식은 부모의 독선적 행태들을 잊지 않고 다 기억하고 있다는 것을 부디 알고 있기를 바랍니다.

아무리 어미인 내가 사랑과 열정으로 아이들을 살뜰하게 보살펴주고 지켜주고 싶다고 애를 태워도 나는 결코 아이들을 타락하고 부패한 세상으로부터 안전하게 지켜줄 수 없었다는 것은 사실이었습니다. 나는 하나님의 은혜와 사랑이 절실하고 절박했고 하나님의 개입하심과 보살피심과 인도하심이 절대적으로 필요했습니다. 하나님께서 못난 어미를 대신해서 자식들을 은혜와 사랑으로 따뜻하게 보살피시고 강건하게 인도하실 때, 비로소 어미인 나도 그렇고, 아들들도 그렇고, 모두가 함께 아름다운 화합과 평강의 숨을 쉴 수 있다는 참 진리를 깨닫게 되었던 것입니다. 아무리 부모와 자식 간의 끈끈한 사랑일지라도 하나님의 사랑 앞에 혈육인 사랑은 곧 사라져 갈 유한한 것에 불과할 뿐이었습니다. 하나님의 무한하신 사랑이 먼저 개입했을 때, 부모와 자식 간의 관계도, 가정도, 더더욱 돈독해지고 눈부신 사랑의 빛을 환하게 발할 수 있는 것입니다.

어미들에게는 직접 내 몸으로 배 아파 낳은 피를 나눈 자식들이 언제나 항상 아픈 손가락이자 커다란 애물단지가 되는 것입니다. 그래서 어떤 믿음의 사람들은 자식들 때문에 잘 가던 신앙의 길에서 낙오하기도 하고 그러다가 불결한 우상들과 미신들에 빠져들어 큰 액수의 물질을 허비하면서까지 미신들을 추종하는 상황으로 추락하기도 하는 것입니다. 가끔 그런 분들을 만날 때는 안타까운 심정을 누를 길이 없었습니다. 조금만 더 주님을 믿고 의지했다면 좋았을 텐데, 그랬다면 마음의 평강과 축복과 은혜를 충만하게 받을 수 있었을 텐데, 라는 애석하고 안타까운 마음이 들었던 것입니다.

또 깨달은 것이 있었다면 내가 사랑하는 두 아들은 내 육신의 아들들이기 이전에 하나님의 아들들이었다는 것입니다. 하나님은 불꽃 눈동자로 내가 두 아들을 잘 키우나, 못 키우나, 일거수일투족 지켜보고 계셨습니다. 나는 하나님의 아들들을 잠시 이 땅에서 맡아 돌보는 육신적 돌봄이었다고 말하면 지나친 비약일지는 모르겠지만, 따지고 보면 그것은 사실이기도 했습니다. 어쨌든 그런 진리를 깨닫고 나서부터 하나님 앞에 많이 회개했고 그러므로 많이 인내하게 되었고 그러므로 많이 고쳐졌고 아들들을 향해 있던 마음은 점차 안정되고 있었습니다. 그래도 마음에 염려와 두려움이 밀려올 때는 빌립보서 4장 6절과 7절 말씀을 묵상하면서 하나님께 간절한 간구의 기도를 올려드리고는 했습니다. 당시 사도바울의 말씀은 믿음이 연약한 내게 언제나 항상 힘과 용기와 위로와 평강이 되어주었기 때문입니다. 자식들을 위한 믿음의 간구기도는 오늘도 변함없이 지속되고 있습니다.

　하나님은 보잘것없는 나의 믿음까지 사랑과 긍휼로 받아 주셨습니다. 어미의 보잘것없는 믿음을 따라 정말 감사하게도 믿음의 길을 가기로 아름다운 결단을 내렸던 두 아들의 연약하지만 순수한 믿음까지 하나님은 기뻐해 주셨고 아가페 사랑과 긍휼로 받아 주셨으며 사랑하여 주셨습니다. 언제나 항상 내 오른편에서 오른팔의 권능으로 나를 붙들어 주셨고 두 아들의 연약한 발걸음까지 인도해주셨다고 믿습니다. 그렇기에 내게는 좌우로 흔들리거나 심하게 요동치지 않을 것이라는 좁쌀만 한 믿음이 있었던 것입니다. 예수그리스도라는 숭고한 푯대를 바라보고 믿음의 순례길을 걸어가는 세상의 수많은 부모와 자식들 역시 각자의 인생길에 닥치는 시험과 환난과 염려를 두려워하지 말고 죄와 악에서 싸워주시고 구원해주시는 하나님의 전능을 전심으로 믿고 의지하며 강하고 순전한 정신력으로 이 악한 세대를 헤쳐나가고 이겨나가리라는 것을 확신합니다. 하나님은 순결한 마음으로 전심을 담아 기도하는 영혼들의 기도를 들어주시며 죄와 악에서 지켜주시고 은혜와 사랑을 베풀어 주시며 영혼들의 발걸음을 강건하게 인도해주신다는 산 진리를 그리스도인은 믿음의 눈으로 확신하며 바라보는 것입니다.

아무 것도 염려하지 말고 다만 모든 일에 기도와 간구로
너희 구할 것을 감사함으로 하나님께 아뢰어라
그리하면 모든 지각에 뛰어나신 하나님의 평강이
그리스도예수 안에서
너희의 마음과 생각을 지키시리라- 〈빌 4:6-7〉

나의 악한 ego

나의 ego의 사랑이 소중한 내 자식을 망치고 있습니다.
나의 독선적 사랑이 존귀한 내 자식을 해하고 있습니다.

심각한 것은 나의 사랑을 자식을 향해 강요하는 것입니다.
나의 사랑을 알아주라고 자식을 향해 폭력을 쓰는 것입니다.

나의 별난 사랑에 치여 자식은 시름시름 아파만 갑니다.
나의 행패적 사랑에 치를 떨며 자식은 방으로 몸을 감춥니다.

나의 ego의 사랑이 소중한 자식을 망치고 있습니다.
나의 독선적 사랑이 존귀한 자식을 해하고 있습니다.

오 주님…!
청하건대 이 못난 어미의 완악함을 용서해 주시옵소서…!

하나님보다 혈육을 더 사랑하는가

아들들의 이야기는 계속됩니다. 이천 년 전, 예수님은 마태복음에서 말씀하셨습니다. 사람의 원수는 바로 자기 집안 식구라고 말입니다. 예수님의 말씀처럼 사람의 원수는 서로 사랑하고 신뢰하고 의지하는 남편과 아내가 될 수 있고 부모들이 될 수 있고 또 사랑하는 자식들이 될 수도 있다는 것입니다. 가족의 일원이 원수가 된다는 예수님의 말씀은 내 곁에 가장 가까이 있는 사랑하는 사람들이 바로 나의 원수가 될 수 있다는 가르침이었습니다. 아버지나 어머니를 자기보다 더 사랑하고 딸이나 아들을 자기보다 더 사랑하는 자는 예수님께 합당하지 않는다는 말씀을 당시에 읽고 그 말씀의 뜻을 몰라 나는 많이 황당해했고 많은 반발을 삼았던 적이 있었습니다. "아니 예수님의 말씀이 왜 이토록 황당하기만 하지…? 도대체 이게 무슨 말이야? 그렇다면 사랑하는 가족을 버리라는 말일까?" 당시만 해도 내게는 확고한 믿음도 없었고 진리의 말씀도 없었고 영의 가르침도 받지 못했기에 나의 영의 능력은 형편 없었습니다. 나는 가족과 자식을 향하는 육신적이고 혈육적인 사랑에만 집착해 있었고 아집적이 되어 꽁꽁 얽매여 있었기 때문입니다.

그러나 나중에 가서야 절실하게 깨달을 수 있었던 것은 집안과 가정에 하나님의 사랑과 인도함이 배제된 가정은 결국 망할 수밖에 없다는 사실을 알게 되었다는 것입니다. 인간의 육신적이고 혈육적 사랑은 언제나 가슴 아픈 사랑이고 깊은 상처이고 잔악한 파괴라는 사실도 알게 되었습니다. 하나님의 사랑은 조건 없는 무한한 사랑이었지만 인간의 사랑은 언제나 항상 give and take, 조건부 유한한 사랑이었기 때문입니다. 부모와 자식 간의 사랑도 그렇고, 남편과 아내와의 사랑도 그렇고, 남녀 간의 사랑도 그렇고, 모든 인간의 사랑을 자세히 따지고 보면 모두가 주고 받기를 원하는 give and take 조건부 사랑이었다는 것입니다. 부모가 자식을 향하는 사랑은 처음에는 조건 없는 희생적 사랑, 무조건적 사랑으로 시작했을지는 모르지만, 나중으로 가면 갈수록 부모의 사랑 또한 조건부의 사랑으로 전반적으로 변질되어 있었다는 것을 알 수 있었습니다. 시시때때로 변질되는 인간의 사랑은 믿을 수 있는 진짜 사랑이 아니었습니다. 참된 사랑은 하나님의 사랑만이 진짜였고 그 사랑만이 진리였다는 것을 나는 알게 되었던 것입니다.

사랑은 근본적 주인되시는 하나님께 속한 것이었고 영원히 변치 않는 하나님의 사랑을 시점으로 사랑이 시작되었다는 진리를 알게 되고 난 후부터는 나는 사랑하는 자식들과 가족들을 위해 전심으로 기도했으며 하나님만을 사랑하고 하나님의 사랑만을 내 마음에 초청하기 위해 하나님께 기도했던 무수히 많은 날이 있었습니다. 사실 나는 많이 두려워하고 있었습니다…. 자식을 향해 쏟아붓는 혈육적 사랑은 이기적이고 아집적이었기에 그러므로 위험했기 때문입니다. 나는 하나님의 근본적 사랑이 나와 내 가족들과 자식들의 삶에 개입해주시고 보살펴주시고 지켜주시고 인도해주시기를 간절한 마음으로 간구하며 기도했습니다. 시시때때로 내 마음 깊은 곳에서는 자식들을 향하는 불안과 염려와 두려움이 거센 파도의 물결 소리를 치며 넘실넘실 엄습해오고 있었기 때문입니다.

사실 혈육을 향하는 인간의 육신적 사랑은 걱정과 염려와 두려움을 더해서 아집과 독선과 이기와 집착으로 치닫고 있었다는 것은 사실이었습니다. 혈육을 향하는 사랑이 도가 지나치면 집착과 애증의 관계로 진척되고 그러다가 돌이킬 수 없는 심각한 관계로 악화하는 것입니다. 결국에는 부모와 자식 간에도 혈육이라는 천륜을 떠나서 타인들보다도 더 못한 지독한 원수들처럼 서로 으르렁대며 냉정하게 등을 지는 참담한 지경까지 가도록 철저하게 파괴해 버리기 때문입니다. 부모가 자식을 낳았어도 자식은 부모의 소유물이 아니었습니다…. 아니 될 수 없었습니다…. 그런데도 부모는 자식을 자신의 소유물로 취급하면서 그들의 인생에 개입하고 주도하고 결단하고 강제적으로 강요하는 부모들이 세상에는 여전히 많다는 것입니다. 모든 영혼의 아버지 되시는 전능의 하나님께서 자식들의 인생을 맡아서 주도하시도록 믿고 의지해야 함에도 불구하고 하나님의 사랑이 개입되지 않는 곳에서는 여전히 불안전한 인간의 혈육적 사랑에만 의지하며 all in 올인하는 것입니다. 이 글을 쓰는 중, 문득 어미라는 무소불위의 권력을 휘두르며 이기적 야만성을 드러냈던 미운 모습이 떠오르고 있습니다. 부끄러운 나의 모습을 바라보면서 다시 한 번 두 아들을 향해, 특히 큰아들을 향해 진심으로 미안했다고 말해주고 싶은 심정입니다. 큰아들은 큰아들로 태어났다는 잘난 타이틀 때문에 둘째 아들보다 어미의 이기적 횡포를 고스란히 감수해야 했기 때문입니다. 이제 큰아들은 어느 사이 장성한 성인이 되었고 사랑스럽게 생긴 두 아들의 아빠가 되었습니다. 아들은 말이 없고 묵묵하지만, 그렇지만 누구보다도 부모를 사랑하고 특히 어미를 사랑하는 마음이 크다는 것을 매 순간 느끼면서 마음은 감동으로 놀라고 있습니다.

하나님은 나의 하나님이 되십니다…. 그러나 곧 내 아들들의 하나님이 되시기도 합니다. 내가 하나님아버지라고 부르는 하나님을 나의 아들들 역시 똑같이 하나님아버지라고 부릅니다. 그렇기에 하나님은 내 영혼의 생명은 물론이고 내 자식들의 생명까지 맡아 주관하시고 인도하시는 생명의 아버지가 되시는 것입니다. 그리고 내 영혼의 마지막 때가 닥치면 하나님의 섭리와 순리를 따라 나는 자식들보다 먼저 이 세상을 떠날 것입니다. 그것은 당연한 사실이고 거역할 수 없는 진리입니다. 그러나 세상에서 먼지가 되어 사라진다고 해도 결코 마음 슬프거나, 가슴 아프거나, 무섭거나, 두려운 일이 아닙니다. 생명의 숨을 들이쉬며 살아가는 인간 모두는 그런 순리의 절차를 반드시 거쳐 가야 하기 때문입니다. 수 세기 전에 살았던 사람들도 모두 그런 절차를 밟고 흘러갔습니다. 구약의 믿음의 조상이었던 아브라함도, 이스라엘의 영적 인도자였던 모세도, 다윗의 위대했던 왕국도, 솔로몬의 찬란했던 영광도, 성경에 등장하는 모든 선지자와 위대한 사도들까지, 믿음의 선구자들까지 모두 그런 절차를 밟고 옛날 옛적에 흘러갔습니다. 전능의 하나님께서 묵시적 세상에서 사랑으로 섭리해 두신 창조의 순리, 질서의 순리, 시간의 순리, 역사의 순리, 그리고 생명의 순리라고 생각하면 훨씬 이해가 쉽고 마음이 편안하고 따뜻해져 올 것입니다. 그러므로 죽음은 결코 두려움이나 공포가 될 수 없다는 것입니다. 하나님은 영혼들의 불안한 심령에 아름다운 사랑과 평강을 전해주시는 beautiful shalom of God, 평강의 하나님이시기 때문입니다.

영원 전부터 세세토록 사랑과 전능으로 현존하셨던 하나님은 어미를 떠나보내고 달랑 세상에 남아있게 될 가엾은 내 두 아들의 생명과 내 두 아들의 자식들의 생명과 또 그 자식들이 낳는 자식들의 생명까지 언제나 변함없이 따뜻하게 보살펴주시고 강건하게 지켜주시고 은혜와 사랑으로 인도해 가신다는 진리를 알게 되었다는 것은 못난 어미의 마음에는 큰 위로였고 따뜻한 사랑이자 평강이었습니다. 언젠가 그러한 하나님의 진리를 깨닫는 순간이 닥쳤을 때, 비로소 나는 독선과 아집으로 집착했던 마음의 근심과 염려와 두려움을 내려놓을 수 있었고, 감격하고 감사하면서 무거운 먹구름의 시름에서 벗어날 수 있었습니다. 언제나 항상 성령하나님의 두루 도는 불 칼이 흐르는 거룩한 성곽이 되어 아들들의 영혼들과 삶까지 단단히 지켜주시고 은혜와 사랑으로 보살펴주시며 천국 가는 그날까지 인도해가실 거라는 못난 어미의 믿음과 깨달음으로 자식들의 영혼을 주님의 피 묻은 손에 공손히 올려놓을 수 있게 되었던 것입니다. 그렇게 되기까지 무수히 반복되었던 잘못된 미스들이 있었습니다. 가슴 저리는 눈물 바람과 속상함과 불협화음을 겪고 난 후에서야 겨우 깨달았던 하나님의 소중한 진리였습니다. 불협화음은 항상 못난 어미의 악한 ego 로부터 시작했습니다. 그랬던 어미가 하나님의 순리 속에 고이 감추어 있던 참된 사랑의 진리를 절실히 깨닫고 나서야 나는 하나님 전에 나아가 평평 울면서 그동안 자식을 향했던 어미의 이기와 독선과 아집과 무례함을 진실하게 회개할 수 있었습니다. 자식은 나의 소유가 아닌, 바로 전능하신 하나님아버지의 소유였다는 것을 인정하게 되었던 것입니다.

하나님의 사랑과 생명을 물려받은 인간의 삶에는 언제나 항상 하나님이 주도적 역할을 담당하셔야 합니다. 언제나 하나님이 중심이 되고 주축이 되어야 한다는 것입니다. 그리고 그것은 참으로 좋은 것입니다. 오래전, 잃어버린 하나님의 사랑을 되찾고 난 후, 주의 길을 가고자 마음을 굳게 결단하고 말레이시아 쿠알라룸포에서 로컬 사람들과 함께 말씀교육과 선교교육을 받고 있던 때, 교육강사가 문득 개개인을 향해 질문을 던졌습니다. 모든 교육은 영어로 진행되고 있었고, 질문을 받은 사람은 반드시 질문에 대해 답변을 해야 한다는 전제가 따라붙었습니다. 강사는 이렇게 질문했습니다. "이곳에 있는 사람 중에 하나님을 더 사랑하느냐, 아니면 자식을 더 사랑하느냐?"라는 질문에 답변해 달라는 것이었습니다. 질문은 한 사람씩 차례대로 돌아가고 있었습니다. 그러나 질문을 받은 사람들은 선뜻 답변하지 못한 채, 머뭇대고 있었습니다. 하나님을 자식보다 더 사랑한다고 호기롭게 나서는 사람이 없었기 때문입니다. 그만큼 혈육인 자식은 하나님보다 아주 가까운 근거리에 있었고 그만큼 소중한 존재였다는 것입니다. 그곳에 있던 사람들은 하나님보다 자식을 더 사랑하고 있었다는 것이 선명하게 나타나고 있었습니다.

내 차례가 되어 똑같은 질문을 받았지만 나 역시 자식들보다 하나님을 더 사랑한다고 말할 수 없었습니다. 만약 그렇게 답변했다면 나는 당장 하나님 앞에 부끄러운 죄를 짓는 거짓말쟁이가 되고 말았을 것입니다. 나는 답변 할 수 없었습니다…. 그때까지만 해도 나는 하나님보다 자식을 더 소중하게 생각하고 있었고, 나의 믿음도 여전히 나약한 믿음 가운데 머물러 있었기 때문입니다. 그러면서도 나는 하나님을 목숨 바쳐 사랑한 다고 눈물을 펑펑 흘리면서 하나님께 나의 사랑을 고백했다는 사실이 참으로 우스꽝스러운 모습, 부끄럽고 실망스러운 모습으로 내 양심의 눈에 투영되고 있었습니다. 정직하게 고백하면 내게 있어 자식은 나의 손아귀에서 결코 놓칠 수 없는 나의 생명과도 같은 존재였습니다. 아마도 그곳에 있던 모든 사람들도 그렇게 생각하고 있었던 것 같습니다. 강사의 질문에 그 어떤 사람도 시원한 답변을 들려주지 못했기 때문입니다. 기대했던 답변을 듣지 못한 강사는 속으로 실망했는지 착잡한 얼굴로 잠시 침묵을 지키고 있었습니다. 아마도 심중에는 "쯔쯧…. 나약한 사람들 같으니라고…. 그런 나약한 마인드로 험난한 주의 길을 가겠다고…?"라며 판단했을 것이라고 나름대로 추측이 되고 있었습니다. 그러므로 하나님 앞에 부끄러운 몫은 여전히 나의 것이었다는 것은 숨길 수 없는 사실이었던 것입니다.

그렇습니다…. 그 당시에 나는 그랬습니다…. 그러나 지금은 아닙니다…. 그때는 그게 맞았을지 모르지만, 지금은 아닙니다. 지금의 나는 그때와는 매우 다르고 그때보다 나의 믿음은 많이 성장했기 때문입니다. 예수그리스도를 사랑하고 하나님의 거룩한 나라를 꿈꾸고 소망하는 영혼의 영적 성장을 조금쯤은 이루었다고 생각하고 있기 때문입니다. 감히 이렇게 생각하고 판단을 내리는 것 또한 오만일지 모르겠지만 말입니다. 그러나 지금은 세상의 그 무엇보다도, 먼저 하나님의 사랑을 높이 올리고 있다는 것은 진실입니다. 내 삶에도, 내 아들들의 삶에도, 하나님의 사랑이 더 많이 개입해주시고 강건하게 인도해주시기를 간절한 마음으로 소원하고 있기 때문입니다. 육신의 사랑이 먼저 개입할 때마다 하나님의 사랑은 설 자리를 잃어버리고 말 것입니다. 그리고 어쩌면 일방적 소원이고 개인적 간절한 바람일지는 모르지만, 주님과 새롭게 언약한다는 새 피의 서약서를 보이지 않는 영의 글씨로 써서 나의 영혼은 물론이고 사랑하는 두 아들의 이름까지 주님의 피 묻은 손에 공손히 올려놓을 수 있었습니다. 내 이름 밑에는 사랑하는 가족들의 이름이 줄줄이 새겨져 있습니다. 지금은 아들을 똑 빼닮은 사랑스런 두 손자들까지 태어나 가족이 많이 불어났기에 나는 하나하나 각자의 이름들을 하나님 앞에 올려놓고 기도하고 있습니다.

나는 내가 사랑하는 두 아들을 위해 맛있는 음식을 만들어서 두 아들의 눈과 입과 마음을 얼마든지 기쁘고 행복하게 해줄 수는 있겠지만, 자식들의 영혼을 구원의 생명으로 살릴 수 있는 신적 권능은 내게 없습니다. 내가 자식들을 사랑하는 것은 신적 사랑이 아닌, 육적 사랑이고 혈육적 사랑이 전부였습니다. 그 이상도 그 이하도 아니었습니다. 내가 가르치는 것도 육신적이고 혈육적인 가르침에 지나지 않았습니다. 내가 무던히도 걱정하고 근심하고 염려하면서 결국엔 집착과 아집을 피우게 되었던 것도 모두 완전하지 못한 어미의 육적이고 혈육적 사랑으로부터 비롯되었기 때문입니다. 다만 두 아들을 위해 내가 할 수 있는 최상의 방법은 하나님께 못난 어미의 무능과 완악함을 인정하고 하나님의 은혜와 긍휼과 인도하심을 소원하면서 간절한 간구 기도를 올려드리는 방법밖에 없었습니다. 그러면서 심중에는 하나님아버지는 반드시 못난 어미의 소원의 기도를 들어주신다는 것을 믿음으로 믿고 선포하는 것입니다. 사실 못난 어미가 할 수 있는 것이라고는 그것밖에 없었습니다.

자식은 될 수 있으면 부모에게 이랬으면 좋겠다, 저랬으면 좋겠다, 시시콜콜 요구하지 않습니다. 도리어 부모가 자식들한테 이것저것 등을 요구하고 통제하고 말을 안 들으면 마음대로 억압하고 조종하기를 원하는 것입니다. 특히 목회자 부모들에게 자식은 항상 심적 무거운 부담으로 덮쳐 온다는 것을 알게 되었습니다. 수많은 영혼을 상대하고 목양하는 목회자의 자식들은 부모들 모르게 부모의 생각들과 행동들과 사용하는 언어들을 유심히 살펴보고 속으로 판단을 내리기 때문입니다. 그러므로 목회자 분들의 의도는 그렇지 않았다고 할지라도 자식들의 시각과 생각으로는 얼마든지 부모들이 이중인격자로 보일 수도 있다는 것입니다. 목회자 부모들에게 자식들은 가장 무서운 적군의 파수꾼을 곁에 두고 있는 셈이 되는 것입니다. 목회자들이나 그리스도인의 자식들은 부모가 하나님을 믿으면서 품위 있고 아름다운 인격으로 변화되는 모습을 바라볼 때, 자신들의 믿음의 본보기로 삼는다는 것입니다. 그렇게 자식들도 하나님을 믿는 믿음의 방향으로 서서히 나아가는 것입니다. 아무리 부모가 백번 천번, 하나님을 믿으라고 강요를 하고 노래를 불러도 아름답게 변화되는 부모의 모습을 먼저 자식들에게 보이지 않으면 어림도 없습니다. 이미 생각 속에서는 부모를 향하는 불신이라는 의심이 들기 시작하면서 마음에는 역행해서 반대로 뛰쳐나가고 싶어 하는 나쁜 반항심이 싹트기 때문입니다. 순리를 역행할 때, 하나님의 사랑을 떠나게 되는 것입니다.

그런 불신을 불식 간에 없애버리고 하나님의 사랑으로 새롭게 구축되었을 때, 비로소 부모와 자식 간의 관계는 하나님이 기뻐하시는 사랑의 창조적 관계를 올바르게 구축하게 되는 것입니다. 하나님은 바로 그런 사랑을 원하시는 것입니다…. 창조질서를 따르는 사랑의 순리이기 때문입니다. 부모와 자식 간의 관계가 혈육적 사랑과 육신의 힘이 주축이 되는 것이 아닌, 바로 하나님의 신적 사랑이 주축이 되고 살리시는 하나님의 영으로 가족 모두가 치유 받고 회복되어야 서로를 더 깊이 사랑하고 더 이해하는 아름다운 영의 관계를 튼튼하게 이룰 수 있다는 것입니다. 하나님의 신적 사랑은 육신의 저급한 사랑을 훌쩍 뛰어넘는 거룩하고 기품있는 사랑입니다. 육신의 부모와 영의 부모는 그만큼 그 위치와 신분이 확연히 다른 것입니다. 예수그리스도를 사랑하는 그리스도인들이 하나님의 사랑 안에서 아름다운 공동체, 영의 관계를 이루듯이, 부모와 자식들과도 하나님의 사랑 안에서 아름다운 가족관계를 이루는 것입니다. 하나님의 섭리와 사랑 안에서 부모와 자식들이 서로 사랑하고 존중하는 영의 관계를 이룰 때, 하나님께서 기뻐하시는 의와 천국의 나라를 이 땅에서 실현하게 되고 눈부신 영광을 하나님께 올려드리게 되는 것입니다.

육신의 부모는 항상 이기적이고 억압적이고 독선적이었다면 영의 부모는 배려와 이해와 끈질기게 기다려주는 참을성과 인내심을 발휘합니다. 어쩌면 자식들을 향하는 염려와 걱정과 각종 두려움은 육신의 감정이 항상 앞서 나갔던 불안전한 부모로부터 시작됐을지도 모릅니다. 부모가 자식을 위해 기다려주는 인내와 참을성이 없고 자식은 내 소유물이라는 이기적인 발로를 따라 독선적 행패를 부리면서 인격적으로 아이들을 존중해주지도 않으면서 부모라는 이름으로 위세와 폭력을 행사하는 것입니다. 여기서 폭력은 자식을 무력으로 때리는 행동적 행위만을 말하는 것이 아닌, 지나친 사랑과 간섭과 강요도 악한 폭력이 될 수 있다는 것입니다. 부모가 자식을 심리적으로, 정서적으로, 정신적으로, 안전하게 지켜주거나 보살피지도 못하면서 도리어 자식들의 영혼을 해치는 나쁜 영향을 끼치는 것입니다. 그런 어미에 비하면 나의 두 아들은 참으로 착하고 젠틀하고 이해심 많은 과분한 아들이었습니다. 그래서 매번 흑역사인 미운 과거를 돌이켜 볼 때마다 심장을 때리고 후벼 파는 후회스러운 마음뿐입니다. 사실 후회스러운 마음은 순간순간, 생각이 날 때마다 여전히 지속되고 있습니다. 내 생에는 딸이 없어 딸이라는 존재가 어떤 느낌으로 다가오는지 잘 모르겠지만 아들이라는 존재는 말 그대로 마음 편히 기댈 수 있는 튼튼하고 든든한 기둥 같은 존재인 것 같다는 뿌듯한 생각을 해 볼 때도 있었습니다.

세상에 나쁜 자식은 하나도 없습니다…. 나쁜 부모가 나쁜 자식을 만드는 것입니다. 현대 시대는 자식들을 소중하게 다루고 인격적으로 존중하는 법을 알지 못하고 있는 이기적 부모들이 참으로 많은 것 같습니다. 부모라고 자식을 함부로 욕하고 폭력을 행사하고 학대하고 급기야는 살해까지 하는 끔찍한 짓들이 현대사회에 너무나 자주 일어나고 있고 항상 뜨거운 쟁점이 되고 있는 무섭고도 슬픈 세상을 살아가고 있습니다. 특별히 힘없고 아무것도 모르는 나이 어린 자식들을 학대하는 부모처럼 악한 부모는 없을 것입니다. 문득 이런 생각이 뇌리를 스치고 지나갔습니다. 어쩌면 자식을 학대하는 부모들 역시 자신들이 어렸을 때, 자신들의 부모에게 사랑받지 못한 채, 무서운 학대를 받으면서 성장했던 불쌍한 사람들일지도 모른다는 생각이었습니다. 부모에게 따뜻한 사랑을 받지 못한 채, 학대만 받으면서 컸으므로 그들 스스로 자식에게 사랑을 베푸는 방법을 알지 못하는 것입니다. 옛날 어렸을 때, 부모들의 이유 없는 화냄과 폭력과 무섭고 미운 모습이 기억이라는 뇌리에 어른거리다가 무섭게 학대받았던 자신의 모습이 은연중에 떠오르면서 자기들도 모르게 죄 없는 자식을 향해 똑같이 학대하는 악한 죄를 되풀이하는 것입니다.

그래서 가족 간의 비극은 언제나 항상 연좌제처럼 이어지는 것입니다. 이 모든 문제는 궁극적인 영혼의 치유를 받지 못했기 때문에 일어나는 것입니다. 근본적 하나님의 사랑으로 치유 받지 못하고 회복되지 못했기 때문에 끔찍한 비극은 다반사로 일어나는 것입니다. 그러나 그런 분들도 깨끗이 치유 받고 회복될 수 있습니다. 지금부터라도 하나님의 사랑을 받고 누리면 됩니다. 지금부터라도 하나님의 사랑을 간구하면 됩니다. 하나님의 사랑이 함께 하면 모든 것이 은혜롭고 아름답게 해결될 것이기 때문입니다.

주님의 희생적 사랑과 긍휼에는 허다한 허물을 덮고 두려움을 내쫓는 본질적 신본의 사랑이 내포하고 있었습니다. 그러므로 내가 아무리 DNA로는 혈육인 어미이지만 나의 육적인 사랑과 하나님의 영적 DNA 아가페 사랑과는 결코 비교될 수 없다는 것입니다. 그리고 절대 그럴 일은 내 생에서 일어나지 않겠지만, 만약의 경우 내가 믿음의 길에서 혹이라도 잘못된다면 그것은 전적으로 주님이 크게 탄식하시고 걱정하실 일이지, 내가 걱정할 일은 아니라는 철부지 오만한 생각을 어느 날 문득, 정말 뜬금없이 생각 속에 떠올리고는 그 즉시 심장을 떨면서 하나님께 죄송하다고, 완악한 생각을 떠올린 것을 부디 용서해달라고, 눈물을 흘리면서 회개했던 적이 있습니다.

그만큼 주님만이 내 영혼의 생명은 물론이고 내가 사랑하는 두 아들의 생명까지 전적으로 책임지고 인도하시는 전능의 하나님 되시고 선한 목자 되신다는 것을 굳게 믿고 있기에, 나는 걱정하거나 염려하거나 두려워

할 것이 없다는 내 믿음의 확신이었습니다. 주님은 잃어버린 한 마리의 양을 더 귀하게 여기신다는 것을 잘 알고 있기에, 나는 주님의 잃어버린 한 마리의 가엾은 양이 되기를 소원했습니다. 잃어버린 양처럼 되어 주님의 관심과 사랑을 충만하게 받고 싶었습니다. 주님의 선한 말씀과 가르침을 전적으로 믿고 의지하고 순종하고 싶었습니다. 그나마 내가 잘할 수 있는 것은 그런 정도가 전부였기 때문입니다. 부디 하늘의 아버지께서 베풀어 주시는 영원하신 아가페 사랑으로 믿음의 길, 소망의 길, 생명의 길을 향해 힘써 전진하는, 부모와 자식들 모두가 되었으면 하는 바람을 간절히 해봅니다. 하나님께서 기뻐하시는 믿음의 영혼들, 의의 영혼들, 면류관의 영혼들, 순전하고 거룩한 천국 영혼들이 되시기를 예수그리스도, 숭고하신 이름으로 축복하고 축원합니다.

✝

나의 영혼이 잠잠히 하나님만 바람이여
나의 구원이 그에게서 나오는 도다-
오직 그만이 나의 반석이시오 나의 요새이시니
내가 크게 흔들리지 아니하리로다- 〈시 62:1-2〉

모든 멸망의 원인과 배후에는 그 누구도 아닌
사람들의 생각이 자리 잡고 있었습니다.
사람들의 생각은 영적인 아름다운 축복의 열매들과
혹은 멸망의 쭉정이 열매들을 수없이 생산해내는 24시간,
풀가동 생산공장이라는 진리를 부디 잊지 말기를 바랍니다.
사람이 무엇을 생각하고 선택하느냐에 따라,
선의 축복과 악의 저주는 신속하게 움직이면서
열심히 열매들을 맺을 것이기 때문입니다.

Chapter 4.

도쿤
악령의
블랙매직

사탄의 달콤한 유혹

광명의 옷을 입은 사탄은 음흉하고 끈끈한 목소리로
무지한 영혼들의 귀에 대고 달콤하게 속삭인다.

한시라도 빨리 나의 권능을 영접하라고-
한시라도 빨리 나의 흑암의 세상을 받아들이라고-

지금이야말로 마지막 기회라고-
이 순간이 지나가면 더 이상의 기회는 없다고-

네가 간절히 원하는 성공과 부와 명예를 안겨줄 테니
지금 당장 너의 영혼과 너의 뜨거운 피를 내게 팔라고-

세상에 전능의 하나님은 없다고⋯!
영혼들을 살리는 아들의 신권 따위는 없다고⋯!

그러나 오직 나만이 통치하는 흑암의 권세와
세상 정욕으로 살리는 나만의 권능밖에 없다고⋯!

사탄의 달콤한 미혹의 저주를 받아들인 영혼들의 모습은
어느 순간부터 기괴한 모습으로 변형되어 가기 시작한다.

먼저는 심령이 조금씩 악취를 풍기며 피폐하게 변질되어 가더니
언제부터인가 얼굴의 형태까지 괴기스러운 몰골로 변해 간다.

사탄의 소름 끼치는 흉측한 몰골로⋯!
흑암으로 시꺼멓게 뒤덮여 있는 음부의 몰골로⋯!

그곳에서는 더는 광명의 옷을 입은 착한 천사는 없다…!
사탄의 저주와 멸망의 불구덩이만 기다리고 있을 뿐이다…!

사탄에게 붙들린 자는 사탄의 형상을 닮아간다

고국에 돌아와서 많은 사람을 만났고 작은 사역이지만 기도가 필요한 분들이 계시면 장소가 어디든지 상관없이 달려갔고 가엾은 분들의 영혼을 위해 무상으로 기도를 해드렸습니다. "거저 받았으니 거저 주라"는 주님의 말씀이 항상 나의 귓전을 울렸고 주님의 조건 없는 희생적 사랑을 조금이라도 실천하고 싶다는 소원을 따라 사역은 보잘것없지만 나만의 방식으로 힘쓰고 있었던 때였습니다. 기도를 원하시는 분 중에는 임종을 곧 눈앞에 앞둔 분들도 계셨고, 혼수 속에 빠져 하루하루, 산소기를 끼고 있어야만 생명을 유지할 수 있는 분도 계셨고, 몸의 근육을 점차 잃어버리는 근이영양증 병을 앓으신 분들도 계셨으며, 온몸이 연체동물처럼 흐물흐물하는 도무지 이유를 알 수 없는 희소병에 걸려 있는 가엾은 어린아이도 있었고, 암 말기에 걸려 끔찍한 통증과 고통 속에 살면서 마지막 날만 기다리시는 안타까운 분들도 계셨고, 뜨거운 불에 타들어 가는 오징어처럼 온몸이 순식간에 뒤틀리고 오그라들면서 발작을 일으키는, 지독한 악령에게 붙들려 있는 여성도 있었습니다. 그녀의 나이는 서른 살의 성인이었지만 십육 세 정도 되는 사춘기 소녀의 정신으로 탁 멈추어져 있었습니다. 과거 무슨 일이 있었는지는 확실한 설명이 되고 있지는 않지만, 어린 소녀 시절 무언가에 의해 끔찍한 충격을 받고 나서부터 소녀 때의 과거 기억에만 꽁꽁 묶여 있어 더 이상의 정신적, 발육은 없는 것처럼 비쳤던 가엾은 여자였습니다. 또 판사귀신을 약혼자로 두고 있다는 처녀도 있었습니다. 판사귀신과 약혼했다는 처녀 또한 지독한 악령에게 붙들려 있었습니다. 처녀의 모습과 행동이 악하게 변하고 있었기 때문입니다.

지금부터 써 내려가는 이 글이 하나님께 올려드리는 올바른 간증과 증거가 되어드렸으면 하는 마음을 담아 살리시는 하나님의 영과 예수그리스도의 생명 복음만을 진실하게 전달되기를 기도하는 마음입니다. 또 믿음의 지체들이 하나님께서 기뻐하시는 거룩한 영의 믿음 생활을 했으면 좋겠다는 마음을 담아 글을 써 내려가도록 합니다. 각자 믿음 가운데 살아가는 분들의 심령 안에 무엇이 자리 잡고 있는지, 삶 가운데 누구한테 어떤 영향을 받고 있는지, 자신들의 삶을 누가 in charge and control, 맡아 주관하고 있는지, 자세히 살펴보면서 각자의 믿음을 예수그리스도 구속 안에서 강건하게 키워나가고 다스려 가기를 바라는 마음입니다. 하나님께서 사랑으로 부여해주신 아름다운 생명과 존귀한 인격을 사탄과 악령들과 더러운 귀신들에게 내어주고 지배받는 비참한 생을 살아가다가 멸망의 구덩이 속으로 함몰되어 사라지는 허망한 영혼들이 되어서는 결코 안 되기 때문입니다.

고국에 귀국하고 난 후, 나름의 사역을 열심히 펼치고 있던 나는 알고 있는 지인을 우연히 만나게 되었습니다. 반갑게 그동안의 근황을 서로 묻고 대화를 나누는 과정에서 문득 지인이 부탁을 해왔습니다. 자기와 아주 가까운 친구가 있는데 친구의 아버지가 현재 병원에 입원해 있고 임종을 앞두고 있다는 것입니다. 그러면서 자기가 친구한테 미리 알려 놓을 테니 친구의 아버지를 위해 병원을 방문해서 잠깐 살펴보고 기도해줄 수 있느냐고 의향을 물어오는 것이었습니다. 나는 그 말을 듣고 잠시 고민을 하지 않을 수 없었습니다. 친구분의 아내는 교회에 다닌다는 말을 듣기는 했지만 신실한 믿음이 있는 것처럼 느껴지지는 않았고 친구는 종교가 없는 무교라는 말을 들었기 때문입니다.

또 친구의 아버지는 살아생전에 불교를 섬겼던 불자였다는 말을 들을 수 있었습니다. 나는 불교를 섬기는 자들이나, 불신자들에게는 기도하지 않는 것을 원칙으로 삼고 있었습니다. 그러나 타국에서는 만약에 불신자들이나 다른 종교를 섬기는 분들이 기도 받기를 원한다면 하나님의 긍휼을 간구하면서 가끔 기도해드린 적은 있었다고 고백합니다. 그분들이 기도를 간절히 원했기 때문입니다. 생의 마지막을 맺는 시점에서 하나님의 사람인 내게 기도 부탁을 해오면 나는 기도를 받으시는 하나님의 손에 모든 사정을 올려놓고 하나님의 뜻을 헤아리면서 기도를 해드렸습니다.

마지막 죽어가는 영혼들을 향하시는 하나님의 거룩하신 뜻과 섭리는 아무리 영성으로 깨어 있고 능력 있는 사역자들이라고 할지라도 백 퍼센트 확실하게 하나님의 뜻과 의중을 알 수 없다고 생각하고 있었기 때문입니다. 특히 하나님을 믿는 자녀들이 살아생전에는 불신자였던 부모님의 마지막을 위해 간절한 심정으로 기도 부탁을 해오는 경우에는 쉽게 거절할 수도 냉정하게 뿌리칠 수도 없었습니다. 분명 타협을 한다는 생각은 아니지만, 그보다도 먼저 주님의 마음을 생각했고 이런 경우 주님은 마지막 생을 떠나는 불쌍한 영혼들을 바라보시면서 어떤 생각을 하시고 어떻게 말씀하시고 어떻게 행동하실까에 대해 생각했습니다. 그러면서 일단은 주님의 희생적 사랑과 긍휼의 마음을 먼저 품고 싶었고 또한 그렇게 하는 것이 하나님의 마음에 훨씬 더 합당할 것 같다는 생각을 나름대로 하고 있었습니다.

　기도의 응답에 대해서는 전능의 하나님만 아시는 것이지 기도하는 나는 백 퍼센트 확실하게 알 수 없었다고 정직하게 고백합니다. 나는 사람들의 운명을 점치는 점쟁이도 아니고 사람들에게 닥치는 나쁜 액운을 떼어주고 대신 만사형통의 복으로 갈아타게 해준다고 말하면서 탁월한 사기꾼의 능력으로 온갖 달콤한 설로 사람들을 유혹하면서 돈을 뜯어내는 무속인도 아니었기 때문입니다. 오직 영혼들의 생사화복을 주관하시고 영혼들이 가는 마지막 종착지를 아시는 분은 아버지와 아들과 성령하나님 뿐이시기에, 그저 나는 영혼들을 불쌍히 여기는 긍휼의 마음으로 한 많은 생의 여정을 다 마치고 떠나는 어르신 영혼들을 위해 하나님께 간절한 기도를 올려드리는 것뿐이었습니다. 그것만이 내가 할 수 있는 최상의 방법이었습니다. 다만 기도를 마치고 난 후, 두 눈에 맑은 눈물이 흘러내리면서 따뜻한 마음의 감동을 받았다면 하나님께서 나의 기도를 들어주셨다는 것으로 받아들이고 어느 정도는 마음의 안도와 위안을 삼기도 했습니다.

　그런데도 지인의 부탁은 썩 마음에 다가오지는 않았습니다…. 지인의 부모도 아니고 믿음을 가지고 있지 않은 친구의 일이었기 때문입니다. 그러나 불신자인 친구를 위하고자 하는 지인의 기도 부탁이었기에 일단은 방문하기로 하고 지인과 함께 친구가 기다리는 병원을 찾았습니다. 그리고 친구 아버지를 처음 바라보는 순간, 나는 충격을 받고 말았습니다. 내가 목격한 모습은 인간의 모습이 아니었기 때문입니다…! 병실에는 사람의 모습이 아닌, 기괴한 모습으로 변형되어 버린 사람의 모습이 있었습니다. 흡사 사탄의 형상을 한 사람이 연신 무어라고 투덜거리고 있었고 간간이 욕을 내뱉고 있었으며 내가 발을 딛고 서 있는 곳을 향해 연신 불만을 품고 불쑥불쑥 주먹질과 발길질을 하며 화를 내고 있었습니다. 친구의 아버지는 내가 침대 곁으로 가까이 다가서는 것을 결단코 허용하지 않겠다는 듯이 두 팔을 휘두르며 강한 발길질까지 하면서 완강하게 거부하고 있었습니다.

그런 모습을 잠깐 주시하며 지켜본 나는 병상에 누워있는 분에게는 온전한 정신은 하나도 없다는 결론을 속으로 내렸습니다. 그분의 얼굴 또한 보통의 임종을 앞둔 분들의 평범한 얼굴이 아닌, 기괴한 형상의 모습으로 변형되고 있다는 것을 마음으로 전달받고 있었기 때문입니다. 그분의 얼굴은 외국의 horror movie, 공포 영화에서나 등장할 법한 사탄의 형상을 빼닮은 모습을 하고 있었습니다. 보기에도 흉측하게 생긴 사탄이 자꾸만 내가 서 있는 곳을 향해 두 팔을 휘두르며 연신 불만을 표출하고 있었습니다. 가끔 알아들을 수 없는 기괴한 말을 하고 있었는데, 그 와중에도 듣기에도 거북한 쌍욕을 내뱉는 소리를 나는 똑똑히 들을 수 있었습니다. 나는 얼굴이 기괴하게 변해버린 노년의 가엾은 모습을 바라보면서 한 사람의 잘못 살아왔던 삶의 스토리들을 굳이 귀 기울여 듣지 않아도 아주 자연스럽게 들을 수 있었고 심중으로도 충분히 그려지고 있었습니다.

세상을 잘못 살아온 사람의 생에 마지막이라는 종말이 닥치니 이렇게도 섬뜩한 몰골로 변형될 수도 있구나 하는 충격적인 생각을 나는 하기 싫어도 자연스럽게 할 수밖에 없었습니다. 모두가 알다시피 인간의 생은 참으로 보잘것없는 먼지와 같은 허망한 생에 지나지 않습니다. 시대는 다르지만 그래도 21세기라는 부분적 세상을 숨을 쉬고 살아온 사람으로서 한 사람의 끔찍한 인생의 종말을 지켜보면서 나는 심한 자괴감과 불편한 이질감을 동시에 느끼지 않을 수 없었습니다. 그리고 하나님을 사랑하는 믿음의 사람으로서, 기도하는 사람으로서, 이런 생각을 절대 해서는 안 되지만 두 눈에 비치고 있는 끔찍한 광경의 모습은 두 번 다시는 마주치고 싶지 않다는 생각을 하고 있었습니다.

사악한 사탄에게 완전히 결박당하고 영혼까지도 빼앗겨 버린 무참한 영혼이 병실 한구석에서 섬뜩한 모습으로 변형되어 오늘내일하며 마지막 영혼의 때를 기다리고 있는 것입니다. 안타깝지만 그분의 몰골은 영락없는 사탄의 형상을 하고 있었습니다. 사람들은 사탄의 흉측한 모습이 어떻게 생겼다는 것을 직접 눈으로 목격하지 않았어도 간접적으로는 기억하고 있을 것입니다. 외국에서 만든 괴기영화를 보면 사탄의 섬뜩한 형상을 한 악령들이 어둠 속에서 뛰쳐나와 사람들의 나약한 심장을 공포로 놀라게 하고 잔악하게 피를 빨아 먹는다는 공포의 장면을 많이 보아 왔을 것입니다. 그래서 사탄의 모습이 확실히 이렇다 저렇다 단정 내릴 수는 없겠지만 그래도 막연하나마 어떻게 생겼다는 것을 기억하고 있을 것입니다. 그분이 바로 그런 모습을 하고 있었습니다. 머리카락은 정말 하나도 없이 깨끗하게 반짝거리는 민머리였습니다. 아니 어떻게 머리카락이 하나도 없는 완전한 민머리가 될 수 있을까에 대해서는 참으로 의아하다는 생각이 정신 한구석에서 마구 헤집으며 솟아오르고 있었습니다. 두 귀는 위쪽으로만 쑥쑥 자란 것처럼 위를 향해 뾰쪽하게 치솟아 오르고 있었습니다. 그러니까 그분의 두 귀는 외국영화에서나 등장할 법한 사탄의 상징인 흉측한 귀처럼 위를 향해 솟아오르고 있었다는 것입니다.

그뿐만이 아니었습니다…. 얼굴의 광대뼈도 두 귀를 따라 위를 향해 올라가 있었고 광대뼈는 툭 튀어나와 있었습니다. 눈가 역시도 찢어지듯 위로 치켜 올라가 있었으며 얼굴과 몸에는 살점이라고는 도무지 붙어 있지 않은 흡사 삐쩍 마른 해골의 몰골을 연상시켜 주고 있었고 몸은 마치 박쥐가 바싹 오그라져 있는 듯한 기괴한 모습을 하고 있었습니다. "아니, 사람의 얼굴이 어떻게 저렇게 변할 수 있을까, 아니, 사람의 몸이 어쩌면 저토록 괴기스러운 형상으로 변형될 수 있을까?"에 대해 나는 충격을 받았고 속으로는 침착하고 냉정하려고 애를 쓰고 있는 나의 모습을 바라볼 수 있었습니다.

잠깐 살펴본 그분은 안타깝지만, 사탄의 지배 아래 있다고 단정을 내릴 수밖에 없었습니다. 도무지 그것밖에 설명이 되지 않고 있었습니다. 사탄이 통치하는 영의 세상에서도 힘과 권력이라는 서열이 있습니다. 사탄이 부리는 타락한 천사 마귀들과 악령들과 귀신들에게도 힘의 서열이 따라붙습니다. 그러니까 그분의 영혼을 지배하고 있는 것은 악령들도 귀신들도 아닌, 사탄이었고 사탄의 본성적 성질을 따라 그분의 얼굴도 사탄의 형상을 닮아가고 있었다는 것입니다. 사탄이 포악한 혈기를 부리는 것처럼 그분도 시시때때로 주먹을 쥐고 혈기를 부리며 욕을 해대고 있었습니다. 사탄의 지배를 받는 사람은 인간의 선하고 존귀했던 형상도 얼마든지 사탄의 몰골처럼 흉측하게 변형될 수 있다는 확고한 결론을, 정말 미안하지만 나는 지인과 지인의 친구 모르게 마음속으로만 조용히 내리고 있었습니다.

병원의 의사들과 간호사들과 간병인은 그런 환자를 어떻게 돌볼 수 있을지 의구심이 갈 정도였으며 그분들의 용기가 참으로 대단해 보이기도 했습니다. 어쩌면 그분들은 영의 세상과 영물의 괴이한 능력을 잘 알지 못하고 있기 때문인지도 모릅니다. 다만 임종할 때까지 치료와 보살핌을 받아야 할 환자라고만 생각하고 있기에 무관심할 수 있을 거라는 생각을 했지만, 나는 그들의 신변이 염려될 정도였습니다. 주치의인지 의사가 문을 열고 들어와서 환자의 상태를 짧게 살펴보고 차트를 슬쩍 들춰보더니 별다른 멘트 없이 나가버렸습니다. 간호사들도 별다른 반응을 보이지 않은 채, 옆에 있는 다른 환자를 잠깐 살펴보고 나서 아무 말 없이 병실을 나갔습니다. 병실은 2인 1실이었습니다. 그러나 병실을 드나드는 간호사들 역시도 섬뜩한 몰골을 한 80대 후반으로 생의 끝을 맺는 노년의 기괴한 형상을 잠시 잠깐이라도 보고 싶지 않다는 듯, 무언의 끔찍한 항의의 소리를 마구 내지르고 있다는 것을 나는 그 병실에 잠시 발을 딛고 서 있는 동안, 곧바로 읽어낼 수 있었습니다.

혹 지인의 친구가 들으면 엄청 서운하게 생각하고 내게 마구 화를 낼 수도 있겠지만 그래서 속으로 많이 미안했고 안타까웠지만, 그분의 영혼은 이미 사탄의 소유물이 되어있었고 사탄의 묶임을 받고 곧 떠날 것이라는 섬뜩한 예감이 은연중에 들고 있었다는 것은 거짓 없는 솔직한 나의 심정이었습니다. 한때 그분은 넓은 땅을 소유한 엄청난 부자였다는 말을 잠깐 들을 수 있었습니다. 그렇지만 인색하기가 이루 말할 수 없고 이유 없이 주변 사람들에게 혈기를 부리면서 심한 욕을 해대는 매우 폭력적이었다는 말도 들을 수 있었습니다. 그러나 그분의 마지막 종말은 매우 비극적인 결말을 향해 치닫고 있는 것입니다. 사탄의 악한 성질을 따라 얼굴의 형상까지 사탄의 형상을 닮아가고 저주와 멸망을 향해 빠르게 흘러들어가는 참담하고 비참한 영혼의 모습으로 남아있는 것입니다.

그분은 살아생전에 자신이 가지고 있었던 우월한 씨앗을 선하고 은혜롭게 잘 뿌릴 수 있는 좋은 여건을 소유하고 있었음에도 불구하고 자아의 완악함과 인색함과 교만함과 술 취함과 함께 죄와 혈기의 밭인, 돌짝밭과 가시밭과 길가밭을 조성하고 있었고 자신이 뿌린 죄의 것들에게 사로잡힌 채, 오랜 세월을 살아왔던 것입니다. 근성적으로 악하고 교만하고 혈기가 강한 사람들은 사탄의 영을 받아들이는 것에 조금의 거리낌이 없습니다. 악함의 성질이 사탄의 본성과 합이 너무나 잘 맞아떨어지기 때문입니다. 그러나 그렇게 한평생을 살아왔던 결과가 지금은 저주와 멸망이라는 사탄의 시꺼먼 문을 마주하고 있는 것입니다. 새삼스럽게 느끼는 것은 인간은 살아있는 동안 세상이라는 밭에 무엇을 뿌렸느냐가 생의 마지막 끝에 중요한 결실의 결과물로 나타나는 것은 진리라는 예수님의 가르침을 다시 한 번 깨닫게 되는 귀중한 순간이었습니다. 살리시는 하나님의 영의 생명으로 뿌렸느냐, 아니면 죄와 사망의 것으로 뿌렸느냐를 따라서 여지없이 영생의 생과 멸망의 생을 좌우하고 가를 것이기 때문입니다. 마지막 영혼의 때가 닥칠 때, 영생의 생명으로 새롭게 부활하느냐, 아니면 영벌의 멸망으로 떨어지느냐의 최종 판결을 받고 생의 모든 단락을 깨끗하게 끝맺게 될 것이기 때문입니다.

선한 것으로 뿌리는 사람들은 영혼의 삶에 선한 것을 풍성하게 맺을 것입니다. 악한 것으로 뿌리는 사람들은 영혼의 삶에 가라지와 쭉정이 같은 흉측한 것을 강성하게 거두게 될 것입니다. 주님의 살리시는 생명의 씨앗을 마음속에 받아들이고 생명으로 뿌린 자들만이 각 사람의 생에서 향기롭고 아름다운 열매들을 풍성하게 거두게 되는 것입니다. 그분의 안타까운 상태를 지켜보면서 한 가지 결론을 조심스럽게 내릴 수 있었던 것은 생명의 씨앗이 동일하게 모든 심령의 밭에 뿌려졌지만, 씨앗을 소중하게 생각하지 않고, 아름답게 가꾸지 않고, 단단하게 지키지 않고, 건강하게 보살피지 않았던 사람들은 아무리 멋지고 화려한 대궐 같은 저택에서 부귀영화와 권세를 누리면서 떵떵대며 살았다고 할지라도, 결단코 부활의 영생을 하나님께 받지 못할 것이며 결단코 주께서 베풀어 주시는 영광의 자리에 이르지 못한다는 것입니다. 이미 그들의 영혼은 파괴자인 사탄에게 멸망이라는 저주의 인침을 받은 유황 불못 속 참담한 지옥백성으로 전락해버리고 말았기 때문입니다.

사탄의 지배를 받는 사람의 얼굴이 사탄의 형상처럼 완벽하게 닮아갈 수 있다는 확고한 사실을 나는 그때 내 눈으로 직접 확인할 수 있었습니다. 사악한 악령에게 붙들린 자는 사악한 악령의 형상을 닮아가는 것이 당연합니다. 더러운 귀신에게 붙들린 자는 더러운 귀신의 행태를 닮아가는 것은 당연할 것입니다. 그러니까 공포의 외국영화에서 등장하는 사탄의 섬뜩한 형상들은 단순히 영화 시나리오 작가들의 상상에서 비롯된 은유적 표현으로 묘사되어 나오는 것들도 있겠지만, 그러나 많은 면에서 그들이 실제로 영감적 사고의 눈으로 사탄의 형상을 직접 보았거나 아니면 간접적으로 체험했던 것들을 모티브로 삼아 사탄의 형상을 영감적으로 만들어내지 않았을까 하는 생각을 순간 해보았습니다. 그러므로 그런 흉측한 형상은 어쩌면 픽션이 아닌, 사실적이고 실체적 모습일지도 모른다는 단정적 생각을 나는 속으로 조용히 내리고 있었습니다. 내가 목격하고 있는 그분의 모습은 분명 사탄의 형상을 하고 있었고 놀랍게도 지금 나는 공포의 괴기 영화에서나 볼 법한 사탄을 간접적으로 대면하고 있으며 나의 영의 눈으로 직접 그 사실을 확인하고 있었기 때문입니다.

분명 사탄의 형상이었습니다…. 영적세상을 잘 알고 있는 사람들이 실체적 사탄의 형상을 영감적으로 목격하고 나서 영감적 상상을 그대로 현실 가운데로 옮겨와서 그런 형상으로 묘사했을지도 모른다는 사실적 공감이 무거운 무게를 싣고 나를 향해 덮쳐오고 있었습니다. 맑고 거룩하고 주님의 아름다운 신비와 천국을 전심으로 사랑하고 그 나라를 간절히 소망하며 상상하는 사람들은 상상 속, 신비로운 하늘나라가 거룩하게 펼쳐지는 감동의 세상을 현실 속 세상으로 살포시 옮겨와서 감동의 그림으로 아름답게 그려나가는 것에 모든 열정과 열성을 쏟아부을 것입니다. 그러나 반대로 사탄의 세상과 어둠의 세상을 동경하고 선망하는 사람들은 사탄의 실체적 모습들을 현실 속 세상으로 그대로 옮겨와서 저주와 멸망의 그림으로 사탄의 세상을 그려가면서 사람들을 미혹하며 저주하고 파괴할 것입니다.

조금은 다른 이슈의 이야기를 하고자 합니다…. 타국에서 사역할 때, 나는 미국의 유명하다는 젊고 잘생긴 남자가수들이나, 예쁜 얼굴과 육감적인 몸매를 지니고 있는 여자가수들의 노래 가사 내용을 가끔은 노파심의 궁금증으로 살펴볼 때가 있었습니다. 노랫말 가사는 대부분 형편없는 저속한 성적 언어들로 쓰여 있었고, 또한 자신들의 영혼을 지옥의 왕인 바알세불 사탄에게 팔아넘기고 싶다는 악마적인 노래 가사로 가득 채우고 있다는 것을 보고 사탄의 섬뜩한 기운을 느끼지 않을 수 없었습니다. 그들이 등장하는 무대배경의 세트는 음산하고 음침한 멸망의 세상으로 꾸며놓고 악마의 화장기법을 사용한 여가수들이 사악한 악마처럼 변신해서 저속하게 몸을 흔들고 노래하는 모습을 가끔 TV를 통해 목격하는 순간이 생겼을 때는, 더럽고 불결하다는 생각에 빠르게 채널을 돌리다가도, 아니, 잠깐만…! 그냥 지나칠 수 없는 영적 예민한 호기심이 있었습니다. 기분 나쁘고 소름 끼치는 광경을 영의 눈으로 잠시 잠깐 주시하면서 바라볼 때, 무대 위 세상에서는 사탄이 추구하고 목적하는 세상이 사탄을 위해 일하는 노예 인간들의 연출을 따라 지옥의 세상을 고스란히 담아내고 있었고 자기들만의 표현으로 사망의 세상을 웅장하게 재현해서 펼쳐 놓고 있었기 때문입니다.

나는 구원의 주이신 그리스도예수께 속해 있는 사람이고 주님의 복음을 선포하면서 작은 사역이지만 주님의 일을 감당하고자 열심을 품고 있는 주님의 사람입니다. 당연히 나의 눈에 포착되는 광경들이 예사롭게 보이지 않았습니다. 노래하는 가수들의 가사 내용과 악마적 화장기법과 악마적 표정과 악마적 손가락 사인들과 악마적 역할에 맞게 무대에 등장하는 백업 댄서들 역시 거의 옷을 입고 있지 않은 벌거벗은 퇴폐적 모습을 보여주고 있다거나, 아니면 사탄의 상징인 거대한 뱀의 형상을 무대배경의 LED 레이저 조명으로 섬뜩하게 띄워 놓고 있다거나, 아니면 뿔이 달린 염소 모양을 한 바페못이라는 가증한 염소 신을 올려놓고 무대배경으로 사용한다거나, 거기에 검은 사제복을 입고 모자로 머리까지 푹 뒤집어쓴 음침한 백업 댄서들이 역시나 마귀적 사악한 몸짓으로 춤을 추는 전체적인 큰 그림을 바라보았을 때, 고작 삼, 사 분 동안 펼쳐지는 무대 위 세트의 세상은 분명하고도 확실한 사탄의 세상이 저주와 멸망으로 펼쳐지고 있었으며 보란 듯이 대중들을 향해 보여주고 있다는 것을 나는 똑똑히 목격할 수 있었던 것입니다.

나는 그런 장면을 주시하면서 지옥의 사탄이 기쁨으로 낄낄대며 웃고 있을 거라는 사악한 광경을 뇌리에 떠올리고는 거룩한 분기를 터트리지 않을 수 없었습니다. 아니, 나뿐만이 아닌, 성령의 진리와 예수님의 빛의 가르침 가운데 있는 믿음의 사람들이라면 분명 그러한 사탄의 사악한 목적과 미혹의 방향성이 어떤 식으로 대중들을 향해 선동하고 있으며, 어떻게 대중들을 저주와 멸망의 길로 끌고 가고 있는지 선명하게 목격한다면,

내가 느꼈던 것처럼 똑같은 분기의 마음을 품지 않을 수 없을 것이라고 확신합니다. 더욱 소름 끼쳤던 것은 그런 팝 가수들의 선정적인 옷차림들과 악마적 행위들과 음침하고 음산하기 짝이 없는 무대 세트 배경들을 이 시대 수많은 젊은 청년들과 대중들은 열광하고 있다는 것입니다. 대중들은 어느새 그런 사악하고 퇴폐적인 행태들을 자연스러운 현대 시대 문화 패션의 새로운 예술 패러다임으로 받아들이면서 열광하고 있었고 더더욱 자극적 욕구를 충족시켜 달라고 소리를 지르며 요구하고 있었다는 것입니다.

영물인 사탄이 실어다 주는 영감적 표현 방법과 능력에 의해 사탄의 흉측한 모습들은 모두 하나같이 인간의 손에 의해 탄생하는 창작품이자 산물들이었습니다. 사탄의 세상이 인간의 지대한 영감과 힘과 상상력의 지혜를 빌어 기발한 비법으로 탄생하고 있었던 것입니다. 사탄은 인간의 힘과 지혜와 능력을 초능력으로 지배하고 조종하는 살아있는 영물입니다. 그러나 사탄이 제아무리 뛰어난 능력을 지닌 영물이라고 할지라도 인간의 지적 도움과 조력이 없이는 그 무엇 하나도 이룰 수 없는 허약한 존재에 지나지 않습니다. 인간의 힘과 지혜와 능력은 모두 전능의 하나님으로부터 물려받은 위대한 산물입니다. 사탄은 바로 하나님의 능력을 물려받은 지적인 인간을 육신의 쾌락과 정욕과 탐심으로 미혹해서 인간의 힘과 지혜를 역이용하는 것입니다. 그렇게 권능으로 살리시는 하나님의 생명을 차단하고, 인간에게 하나님을 거부하고 대적하도록 조종하는 것입니다.

사탄은 하나님과 인간 사이를 이간질하면서 온갖 교활한 술수와 음모를 부리는 짓들을 서슴없이 행하고 있었습니다. 사탄에게 지배받고 조종받고 있는 사람들을 보면 하나같이 하나님의 공의와 거룩함을 미워하며 대적하고 있다는 것을 목격할 수 있었습니다. 이미 그들의 심령은 하나님의 공의를 받아들일 수 없는 타락한 존재들이 되어버리고 말았고, 대신 그들의 심령은 사탄의 파괴적인 영과 멸망의 영으로 충만할 뿐이라는 것입니다. 그 결과 그들은 창조주 하나님이라는 신권의 주체 의식과 생명의 주인이신 구원의 주님을 총체적으로 잃어버린 저주받은 노예들이자 사탄의 영원한 지옥 자식들이 되어버리고 말았습니다.

하나님의 은혜로 그동안 기도치유 사역을 해오면서 내가 목격했던 사악한 악령들과 더러운 귀신들에게 붙들린 자들의 몰골들을 기억해보면 하나같이 더럽고 사악하고 추악한 악취를 풍겼으며 기괴한 형상의 모습으로 변형되고 있었다는 것을 확인할 수 있었습니다. 그렇게 될 수밖에 없는 이유는 애당초 파괴하고 멸망시키는 사탄이라는 영적 존재에게 단단히 지배당하고 있었고, 종속되어 있었기 때문입니다. 그들 역시 사탄이 행했던 것처럼 똑같이 하나님의 신성하심을 대적했던 타락 하고 부패한 존재들이기에 사탄처럼 더러운 악취를 풍기면서 멸망 당하는 끔찍한 형상의 모습으로 나타날 수밖에 없는 것입니다.

흑암의 세력에게 지배를 당하면서 지옥을 향해 가고 있는 사람들의 마지막 임종의 순간을 지켜볼 때가 있었습니다. 얼굴과 전신이 푸르딩딩한 멍이 든 것처럼 섬뜩한 형체를 남기면서 떠나는 영혼들을 바라볼 때는 심장이 저리도록 안타깝고 섬뜩하기만 했습니다. 한때, 저들도 살아생전에는 열심히 숨을 쉬며 살아 움직이고 있었던 고귀한 생명이었을 것입니다. 열심히 말도 했을 것입니다…. 쉴 새 없이 생명의 숨을 들이쉬면서 밥도 열심히 먹었을 것입니다…. 그러나 죽음을 맞이하는 순간에는 허망하고 참담하기 짝이 없는 끔찍한 몰골을 뒤로 남긴 채, 떠나는 것입니다. 그러나 보기 좋은 모습으로 떠나는 육신이든지, 보기 나쁜 모습으로 떠나는 육신이든지, 누구나 할 것 없이 죽으면 동일하게 추악한 냄새를 풍기면서 썩어가리라는 것은 동서고금의 진리입니다. 그러나 육신의 옷을 벗어버린 그들의 영혼은 반드시 어느 한 곳을 향해 떠날 것입니다. 영원한 영벌이 펼쳐지는 멸망의 세상을 향해 떠나든지, 아니면 영원한 영생이 펼쳐지는 거룩한 세상을 향해 떠나든지, 그 어느 세상을 향해 떠나든지, 생전에 영혼들이 살아 숨 쉬고 있었던 삶과 행위를 통해 양단 간의 결정이 내려지리라는 것입니다.

어찌 됐든 이토록 완벽하게 사탄의 형상을 닮아있는 사람을 본다는 것은 병원을 찾고 그분의 얼굴을 마주 보기 전까지는 조금도 상상하지 못했던 광경이었습니다. 참으로 안타까운 심정이었습니다…. 그분을 바라보고 있는 나의 두 눈은 힘들기만 했습니다. 나는 하나님의 권능을 간구했습니다…. 아무리 하나님의 긍휼과 사랑의 마음을 품고 마지막 떠나시는 불쌍한 영혼을 위해 기도를 해드리는 것이 당연한 나의 사역이라고는 하지만, 가끔가다 예외라는 것도 생기는 것입니다. 나는 멀찌감치 서서 탄식하는 심정으로 주님을 부르며 속으로 하염없는 하소연의 기도를 올려드릴 수밖에 없었습니다. 그때 문득 뇌리를 스치고 지나가는 한 가지 놀라운 가르침을 깨달을 수 있었습니다. 그 병원의 방문은 우연이 아니었다는 것입니다. 바로 하나님의 섭리와 계획이 함께 하고 있었다는 것입니다. 아마도 하나님은 내게 가르쳐 주고 싶으셨던 것이 분명 있었던 것입니다. 그것은 아무리 부자로 풍요롭게 잘 살았다는 사람들도 흉악한 사탄과 악령에게 붙들리면 정신과 심령은 완전히 피폐함은 물론이고 얼굴과 육체 또한 저렇듯 가학적 형상으로 흉측하게 변형될 수밖에 없다는 진리를 보여주시고자 나를 병원으로 인도하셨던 하나님의 가르침이자 깨우침이었다는 것입니다.

　물론 타인의 참담한 상태를 보면서까지 깨우침을 받을 수 있다는 것은 얼핏 생각하면 이기적인 발상이며 지극히 냉정한 처사라고 생각할 수도 있을 것입니다. 그러나 성령의 영과 동행하는 믿음의 지체들이라고 한다면 장소 불문하고 어떤 상황 가운데에서도 하나님께서 들려주시고 가르쳐주시는 영의 가르침을 배울 수 있고 깨달을 수 있는 영의 눈, 마음의 눈, 지혜의 눈을 뜨고 항상 배울 준비가 stand by 되어 있어야 한다고 생각합니다. 나는 당시 병원에서 목격했던 그 순간의 가르침을 놓치고 싶지 않았기에 오늘날까지 정신과 마음에 새겨두고 있었던 것입니다. 그리고 내가 직접 목격했던 놀라웠던 광경을 잊지 않고 글이라는 매개체를 통해 믿음의 분들께 알리고자 하는 것입니다. 그리고 확신하는 것입니다… 지금 이 글을 쓰고 있는 순간까지도 그때 그 가르침은 분명 성령하나님의 섭리고 인도였으며 특별한 영의 가르침이었다고 말입니다.

　혹 다른 주의 사역자들은 어떤 식으로 성령하나님께 영의 지혜를 배우고 깨닫고 있으며 하나님이 베푸시는 은사를 사용하고 있는지 나는 알 수 없습니다. 다만 내가 머무는 장소, 장소마다, 순간순간마다, 하나님께서 감동으로 보여주시고 가르쳐주시고 깨닫게 해주시는 것들이 있다면 나는 순종하면서 자연스럽게 학습하는 것입니다. 마치 메마른 스펀지가 조용히 물을 흠뻑 빨아들이듯이 말입니다. 영의 세상과 인간 세상에 나타나고 있는 갖가지 놀랍고도 기괴한 사건들을 영의 예민하고 날카로운 눈으로 관찰하면서, 가르침 안에 오롯이 담겨 있는 하나님의 숭고하신 섭리와 신비한 빛의 진리를 배우는 것은 큰 사역이든지, 작은 사역이든지, 주님의 길을 가고 주님의 일을 감당하고자 하는 주님의 사람들이 반드시 배워야 하는 소중한 영의 가르침이자 깨달음이었습니다.

무한하게 펼쳐지는 영의 세상을 유한한 육의 눈으로 바라보면서 함부로 해석하거나 판단하는 오만을 부릴 수는 없을 것입니다. 사도바울은 영적인 일은 오직 영적인 것으로만 분별하고 해결할 수가 있다고 분명히 말씀하십니다. 그러면서 알 수 있었던 것은 반드시 기독교에서만 사탄의 역사나 악령의 역사가 나타나는 것은 아니라는 것입니다. 다른 우상 종교를 가지고 있는 사람들에게도, 가톨릭의 신부님들이나 사제들이나 수녀들에게도, 절의 스님들에게도, 샤머니즘을 믿는 점쟁이들이나 무속인들에게도, 하나님을 믿지 않는 불신자들에게도, 보통의 평범한 일반 사람들에게도, 사탄의 역사와 악령의 역사와 더러운 귀신들의 역사는 동시다발적으로 일어나고 있었다는 것입니다.

사악한 사탄은 인간의 모든 삶을 일일이 간섭하면서 파괴하는 영으로 개입하고 있었습니다. 나는 주의 일을 하기 시작하면서 그러한 광경들을 직접 눈으로 지켜보고 확인했던 체험들과 경험들이 있습니다. 믿음이 없었던 예전의 심약한 나는 도저히 상상할 수도 없는 일이었지만 말입니다. 비록 나와는 조금 떨어져 있지만, 허공을 향해 두 팔을 휘두르며 투덜투덜 욕을 해대고 있는 어르신을 바라보고 있는 동안 내 마음은 내내 복잡하고 착잡하기만 했습니다. 사탄에게 붙잡힌 노년의 영혼을 위해 내가 할 수 있는 기도는 나만 알고 하나님만 아시는 마음속 기도밖에 할 수 없었습니다. 그분의 참담한 모습을 바라보면서 보통인 인간의 눈으로 볼 수 없고 알 수 없는 영의 세계는 참으로 무궁무진한 신비의 세상이면서도, 한편으로는 사탄의 파괴적인 영은 참으로 섬뜩하고 두렵기 짝이 없다는 생각을 다시 한 번 진지하게 해보는 중요한 계기가 되었다고 이 지면을 통해 고백합니다.

나는 이름 없는 무명이지만 기도하는 치유사역자입니다… 악한 마귀들과 더러운 귀신들을 하나님의 생명의 말씀과 그리스도예수 이름의 권세와 숭고한 보혈로 쫓아내는 기도치유 사역자이기에 깨달음은 항상 날카롭고 민감하고 예민할 수밖에 없었습니다. 그러나 날카롭고 예민하고 섬세함의 느낌 또한 하나님께서 내게 베푸시는 하나님만의 특별한 은혜이고 은사라고 믿고 있습니다. 그러면서 깨달은 것이 또 있었다면 기왕지사 주의 길을 가기로 마음을 굳게 먹었다면, 이왕이면 거룩한 믿음의 능력으로, 살리는 생명의 믿음으로, 죄의 미혹을 물리치고 담대히 죄와 싸우는 영혼의 모습으로, 주님의 순결하고 순전한 천국 신부의 모습으로, 나를 더더욱 성결하고 거룩하게 가꾸고 강건하게 보살피고 보존하겠다는 굳은 결심을 하는 것이었습니다. 사탄은 거룩하고 순전한 영혼을 소유한 믿음의 사람에게는 감히 범접하지 못한다는 것을 성령께서 가르쳐주시는 영의 진리를 통해 깨닫고 있었기 때문입니다. 구원의 주이신 주님도 어디를 가시든지 거룩한 생명의 빛을 자체 발광 발하셨다는 것을 기억하고 있을 것입니다. 무덤가를 돌면서 시체들과 동고동락했던 거라사의 군대귀신 들린 남자도 그 누구보다도 먼저 주님을 알아챘고, 빛의 주님께서 내릴 형벌을 지극히 두려워했다는 사실을 믿음의 사람들은 성경의 가르침을 통해 잘 알고 있을 것입니다.

비록 나의 사역이 보잘것없다고 사람들이 알아주지 않아도 괜찮았습니다. 주의 일을 능력 있게 펼쳐나가는 다른 사람들에 비해 나는 능력도 출중하지 않고, 인지도도 없고, 특별하게 보여줄 수 있는 것도 없고, 또 나를 보장해줄 만한 한국교단의 명성 있고 훌륭한 주의 종들을 많이 알고 있지 않아도 괜찮습니다. 나는 사람들에게 나의 사역을 보여주기 위해 주의 일을 하고 힘난한 주의 길을 가는 것이 아니기 때문입니다. 내 영혼의 생명이 주님의 생명을 간절히 사모하고 있기에, 내 마음의 열정이 주님의 거룩한 나라를 간절히 소망하고 있기에, 내 뜨거운 심장이 주님을 향하는 신부의 설렘으로 벅차오르고 있기에, 주의 길을 기쁨의 마음으로 갈 수 있는 것입니다. 그리고 나는 여전히 주님의 지극히 작은 종으로, 지극히 작은 영혼의 사역자로, 혹은 주님의 평범한 영혼으로 머물러 있기를 소원하는 것입니다.

정직하게 고백하면 나는 내 영혼의 생명을 다른 사람들의 영혼의 생명보다도 훨씬 더 사랑하고 소중하게 생각하고 있는 사람입니다. 먼저는 내 영혼의 생명이 생명적으로 살아 있어야 하기 때문입니다. 하나님의 사랑과 은혜 안에서 내 영혼이 강건하고 거룩하게 되어야 다른 생명들에게도 사랑의 눈길을 돌릴 수 있다고 믿고 있기 때문입니다. 흠…. 그러나 어쩌면 평생을 나 하나로 끝을 맺을 수 있을지도 모르겠습니다. 그래도 어쩔 수 없습니다…. 주님께 쓰임을 받는 훌륭한 달란트가 내게 없다면, 그래서 나 하나만으로도 족하다고 주님께서 생각하시고 판단하신다면, 나는 기꺼이 가벼운 마음으로 순종할 것이기 때문입니다. 그렇기에 나의 사역이 크든지 작든지, 사람들에게 인정을 받든지 받지 못하든지, 그다지 크게 신경을 쓰지 않는 것인지도 모릅니다.

어차피 하나님의 구원은 일대일의 관계라는 것을 잘 알고 있기 때문입니다. 먼저는 주 생명 안에서 내 영혼이 살아야 하고 내 영혼이 잘 되어야 합니다. 내 혈육들의 영혼도 살아야 하고 내 혈육들의 영혼만 안전하게 챙겨도 하나님께 그저 감사할 뿐입니다. 주의 길을 가는 사람으로서 이런 글을 쓴다는 자체가 부끄러운 말일 수도 있지만 그래도 어쩔 수 없습니다. 나는 쓸데없는 오만과 과장을 떨고 싶지는 않습니다. 나는 작은 사람에 지나지 않기 때문입니다. 그러므로 큰 욕심을 부리고 싶지 않습니다. 믿음의 사역자들도 다른 사람들의 영혼의 생명에만 관심을 쏟지 말고, 먼저 자신들의 영혼의 생명부터 거룩하게 가꾸고 보살폈으면 좋겠다는 생각을 가끔은 해보기도 합니다. 먼저는 inner man, 자신들의 내면의 성품부터 아름답고 성결하게 가꾸고 지켰으면 하는 바람을 가져보는 것입니다. 그럴 때, 다른 사람들의 영혼까지 아름답게 챙길 수 있는 하나님의 능력과 성령의 거룩하신 은사가 함께하시리라고 필자는 확신합니다.

내게는 아름다운 소망이 있습니다…. 소망은 세상을 향해 있지 않습니다. 바로 나 자신과 관련되어 있습니다. 먼저는 나의 심령과 내 영혼의 거룩함의 능력만큼은 다른 누구보다도 훨씬 더 아름답고 훨씬 더 건강하게 키우고 싶다는 소망입니다. 다른 누구보다도 훨씬 더 예쁘게 가꾸고 싶고, 훨씬 더 단단하게 지키고 싶고, 훨씬 더 세심하게 보살피고 싶고, 그러면서도 영적으로는 훨씬 더 예민해지고 싶고, 훨씬 더 날카로워지고 싶다는 간절한 소망의 기도를 하나님께 간구하는 것입니다. 삼위하나님께서 거룩하신 것처럼 나의 영혼도, 나의 심령도, 나의 삶도, 나의 성품도, 나의 정신도, 나의 생각도, 나의 언어도, 나의 행동도, 나의 눈빛도, 나의 믿음도, 삼위하나님께서 기뻐하시는 거룩함의 능력으로 가꾸고 싶다는 간절한 열망을 품고 있습니다. 그러나 아직도 나의 소망은 이루어지지 않았고 여전히 갈 길은 멀고 힘들기만 합니다…. 사실 그만한 경지까지 나아가기에는 아직도 많은 것이 미흡하고 아직도 육신의 힘은 살아서 펄펄 대고 있습니다. 그러므로 한참 멀었다는 것을 잘 알고 있습니다. 어쩌면 살아생전에 이룰 수 없는 무거운 과제일지도 모릅니다. 그럼에도 마음의 소망을, 꿈과 열망을, 잃어버리고 싶지 않습니다.

내 생에 있어 오직 주님만이 나의 모든 것이 될 것이기 때문입니다. 오직 주님만이 내가 최종 목표로 삼아야 하고 그리스도예수의 믿음의 종이었던 영적 지도자, 사도바울의 말씀처럼 오직 주님만이 내가 끝까지 완주해야 할 마지막 종착지가 될 것이라고 굳게 확신합니다. 어디를 가든지 어느 곳에 머물든지 내가 있는 자리에서 주님의 찬란한 생명의 빛을 눈부시게 발할 수 있는, 그래서 주님께 사랑받고 인정받는 참되고 복된 작은 종이 되고 싶다는 마음속 열망을 가슴에 품고 있습니다. 비록 소망하는 마음속 계획들이 이루어지지 않았고 그래서 앞으로 어떤 식으로 미래가 진행되고 전개되어 갈지 한 치 앞도 바라볼 수 없기에 내 남은 생을 백 퍼센트 자신할 수는 없지만, 그런데도 마음속 뜨거운 간구와 소망과 열망을 가슴에 품고 있다는 것은 틀림없는 사실입니다. 내가 전심으로 사랑하는 삼위일체 하나님과 함께 내 마지막 생이 continue on going, 현재 진행형으로 변함없이 동행하며 주님의 성결한 신부의 영혼으로 내 영혼을 아름답게 성화시켜갈 것이라는 굳건한 다짐을 하는 것입니다.

그리스도예수를 사랑하는 믿음의 사람들 또한 지금 이 순간 자신들이 걸어가고 있는 믿음의 길이 과연 하나님 보시기에 참되고 합당하고 거룩한 길인지, 믿음으로 순종하는 길을 걸어가고 있는지, 거룩한 믿음의 능력을 각자의 심령 안에 건강하고 강건하게 키우고 있는지, 혹 죄의 미혹에 빠져 그곳에 안주하며 자신들의 소중한 영혼을 파괴하고 있지는 않은지, 진지하게 살펴보고 성찰하면서 하나님의 거룩한 공의의 나라를 참되게 간구해야 할 때가 바로 지금, 이때라고 생각합니다. 시대가 악하기때문입니다…! 시대가 타락과 멸망의 시대를 향해 정신없이 폭주하고 있기 때문입니다…! 각각의 시대마다 붙들고 역사하는 사탄을 대적하고 물리치는 영 분별의 눈과 거룩한 믿음의 능력을 자신들의 심령 안에 튼튼하게 쌓고 준비해야 한다는 굳은 다짐과 결단을 해야 하는 때가 바로 이 순간이기 때문입니다.

사탄은 살아있는 사악한 영물입니다…. 그것들은 능력으로 역사하며 인간의 삶과 영혼을 철저하게 도둑질하고 파괴하고 멸망시키는 원흉들입니다. 살아계시는 하나님의 말씀에도 굴복하지 않고 도리어 하나님과 원수가 되며 그러므로 믿는 자들과도 원수가 된다는 사도바울의 가르침과 생명의 진리를 믿음의 사람들은 잊지 말아야 할 것입니다. 사탄에게 붙들린 자는 반드시 사탄의 끔찍한 형상을 닮아간다는 사실을 믿음의 사람들은 기억하고 그리스도예수의 구속의 보혈을 사모하시기 바랍니다. 하나님께서 가르쳐주시는 생명의 말씀과 기도로 심령이 거룩하여져서 하나님께서 기뻐하시는 천국적이고 하늘적 거룩한 영혼들이 되시기를 예수그리스도의 생명의 이름으로 축복하고 축원합니다.

근신하라 깨어라 너희 대적 마귀가
우는 사자같이 두루 다니며 삼킬 자를 찾나니
너희는 믿음을 굳건하게 하여 마귀를 대적하라
이는 세상에 있는 너희 형제들도
동일한 고난을 당하는 줄을 앎이라- 〈벧전 5:8-9〉

하나님의 위엄과 그 장엄함

하늘이 천둥소리를 울리며 크게 포효한다.
하얀 번개들이 광활한 하늘을 압도적으로 가르며 춤을 춘다.

요동치던 거대한 바다가 천둥의 포요 앞에 굴복한다.
눈을 크게 부릅뜬 푸른산천은 대자연의 기운을 모아 외친다.

보라…!
불병거를 타고 오시는 하나님의 그 위엄을 보라고…!

보라…!
우레를 동반하고 오시는 하나님의 그 장엄함을 보라고…!

보라…!
일곱천사의 나팔소리와 함께 구름을 가르는 전능함을 보라고…!

보라…!
희고 멋진 백마를 타고 강림하시는 신권의 하나님을 보라고…!

보라…!
스랍 천사장들의 호위와 이 십사 장로들의 공경을 받으며
심판의 소리로 우렁우렁 호령하시는 전능의 하나님을 보라고…!

아멘…! 마라나타…!
나의 주여…! 어서 오시옵소서…!

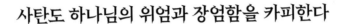

사탄도 하나님의 위엄과 장엄함을 카피한다

　오래 전, 미국의 팝 가수 "레이디 가가"라는 여가수가 이 땅에 와서 타락하고 부패한 사탄의 세상을 무대 위에 저주처럼 꾸며놓고 이 땅의 젊은 이들을 뜨겁게 열광시켰던 적이 있었습니다. 잠깐 광고 방송을 통해 보았던 기억을 더듬어 보면 거의 벌거벗은 듯한 퇴폐적인 옷차림과 악마의 기법인 화장을 하고 무대에 등장한 레이디 가가가 노래하며 퍼포먼스를 펼치는 가운데 역시 벌거벗은 옷차림을 한 댄서 남성들이 레이디 가가와 선정적인 성행위를 연상시키는 듯한 불쾌한 장면들을 예술적 퍼포먼스라는 미명아래 대중들을 향해 적나라하게 보여주고 있었습니다. 육신의 텐션이 하이라이트를 향해 거침없이 올라가자 이제는 대놓고 젊은이들이 보고 있는 앞에서 피를 흘리는 사람의 인육까지 천연덕스럽게 먹어대는 듯한 끔찍하고 섬뜩한 퍼포먼스를 보여주면서 그녀가 젊은이들을 향해 소리치며 외쳤던 말이 있었습니다. 자기를 따라 모두 사탄이 있는 지옥으로 가자는 외침이었습니다…! 그러자 이 땅의 수많은 젊은이가 그녀가 외치는 말을 따라 그렇게 하겠다고, 지옥으로 가자고, 크게 화답하며 열광하는 모습을 지켜보면서 나는 아연실색하지 않을 수 없었습니다. 마치 무거운 둔기로 머리를 세차게 얻어맞은 듯이 온몸과 심장이 부들부들 떨면서 분노했던 순간의 기억이 아직도 뇌리에 깊이 새겨져 있습니다.

　이 땅의 영적 분별없는 젊은이들이 쾌락과 쾌감의 분출구를 찾아 사탄을 대변하고 홍보하는 레이디 가가의 쇼를 관람하기 위해 비싼 공연 티켓값을 치르고, 레이디 가가의 마귀적이고 선정적인 옷차림을 따라 이 땅의 젊은이들도 제각기 다른 마귀적 custom, 코스튬을 입고 희열에 들뜨고 흥분하는 얼굴로 그 공연에 참여하는 모습을 방송뉴스를 통해 보면서 착잡한 심정이었습니다. 레이디 가가라는 미국의 팝 여가수가 뭐가 잘났고 특별한 사람이라고 방송사들이 특종 뉴스로 줄줄이 방송을 내보내는지 기가 막히고 말문도 막혔지만, 그러나 젊은이들의 눈과 마음은 그러한 자극적인 퍼포먼스들이 즐겁고 희열적이고 쾌락적으로 느껴지기에 자신들의 뜨거움을 분출할 수 있는 출구를 찾았다고 환호하는 것입니다. 그렇기에 그런 여자가 보여주는 사악한 퍼포먼스가 좋다고 손뼉치면서 미치도록 열광하는 것입니다.

레이디 가가가 무대 위에서 보여주는 사악한 세상은 젊은 청년들 같은 보통의 인간과 대중은 거부할 수 없는 사탄의 강렬한 미혹과 교활한 술수와 전술 전략들이 그대로 드러나고 있었습니다. 사탄은 하나님의 거룩하신 영을 잃어버린 인간들을 지배하고 인간들의 지혜와 아이디어와 힘을 이용해서 이 세상을 사탄의 세상이 재현될 수 있도록 정욕으로 미혹하면서 지옥의 세상을 창조해가고 있었습니다. 그리고 이 글의 중요한 쟁점은 사탄의 바로 그런 위험하고 위태로운 사실을 알리는 것에 있습니다.

아니, 더 중요한 요점이 있습니다…! 그것은 바로 이것입니다…! 사탄도 인간의 힘과 지혜와 조력을 이용해서 하나님의 웅장함과 장엄함을 어느 정도는 copy, 카피하는 교활함을 부리고 있다는 것입니다. 사탄도 흑암적 위대함을 창출해내어 세상 인간들을 향해 자신의 권세를, 자신의 특출한 지혜를, 자신의 위대함을, 자신의 흑암의 세상을, 유감없이 적나라하게 보여주고 있었다는 것입니다. 사탄의 상징인 레이디 가가가 무대 위에서 연출하며 보여주었던 퇴폐적 코스튬과 악마적 화장기법들과 노예남성

댄서들과의 선정적 성행위 퍼포먼스와 음침하고 음산하게 꾸며놓았던 사악한 무대 장식들은 사탄적이며 멸망적 기운으로 무겁게 깔려 있었습니다. 그곳은 영락없는 사탄이 지배하는 멸망의 세상이었습니다. 다만 세상 젊은이들과 대중들은 그러한 사실을 전혀 모르고 있을 뿐이고 아니, 알려고 하지도 않았습니다. 그런 것쯤은 하나도 중요하지 않았습니다. 레이디 가가가 펼치는 무대 퍼포먼스를 통해 사탄의 정욕적 세상과 육신적 쾌락은 그만큼 짜릿했고 그것에 열광하고 있었기 때문입니다.

나는 열광하는 젊은이들의 육의 모습에서 숨어 있는 영혼들의 모습을 바라보았습니다. 그들의 영혼은 생명의 빛을 잃어버린 무력한 영혼, 나약한 영혼들로 퇴색되고 있었습니다. 그러나 정작 열광하는 젊은이들은 그런 사실을 전혀 눈치채지 못하는 것입니다. 젊은이들은 퇴폐적 섹시함을 몰고 다니는 미국의 팝 가수 레이디 가가가 싫지 않고 성적으로도 섹시하다고 느끼기에 열렬히 환호하고 열광하는 것입니다. 사탄은 그런 인간들을 교활하게 미혹해서 애굽노예들로 삼아 철저히 부려먹고 이용하는 것에 있어 신통한 귀재들입니다. 사탄은 애당초 그 안에 진실이 하나도 없는 거짓말의 귀재, 거짓의 아비이기 때문입니다. 사탄은 인간의 정욕을 부추기고 노예 삼아 그런 방식의 공연 채널을 통해 현대 시대가 추구하는 뉴 패러다임의 문화 축제이자 특별하고 뛰어난 예술성을 띤 콘서트라고 칭하면서 보란 듯이 인간의 영혼을 집어삼키고 있었고 하나님의 창조적 질서와 공의의 나라를 파괴하고 있었습니다.

창세 전, 거룩한 묵시적 하늘나라에서 하나님의 전능하심과 하나님이 받으시는 영광을 시기 질투하여 하나님의 전능하심을, 찬탈하고자 음모를 꾸몄고 반란을 일으켰던 타락한 대천사장, 루시퍼 사탄과 조무래기 천사들이 열망하는 세상은 음산하고 음침한 멸망의 세상이었습니다. 사탄은 보통의 인간은 뿌리칠 수 없는 쾌락의 뜨거움으로 인간의 정욕을 부추기면서 영혼들을 멸망의 세상인 지옥으로 하나둘씩, 아니, 무더기로 끌고 가고 있었습니다. 사탄은 수천 년 동안 전 세대를 아우르며 하나님의 공의의 나라를 집요하게 침범해 들어왔고 파괴적하고 무너뜨려 왔습니다. 전 세대를 거쳐 무수히 많은 영혼을 멸망의 지옥으로 끌고 갔고 오늘날 이 시대까지 침투해 들어와 타락의 절정을 향해 치닫고 있었습니다. 사탄은 자신의 흑암의 세상을 무대 위에 꾸며놓고 정욕으로 온 세상을 들끓게 하면서 무대 위 세상을 음침함이 흐르는 웅장함으로, 음산한 기운이 감도는 장엄함으로, 자신의 멸망의 세상을 보여주면서 세상을 향해 선포하는 것입니다. 그렇게 젊은 청년들의 말초신경을 자극하면서 걷잡을 수 없는 열망으로 들뜨도록 쾌락의 불을 뜨겁게 지피고 있었다는 것이 나의 영의 눈에 발각되고 있었습니다.

사탄은 자신만의 사악함을 담은 멸망의 세상을 세상 밖을 향해 분출하고 있다는 것을 나는 똑똑히 확인할 수 있었습니다. 사탄의 미혹은 분명 보통인 인간의 힘으로는 거부할 수 없는 사악한 힘과 능력을 내포하고 있었습니다. 퇴폐적이고 멸망적 광경을 보는 사람들로 하여금 거부할 수 없을 만큼 짜릿한 카타르시스적인 쾌감을 강렬하게 불러일으키는 것입니다. 대중들이 뜨겁게 열광하는 순간마다, 사탄은 더러운 멸망의 DNA 죄성들을 사람들의 혼과 육의 세포 속에 깊숙이 주입하고 있었습니다. 젊은 이들은 물론이고 일반 대중들까지 제약 없는 음란과 음행으로 매혹하며 열광시키고 있었습니다. 현재 타락한 이 시대를 떠돌아다니며 파괴하고 있는 사악한 영들은 바로 음란과 음행의 영들입니다. 동성애의 영들입니다…! 성 소수자의 영들입니다…! 극단적 페미니즘의 영들입니다…! 자기만 아는 이기적이고 독선적인 영들입니다…! 그들은 비정상을 정상이라고 우기고 있고 오히려 정상적 삶을 평범하게 살고자 하는 사람들을 비난하며 공격하고 있습니다. 사탄의 무리는 하나님의 위대한 창조질서와 거룩한 공의를 무너트리기 위해 오늘도 발광하면서 까마귀 떼처럼 떼를 지어 몰려다니고 있습니다.

사탄은 조력하는 사람들을 이용해서 하나님의 전능하심과 창조 질서와 공의를 소돔과 고모라의 영으로 파괴시켜 나가고 있습니다. 세계 속 현대 시대를 살아가는 젊은이들은 어느 국가, 어느 인종, 상관없이 자기들의 본성적 쾌감만 만족시켜 주면 사탄도 좋고 지옥도 좋고 멸망의 세상도 좋다고 부르짖고 따라가는 인기추세와 인기 품목의 패러다임이 되어버리고 말았습니다. 사탄의 교활한 전술 전략은 지옥과 저주라는 멸망의 언어를 catharsis, 카타르시스적인 자극적 쾌감과 함께 fantasy, 판타지라는 신세계의 열광으로 대체했고 미혹의 화려하고 열광적 맛을 인간들의 혼에 주입하면서 순식간에 멸망의 것으로 변질시켜 갔습니다. 마치 창세기에 등장했던 소돔과 고모라처럼 현재 온 세상은 더러운 동성애의 영들과 음행과 음란의 영들로, 더러운 우상들의 영으로, 퀴퀴하고 냄새나는 자욱한 연기처럼 무겁게 덮고 있는 것입니다. 세상 어디를 가든지 혼잡하고 광란의 현상들이 여기저기서 난무하는 악령들과 더러운 귀신들이 판을 치는 세상으로 전락하고 있었습니다.

사탄의 미혹을 받아들인 인간들은 소리 높여 주창하고 있었습니다. 인간이라면 누구나 할 것 없이 인간의 본성적 쾌락을 제동과 제한 없이 마음껏 느낄 수 있어야 하고, 누릴 수 있는 자유가 있어야 하고, 그것이 인간의 기본적 권리를 찾는 길이며 인간의 존재 자체 이유라고 역설하고 있었습니다. 인간은 누구나 할 것 없이 인간의 다양성을 자유롭게 누리면서 존중받아야 한다고 주장했습니다. 마치 자신들은 다수의 대중적 이기와 독선 때문에 인격의 존중을 받지도 누리지도 못하고 있다는 듯, 외치고 있었습니다. 그러나 납득 할 수 없는 방종의 자유와 비정상의 권리를 보장해 달라고 억지 주장할 때, 거기에는 지극히 평범한 인간의 도도, 전능의 하나님, 공의의 하나님의 법도 설 자리는 사라지는 것입니다. 언제부터인가 피조물인 인간이 모든 권력과 권위와 권세의 중심이 되는 위대한 존재가 되어있었고 하나님처럼 신적 존재로 신격화되고 우상화되고 있었습니다.

사탄이 하나님처럼 되고 싶어 하나님의 전능과 영광의 자리를 엿보고 찬탈하고자 반역을 일으켰던 것처럼, 이제는 인간이 하나님처럼 되고 싶어 하나님의 자리에 서서 하나님이 받으셔야 할 모든 영광을 가로채는 것입니다. 바로 그것이 사탄이 수천 년 동안 집요하게 미혹하고 끈질기게 지속시켜 왔던 사악한 계략이자 전술 전략이며 가증한 이간질인 것입니다. 그리고 이 시대, 그런 술수와 수법들이 자연스럽게 인간의 심령으로 흘러 들어가고 있고 제대로 먹혀들어 가고 있다는 것입니다. 사탄의 가증한 전술 전략을 따라서 인간은 하나님을 불필요한 존재로 단정 짓기 시작했고 거부했고 비난하고 있었습니다.

그러나 인간이 하나님의 자리에서 하나님의 영광을 가로채는 것은 바로 인간 뒤에서 조종하고 있는 사탄이 가로채는 것이었습니다. 인간이 하나님의 것을 가로챌 때마다 곧바로 사탄의 것으로 직결되었던 것입니다. 하나님을 대적하는 인간들은 사탄에게 속해 있는 저주와 멸망의 영혼들이었습니다. 멸망의 가증한 것, 거짓의 아비이자 최초의 살인자였던 사탄에게 하나님의 피조물이었던 인간이 하나님의 영광을 고스란히 넘겨주는 불경의 자리에까지 도달하고 있는 것입니다. 태초에 온 우주 만물을 오직 말씀으로만 창조하셨던 전능의 하나님께서 피조물인 인간에게 사랑과 생명으로 "하이 네페쉬 하야"라는 고귀한 생명의 생기와 존귀한 형상을 물려주셨지만, 이제는 피조물인 인간이 반역자였던 사탄과 합세하여 창조주 하나님을 대적하고 하나님의 자리까지 찬탈하면서 하나님처럼 부상하고 있는 것입니다.

하나님이라는 신본의 신성함과 공의의 법과 거룩한 나라와 창조 질서와 순종과 윤리와 도덕이라는 언어는 이 시대 어디론가 사라지고 없었습니다. 하나님의 공의의 법이, 진리의 법이, 인간의 삶에 더 이상 적용되지 않고 있다는 것입니다. 그럴 때마다 하나님은 인간에게 무시당하고 거부당하는 참담한 실정에까지 와있는 것입니다. 오직 인간이 세상의 주체가 되어있었고, 인간이 신격화되어 있었고, 인간이 우상이 되어버린 세상으로 변질되어 있었습니다. 창조주이시고 생명의 주인이신 전능의 하나님은 애초부터 존재하지 않았던 것처럼, 단지 기발한 이야기꾼인 인간들이 만들어내고 창작한 픽션의 이야기에 지나지 않는다고 생각하는 사람들이 이 시대 넘쳐나고 있었습니다. 하나님의 천지창조를 과학과 진화론이라는 것으로 대체해서 묵살하고 있었습니다. 추상적인 하나님은 더는 인간에게 필요하지 않으며 오직 인간만이 최고이고 최상이라고 떠들어 대고 있었습니다. 그런 인간들 뒤에는 역시 루시퍼 사탄의 사악한 술수와 미혹과 이간질이 자리 잡고 있었던 것입니다.

그러나 하나님은 변함없는 공의와 거룩하신 영으로 살아서 역사하시고 언제 어디서나 Infinity, 인피니티 시공간을 초월하시고 계시며 Immunity, 무한한 능력으로 온 세상을 통괄하시며 무소 부재하시는 Almighty 전능의 하나님이십니다. 웅장하고 장엄하고 거룩하고 공의로움과 위엄함과 신성함은 전능하신 삼위일체 하나님께만 속해 있는 하나님의 본질적 거룩한 속성입니다. 오직 영광의 하나님만이 장엄함과 웅장함과 거룩함과 위엄함과 신성함을 제한 없이 나타내실 수 있는 것입니다. 오직 신본의 하나님께만 속해 있는 신적 전능이기 때문입니다. 세상의 그 누구도 하나님의 전능을 카피할 수 있는 존재는 없습니다. 멸망의 가중한 것, 하나님의 창조물에 지나지 않는 루시퍼 사탄 역시 마찬가지입니다…!

저주와 멸망과 지옥을 대변하는 조악하고 사악한 사탄은 도저히 하나님의 신성을 따라갈 수가 없습니다. 사탄 역시 피조물에 지나지 않는 성질로 창조되었기 때문입니다. 사탄도 그러한 진리를 잘 알고 있기에 레이디 가가와 같은 저속한 연예인들의 영혼을 육신의 삼대정욕으로 유혹해서 음산하고 조악한 웅장함으로, 음침하고 사악한 장엄함으로, 저주의 무대를 만들어서 지옥과 멸망의 세상을 대중들을 향해 보여주며 미혹하는 것입니다. 삼층천 하늘나라, 묵시적 세상에서 찬양을 담당하고 있던 루시퍼 대천사장은 불순종이라는 사악한 음악의 영감을 레이디 가가와 같은 인기와 성공과 물욕과 음탕을 탐하는 연예인들에게 사정없이 주입해서 영원한 자신의 노예로 삼아 실컷 이용하다가 멸망의 지옥 백성으로 파괴하는 것입니다.

현대 시대를 살아가는 완악한 인간들은 사탄에게 자신들의 따뜻한 생피까지 흘려서 갖다 바치고 헌신하면서 사탄의 일을 돕고 있다는 것을 서방세계에 일어나고 있는 끔찍한 사건들을 지켜보면 알 수 있을 것입니다. 사탄은 세상을 사탄화 시키기 위해 악의 지혜와 창의력을 총동원해서 인간의 정욕을 충동질로 들쑤시고 있으며 그렇게 저주와 멸망의 세상으로 몰아가는 것입니다. 태초의 이브처럼 사탄의 미혹을 따라 하나님의 말씀에 불순종했던 완악한 인간 역시 하나님의 신본적 공의보다는 거룩함보다는 사탄의 퇴폐적이고 타락적인 것에 짜릿한 카타르시스적 쾌감과 쾌락을 느끼면서 그 세상을 열광하는 것입니다. 육신의 정욕이 그것을 열망하고 있기 때문입니다.

사탄은 퇴폐적인 쾌락을 이용해서 대중들을 미혹하는 것에 있어서는 귀재들입니다. 흑암의 세상도, 멸망의 세상도, 저주의 세상도, 마귀의 세상도, 사탄의 세상도, 웅장할 수 있다는 것을 대중들을 향해 보란 듯이 꾸며서 보여주고 있기 때문입니다. 타락한 사탄은 신박한 재주를 부리면서 무지한 영혼들을 멸망의 세상으로 끌고 가는 것입니다. 그리고 그런 사탄의 미혹 앞으로 수많은 영혼이 열광하며 달려가고 있었습니다. 앞으로 세상의 미래가 어떤 식으로, 어떤 모습으로, 어떻게 흘러갈지 뇌리에 자연스럽게 상상되고 있었습니다. 현시대를 바라보면서 나는 많이 암울한 심정이기만 했습니다…. 나는 하루라도 빨리 주님의 눈부신 재림과 하나님의 공의의 나라가 이 땅에 도래해서 주님의 백보좌 심판으로 사탄과 마귀무리들과 하나님께 대적했던 악한 자들을 단숨에 멸하여 주시기를 간절한 마음으로 기도하지 않을 수 없었습니다.

천사들의 승리의 나팔소리가 광활한 공중에 권능으로 우렁우렁 울려 퍼지고 천사들과 함께 백마를 타고 구름을 가르시면서 찬란하게 강림하시는 구원의 주이신 그리스도예수의 웅장하고 장엄하고 위엄에 넘치는 강림은 오직 전능의 하나님만 행하시고 보여주실 수 있는 신적 권능이었습니다. 신적 하나님께만 속해 있는 하나님의 본질적 거룩한 속성이었습니다. 오직 영광의 하나님만이 위엄함과 장엄함과 웅장함을 제한 없이 나타내실 수 있기 때문입니다. 영혼들의 생명 또한 오직 삼위일체이신 하나님께만 속해 있는 본질적 고유한 피조물들입니다. 믿음의 사람들은 전능함과 장엄함과 웅장함과 공의와 거룩함은 오직 신본의 하나님께만 속해 있다는 진리를 굳게 믿으며, 혼탁한 세상을 빛나는 지혜와 강건한 명철로 잘 분별해서 사탄의 사악한 정욕의 미혹을 단호히 물리치고 살리는 생명의 믿음으로 당당히 승리하시기를 예수그리스도의 존귀하신 생명의 이름으로 축복하고 축원합니다.

주께서 호령과 천사장의 소리와 하나님의 나팔소리로
친히 하늘로부터 강림하시리니
그리스도 안에서 죽은 자들이 먼저 일어나고
그 후에 우리 살아남은 자들도 그들과 함께
구름 속으로 끌어 올려 공중에서 주를 영접하게 하시리니
그리하여 우리가 항상 주와 함께 있으리라- 〈살전 4:16-17〉

인간의 선과 악

Hey- 인간은 누구나 선을 사랑한다고 한결같이 말하지만
실상은 악함을 더 즐기며 악함을 더 사랑하는 것 같아.

오늘도 인간은 인간에 의해 깊은 상처를 입고
인간이 같은 인간에 의해 끔찍한 죽임을 당하고 있어.

인간은 입술로는 선을 말하고 사랑을 강조하지만
생각으로는 악을 더 원하고 가슴으로는 악을 더 사랑하는 거야.

Hey- 그래서 세상에는 인간들처럼 비열하고 잔인하고
추악하고 잔혹한 존재들은 아마도 없을 거야.

아침 눈을 뜨고 일어나 세상을 바라보면 간밤 어둠 속에서
인간이 저지르는 악행들이 비일비재 난무하며 춤을 추고 있어.

그렇게 인간이 세상에서 짓는 끔찍한 악행들은
비가시적 세상에 거대한 죄의 산을 흉측하게 구축하고 있어.

Hey- 그래서 말하고 싶은 거야-

인간은 선함을 강조하지만, 실상은 악함을 더 추구하고
한결같이 사랑을 말하지만 미움과 증오를 더 열망한다고 말이야.

오늘도 인간이 같은 인간에 의해 고통을 당하면서
끔찍하고 처절한 죽임을 당하고 있다는 것을 볼 수 있을 거야.

인간은 양심의 눈을 크게 뜨고 바라보아야 해–
인간은 자신의 악함을 바라보고 반성하며 회개해야 해–

"도쿤" 악령의 블랙매직

지금부터 나는 인도네시아의 "도쿤"이라는 악령의 black magic, 블랙매직에 대한 글을 쓰고자 합니다. 도쿤은 인도네시아의 토속적 언어이며, 토속 인도네시아인들이 조상 때부터 깊은 밀림과 산지 등지에서 살면서 대대로 치러온 일종의 미신 의식을 따르는 악령의 주술, 블랙매직을 말합니다. 도쿤은 악령의 힘을 입은 사람들이 삶을 연명하는 수단과 방편으로 삼기 위해, 악령의 힘을 빌려 인간에게 끔찍한 저주를 내리는 섬뜩한 주술 방법입니다. 악령의 힘을 이용해서라도 잔인한 복수를 하고 싶은 사람들이 블랙매직인을 찾아가 어느 특정 인간을 향해 복수해달라는 의뢰를 받으면 블랙매직인은 악령의식을 집도하는데 이것을 가리켜 인도네시아인들은 "도쿤"이라고 말하는 것입니다.

도쿤은 보통의 사람들은 도저히 알 수 없고 함부로 감행할 수 없는 악령의 사악한 기운을 띠고 있는 것이기에 도쿤을 사용하는 블랙매직인들은 선천적으로 악함을 타고났거나, 아니면 거부할 수 없는 끔찍한 환경에서 어쩔 수 없이 악령에게 붙들린 사람들이 먹고살기 위해서 악령을 섬기고 행하는 악령주술이라고 합니다. 그리고 실제로 도쿤을 이용하는 사람들이 있는데 그들은 깊은 원한을 품고 있는 어느 특정 원수들을 소리소

문 없이 복수하기 위해 악령의 힘을 사용하는 블랙매직인들을 종종 찾는 다는 말을 인도네시아 현지인에게 직접 들을 수 있었습니다.

그러나 매직에는 black magic, 블랙매직만 있는 것은 아닙니다. white magic, 하얀매직도 있습니다. "하얀매직"은 악령의 블랙매직을 풀어주는 선한 역할을 감당한다고 합니다. 블랙매직의 주술에 걸려 고통받는 사람들을 역시 주술적 방법을 통해 악한 영의 저주를 풀어주고 쫓아내는 한마디로 선한 역할을 한다고 보면 될 것 같습니다. 그러나 하얀매직의 힘이 악령의 주술에 걸려 있는 블랙매직의 힘을 이길 수 없다면, 한층 더 높은 우위에 있는 힘 있는 하얀매직인을 찾을 때까지 찾아 나선다고 합니다. 이럴 때는 많은 돈을 지불해야 합니다. 블랙매직의 악령의 저주에 걸려 있는 사람의 목숨이 순식간에 잃어버릴 수 있는 절체절명인 경각의 위기에 처해 있기 때문입니다.

어떤 경우는 악령의 저주를 간단하게 끊고 쉽게 회복되기도 하지만, 어떤 경우는 악령의 주술을 끊지 못해 멀쩡했던 사람이 시름시름 앓다가 결국에는 생명을 잃고 만다는 섬뜩한 이야기를 들을 수 있었습니다. 통상적으로 악령의 블랙매직이 하얀매직보다 훨씬 더 세고 훨씬 더 우위에 있다는 것입니다. 블랙매직은 짧은 시일 내에 사람의 생명을 죽일 수 있는 악령의 기운과 저주로 이루어지기 때문입니다. 그러나 앙심을 품고 복수를 하기 위해 악령의 주술을 걸어 멀쩡한 사람의 생명을 끔찍하게 죽이는 블랙매직이든지, 반대로 악령의 기운으로 죽어가는 사람의 생명을 주술과 방법으로부터 구해내는 하얀매직이든지, 동일하게 악령과 귀신의 힘을 빌려 초월적 영의 능력을 사용하는 것이기에 온 우주 만물의 주인이시고 만왕의 왕이신 공의의 하나님이 보시기에는 모두 불경하고 사악한 행위가 되는 것입니다.

　만약 어떤 사람이 악령을 섬기는 블랙매직인을 찾아와서 어느 특정인을 복수하고자 복수를 의뢰하면 의뢰하는 자는 반드시 자신의 따뜻한 피를 어느 정도의 분량을 흘려 블랙매직인, 곧 의식을 집행하는 자가 섬기는 악령에게 바쳐야 한다고 합니다. 그래야 집행하는 블랙매직인, 곧 의식을 치르는 자가 복수를 할 수 있는 강력한 힘을 악령에게 받을 수 있다는 것입니다. 악령에게 자신의 피를 마시도록 하는 행위는 미국에서 사탄교를 섬기는 자들이 주기적으로 자신들의 따뜻한 생피를 흘려 사탄에게 바치는 일종의 제사 의식과도 같은 맥락을 띠고 있습니다. 사탄에게 자신의 피를 바친다는 것은 육신의 생명은 물론이고 자신들의 영혼까지 모두 사탄에게 바치고 헌신하겠다는 영혼의 서약서와도 같은 의미와 맥락을 함축하고 있습니다.

　세상에는 사탄에게 자신의 피를 마시도록 하고 자기의 영혼을 팔아 세상의 부와 인기와 성공을 얻고 있는 유명 연예인들도 있고 사탄을 맹목적으로 숭배하는 심령이 사탄적으로 타락한 자들도 있습니다. 하나님의 신성과 전능을 거부하고 대적하는 인간들이 사탄을 자신들의 유일한 신으로 섬기고자 따뜻한 피를 바치는 것입니다. 여기서 믿음의 지체들이 한 가지 알 수 있는 진실은, 사탄은 물론이고 밀림의 사악한 악령들 할 것 없이 모두 인간의 따뜻한 피를 사랑하고 있으며 인간의 피를 열광하고 있다는 것입니다. 악령들은 뜨거운 피를 소유하고 있는 지적 인간들의 영혼을 완전한 자기 것으로 삼아 영구히 지배하기 위해 인간의 피를 요구하는 것입니다. 지적 인간의 따뜻한 피는 혼적이고 본능적으로만 살아가는 가축 동물들의 피와는 비교할 수 없는 최상의 품질이고 인간은 생명의 하나님,

창조주하나님께 속해 있는 영적 고귀한 존재들이기 때문입니다. 그렇기에 사탄과 악령들은 하나님의 전능을 대적하는 수단과 목적으로 인간의 영혼과 따뜻한 피를 열망하는 것입니다.

　　그러나 반대로 믿는 자들의 공의의 하나님은 인간의 피를 절대 요구하시지 않습니다. 도리어 자신이 흘려주신 숭고한 피를 죄 많은 인간에게 마음껏 마시라고 조건 없이 허락하고 베푸시는 사랑과 긍휼의 하나님이십니다. 그 사실이 지옥의 흉물스러운 사탄과 사악한 악령들과 더러운 귀신들과는 완전히 다른 것입니다. 하나님아버지의 독생자이시고 영혼들의 희생양으로 오신 구속의 주이신 그리스도예수께서 십자가의 언덕에서 자신의 피와 물을 저주받은 땅에 다 쏟아붓고 장렬하게 돌아가셨습니다. 그 결과 아담의 죄악 이래로 오랜 세월 동안 저주로 죽어있었던 땅과 피조물들은 그리스도예수의 구속의 생명으로, 새 창조의 피조물로 살아날 수 있었고 죄와 사망의 법으로 영영히 죽어갈 수밖에 없었던 인간 역시 구원의 주이신 그리스도예수라는 숭고하신 분의 생명의 피를 마음껏 받아 마실 수 있는 영생의 특권이 부어졌습니다. 전능하신 분의 살까지 먹을 수 있는 놀라운 은혜와 함께 영생의 복락을 누릴 수 있는 천국의 축복을 베풀어 주셨습니다. 믿음의 사람들이 항상 잊지 말고 명심해야 할 점이 있다면, 전능의 하나님은 가증한 사탄과 사악한 악령들처럼 인간의 따뜻한 피를 요구하시는 분이 결코 아니라는 것입니다. 도리어 하나님이신 예수께서 자신의 숭고하신 피를 흘려서 죽어가는 영혼들의 생명을 살려주셨고 자신의 피와 살을 마음껏 마시고 먹음으로 말미암아, 사탄이 멸망으로 뿌려 놓은 죄와 사망의 법에서, 악의 갈고리 덫에서, 그물의 세상에서, 영원히 구속하셨다는 숭고한 생명의 진리를 믿는 것입니다.

내 살을 먹고 내 피를 마시는 자는 영생을 가졌고
마지막 날에 내가 그를 다시 살리리라-
내 살은 참된 양식이요 내 피는 참된 음료로다- 〈요 6:54-55〉

예수그리스도를 믿는 지체들은 살리시는 그리스도예수의 피를 매일의 삶 가운데 풍성히 마시고 몸에 바르고 뿌리고 가득히 붓고 채우는 영적 의식을 치러야만 강건한 삶을 살아갈 힘과 용기와 능력을 얻게 되는 것입니다. 예수그리스도의 숭고한 피에는 죽어가는 영혼들을 새 생명으로 살리시는 하나님아버지의 사랑과 권능이 함께 하며 아들의 고귀한 생명이 담겨 있기 때문입니다. 그러므로 인간이 억지로 생피를 흘려 하나님께 올려드리는 행위를 하나님은 절대 원하지 않으시며 도리어 가증하게 여기시는 것입니다. 바로 예수그리스도의 존귀하신 생명의 피만 영혼들이 믿음으로 마음껏 받아 마시면 되는 것입니다. 바로 그 점이 다른 것입니다. 살아있는 인간의 생피를 원하는 것들은 멸망의 가증한 것, 애당초 그 속에 진리가 하나도 없는 거짓의 아비, 살인의 영인 루시퍼 사탄과 사탄이 부리는 사악한 졸개 천사 악령들과 더러운 귀신들뿐입니다.

블랙매직 도쿤 의식을 치르는 집행자는 의뢰인이 복수하고자 하는 어떤 특정인의 정보를 받고 악령의 주술을 걸기 시작합니다. 주술을 걸 때마다 주술에 걸려든 특정인의 육신은 이유 없이 아프고 괴롭고, 정신은 이상한 환각 증세에 시달리게 됩니다. 귀신들의 환청 소리를 듣게 되고 육신은 원인 모를 병에 걸려 시름시름 앓다가 정신은 서서히 피폐 되면서 파괴되어 갑니다. 육신의 활동은 모두 정지되고 온몸은 통증으로 인한 끔찍한 고통을 당하다가 결국에는 생명을 잃게 되고 마는 것입니다. 의뢰인에게 의뢰를 받고 도쿤 의식을 거행하는 블랙매직인이 방법으로 사용하는 재료들은 죽은 사람들의 묘지를 파헤쳐서 얻은 시체의 뼈를 가루로 만들어서 사용하기도 하고, 피가 부족하면 살아있는 동물의 목을 따서 얻은 따뜻한 생피를 사용하기도 하고, 날카로운 칼과 바늘과 못과 목각인형을 사용한다고 합니다. 방법들의 재료들을 살펴보면 구하기 힘들다는 시체들의 뼛가루만 빼고, 옛날 한국 고전 영화 속에 무수히 등장했던 토속무속인들이 상대편 원수들을 죽이라는 악한 자들의 사주를 받고 사용했던 재료들과 거의 동일하게 보입니다. 그리고 그 끔찍한 사건이 터졌던 것입니다…! 그 사건은 실제로 내 주변에 일어났던 사건이었습니다. 사실은 그 이야기를 하려고 도쿤이라는 블랙매직을 주제로 선택했고 지금까지 서론을 길게 끌고 왔던 것입니다. 오래전, Tropicana 열대나라인 말레이시아 쿠알라룸포에서 삶을 살아가고 있을 당시 내 사업체에서 일어났던 일입니다.

어느 날 말레이계 여대생이 잠시 학교에 휴학계를 내고 내 사업체에서 파트타임으로 일을 한 적이 있었습니다. 당시 나는 말레이시아 쿠알라룸포 상공부 정부기관과 한국여성으로서는 최초로 사업권인 contract licence, 콘트렉 라이선스를 가지고 있었고, KL 시내 유명한 백화점 곳곳에 여러 개의 사업체를 두고 운영하고 있었습니다. 주로 나의 사업은 디자인 인테리어 가구들과 내부장식은 물론이고 고급 꽃장식과 조경 장식을 맡아 하고 있었습니다. 그러나 그 밖에도 정부 기관에서 구해달라고 하는 아이템이 있으면 어디서든지 물색해서 조달해주는 다목적 사업권이어서 조건은 얽매이지 않아 자유로웠고 당연히 수익도 매우 좋은 편이었습니다. 많은 직원은 아니지만, 나의 사업장에는 중국계도 있었고, 러시아와 아시아인의 혈통을 가진 유라시안계도 있었으며, 말레이계, 인도네시아계 등, 스무 명이 넘는 정도의 다양한 사람들이 내 사업체에서 일하고 있었습니다.

말레이계 여학생의 얼굴은 참 예뻤지만, 어딘가 항상 아픈 듯 창백해 보였고 항상 피곤해 보였으며 항상 졸린듯한 눈빛을 하고 있었습니다. 또 감기에 걸려 있는지 잔기침을 붙들고 있었고 조금의 찬 공기도 견디지 못하는지 항상 긴 팔과 긴 옷을 입고 있다시피 할 정도로 추위에 덜덜 떨고 있었습니다. 트로피카나 열대 나라답게 에어컨이 빵빵하게 틀어져 나오는 백화점 안이라고는 하지만, 사시사철 뜨거운 열대 나라에서 무엇이 그렇게도 추운지 두꺼운 스카프로 온몸을 둘둘 싸고 있다시피 했던 여학생의 얼굴이 안쓰러워, 나는 감기약과 해열제 약도 사주면서 식사를 제때제때 잘하고 잠도 잘 자야 건강해진다고 진심 어린 걱정의 말을 해주었습니다. 그리고 그런 상태가 지속되어 간지 약 한 달도 채 되지 않았던 어느 날이었습니다.

갑자기 여학생이 병원에 입원했다는 소식을 그녀의 친구에게서 들었던 것입니다. 그러니까 나를 찾아온 여학생의 친구는 그녀가 병원에 입원할 만큼 병이 심각해져서 더는 일을 지속할 수가 없으니 양해를 바란다면서 그동안 일한 임금을 대신 받아 오라는 부탁을 받고 왔다는 것입니다. 나는 충분히 이해되어 임금을 계산해주었고, 하루라도 빨리 완쾌되어 다시 만나기를 희망한다는 위로와 걱정의 메시지까지 전해주었습니다. 그동안 공부하느라고 피로에 쌓인 데다가 휴학계를 냈지만, 편히 쉬지 못하고 비록 파트타임이기는 하지만 계속 일까지 하다 보니 아마도 몸살감기가 더 심해져 입원했을 거라고 막연하게 짐작만 했던 나는 병원에서 푹 쉬면서 치료를 받으면 곧바로 원기를 되찾고 퇴원할 줄만 알고 있었습니다.

그 후로부터 이 주일 정도의 날짜가 흘러갔습니다…. 그리고 나는 다시 여학생 친구의 방문을 받았습니다. 그러나 친구가 실어다 준 소식은 참으로 믿기 힘든 놀랍고도 끔찍한 충격의 소식이 아닐 수 없었습니다. 그 여학생은 병원에 입원했던 그 날부터 일주일도 채 되지 않는 기간 중, 돌연 병실에서 심한 쇼크를 일으키며 사망했다는 도저히 믿을 수 없는 놀라운 소식을 들었기 때문입니다. 너무나 놀라 충격을 받고 있던 내게 친구가 덧붙여 들려준 이야기는 더한층 믿을 수 없는 놀랍고 섬뜩한 이야기들이 펼쳐지고 있었습니다.

그녀가 쇼크를 일으키며 죽을 때, 피와 함께 무언가를 잔뜩 토해 놓고 죽었는데 그것은 다름 아닌, 작은 쇠못들이었다는 것입니다. 놀라움과 섬뜩함을 감추지 못하고 있는 내 앞에 친구의 말은 계속 이어지고 있었습니다. 아마도 전에 사귀었던 남자친구에게 인도네시아식의 "도쿤" 그러니까 전형적 악령의 블랙매직 복수를 당한 것 같다는 섬뜩한 말이었습니다. 그리고 친구로부터 그간 여학생에게 일어났던 개인적 사생활 이야기를 조금쯤은 들을 수 있었습니다. 여학생은 무슨 까닭인지 전 남자친구와의 결별을 일방적으로 선언했다는 것입니다. 그리고 나서 남자친구를 피해 학교에 임시 휴학계를 냈으며 그리고 아무도 모르게 나의 사업장에 와서 일을 시작했다는 것입니다. 남자친구와는 무슨 이유로 결별을 선언했는지 그동안 두 사람 간에 일어났던 깊은 속사정은 알 수 없습니다. 그러나 고작 결별을 선언했다는 이유로, 전 남자친구를 피했다는 이유로, 끔찍하고 무서운 "도쿤"의 보복을 당해 멀쩡한 생명을 잃었다는 말은 상식상으로도, 논리상으로도, 이성적으로도, 도저히 믿기 어려운 이야기가 아닐 수 없었습니다. 친구는 계속 말을 이어갔습니다. 아마도 전 남자친구는 무고한 사람의 생명을 죽였을 만큼 끔찍한 일에 주도적 악한 일을 행했으니, 그 역시도 악령으로부터 반드시 피에 대한 보상을 치르게 될 것이라는 무서운 말을 여전히 끔찍한 공포와 충격에서 벗어나지 못하고 있는 나를 향해 들려주었던 것입니다.

세계 모든 이슬람교 남자들이 그렇듯이 이슬람교 국가인 말레이시아 역시 남자는 모든 것에 있어 절대적이고 권위적이며 모든 일에는 항상 남자가 주도적 역할을 한다는 남성 우월사상을 기반으로 삼고 있습니다. 말레이시아 역시 여자가 남자의 마음을 거슬리는 일을 함부로 할 수가 없는 남자 가부장제 사상을 내세우고 있는 무슬림 보수국가입니다. 이슬람교인 샤리아 알라법으로 보장하고 있는 남자의 굳건한 우위를 감히 여성이 넘나 볼 수 없다는 것입니다. 당시 내가 몸을 담고 있던 시대에는 여성이 머리에 쓰는 "두동"이라는 스카프와 "바주꾸룽"이라는 온몸을 가려주는 말레이 전통 옷을 입고 안 입고는 온전히 여성의 선택과 자유에 맡겼었습니다. 그러나 지금은 말레이계 여성들 대부분이 두동이라는 스카프를 의무적으로 쓰고 있으며 가끔은 현대식 자유로운 복장을 할 때도 있지만 바주꾸룽이라는 온몸을 가려주는 말레이 전통 옷을 의무적으로 입고 있는 것입니다.

말레이 여성이 선정적인 현대 복장의 옷차림을 하는 것을 무슬림 남성들은 싫어한다는 것입니다. 말레이 무슬림 남자들은 무슬림 여자들이 머리카락을 대중들에게 보인다거나 몸의 실루엣이 드러나는 옷차림과 피부 살갗을 타인인 대중들에게 보이는 것을 매우 싫어한다는 것입니다. 그렇기에 대체로 무슬림 여성들은 남자친구나 남편에게 항상 상냥하고, 복종하며 남자들이 싫어하는 일은 절대 하지 않으려고 부단히 노력하는 것을 볼 수 있었습니다. 그만큼 이슬람교 남성들은 여러 방면에서 여성들을 향해 많은 희생과 절제와 순종과 헌신을 요구하고 있었습니다.

실제로 내 가까운 지인이었던 중국계 로컬 친구에게서 들은 이야기가 있습니다. 말레이시아 굴지의 석유 회사인 petronas, 페트로나스에 높은 직급으로 다니고 있고 아이들이 셋이나 있고 집도 크고 승용차도 값비싼 외제 차를 여러 대 소유하고 있고 모든 것이 풍족하게 잘살고 있는 말레이 친구가 자신의 남편으로부터 단순히 전화상으로만 "나는 지금부터 너와 이혼하겠다"라고 다섯 번씩 반복해서 말하는 것을 듣고 난 후, 실제로 이혼을 당했다는 놀라운 소식이었습니다. 말레이시아에서는 이슬람교법, 곧 "샤리아 종교법"에 따라 실제로 그렇게 할 수 있는 남편의 주권을 부여해주었습니다. 이혼을 당한 이유는 남편에게 사랑하는 새 여자가 생겼는데 그 여자를 자신의 두 번째 부인으로 맞이하고 싶다고 허락을 받기 위해 아내에게 미리 통보했다는 것입니다. 알라의 샤리아 법에 의하면, 만약 무슬림 남편이 둘째 부인을 맞이하고 싶다면 반드시 첫 번째 부인에게 먼저 통보해서 승인을 받아야 한다고 합니다. 그러나 남편의 고백을 들은 아내는 당연히 발짝 뛸 수밖에 없었습니다. 사랑하는 남편을 둘째 부인에게 빼앗길 수 없어 어떻게든 남편의 마음을 붙들어 보려고 울면서 애원하고 무릎 꿇어 손을 싹싹 빌면서 남편의 생각을 돌이켜 보려고 통사정을 했습니다. 그러나 아무리 울고불고 하며 남편의 감성에 호소해도 당연히 통할 수 없었습니다. 이미 남편은 새 여자에게 푹 빠져있었고, 남편을 절대적 순종으로 섬겨야 하고 남편의 말에 무조건 복종해야만 하는 무슬림 아내는 무슬림 남편의 권위를 따르지 않고 반대하며 불응했다는 책망을 들어야 했습니다.

이슬람교 샤리아법을 따르면 남편은 네 명의 부인을 맞이할 수 있도록 법으로 제정되어 있습니다. 그리고 무슬림 남자와 혹은 무슬림 여자와 결혼을 하고자 하는 남자와 여자는 외국이든지, 자국인이든지, 이유 불문하고 반드시 이슬람교의 법을 수용해야 하고 샤리아 종교의 법을 배워야 하고 복종해야 한다고 명시되어 있습니다. 당연히 종교도 이슬람교로 개종해야 합니다. 그래서 무슬림과 결혼을 하게 되면 이름도 무슬림 이름으로 새롭게 바꾸고 주민등록상에도, 여권에도, 무슬림 이름이 등록되는 것입니다. 그리고 그 이름은 세계 어느 나라를 가도 이슬람교, 무슬림인이라는 꼬리표가 항상 따라다니는 것입니다. 만약 부부가 둘 다 외국인 국적이더라도 그중 한 사람의 종교가 이슬람교이면 반드시 종교를 이슬람교로 개종해야 하고 이슬람교의 이름을 가지고 있어야 합니다. 부부 사이에서 태어난 아기들까지 자연스럽게 이슬람교인이라는 꼬리표가 붙고 성인이 될 때까지, 아니, 죽을 때까지 무슬림이라는 꼬리표는 항상 따라다니는 것입니다. 그러니까 무슬림 부부에게서 태어난 아기들에게는 종교의 자유란 절대 허락되지 않는다는 것입니다. 자기들도 모르는 사이 태어날 때부터 무슬림이라는 종교에 한평생 얽매이는 답답하고 숨 가쁜 생을 살아가게 되는 것입니다.

그런데 첫 번째 부인이 남편의 두 번째 부인을 맞아들이는 것을 허락하지 않으면 샤리아법을 따라 남편은 가부 간의 결정을 내릴 수밖에 없다는 것입니다. 가부 간의 결정이란, 만약 남편의 사랑이 첫 번째 부인보다 두 번째 여자를 사랑하는 마음이 더 크고 더 원한다면 얼마든지 첫 번째 부인과 이혼을 하고 두 번째 여자를 부인으로 선택할 수 있다는 남자의 권한과 주권이 이슬람교에는 보장이 되어 있습니다. 이슬람교는 남자의 권한과 권위를 매우 중요하게 생각합니다. 남자가 경제적 능력이 되면 네 명, 다섯 명의 부인까지 차츰차츰 둘 수 있고 더 많은 여자 친구를 만들어 곁에 둘 수 있습니다. 그래서 "Hari Raya(하리 라야)" 같은 이슬람교 설날이 닥치거나 특별한 기념의 날에는 대가족들이 운집해 있는 무슬림 말레이 가정의 진기한 광경을 볼 수 있는 것입니다. 한 남자에게 수 명의 부인들이 있고 그 부인들에게서 태어난 수십 명의 아이가 딸려있는 것입니다. 아내들은 한 남편을 중심으로 둘러싸고 있고 아이들은 한 아버지를 중심으로 둘러싸고 있는 진기한 풍경을 볼 수 있었습니다. 물론 이런 광경은 오래전, 필자가 직접 목격했던 광경이기도 합니다. 그리고 지금도 그런 풍경은 여전히 지속되고 있을 것이라고 생각합니다.

낙태법이 허용되지 않는 무슬림 가정은 생기는 대로 아이들을 낳습니다. 남자의 재력과 능력은 부인이 몇 명이나 되고 아이들이 몇 명이나 되는지를 따라서 평가된다는 말을 로컬 친구에게서 들을 수 있었습니다. 비단 말레이시아 무슬림뿐만 아니라 세계 모든 이슬람교 국가의 남자들은 남자의 권위를 몇 명의 부인들과 많은 자녀를 거느리는 것을 최상의 우위에 두고 있습니다. 그렇게 남편의 두 번째 부인을 극렬하게 반대했던 아내는 남편에게 아픈 버림을 받고 이혼을 당할 수밖에 없었다는 가슴 아프지만 황당한 이야기였습니다. 친구의 행복 했던 가정은 순식간에 땅바닥으로 곤두박질치고 말았고 열 달 동안 몸으로 품고 아프게 출산했던 사랑하는 세 아이들까지도 남편에게 빼앗기고 억울한 비운을 당하고 말았다는 이야기를 착잡한 심정으로 들었던 적이 있습니다.

그러나 한창 젊은 그 여학생은 무슨 이유로 그런 원한에 찬 끔찍하고 섬뜩한 보복을 전 남자친구로부터 당해야만 했는지, 과연 친구가 전해주는 이야기를 곧이곧대로 믿어야 하는지, 당시 평범한 사람의 생각으로는 도저히 이해할 수 없는 무섭고도 섬뜩한 소식이 아닐 수 없었습니다. 인간의 이성적이고 논리적 상식으로는 도저히 상상할 수 없는 두려운 사건들이 내가 모르고 있는 지구상 곳곳에서 일어나고 있었다는 것입니다. 그리고 두렵고 공포스러운 사건들은 이 순간에도 지구상 어딘가에서 끊임없이 일어나고 있다는 것을 방송계를 뜨겁게 달구는 끔찍한 사건을 통해 목격하는 것입니다. 계획적이든지, 우발적이든지, 어떤 식으로든지, 사람을 살해하는 행위는 보통의 인간은 실행할 수 없는 사악한 악령들과 더러운 귀신들의 초월적 역사에 의한 살인이라고 나는 믿고 있습니다.

하나님의 말씀과 기도로 거룩해지고 그리스도예수의 구속 안에서 피와 물과 성령으로 거듭난 영혼들은 오직 성령의 영으로 분별하고 판단하는 영의 사람들입니다. 그러므로 악한 영들의 역사를 꿰뚫어 볼 수 있는 영 분별의 눈을 뜨고 곳곳에서 일어나는 끔찍한 사건을 바라보면서 내심으로 조용히 판단하는 것입니다. 그러나 당시만 해도 나는 영적인 일에 관해서는 아무것도 모르고 있었던 순진한 백지상태였고 보통의 육의 생각을 하고 있던 육의 사람에 불과했었습니다. 당연히 현지인 의사들도 그런 섬뜩하고 기이한 죽음에 대해서는 딱히 무어라고 내놓을 만한 확실한 병명의 소견들이 없었기에 여학생의 죽음은 급성 독감으로 사망했다는 결론을 내리고 말았다는 것입니다. 여학생의 갑작스럽고 괴이한 죽음은 첨단의 의학을 상징하는 병원의 최신 의료기구들도 사망의 원인을 찾아내지 못했고 의료인들의 다양한 경험과 훌륭한 의학적 사고들 또한 여학생의 진짜 사망 이유가 도대체 무엇 때문인지 알아내지 못한 채, 그녀의 죽음은 한 마디로 mystery, 미스터리한 죽음의 여운을 남긴 채, 눈 깜짝할 새에 세상에서 사라지고 말았습니다.

친구의 말을 들으면서 나는 여학생의 예뻤던 얼굴을 떠올리고 있었습니다. 대체로 말레이 여성들은 예쁜 얼굴을 하고 있는 여성들이 많았습니다. 생각보다 살결도 희고 곱고 예쁜 여성들을 곳곳에서 찾아볼 수 있었기 때문입니다. 당시 여학생은 나의 사업장에서 일할 때, 에어컨 바람이 춥다고 스카프를 목까지 둘러싼 채, 힘없는 눈동자로 나를 바라보면서 그래도 내가 열심히 배우면서 구사하고자 하는 말레이시아 국어인 말레이계 말이 재밌게 들렸던지, 혹은 귀엽게 들렸던지, 아니면 서투르게 들렸는지는 몰라도 내가 하는 어눌한 말을 자신은 얼마든지 알아들을 수 있다고 기쁘게 반응해주면서 예쁜 미소를 지으며 깜빡이던 까만 눈동자가 뇌리에 떠올랐습니다. 말레이지만 유난히 희고 예뻤던 얼굴이 나의 뇌리에 깊이 박혀 있어 금방이라도 예쁜 미소를 지으면서 툭 뛰쳐나올 것만 같은 모습으로 내 주변에 한없이 서성이고 있었습니다.

  당시의 나는 믿음도 부족했고 명색이 이름뿐인 가짜 크리스천으로 살고 있었습니다. 그러나 십자가 목걸이만큼은 자연스럽게 목에 걸고 있었고 그러므로 십자가 목걸이는 언제나 항상 나와 함께 하고 있었습니다. 하나님을 믿고 순종하는 탄탄한 믿음도 없었고, 말씀의 지식도 없었고, 영의 세상에 대해서도 깨끗한 백지상태였지만 이상하게도 십자가 목걸이만큼은 떠나지 않고 항상 목에 걸고 있었던 것은 오랜 세월 내 몸에서 떨어져 나간 적이 없었기 때문입니다. 믿음도 없으면서 십자가 목걸이를 내게서 분리하지 않은 이유는 적어도 주님을 향하는 나만의 사랑의 방식이자 표현이었으며 믿음의 증거라고 생각하고 있었던 것 같습니다. 내 생에 무슨 일이 닥쳐도 주님만은 버리고 싶지 않았고 주님을 떠나고 싶지 않았기에 십자가라도 단단히 붙들고 싶다는 무언의 영적 열망이자 바람을 십자가에 담아 표출하고 있었던 것입니다. 그리고 부끄러운 고백이지만 그래도 나는 예수님을 사랑하며 나의 구원의 주로 믿고 있는 크리스천이라는 사실을 조금쯤은 의식하고 있었기에 은연중 타 종교인들에게도 당연히 그렇다는 것을 보여주고 싶고 알리고 싶은 의도적 목적이 분명히 내게 있었던 것입니다.

말레이계 정부 사람들과 사업계획을 의논할 때도 항상 그렇듯이 십자가 목걸이를 목에 걸고 있는 상태에서 미팅했고 내가 크리스천이라는 사실을 무슬림 officer, 공직자들에게 알리는 것을 조금도 주저하지 않았고 말레이시아가 무슬림 국가라는 것에도 마음의 부담 같은 것은 전혀 느끼지 않았다고 고백합니다. 나는 말레이시아 본토 국어를 배우려고 나름대로 열심을 쏟아부으면서 배우고 있었고 재무와 프로모션 설계를 담당하는 여성 보스들과는 주로 영어로 대화를 나누고 상의하면서도 가끔은 말레이어를 사용하면서 대화를 이끌어 갈 때, officer 보스들은 기뻐하며 좋아했습니다. 사람 사는 곳이 어디나 다 똑같았던 것 같았습니다. 어느 장소든지 누구를 만나든지 밝고 긍정적이고 정직하고 좋은 에너지 기운을 띠고 있는 사람들의 곁에는 항상 즐겁고 좋은 일들이 함께 따라온다는 긍정적 마인드로 나는 나를 무장하고 있었던 것입니다. 그러나 당시에는 하나님으로부터 오는 하나님의 신적 긍정이 아닌, 단순한 인간의 긍정이 전부였습니다. 생명의 말씀도 부족했고 믿음도 연약했던 당시만 해도 하나님으로부터 오는 신적 긍정과 신적 능력이 무엇인지 모르고 있었기에 단순히 인간이 좋게 생각하고 받아들이는 인간의 긍정만을 생각하고 있던 때였습니다.

영국의 통치 아래 있었던 말레이시아는 무슬림 국가이면서도 여성의 주권과 권리를 일찌감치 인정해주는 영국식 신식교육을 받은 영향 때문인지는 몰라도 상공부 청사에는 특히 여성 보스들이 많았고 여성 공무원들도 많았고 말레이계 왕족과 관련된 친족들도 많았습니다. 상공부 정부와의 계약은 왕족의 친족인 "부안 등꾸 함샤"라는 여성분의 소개로 이루어졌습니다. 나중에 그분은 나의 둘도 없는 지인이 되었습니다. 왕이 통치하는 국가에서는 귀족이라는 타이틀처럼 특별한 명칭이 주어집니다. 예를 들면 남자는 "탄스리, 다툭스리, 다툭, 다또" 등의 타이틀입니다. 여성도 "부안스리, 탄스리, 다툭스리, 다틴" 등의 타이틀을 왕으로부터 받습니다. 여성은 남편이 왕으로부터 타이틀을 받으면 자연적으로 타이틀이 따라붙습니다. 당시 상공부 장관도 "다툭스리 라피다 아지스"라는 여성 장관이었습니다. 내가 상공부기관에 방문할 때는 머리에는 두동을 쓰고 바주꾸룽을 입은 말레이 공무원 여성들이 항상 내 주변을 신기하듯 둘러싸고는 했습니다. 어쩌면 무료한 정부청사에 신선한 공기와 패션의 바람을 몰고 나타나는 한국 여성인 내가 그들의 눈에는 무척이나 흥미롭게 보였을 수도 있었을 겁니다. 나는 말레이 공무원들과 함께 정부청사에서 밥도 먹었고 대한민국에 관한 많은 궁금증을 물어올 때는 열정적인 심정으로 친절하게 설명을 해주기도 했습니다. 당시 나는 대한민국의 국위 선양을 그런 식으로 하고 있었던 것입니다. 한국 여성으로는 처음으로 따기 힘들다는 정부 기관과의 계약을 거뜬하게 성사시켰기 때문입니다. 어쩌면 왕의 친족이었던 "부안 등꾸 함샤" 여성 지인에게 신뢰의 모습을 보이지 않았다면 이루어질 수 없었던 것인지도 모릅니다.

여성 보스들뿐만이 아닌, 여성 공무원들은 내가 구사하는 자신들의 국어인 말레이 말을 귀 기울여 들어주면서 손뼉을 치며 좋아하기도 했습니다. 말레이 여성들은 대체로 심성이 착하고 따뜻하고 소박했습니다. 나는 한번 맡은 나의 일에는 조금의 complain, 컴플레인 없이 성실히 맡은 일을 완수했습니다. 오만한 말로 들릴지는 모르지만 당시 나는 한국 여성이라는 타이틀을 가지고 정직하고 성실하게 대한민국의 국위 선양을 했다고 자부합니다. 상공부 정부와의 라이선스를 가지고 많은 프로젝트를 맡아 했지만, 말레이시아 4대 왕들의 프로젝트와 1998년도, 말레이시아 쿠알라룸포 The International Goden Horse Hotel, 국제 골든호스 호텔에서 APEC 포럼이 열렸던 회의실 홀을 내가 모두 맡아서 사흘 동안 연속해서 장식했다는 것이 그래도 그중에 가장 기억에 남습니다. APEC 포럼에는 김대중 대통령께서 참석하셨습니다.

어쨌든 끔찍한 이 사건은 내 주변에 실제로 일어났던 일이기에 더더욱 놀라운 사건이 아닐 수 없었습니다. 이 사건을 통해 알 수 있었던 것은 육의 눈에 나타나는 것만이 전부가 아니라는 진리를 여실히 깨달았다는 것입니다. 흠…. 그러나 그때의 나의 모습은 얼마나 영적으로 무지했고 또 심장은 얼마나 심약하기만 했었는지…! 영의 세상에 대해서는 정말 아무것도 모르는 그야말로 순진하기 짝이 없는 철부지와도 같은 모습을 나는 하고 있었습니다. 사탄은 그런 나의 영혼을 집어삼키려고 흑암의 그림자처럼 나를 둘러싸고 얼마나 내 곁에서 얼쩡대고 있었는지, 얼마나 나를 미혹하고 얼마나 나를 집요하게 방해하고 얼마나 나를 힘들게 하고 괴롭혔을까 생각하면 아직도 온몸에는 소름이 끼쳐옵니다. 그야말로 영의 세상에 대해서는 아무것도 모르고 있었던 그때 나의 모습은 참으로 위태롭기만 했던 것입니다. 그러나 그리스도예수의 권세의 영을 각자의 심령에 모시고 살아가는 믿음의 사람들은 사탄의 교활한 역사를 얼마든지 catch, 할 수 있고 그러므로 담대하게 rebuke, 호통치고 물리치는 하나님의 영권이 함께 한다는 진리를 잘 알고 있을 것입니다. 당시 나는 연약했지만 많은 시행착오를 거치고 거쳐 춥고 메마른 광야에서 많은 영적 훈련을 받으면서 갈고 닦고 깨지는 연단을 겪고 난 후에서야 겨우 그런 진리를 깨닫게 되었고 그러므로 흑암의 영들을 향해 담대하게 선포할 수 있었던 것입니다.

고백하지만 나는 인도네시아의 "도쿤 블랙매직"에 관한 이야기를 오늘날 신앙의 책에 쓰게 될 줄은 정말 꿈에도 상상하지 못했습니다. 그러나 하나님은 나의 생 한쪽 끝에 우연히 일어났고 가볍게 지나쳐 갔던 사건들까지도 하나도 우연이었던 것이 없었고, 하나도 그냥 헛되이 버릴 것이 없다는 산 진리를 깨닫게 해주시면서 내가 전혀 모르고 있던 사악한 영의 세상이 존재한다는 것을 나에게 확실하게 일깨워주셨던 것입니다. 오랜 세월 내 기억에서 까마득하게 사라져갔던 "도쿤 블랙매직"에 관한 섬뜩한 이야기를 이 시간 다시 끄집어내어 쓰면서 다시 한 번 내게 베풀어 주신 하나님의 은혜와 사랑과 가르침과 깨달음의 감동을 영의 울림을 통해 느끼고 있습니다. 인생은 잘났든지 못났든지, 행복했든지 행복하지 않았든지, 기뻤든지 기쁘지 않았든지, 참으로 소중하기만 했고 사실 생의 여정에 일어났던 충격적인 사건들과 고통스러운 사건들까지도 하나도 버릴 것이 없었다는 생의 진리를 깨닫게 되었습니다. 사람이 어떻게 받아들이느냐에 따라서 삶의 에너지와 영의 공기들과 기운들이 순식간에 바뀔 수 있다는 새로운 진리를 터득하게 되었던 것입니다. 그것이 좋은 것이든 나쁜 것이든, 기억하고 싶은 일이든 기억하고 싶지 않은 일이든, 하나도 버릴 것이 없다는 진리를 하나님은 내게 가르쳐 주셨던 것입니다. 기억하고 싶지 않은 나쁜 것에서는 왜 기억하고 싶지 않은 것인지, 왜 그렇게밖에 될 수 없었는지, 그 느낌에 대해서 올바르게 생각하고 투명하고 세세하게 판단할 수 있을 만큼 하나님은 가르쳐주셨습니다. 나쁜 기억 속에서도 숨어 있는 하나님의 생명적 진리를 찾아서 깨달을 수만 있다면 나는 그 가르침을 통해 기꺼이 감사함으로 배우고자 하는 예쁜 내 영혼의 모습을 발견할 수 있었습니다. 그 모습 또한 순수한 모습으로 비치는 것 같아 마음에 기쁨을 느낄 수 있었습니다.

행복이라는 잣대를 반드시 인간의 성공과 물질에만 찾을 수 있고 감사할 수 있고 행복의 진가를 찾을 수 있다고 주장한다면, 그런 생각은 하나님 앞에 겸손하지 못한 교만하고 완악한 자의 생각이라는 것도 깨닫게 되었습니다. 믿을 수 없는 중에서도 믿음으로 받아들이고 행동하는 믿음으로 순종했던 믿음의 조상 아브라함처럼, 감사할 수 없는 상황에서도 하나님께 끝없는 감사와 찬양을 올려드렸던 성경 속 등장하는 수많은 믿음의 선진들처럼, 가시밭 험난하고 척박한 환경이지만 그런 속에서도 얼마든지 감추어져 있는 하나님의 생명의 보화를 찾아 귀감으로 배울 수만 있다면 그것이야말로 크게 성공한 것이고 행복을 쟁취한 영의 사람들이 되는 것이라는 소중한 진리를 깨닫게 되었던 것입니다.

하나님께 감사하는 마음이 없는 곳에, 끝없이 불평불만이 난무하고 남을 원망하고 탓하고 비관하고 한탄만 삼는 삶에 사탄의 역사는 그 즉시 사악한 행동으로 개시할 것입니다. 그래서 사도바울은 항상 범사에 감사하라고 가르쳐 주셨고 "엘레오스" 성령 안에서 항상 기도하라고 가르쳐 주셨던 것입니다. 설령 그것이 나쁜 것이라고 할지라도, 폭풍 속 몰아치는 비바람과 환난이라는 역경에 처해있는 지독한 괴로움이라고 할지라도, 인간은 스스로 목숨을 끊지 않는 이상, 결단코 죽지 않습니다. 불평불만하고 한탄하고 원망하고 절망한다고 해서 쉽게 죽을 수도 없는 생의 여정에서 하나님을 믿는 믿음과 예수그리스도의 구속의 생명을 의지하고 살아간다면 그 영혼은 언젠가는 반드시 승리할 것이고 성공할 것이라고 믿습니다. 그러므로 그리스도예수의 사람들은 항상 하나님께 감사와 찬양을 올려드림으로 저주와 파괴와 멸망으로 역사하는 사탄과 흑암의 영물들을 물리치는 영권의 권세를 소유하게 된다는 진리를 깨닫게 되는 것입니다. 하나님께 감사함이 만사형통이 되는 것입니다. 그리스도예수의 사랑이 함께 살아 숨 쉬고 있는 영혼들에게는 생명의 진리가 되고 구원의 진리가 되는 것입니다. 그러나 여기서 말하는 만사형통은 세상 사람들이 너도나도 열망하는 그런 기복적이고 번영적이고 육적인 성공을 말하는 것이 아닙니다. 바로 내 심령의 잔잔한 평강이고 내 영혼의 기쁨이며 내 육신의 강건함이고 내 마음과 영혼의 아름다운 안식입니다.

나쁜 것을 보고 나쁜 것을 과감하게 버릴 수만 있다면 결국엔 그것은 감사가 되고 은혜와 축복이 되는 것입니다. 그리스도예수 안에서 물과 피와 성령으로 거듭난 믿음의 사람들은 옛 구습을 쫓았던 옛사람의 성질들과 겉 사람의 구습적 악한 행실들과 더러운 죄의 옷을 과감하게 벗어 던진 사람들입니다. 예수그리스도의 구속 안에서 하늘의 거룩함을 사랑하는 하늘적 존재들이 된 사람들입니다. 그러므로 영혼의 때까지 하나님이 기뻐하시는 천국인의 거룩한 삶을 살아갈 수 있는 신령한 힘과 용기와 지혜를 성령하나님으로부터 충만하게 받으면서 심령천국을 이루며 살아가는 "에클레시아", 거룩한 교회들로 완성되는 것입니다.

길다면 길고 짧다면 한없이 짧은 생의 여정에서 우연히 만났고 스쳐 갔던 수많은 사건마다, 그 속에서 소중한 진리와 교훈을 배울 수 있었다는 것은 참으로 은혜롭기만 했습니다. 비록 생 가운데 고통했던 잊지 못할 기억이 있었다고 할지라도 그 잘못된 기억 때문에 절망하고 멸망 당하는 것이 아니라, 그 잘못된 기억을 교훈 삼아 다시는 생 가운데 잘못을 재반복하지 않을 것이라는 강한 의지와 결단으로 삼는다면 일단은 크게 성공한 것입니다. 다시 말하지만, 성공은 명예와 물질에만 있지 않고 부자로 잘사는 것에만 있지 않습니다. 그런 것들은 세상 모든 종교인과 불신자 인간들이 열망하는 보편적 평범한 것들에 지나지 않습니다. 그래서 결코 특별하거나 귀하지 않은 것입니다. 특별하고 귀한 것은 바로 여기에 있습니다…. 보잘것없는 나를 향하셨던 하나님의 거룩하신 구원의 섭리를 깨닫는 것입니다. 안주하고 침체했던 죄의 자리에서 과감하게 벗어나는 것입니다. 그렇게만 해도 일단 나는 엄청난 성공을 이룬 것입니다. 세상은 나를 냉정하게 모른 척하고 나를 비열하게 이용하고 냉혹하게 배신해도 오직 생명의 하나님만 함께 하신다면 세상의 모든 것을 잃어도 괜찮은 것입니다. 세상의 것들이 아무리 나를 공격해오고 견디기 힘든 가시덤불의 괴로움을 한가득 안겨다 준다고 할지라도 하나님의 권능 앞에서 그것들은 곧 힘을 잃고 사라지게 되어있기에 나는 요동치지 않는 것입니다.

유한한 세상에 영원한 것은 없습니다…. 아니, 유한한 것이란 존재할 수 없는 것들입니다…. 그러나 오직 묵시적 무한한 세상에 전능으로 현존하시는 하나님의 전능만이 from eternal to eternal, 영원에서 영원으로, from Infinity to Infinity, 무한에서 무한으로 살아서 현존하실 뿐입니다. 전능의 하나님을 넘을 수 있는 것은 온 우주 만물을 통틀어 샅샅이 찾아보아도 찾아볼 수 없습니다. 항상 넘어지기 쉽고 항상 상처받기 쉬운 우리들의 연약한 손과 심약한 발걸음을 하나님만 놓지 않고 단단히 붙잡고 강건하게 인도해가신다면, 우리는 아프게 넘어지고 고통스럽게 쓰러진다고 할지라도 다시 팔딱 일어설 것이고 생 가운데 최고의 기쁨과 승리를 우리네 생에서 이루게 될 것입니다. 그것을 소망하고 꿈꾸는 아름다운 사람들이 생명의 주되시는 예수그리스도께 속해 있는 부활의 영혼들이자 하늘에 속해 있는 천국적 존재들이 되는 것입니다.

하나님은 내가 세상에서 몸을 담고 있었던 순간의 인생길에서도 언제나 항상 나와 함께 하고 계셨으며, 기쁘고 행복한 순간에도 나와 함께 해 주셨으며, 슬프고 괴로운 순간에도 나와 함께하셨으며, 믿음의 길에 닥치는 수많은 혼란과 고뇌 가운데 걸핏하면 쉽게 흔들리고 허무하게 무너졌던 나의 못난 의지와 끈기없는 나약한 정신력과도 함께 해주셨습니다. 그러한 나를 하나님은 부족하다고 야단치지 않으셨고 항상 동행해 주셨습니다. 또 하나님은 거북이걸음 같은 나의 게으름과 자꾸만 엉뚱한 곳으로 반항하며 삐져 나가려는 불량하기 짝이 없는 나의 발걸음을 나쁘다고 나무라지 않으셨습니다. 도리어 거북이걸음 같은 게으른 발걸음을 사랑과 관심과 인내로 기다려주셨고 나의 답답한 발걸음과 발맞추어 주시면서 올곧게 걸어가는 법을 가르쳐주셨습니다. 그러므로 내게는 나의 믿음이 어떻다는 것을 그럴듯하게 내 세울만한 잘난 구석이 하나도 없는 무지한 사람에 지나지 않는다는 것입니다. 나의 믿음은 참으로 별 볼 일 없는 무능하고 불성실한 믿음이라는 것을 당사자인 내가 너무나 잘 알고 있기 때문입니다. 그런데도 나는 아름다운 영혼의 평강과 기쁨과 안식을 누리고 있는 것입니다. 할렐루야…!

도쿤이라는 악령의 블랙매직에 끔찍한 죽임을 당했던 여학생의 죽음은 내게는 참으로 커다란 충격이었습니다. 사람이 사람을 쉽게 죽일 수 없다는 것은 변함없는 나만의 지론이자 결론입니다. 사람이 사람을 죽이는 살인은 최초의 살인자였던 사탄과 사탄이 부리는 악한 영들의 역사로 이루어지고 있었습니다. 그렇기에 사람의 원한과 증오와 저주와 복수를 붙들고 역사하는 영적 어둠의 세력들은 이 땅은 물론이고 저 열방의 세상에도 우글우글 들끓고 있으며, 언제나 항상 인간의 이기적 생각과 탐욕적 탐심과 질투 시기와 독선과 자신들의 손아귀에 차지하지 않고는 견딜 수 없는 인간의 추악한 악심이 사람을 잔악하게 죽이는 살인의 행태로 나타나는 것입니다. 사탄과 악령들은 그렇게 인간의 심령을 뚫고 장악하며 멸망의 뜨거운 화염들을 쉴 새 없이 불어 넣고 있었습니다.

사탄에게 부림을 당하는 악령들과 노예 귀신들은 악한 자들의 생각과 마음에 혈기와 분노와 원한과 증오를 불어넣으며 제 놈들 손에는 피 한 방울 묻히지 않고 무고한 생명을 잔혹하게 죽이고 악랄하게 파괴하는 것입니다. 이유 없이 까닭 없이 잔혹한 자들에게 억울한 죽임을 당했던 한 맺힌 영혼들이 땅속에서 신음의 핏 소리를 내면서 울부짖고 있었습니다. 형 가인에게 억울하게 죽임을 당했던 동생 아벨의 원한 맺힌 피의 들끓는 신음소리가 흑암의 땅속을 홍건하게 적시면서 자신의 억울함을 하늘의 하나님께 신원했듯이, 무고하게 죽어가는 생명들 역시 자신들이 억울하게 죽임을 당했던 한 맺힌 원한을 갚아 달라고 하나님께 고발하면서 울부짖고 있었습니다. 그렇기에 사람을 잔혹하게 죽이는 악랄한 살인자들이나 스스로 고귀한 목숨을 끊는 자들은 멸망 당할 수밖에 없는 것입니다. 특히 이유 불문하고 사람을 살해한 살인자들은 하나님 앞에 나아가 자신의 죄를 참되게 뉘우치고 참되게 고백하고 진실하게 회개하면서 죄에서 벗어나고자 죽을 만큼 온 힘과 열성을 쏟아붓지 않으면 하나님의 용서와 긍휼과 구원은 어림도 없을 것입니다. 그만큼 무고한 사람을 살해하는 죄는 세상 법에서도 무겁지만, 공의의 하늘에서는 더 무겁고 더 무서운 법의 형벌을 받게 되는 것입니다. 숨을 쉬며 살아가는 사람들은 하나님의 공의의 세상을, 공의의 법을, 함부로 무시하면 안 될 것입니다.

그리스도예수를 믿는 믿음의 지체들은 이러한 충격적 세상이 어느 세상에서든지 잔혹하게 펼쳐지고 있다는 사실을 항상 염두에 두고 하나님의 말씀과 기도로 더한층 거룩해지는 신부의 수업을 쌓는 것에 열심을 내어, 악한 영들을 분별할 수 있는 영의 거룩한 눈을 뜨는 것에 힘써 기도해야 할 것입니다. 하나님을 사랑하는 믿음의 사람들이 성결한 신부처럼 거룩해져야 함은 당연한 이치입니다. 믿음의 사람들이 거룩하지 않으면, 거룩함을 사모하지 않으면, 스스로 거룩하게 가꾸지 않으면, 스스로 거룩함을 지키지 않으면, 그리스도예수께 부활의 생명을 물려받은 천국 영혼들이라고 말할 수 없을 것입니다.

거룩함은 믿음의 사람들이 내면과 외면에 반드시 소유해야만 하는 소중한 영적 무기이자 영권입니다. 거룩함이야말로 하나님이 단연코 기뻐하시고 사랑하시는 것이기에 믿음의 사람들은 더더욱 거룩함의 능력을 사모해야 하는 것입니다. 거룩함에는 구원의 주, 그리스도예수라는 살리시는 숭고한 빛과 희생의 생명이 언제나 항상 함께하시기 때문입니다. 거룩함의 능력을 사모하게 되면 죄에 대해서 더더욱 민감하게 되고, 죄를 미워하게 되고, 죄를 멀리하게 되고, 결국에는 거룩하게 될 수밖에 없습니다. 완벽하지 않아도 괜찮습니다. 세상을 살아가는 인간은 완벽하게 될 수 없는 하나님의 피조물에 불과한 존재들입니다. 그러나 무흠하시고 완벽하신 삼위일체 하나님께서 거룩함의 능력을 사모하는 영혼들을 위해 죄를 이겨나갈 힘과 능력을 베풀어 주시는 것입니다. 믿음의 사람은 그런 진실을 굳게 믿어야 할 것입니다.

나의 생, 기억 저편으로 까마득히 사라져 갔던 도쿤이라는 악령의 블랙매직에 관한 이야기를 이 시점에서 다시 끄집어내어 쓰면서 나의 부족하고 지혜 없었던 섣부른 생각과 정신을 진리와 생명의 빛으로 가르쳐 주시면서 나약한 발걸음을 오늘날까지 강건하게 인도해주신 Ebenezer, 에벤에셀의 성 삼위하나님께 이 시간 온 마음을 다해 사랑한다고 고백하면서 삼위하나님께 모든 감사와 찬양과 영광을 올려드립니다. 부디 이 글을 읽으시는 많은 믿음의 지체들이 거룩함의 믿음의 능력을 성령하나님께 간구하면서 하늘의 영권과 거룩한 능력을 충만하게 받고 여호수아와 갈렙과 같은 용장의 담대한 믿음으로 사탄과 사탄이 부리는 사악한 악령들과 더러운 귀신들을 쫓아내고 소중한 영혼의 생명을 단단히 지켜나가기를 간절히 기도하는 마음입니다. 그러한 하나님의 은혜와 사랑과 지키심과 보살피심과 인도하심이 그리스도예수를 사랑하는 모든 믿음의 지체들과 영원히 함께하시기를 예수그리스도, 존귀하신 생명의 이름으로 축복하고 축원합니다.

✝

우리가 아직 죄인 되었을 때에 그리스도께서
우리를 위하여 죽으심으로 하나님께서 우리에 대한
자기의 사랑을 확증하셨느니라- 〈롬 5:8〉

주님의 은혜의 꽃

하얀 거룩이 내려온다.
하늘에서부터 곱게 내려온다.

눈보다도 더 흰 숭고한 거룩이다.
양털보다도 더 흰 순백색의 성결이다.

거룩은 나의 눈에 맑은 이슬방울을 맺히게 하며
가냘픈 나의 몸을 살포시 어루만져 준다.

내 안에 찬란한 열정의 빛이 우아하게 솟아오른다.
유유히 타오르는 불꽃의 신비로운 빛으로 부드럽게 파생한다.

성결의 빛은 내 두 눈을 반짝 빛나게 하며
눈물방울로 흠뻑 젖은 눈빛 위에 찬란하게 머문다.

"주님…. 주님의 빛이에요…?
 눈이 시릴 만큼 아름다워요…."

떨리는 나의 영혼이 찬란한 빛을 향해 속삭이듯 묻는다.

"보아요, 주님…. 주님의 빛 맞지요…?
 주님만이 이런 빛을 발하실 수 있어요, 그렇지요, 주님…?"

그러나 빛은 여전히 대답이 없다.
대신 찬란한 빛의 향연으로 내 물음에 화답한다.

찬란한 빛의 향연들이 나의 얼굴을 은혜롭게 비춘다.
천상의 신비로운 향기가 나의 코끝을 부드럽게 어우른다.

빛의 아름다운 향연은 은혜의 꽃망울들을 활짝 피우기 시작하고
한번 꽃을 피우기 시작한 은혜의 빛은 영혼의 춤을 추게 한다.

주님의 숭고한 은혜의 꽃, 눈 부신 빛들의 꽃이다.
빛의 꽃망울들은 나를 향하는 주님의 뜨거운 사랑의 표출이다.

신비, 생명의 빛

잃어버린 하나님의 사랑을 다시 찾고 언제부터인가 주님의 빛을 간절히 간구했던 세월이 있었습니다. 순백색의 성결한 빛, 생명의 찬란한 빛을 제발 내게도 비추어 달라고 매일의 날을 무릎 꿇고 눈물을 흘리면서 주님께 간절히 기도했던 수많은 날이 있었습니다. 눈부신 성결의 빛, 찬란한 생명의 빛은 말씀으로 오신 구원의 주, 어린양, 예수님이셨습니다. 예수님은 말씀이셨고 말씀은 빛이셨으며 그 빛은 사람들의 생명이셨고 곧 저의 생명이기도 했습니다. 나는 오랜 세월을 주님의 빛을 간구하며 기도했습니다. "주님의 빛은 얼마나 신비롭고 아름다울까…? 주님의 신비의 빛은 어떤 느낌이고 어떤 체험일까…?" 하는 의문에 사로잡힌 나는 나름대로 거룩한 열정을 쏟아붓고 있었다고 고백합니다. 나는 성경에서 말씀하는 것처럼 주님의 빛은 죽어가는 영혼들을 살리시는 생명의 빛으로 믿고 싶었습니다. 주님의 빛은 죄와 사망으로 죽어가는 영혼들을 살리는 light of divine, 신성한 빛이라고 믿고 있었지만 그렇다고 다른 종교인들과 이교도인들처럼 무분별한 신비와 환상만을 좇고 추구하는 무조건적 신비주의자는 아니라고 말하고 싶습니다.

가끔가다 기독교 안에서 이상한 신비와 이적과 환상을 보았고 불의 능력을 받았다는 체험을 자랑스럽게 말하는 사람들의 말을 수없이 듣기도 했지만, 그러나 미안하지만 나는 곧이곧대로 믿지 않았습니다. 나는 아무도 모르게 조용히 심중으로 살펴보고 가늠해보며 스스로 분별하고는 했습니다. 신비라고 해서 전부 성령하나님으로부터 내려오는 신비가 아니라는 것을 영의 지혜를 통해 잘 알고 있었기 때문입니다. 먼저 그 신비가 누구에게서 왔는지, 어디에서 왔는지, 신비를 보았고 하늘의 능력을 받았다는 사람이 어떤 성품을 내면에 품고 있는 사람인지, 나만의 확실한 영적 검증이 필요했기 때문입니다. 영의 세상과 묵시적 신비를 조금씩 체험하고 난 후부터 나의 영은 모든 면에서 매우 예민하고 세심하고 날카롭게 변해가고 있었습니다. 신비는 분명 신비인데 성령의 거룩함은 나타나지 않는 매우 조악한 신비들이 난무하는 그런 신비를 성령께서 베풀어 주시는 신비라고 쉽게 인정해줄 수는 없었습니다. 나는 신비를 보았고 성령의 은사와 불의 능력을 받았다는 사람들의 영혼의 상태와 정신의 상태와 마음의 상태와 눈빛의 언어와 손과 몸짓의 행동까지 먼저 살펴보기를 힘썼습니다.

성령의 신비로운 임재는 아름답고 거룩했습니다…. 순수했고 거짓이 없으며 맑고 깨끗했습니다…. 맑은 물의 역사는 생명의 생동력이 있었고 언제나 항상 잔잔한 감동이었습니다. 그러나 기독교 안에, 교회 안에, 믿는 자들 안에, 무분별한 신비의 옷을 입고 출몰하는 조악하고 사악한 현상들이 순식간에 성령의 임재와 신비와 은사처럼 포장되고 왜곡되고 있다는 것을 무수히 목격하고 나서 마음에 섬뜩함을 느낀 나머지 내 안에 나름의 철칙을 세워놓고 있었습니다. 첫째는 하나님의 말씀이었습니다. 둘째는 참된 회개와 간구의 기도였습니다. 셋째는 거룩한 믿음의 능력이었습니다. 넷째는 내면 안에 맺는 거룩한 성품의 열매들이었습니다. 다섯째는 하나님의 거룩한 나라를 향해 있느냐는 것이었습니다. 마지막 여섯째는 주님의 성결한 신부가 되고 싶다는 열정을 마음에 품고 있느냐는 것이었습니다.

하나님의 말씀이 없는 맹목적인 기도, 은사의 능력과 불의 능력만을 간구하는 무조건 식의 기도를 참된 기도라고 인정하고 싶지 않았습니다. 참된 회개가 없는 기도, 거룩함의 능력이 없는 기도를 기도라고 인정할 수 없었습니다. 내면에 맺는 성품의 열매가 없는 믿음을 믿음이라고 인정하고 싶지 않았습니다. 하나님의 말씀과 회개의 기도와 거룩함의 믿음의 능력과 내면의 성품은 주 예수그리스도를 사랑하는 그리스도인들이라면 반드시 갖추어야 할 덕목이었고 필수 조건이었습니다. 그러므로 신비를 보았고 불의 능력을 받았다는 사람들의 말을 무조건 성령의 은사로 인정할 수 없었던 것입니다. 당연히 영의 안테나를 높이 세워 놓고 나타나고 있는 현상들을 날카롭게 살펴보고 분별할 수밖에 없었습니다. 누군가가 내게 그런 판단은 성령을 만홀히 여기고 겸손하지 않은 오만한 모습이라고 비난을 해도 할 수 없었습니다. 나는 판단을 하지만 정죄는 아니었습니다. 내게는 나만의 영적 날카로움과 성령께서 일곱 금촛대의 진리의 빛으로 가르쳐주시는 맑고 깨끗한 영의 지혜가 있었기 때문입니다. 그러나 이 말 역시 교만한 말로 들릴 수도 있을 거라는 생각을 해봅니다. 그래도 어쩔 수 없습니다.

그러나 아무리 기도하고 간구해도 주님을 직접 대면할 수 없었던 내 갈급한 영혼이 있었습니다. 비록 주님은 볼 수 없어도 언제나 항상 주님 곁에 머물고 싶었고 주님의 생명과 함께 살아가고 싶다는 열망과 열정을 내 안에 품고 있었습니다. 요한복음에서 사도요한이 증거하고 있는 것처럼 빛으로 오신 참 빛, 생명의 빛은 내게는 너무나 소중하고 고귀하기만 했습니다. 나는 빛으로 오신 주님의 성결을 닮고 싶다는 열정을 품고 제발 내게도 성결의 빛을 비추어 달라고 주님께 간절한 심정으로 기도했습니다. 나는 주님의 성결의 빛 가운데 영원토록 머물고 싶었고 숭고하신 주님과 더불어 영원히 살고 싶다는 열망을 가슴에 품고 있었습니다.

주님은 그런 내 마음의 간절한 소원을 아셨는지 어느 날 밤, 기도하는 가운데 눈보다도 희고 고운 성결의 빛으로 나를 찾아와 주셨습니다. 그리고 나의 영혼을 잔잔한 평강의 빛, 숭고한 빛 가운데 고요히 머물게 해주셨습니다. 주님은 찬란한 은빛으로 빛나는 빛으로 심약한 나의 심령을 따뜻하게 비추어주셨고 포근히 감싸 안아주셨습니다. 주님의 숭고한 빛은 온 세상의 언어로도 형언할 수 없는 천상의 빛이었고 숭고한 거룩 그 자체였습니다. 주님의 빛은 생명의 빛이었습니다…. 생명의 빛이 세상과 어둠을 비출 때, 흑암의 세력들은 외마디 비명을 지르면서 떠나갔습니다. 주님의 성결한 빛이 죄로 가득히 물들어 있고 불결하기 짝이 없는 내 심령을 눈부시게 비추실 때, 내 안에 지독한 거머리처럼 들러붙어 내 영혼의 피와 자양분을 마음껏 흡혈하고 있었던 죄의 세력은 비명을 지르면서 떠나갔습니다. 그러한 감화감동의 체험을 나는 온 마음과 영혼으로 충만하게 느낄 수 있었고, 그리고 곧바로, "주님의 빛, 은혜의 꽃"이라는 글을 썼던 것입니다.

이천 년 전, 제자들과 회중들을 향해 살리시는 빛의 가르침을 주셨던 주님의 말씀을 나는 진심으로 믿고 싶었습니다. 주님은 변화 산에서 지극히 밝은 흰 빛으로 순간 변형되었다고 마태는 기록하고 있습니다. 또 주님의 얼굴에는 찬란한 광채가 났으며 옷은 세상에서 빨래하는 자가 그렇게 희게 할 수 없을 만큼 매우 희고 강렬한 광채의 빛을 발하셨다고 공관복음은 기록하고 있습니다. 나는 그러한 신비의 광경을 상상하면서 비록 나는 죄인의 불결한 육신의 옷을 입고 있지만 내 영혼만큼은 주님의 숭고한 빛으로 광채 나는 희고 고운 성결의 옷을 입은 아름다운 신부의 영혼이 되고 싶다는 열망을 내 뜨거운 심장 안에 품고 있었고 주님의 생명의 빛, 숭고한 빛 가운데 머물며 살아가기를 간절히 바라고 소원했습니다.

빛이신 주님은 사람들의 생명이라고 사도요한은 기록하고 있습니다. 빛으로 오신 숭고한 주님께서 살리시는 생명의 빛 가운데 계신 것처럼 우리도 주 안에서 빛 가운데 행하면 주님의 고결하신 보혈이 우리의 모든 죄악을 소멸해주시고 깨끗하게 씻어주실 것이라고 주님의 종, 사도바울은 에베소서에서 말씀하셨습니다. 그렇습니다…! 주님의 빛을 간절히 간구하는 사람은 어둠을 미워하고 죄와 악을 배척하는 사람들입니다. 빛으로 오신 주님의 생명과 진리를 따르기를 소원하며 자신들의 내면에서 쉴 새 없이 발각되고 있는 추악한 죄 성들을 바라볼 때마다 한탄과 분통을 터트리며 부끄러워하는 사람들입니다. 그동안 자신들이 알게 모르게 지었던 죄악들이 너무나 불결하고 추악해서 죄에서 한시라도 빨리 벗어나기를 열망하며 주님의 성결의 빛, 숭고하신 빛 가운데로 회개하며 나아오는 것입니다. 바로 그런 영혼들이 하나님께서 베풀어 주시는 구원의 길에 동참하는 영혼들이 되고 하늘나라 천국을 차지하는 빛들의 백성들이 되는 것입니다.

한번 죄 사함을 받고 주님의 성결한 빛 가운데 함께하는 영혼들은 더한층 주님의 숭고한 빛을 열망하게 될 것입니다. 그런 영혼들은 죄와 미혹을 물리칠 수 있는 하늘의 신령한 영권과 능력을 권능의 하나님께로부터 충만하게 공급받게 되는 것입니다. 하나님의 능력이 함께 할 때마다 죄와 미혹을 이겨나갈 힘이 솟아나는 것입니다. 죄가 기회를 타고 육신을 혼미하게 하며 유혹하고 올 때도, 정욕이라는 죄가 혈기를 타고 흐르며 죄를 지어도 괜찮다고 속삭이며 부추길 때도, 그것은 마귀의 달콤한 속삭임이며 파멸과 저주라는 사실을 즉각 직관하는 것입니다. 그럴 때마다 빛이신 예수님의 이름을 힘입어 마귀를 대적해서 강력하게 내쫓아내는 것입니다.

주님의 성결한 빛 가운데 있는 믿음의 사람들은 죄를 민감하게 catch, 하고 즉시 반응하며 강하게 꾸짖고 대적할 수 있는 하늘의 영권을 사용하게 될 것입니다. 그렇게 죄와의 싸움들이 반복되고 지속되어 갈 때마다 영혼들은 영적 싸움에서 눈부신 승리를 거두게 되고, 점진적으로 영적 강건함을 정신과 심령 안에 쌓게 되는 것입니다. 그것을 가리켜 사도야고 보는 하늘에서부터 내려오는 영권이자 하나님의 온전한 선물이라고 말씀하고 있습니다. 하늘의 영권은 믿음의 사람들이 영적 싸움을 하면서 얻게 되는 고귀한 하늘의 선물이자 신령한 은사입니다. 죄와 세상과 육신마귀와 싸우지 않고서는 결코 획득할 수 없는 하나님의 고귀한 선물입니다. 육의 눈에 보이지 않는 영적 세력들과 전쟁을 치르고 승리를 거둘 때마다 영혼들은 하늘의 영권을 충만하게 받게 됩니다. 하나님이 기뻐하시는 구원의 주, 그리스도예수라는 숭고하신 분의 심령성전을 아름답게 짓는 에클레시아, 천국교회가 되는 것입니다.

그러나 가끔가다 어떤 지도자들과 사역자들은 이렇게 말하는 것을 목격하기도 합니다. 영혼들의 육신은 본질적 아담의 죄 성으로 가득히 차 있기 때문에 죄와 싸워 이길 수 없어 넘어지는 것은 당연하고 그것은 사실이기에 죄를 이기려고 하는 그 자체가 교만을 부리는 오기이며 하나님 앞에 자신의 나약함을 인정하지 않는 것이라고 말하는 사람들이 예상외로 기독교 안에 많다는 것입니다. 한 마디로 아담의 산물인 육신의 나약함을 하나님의 순리로 받아들이라는 것입니다. 그렇게 하는 것이 죄의 본질인 나를 하나님 앞에 겸손하게 내려놓는 믿는 자들의 참된 행위가 된다는 것입니다. 그러나 미안하지만 그렇게 말하는 사람들은 악한 영물들과의 영적 싸움에서 얻어지는 영적 강건함의 능력이 무엇인지 모르고 있으며 영적 싸움에 대해서는 무지하고 무능한 사람들의 말이라고 치부할 수밖에 없을 것 같습니다.

그렇게 말하기 좋아하는 사람들은 그렇게 믿고 있기 때문에 작은 죄 하나도 제대로 싸워서 이기지 못하는 형편없이 나약한 종교인의 모습으로만 남아 있을 수밖에 없는 것입니다. 영적 승리에서 오는 기쁨을 단 한 번도 체험한 적이 없기 때문입니다. 그러므로 아예 죄와 싸울 용기도 내지 못할 것이며 죄와 싸워서 한 번도 이겨본 적이 없는 것입니다. 아담의 죄성을 물려받은 인간의 육신은 나약하고 완벽하지 않다는 것은 맞는 말입니다. 인간의 육신은 아담의 원죄인 DNA 죄 성으로 가득히 물들어 있다는 것도 맞는 말입니다. 그러나 믿는 자들의 심령 안에는 죄와 사망과 사탄의 미혹을 대적하고 물리치고 눈부시게 승리하신 예수님의 권세가 함께 하여 주십니다. 그것은 진리입니다. 그러나 그런 진리를 믿고 싶지 않은 사람들은 미혹의 말을 양심의 찔림도 없이 사람들 앞에 쉽게 던지는 것입니다. 이천 년 전, 우리들의 주님은 육신의 죄와 마귀의 미혹이 무엇인지에 대해서, 그것들과 싸워서 어떻게 승리할 수 있는지에 대해서, 비유와 말씀을 통해 충분히 가르쳐 주셨고 깨닫게 해주셨다는 것을 믿음의 사람들은 기억하기를 바랍니다.

주 예수님은 말씀하시기를 믿는 자들에게는 충분히 육신의 죄와 마귀의 유혹을 이겨낼 수 있고 죄를 대적할 수 있는 성령의 힘과 능력을 주셨으며 빛의 아들들이 되는 자녀의 권세와 특권을 주셨다고 분명히 말씀하셨습니다. 그러므로 믿는 자들은 자신들의 나약한 육신의 힘을 의지해서 악한 영물들과 싸우고 죄 성인 육신과 맞서 싸우는 것이 아니라는 것입니다. 나약한 인간의 힘으로는 공중을 지배하고 있는 영물들인 악한 영들과 결코 싸울 수 없으며 승리할 수도 없을 것입니다. 권세의 주님을 의지하지 않으면 인간은 언제라도 패배할 수밖에 없는 연약한 존재들에 지나지 않기 때문입니다. 눈부신 부활의 생명과 영권을 베풀어 주시는 주 예수그리스도, 권세의 이름으로 강성한 죄의 미혹들과 육신의 정욕들과 사탄의 역사와 어둠의 세력들과 맞서 싸워서 물리치는 것입니다. 예수님이 십자가상에서 승리해 주셨듯이 믿는 자들도 얼마든지 승리할 수 있다는 것입니다. 죄와 사망을 이기시고 승리하신 만군의 주이시고 만왕의 왕이신 예수그리스도께서 죄 성을 물리칠 힘과 능력과 권세를 믿는 자들에게 베풀어 주셨기 때문입니다.

구원의 주이신 예수님이 믿음의 사람들과 함께 싸워주시는 것입니다. 그러므로 죄와 싸워 이길 수 없다고 스스로 단정 짓는 사람들은 그들 안에 예수님이라는 하나님이 함께하시지 않고 있다는 충분한 물증이 되는 것입니다. 하나님은 믿는 자들이 죄와 싸워 죄를 이기고 승리하는 믿음의 전신갑주를 입고 무장하고 있기를 간절히 바라고 계십니다. 그 때문에 어린양이신 예수께서 희생의 제물이 되어 죄와 저주와 멸망의 상징인 십자가에 고통스럽게 달려 피와 물을 다 쏟고 돌아가셨고, 승리로 부활하셨고, 하늘로 승천하셨고, 거룩한 하늘보좌에 앉으셨고, 그러므로 진리의 영이신 "파라클레토스 보혜사 성령하나님"이 아버지의 영으로, 그리스도 예수의 영으로, 이 땅에 바람처럼, 불처럼, 물처럼, 무소부재하시는 권능으로 강림하셨던 것입니다.

성령하나님은 첫 사람이었던 아담의 죄와 사망의 법에서 죽어가는 영혼들을 부활의 생명으로 살리시고 구원하시기 위해 이 땅에 오셨습니다. 그리고 죄에 대하여, 의에 대하여, 심판에 대하여, 진리에 대하여, 부활에 대하여, 천국에 대하여, 주님의 재림에 대하여, 영과 진리로 가르쳐주시는 것입니다. 나약한 영혼들이 죄의 삶에서 벗어나 흑암의 세력들과 싸워 승리하라고, 그래서 성령하나님과 동행하는 거룩한 생명의 삶을 함께 살아가라고, 그래서 비참하게 버려진 슬프고 아픈 고아들이 아닌, 하늘의 하나님께서 사랑하시는 믿음의 거룩한 의의 백성들이 되라고 세상 끝날 때까지 영혼들을 인도해가시는 것입니다.

율법적 종교 안에 갇혀 있는 사람들이 사도바울의 로마서 10장 말씀을 자주 인용하고 있음을 봅니다. 그리스도예수를 마음으로 믿으면 의에 이르고 입으로 시인하면 구원에 이르렀다는 말씀입니다. 그러나 통회하는 진실한 마음의 고백과 순종적 거룩한 믿음이 함께하지 않는다면 허망한 입술의 고백밖에 될 수 없을 것입니다. 그런 사람들은 여전히 세상의 힘과 육신의 힘을 탐하고 자랑하며 살아갈 것이고 기회가 생길 때마다 죄를 짓게 될 가능성이 아주 높을 것입니다. 그런 믿음은 하나님께 구원받을 수 없는 가짜 믿음입니다. 적어도 믿음의 사람들이 죄와 피 흘리기까지 싸울 때도 있어야 하고 혹이라도 죄를 지었을 때는 하나님 앞에 자신들의 죄를 열어놓고 참되게 회개하는 정직한 믿음의 기도도 필요한 것입니다. 그러한 마음의 결단과 싸움도 없이 아무리 생각과 입술로 수없이 고백하며 선포했다고 할지라도 결국에는 허공을 치는 허망한 몸부림에 지나지 않는 종교적 믿음으로 남게 되는 것입니다. 그런 믿음은 구원을 받을만한 믿음, 영혼을 살리는 참된 믿음이라고 말할 수 없을 것입니다.

단 한 번도 죄와 제대로 싸워보겠다는 믿음의 결단도 없고 이길 생각도 없고 아예 싸우려고 하지도 않는 믿음은 가짜 믿음입니다. 그래서 사탄은 교회를 형식상으로만, 종교상으로만, 다녀도 된다고 사람들의 귓가에 대고 허황되고 허탄한 생각을 주입하면서 능력 없는 믿음으로 조성하고 자꾸만 죄의 길로 미혹하는 것입니다. 그 결과 당연히 죄를 이기지 못하고 죄에 굴복하고 죄에 안주하는 것은 불을 보듯 뻔한 것입니다. 정욕과 탐심으로 어설프게 교회에 다니면서 사람들은 입술을 열어 인간은 죄를 이길 수 없다고 체념하듯이 말하는 것입니다. 맞습니다. 그 말은 사실이기도 합니다. 그러나 죄와 사망을 이기고 승리하셨던 예수그리스도께서 믿음의 사람들과 함께하실 때, 인간은 죄를 당당히 물리치고 이길 수 있는 것입니다. 초대교회 영적 위대한 지도자였던 사도바울도 그런 진리의 깨달음을 따라 로마교회와 교인들에게 선포한 것입니다. 그러므로 어느 쪽이 진리고 어느 쪽이 가짜인지 믿음의 사람들은 확연히 분별할 수 있을 것입니다.

예수그리스도를 마음으로 믿어 의에 이르고 입으로 시인하여 하나님의 구원에 이르렀다는 사도바울의 진리의 가르침은 그러므로 아무에게나 적용되는 말씀이 아니라는 것입니다. 오직 그리스도예수를 참되게 믿고 믿음으로 순종하는 믿음의 지체들에게만 적용된다는 것입니다. 작은 것이라도 죄와 싸워 승리하는 지체들에게만, 눈물을 흘리며 자신들의 잘못을 회개하는 지체들에게만, 성결한 신부의 준비를 하는 거룩한 지체들에게만, 하늘의 하나님은 능력과 영권을 베푸시고 허용하신다는 것입니다. 미안하지만 그 이외의 사람들에게는 허용하시지 않습니다. 하나님은 세상의 모든 영혼을 사랑하시며 구원을 베풀어 주고 싶어 하시지만, 아무에게나 천국 구원을 베풀어 주시지 않는다는 것은, 진리입니다. 이 말을 오해하지는 말기를 바랍니다. 세상에는 사탄처럼 지옥 불 못 속으로 떨어지는 영혼들도 있고 부끄러움에 내버려 두신다는 멸망 받는 영혼들도 있기 때문입니다. 하나님은 예수그리스도 희생의 보혈로 불결했던 죄악들이 깨끗이 씻음을 받고 예수생명을 각자의 심령에 모신 사람들에게만 천국 구원을 베풀어 주시기 때문입니다. 그러므로 하나님의 부르심을 받고 선택받은 사람들은 아들의 형상을 본받게 하시고 의롭다 불러 주시고 영화롭게 해주시는 신분 상승을 받게 되는 것입니다. 그런 사람들은 하나님의 말씀에 믿음으로 순종하며 거룩한 삶을 살아가고 살아내기를 힘쓰고 소원하는 것입니다. 그런 사람들만 하나님은 영생구원을 베풀어 주시는 것입니다. 예수님도 그런 영혼들을 구원하기 위해 저주의 십자가에 달려 장렬한 죽음으로 희생하셨던 것입니다.

주님의 빛은 나약한 내 영혼을 살리는 생명의 빛이고 내 소망의 빛입니다. 내가 생명 바쳐 영원토록 사랑해야 하는 나의 구원의 주님, 영존하시는 하나님이십니다. 흑암 속에 갇혀 죄와 사망으로 죽어갈 수밖에 없었던 죄인들의 생명을 살리시기 위해 스스로 저주와 멸망의 십자가에 달리셔서 피와 물을 다 쏟고 장렬한 죽음을 선택하셨던 주님…! 권세의 주님이 연약한 영혼들과 함께만 하신다면 어둠을 타고 역사하는 악한 영들과 죄의 미혹으로 부추기는 마귀의 역사를 단호히 물리치고 승리하는 생을 살아가게 될 것이라고 믿어 의심치 않습니다. 믿음의 지체들은 더한층 빛의 주님을 사모할 것이고. 말씀으로 오신 생명의 주님을 더더욱 사랑할 것입니다. 하나님이 거룩하신 것처럼 믿음의 지체들도 거룩한 삶을 살아갈 것이고 더더욱 거룩함을 가꾸고 지켜낼 것입니다. 거룩한 믿음의 능력을 내면 안에 갖추고 하늘의 천국을 소망하는 삶을 살아갈 것입니다. 빛의 주님, 성결의 주님, 생명의 주님이 믿음의 영혼들과 영원토록 함께하신다는 산 진리를 깊이 깨닫고 감격할 때마다, 생의 날을 살아가는 동안 누구나 거룩한 심령천국을 이루며 살아가는 하나님께 축복받는 천국 영혼들이 될 것이라고 확신합니다.

예수께서 이르시되 아직 잠시 동안 빛이 너희 중에 있으니
빛이 있을 동안에 다녀 어둠에 붙잡히지 않게 하라-
어둠에 다니는 자는 그 가는 곳을 알지 못하느니라-
너희에게 아직 빛이 있을 동안에 빛을 믿으라-
그리하면 빛의 아들이 되리라- 〈요 12:35-36〉

내가 두려워하는 것은

나를 위협하는 두려운 존재가 있습니다.
나를 위협하는 존재는 이 환경도 이 현실도 아닙니다.

육의 눈에 보이지 않는 저 흑암과 공중의 세상도 아닙니다.
음산한 기운으로 나를 공격해오는 악한 영들도 아닙니다.

내가 두려워하는 것은 바로 나 자신입니다.
내 안에는 악이라는 검은 그림자가 숨어 있습니다.

악의 그림자는 내가 어디를 가든지 항상 나를 따라다닙니다.
악의 그림자는 시시때때로 나를 겁박하고 괴롭힙니다.

내 안에 있는 악은 마음대로 나를 조종하고 있습니다.
나는 이것이 두렵고 많이 걱정되는 것입니다.

항상 나와의 전쟁을 유발하며 나를 맹렬하게 공격해오는
악을 이긴다는 것은 내게는 버거운 고통이기만 합니다.

그것은 마치 거대한 악의 산을 오직 맨손으로
깨부수어야만 하는 힘겹고도 불가능한 싸움이기 때문입니다.

그러나 나는 힘겹고 불가능해도 싸워야만 합니다.
설령 승리하지 못한다고 해도 나는 끝까지 싸워야만 합니다.

내 안에 똬리를 틀고 앉아 나를 마음대로 조종하고 있는
악의 그림자와 나는 사력을 다해 싸워야만 합니다.

힘에 부치고 철철 피를 흘리는 고통스러운 싸움이지만
내 영혼의 생명이 살기 위해서는 이를 악물고 싸워야만 합니다.

하늘 보좌에 앉아계시는 하나님아버지를 영화롭게 해드리는
승리하는 영혼 찬란한 빛의 영혼이 되기 위해 싸워야만 합니다.

오늘도 나는 내 속에 숨어 있는 악의 그림자와
순간의 지독한 전쟁을 치열하게 맞서고 있습니다.

성령의 법

믿음의 지체들에게는 속 사람의 법, 마음의 법, 양심의 법이 존재하고
있습니다. 속 사람의 법, 마음의 법, 양심의 법은 육의 눈에는 보이지 않
는 하나님의 법입니다. 이 법을 믿음으로 받아들이는 사람들이 주 예수그
리스도 구속 안에서 죄와 사망을 이기고 부활의 생명으로 거듭난 영혼들
입니다. 믿음으로 받아들이는 영혼에게는 신령한 하늘에서부터 기름부
음이 부어지고 거룩함의 능력이 함께 합니다. 하나님의 기름부음은 이름
이 있든 이름이 없든, 인기가 있든 인기가 없든, 성공을 했든 성공을 하지
못했든, 부자이든 가난하든, 잘 생겼든 못생겼든, 그런 것과는 상관없이
구속의 주, 예수그리스도를 사랑하고 말씀에 순종하는 사람들은 모두 받
을 수 있는 하나님의 은혜이자 특권입니다.

하나님은 에수그리스도의 구속을 통해 특별한 은혜를 믿는 자들 모두

에게 허락해주셨습니다. 십자가의 구속으로 거듭나고 새 피조물이 된 믿음의 지체들은 하나님의 법을 마음에 모시고 살아갑니다. 하나님의 법을 각자의 마음에 모시고 살아가는 사람들은 하나님의 법을 경외하며 하나님의 공의를 사랑하고 순종합니다. 세상과 인간이 중심이 되는 생이 아닌, 하나님을 중심으로 삶의 모든 포커스가 맞추어져 있습니다. 항상 하나님의 얼굴을 찾고 하나님의 뜻을 구하며 하나님 편에 서서 현실에서 일어나는 일련의 사건 사고들을 날카로운 영의 눈으로 바라보고 깨닫습니다.

인간도 인간의 법을 만듭니다…. 세상에도 세상 법이 있습니다…. 세상 법은 인간이 만든 법입니다. 세상 법은 인간이 알고 있고 할 수 있는 모든 인본의 지식과 지혜와 신념과 정의와 능력을 총동원해서 만든 법입니다. 그러나 인간이 만든 세상 법에는 하나님의 법은 존재하지 않습니다. 이유는 인간이 거부하기 때문이고 인간이 하나님처럼 되고 싶어 하기 때문입니다. 인간은 유한한 생명일 뿐이고 피조물에 지나지 않는 나약한 존재에 지나지 않기에 하나님이시라는 전능하신 분의 지혜와 전능을 담을 수 없습니다. 그런데도 인간은 자신들의 힘과 지혜를 자랑하고 자신들이 만든 세상 법을 중시하는 것입니다. 반대로 하나님의 공의의 법은 거부하며 반발하고 있습니다. 죄의 육신이, 죄의 정욕이 죄의 교만이, 하나님의 법을 미워하고 대적하기 때문입니다.

결론적으로 인간은 하나님의 법을 원하지 않는다는 것입니다. 창조주이신 하나님의 법보다도 인간의 법을 앞세우며 말합니다. 하나님의 법은 정의롭지 못하고 공평하지 못하고 사랑이 없으며 매우 극단적이고 편파적이며 분노적이라고 거부하는 것입니다. 하나님의 법을 마음의 불편함과 반항심과 거부감을 느끼게 해주는 껄끄러운 존재에 지나지 않는다고 생각하는 것입니다. 그렇기에 인간의 법을 앞세워 하나님의 법을 거부하는 것입니다. 그러나 하나님의 법이 존재하지 않는 곳에서는 패망하는 인간의 법만 난무할 뿐입니다. 인간의 법만 난무하는 곳에서는 당연히 인간의 교만과 완악한 육신을 붙들고 지배하는 세상 신, 곧 사탄의 세력들만 득시글 댈 것입니다. 하나님의 전능이 통치하지 않는 곳에서는 사탄이 싣고 온 아비규환의 혼돈과 잔악하고 참담한 파괴들과 분란 분열들의 조성들과 미친 광란들이 적나라하게 드러날 것입니다.

하나님의 신권과 신본과 신격을 배제한 인간의 법에서는 피조물인 인간이 하나님이 될 것입니다. 바로 인간이 왕이 되고, 바로 인간이 하나님의 법이 되고, 바로 인간이 하나님의 높은 자리에 앉아 같은 인간을 다스릴 것입니다. 때로는 무소불위의 권력을 무기 삼아 인간의 머리를 무참하게 밟고 군림할 것입니다. 인간도 하나님처럼 될 수 있고 동등한 신의 위치에서 세상의 모든 것을 통치할 수 있다는 것을 보여주기 위해 지혜와 능력과 권력을 총동원해서 온 세상을 향해 선포하는 것입니다. 인간도 얼마든지 하나님처럼 지혜로울 수 있으며 정의로울 수 있으며 사랑할 수 있으며 인간 세상을 공평하게 다스리고 통치할 수 있다고 자만하는 것입니다.

하나님의 피조물에 지나지 않는 인간이 하나님의 신격을 배격하고 도리어 인간을 우상화하고 신격화하는 것입니다. 이것이야말로 하나님의 창조질서의 법을 여지없이 파괴하고 무너트리는 악한 행위가 되는 것입니다. 하나님의 창조의 법을 반대하면서 인간의 법만을 주장하고 인간을 우상화하고 신격화하는 그 뒤에는 여지없이 타락하고 부패한 사탄이 음흉하게 도사리고 있었습니다. 마귀는 인간의 완악한 생각과 교만한 마음을 한없이 부추기고 조종하면서 저주와 멸망으로 끌고 가는 것입니다. 당연히 교만한 인간은 마귀의 계략을 알 수 없습니다. 하나님의 영이 없는 인간의 영에는 같은 성질과 동질을 띠고 있는 사탄의 사악함만을 소유하고 있기 때문입니다. 사탄은 인간의 양심을 타락하게 만들어버리는 실질적 원흉들입니다. 사탄에게 영혼을 도둑맞고 시꺼먼 화인을 맞아버린 인간의 양심이라고 한다면 그런 영혼들은 다시는 새롭게 되어 회개할 수 없다고 히브리서 성경은 강력하게 선포하고 있습니다. 이유는 하나님의 아들을, 숭고한 피를 뿌려주신 그리스도예수를, 다시 한 번 저주의 십자가에 못 박아 드러내놓고 능욕했기 때문입니다. 그런 영혼들은 미안하지만 영벌의 자식들이 되고 마는 것입니다. 그런 영혼들은 당연히 사탄이 지배하고 있는 죄와 사망의 어둠 속에 갇혀 사탄의 저주와 함께 영원히 고통받으며 살아가게 될 것은 자명한 것입니다.

어둠은 사탄의 성질이자 멸망을 대표하는 symbol, 심볼입니다. 사탄은 죄와 사망을 지배하는 흑암의 세력입니다. 죄는 어둠에 속한 것이며 저주와 멸망이라는 본질을 소유하고 있습니다. 인간을 미혹하고 인간에게 죄를 짓게 하는 원흉이 바로 죄를 지배하고 조종하는 사탄입니다. 인간의 육신 또한 죄의 성질을 담고 있습니다. 곧 사탄의 성질입니다. 죄에 붙들린 인간은 죄의 성질을 따라 음지에서 무수한 죄를 짓고 있으면서도 그 자체가 죄라는 사실을 자각하지 못하고 있습니다. 이미 멸망이라는 화인을 양심이라는 소중한 기관에 맞아버렸고 그 결과 양심이 시꺼멓게 죽어버려 제대로 작동하지 못하는 참담한 노예들이 되어버렸기에 죄를 이길 힘이 없다는 것입니다. 죄는 달콤합니다…. 죄는 거부할 수 없는 은밀한 쾌락을 인간에게 한가득히 안겨줍니다. 인간은 은밀한 쾌락을 즐기는 것에 정신을 쏟아붓고 죄를 탐닉하는 것에 열중합니다. 오늘날 인간이 짓는 죄는 거대한 악의 쓰나미를 이루고 있으며 인간의 심령을 향해 인정사정없이 침범해 들어와 거대한 쓰레기더미를 쌓고 있습니다. 그러나 죄의 실체를 자각하고 죄를 단호히 꾸짖고 거부하고 물리치는 영혼들만 죄와의 싸움에서, 영물들과의 싸움에서 당당히 승리하게 될 것입니다.

너희가 전에는 어둠이더니
이제는 주 안에서 빛이라 빛의 자녀들처럼 행하라
빛의 자녀는 모든 착함과 의로움과
진실함에 있느니라 - 〈엡 5:8-9〉

이 천년 전, 예수께서는 제자들과 회중들을 향해 말씀하셨습니다…. 죄의 영혼들이 되어 캄캄한 어둠 속에 숨어다니지 말고 빛이 있을 때, 빛 가운데 다니면 빛의 아들들이 될 것이라는 진리를 가르쳐주셨습니다. 여기서 어둠은 죄악을 붙들고 있는 사탄의 세상이고 육신의 세상입니다. 밝은 빛은 부활의 생명으로 오신 예수님이십니다. 빛의 아들들은 예수님을 구원의 주로 믿고 따르는 믿는 자들을 말합니다. 그러나 어둠에 휩쓸려 다니기를 좋아하는 자들은 빛이라는 숭고한 분의 생명을 받기를 거부하고 미워하고 비난할 것입니다. 자신들의 육신과 영혼의 생명은 이미 죄와 사망이라는 어둠 속에 깊이 파묻혀 버렸기에, 빛이고 생명이신 예수님을 괜히 미워하고 저주하는 것입니다. 그 대신 죄를 붙들고 역사하는 사탄의 달콤한 미혹이 훨씬 더 좋고 훨씬 더 자신들의 쾌락을 만족시켜주기 때문에 그것들을 더 열망하는 것입니다. 그러나 멸망이라는 본질과 영생이라는 본질은 완전히 다른 세상에 속해 있습니다.

어둠에 붙잡힌 영혼들은 자신들이 가는 곳이 어디인지 알지 못한 채, 눈뜬장님처럼 되어 칠흑 같은 어둠 속에 갇혀 비틀거리며 헤매고 다닐 것입니다. 그러나 생명이라는 찬란한 빛이 비치는 곳에 칠흑 같은 어둠은 곧바로 사라질 것입니다. 어둠은 살리시는 생명의 빛, 주님의 빛을 결코 이길 수 없기 때문입니다. 그동안 나를 두려움으로 벌벌 떨게 하며 공격해왔던 흑암의 세력들은 구원의 주, 예수그리스도 구속의 생명 앞에서 참담한 패배를 선언하면서 감쪽같이 사라졌습니다. 혹이라도 오늘의 삶을 가시밭 환경과 마음의 염려와 미래를 알 수 없는 두려움 속에 살아가는 분들이 있다면 부디 예수님의 숭고하신 생명의 빛을 사모하시기를 바랍니다. 예수님의 권세의 이름으로 마음속 염려와 두려움을 단호히 떨쳐버리고 주님의 찬란한 빛 가운데 온전히 머물며 주님과 더불어 살아가는 주님의 귀하고 복된 영혼들이 되시기를 기도하고 축복합니다.

사랑하는 자들아
너희는 너희의 지극히 거룩한 믿음 위에
자신을 세우며 성령으로 기도하며
하나님의 사랑 안에서 자신을 지키며 영생에 이르도록
우리 주 예수그리스도의 긍휼을 기다리라- 〈유 1:20-21〉

죄의 지시

생각에서 짓는 죄는 그 신속하기가
레이저 광선의 빛보다도 수십 배나 더 빠릅니다.

생각에서 짓는 죄는 큰 죄든 작은 죄든 그대로 놔두면
그것들은 쌓이고 또 쌓여 거대한 악의 산을 구축합니다.

생각에서 짓는 죄는 곧바로 생각에서 신속하게 물리치고
숭고한 분의 보혈로 깨끗하게 씻어내야 합니다.

생각에서 짓는 죄를 씻어내지 않으면 죄의 집을 짓게 되고
영혼들을 심각한 영적 지배로 끌고 갈 것이기 때문입니다.

생각에서 짓는 죄를 물리쳐야 하는 것은 당연한 이치입니다.
내 영혼이 죽느냐 사느냐의 긴박한 갈림길에 서 있기 때문입니다.

살리는 생명의 물줄기를 공급받지 못한 영혼들은
생명의 물줄기를 잃어버린 우물처럼 바싹 메말라갈 것입니다.

세상 맘몬 신이 보여주는 망상적 신기루만 좇아가는 영혼들은
마지막 영혼의 때, 하나도 빠짐없이 멸망 당하고 말 것입니다.

그런 영혼들은 빛이 없는 흑암의 긴 터널 속에서 헤매다가
음습하고 음산한 어둠 속에 갇혀 허망한 생을 마치는 것입니다.

그런 영혼들의 심장에는 거룩한 천국의 심장이 아닌,
화마와 같은 저주와 지옥의 불구덩이가 자리 잡고 있습니다.

그러나 하늘을 바라보는 영혼들은 빛의 생명을 창조해갑니다.
생명은 하늘을 우러러보는 영혼들 위로 찬란하게 쏟아집니다.

영혼들이 소중한 생명을 어떻게 보살피고 가꾸느냐에 따라
천국세계를 넘나들기도 하고 지옥세계를 드나들기도 할 겁니다.

모든 원인의 배후에는 그 누구도 아닌
바로 영혼들의 생각이 자리 잡고 있습니다.

그러므로 영혼들의 생각은 축복과 저주를 생산해내는
24시간 풀가동 영적 생산공장입니다.

영혼들이 무엇을 생각하고 어떻게 결단하느냐에 따라
아름다운 축복과 멸망의 저주는 신속하게 움직일 것입니다.

축복과 저주는 충실하게 따라 움직이는
나의 그림자와도 같기 때문입니다.

생각 속에서 경계해야 할 것

생각에서 짓는 죄가 얼마나 빠르고 또 얼마나 빠르게 죄의 지시를 육에
게 내리고 있으며 또 육은 죄의 지시를 따라 얼마나 신속하게 받아들이
고 죄의 행동으로 옮겨가는지에 대해서 잠시 생각하는 시간을 가져보았
습니다. 또 인간의 영적 갈증은 어디서부터 시작되는지, 생각과 육신이 짓
는 죄는 어떻게 해야 신속하게 해결 받을 수 있는지, 어떻게 해야 죄를 단

호히 꾸짖고 물리치는 거룩함의 믿음의 능력을 준비할 수 있고 행할 수 있는지, 등에 대해서 믿음의 사람들이라면 당연한 의문점을 가지고 있을 것입니다. 그럴 때마다 성령님의 일곱 금 촛대의 진리의 가르침과 생명의 빛을 간구하며 기도할 때, 조금씩이지만 그러나 서서히 깨닫게 되는 놀라운 지혜의 순간을, 신비의 순간을, 체험하고 기쁨과 희열을 느끼는 찰나의 순간을 맞이하게 될 것입니다.

인간의 생각은 마음과 연결되고 있습니다. 인간의 마음은 육신과 연결되고 있습니다. 인간의 육신은 영혼의 생명과 연결되어 있습니다. 육신의 생명 안에는 영혼의 생명이라는 또 다른 생명체가 살고 있습니다. 여기서 이해하기 쉽게 생명체라고 표기하겠습니다. 둘 다 나의 색깔을 띠고 있으며, 둘 다 나를 대변하고 있으며, 둘 다 나의 생명이고 내 육신 안에 살아서 공존하고 있습니다. 그러나 생각과 마음과 육신과 영혼의 생명은 각자 사람들마다 제각기 다른 두 개의 길로 연결되어 있으며 두 개의 다른 본질로 나뉘어 있습니다. 제각기 다른 사람들의 생각을 따라 영생이라는 생명의 길이 연결되어 있기도 하고 또 다른 영벌이라는 멸망의 길이 열려 있기도 합니다. 거기에는 어정쩡한 중간다리는 없습니다. 마치 로만 가톨릭에서 말하는 연옥이라는 곳은 없다는 것입니다. 생명의 길과 멸망의 길은 반드시 두 개의 길로 나누어지기 때문입니다. 그러므로 인간이 생각과 마음을 따라 선을 행하는 것이든, 혹은 악을 행하는 것이든, 각각 다른 두 개의 set, 세트가 항상 준비되고 있고 두 개의 세트 중 하나가 움직이고 있다는 것입니다. 그러므로 각기 다른 사람들은 그 두 개의 세트 중에서 오직 하나만을 선택할 수밖에 없습니다. 개인 한 사람마다 두 개의 세트가 동시에 움직일 수 없고 사람도 동시에 두 개를 선택할 수 없기 때문입니다. 생각과 마음의 선택을 따라 선을 택하는 사람은 악의 세트를 과감히 버릴 것입니다. 그러나 악을 택하는 사람은 선의 세트를 거침없이 버릴 것입니다. 사람의 선한 생각과 마음을 따라 육신 또한 선의 열매를 충만하게 맺을 것이고 사람의 악한 마음을 따라 육신 또한 악의 열매를 강성하게 맺을 것입니다. 선과 악이 내포하고 있는 본질적 속성입니다…. 이천 년 전, 우리들의 주님은 나쁜 가시나무와 나쁜 열매들과 좋은 포도나무와 좋은 열매들에 관한 비유를 들어 제자들과 회중들을 향해 가르쳐주셨습니다. 나쁜 가시나무에서 향기로운 열매를 맺을 수 없으며 좋은 포도나무에서 나쁜 열매를 맺을 수 없다고 예수님은 말씀하셨습니다. 나쁜 나무는 반드시 나쁜 열매를 맺을 것이고 좋은 나무는 반드시 좋은 열매를 맺을 것이기 때문입니다. 세상을 살아가는 사람들 역시 마찬가지입니다. 향기롭고

좋은 열매를 심령 가운데 풍성하게 맺는 사람들이 있으면, 썩은 냄새가 나는 나쁜 열매를 심령 가운데 강성하게 맺는 사람들도 있을 것입니다. 향기롭고 좋은 열매를 맺는 사람들이 생명의 성령의 법으로 새롭게 거듭난 예수그리스도께 속한 사람들이라면, 썩고 나쁜 열매를 맺는 사람들은 사탄의 저주와 멸망에 속해 있는 참담한 지옥 백성들이 되는 것입니다.

세상을 살아가는 인간은 너나 모두 할 것 없이 순간순간마다 항상 생각이라는 영적 거대한 세상에서 수많은 죄의 공격을 무차별적으로 받으면서 살아가고 있습니다. 그 누구도 예외란 있을 수 없고 비켜 갈 수도 없습니다. 생각을 통해 선한 사람들도 공격을 받고 있으며 악한 사람들도 공격을 받기 때문입니다. 그러나 여기서 죄의 공격이란 그리스도인들과 주 예수그리스도 부활의 생명을 모르는 보통의 사람들을 말합니다. 보통의 사람들은 눈에 보이지 않는 영물들의 공격을 받고 괴로워하면서도 그것이 무엇 때문인지 모르고 있습니다. 그러나 죄와 악을 즐기는 사람들에

게 죄의 공격이란. 공격이 아닌, 도리어 희열에 찬 짜릿한 쾌감과 쾌락을 느끼는 것으로 기쁘게 받아들일 것입니다. 그러나 어떤 경우에 사람들은 알게 모르게 혹은 얼떨결에 죄의 미혹을 물리치기도 하고 또 어떤 경우에는 죄의 미혹을 물리치지 못해 죄의 함정에 빠져 죄를 짓기도 합니다. 때때로 인간은 생각 속에서 선한 능력을 마음껏 발휘하기도 하지만, 또 어떤 때는 생각 속에서 악한 능력을 과감하게 배출하기도 합니다. 그러나 그런 사실을 알고 있든지 모르고 있든지, 인간은 생각이라는 영적 광활한 세상에서 언제나 항상 선과 악과의 치열하고 살벌한 영적 전쟁을 치르고 있다는 것입니다. 결국엔 승리하는 쪽이 인간의 모든 것을 지배하고 다스리게 되는 것입니다. 단지 보통의 평범한 사람들은 본인들이 바로 그러한 영적 전쟁을 치르고 있다는 사실을 자각하지 못하고 있을 뿐입니다. 영의 거룩한 기관이 막혀있고 육신의 생각과 죄의 정욕이 여전히 강성하기에 쉽게 알아채지 못하는 것입니다.

반드시 그리스도인이 아닐지라도 보통의 양심을 소유하고 있는 사람들이라면 현실 가운데 자신들이 짓는 죄를 똑똑히 기억하고 있을 것입니다. 그래서 아무도 모르게 자신의 잘못을 돌이켜 보면서 마음속으로는 "그렇게 해서는 안 되는데, 다음에는 그렇게 하지 말아야지" 하며 자신의 잘못을 인정하고 뉘우치기도 하는 것입니다. 그러나 양심이 딱딱하게 고착되어 있는 사람들은 자신들의 죄를 변명하기에 바쁘고 무고한 누군가에게 잘못을 덮어씌우거나, 뻔뻔한 거짓말을 한다거나, 도리어 사악한 음모를 꾸미거나 속이면서 타인을 파멸시키는 것에 혈안을 쏟아붓기도 합니다. 대부분 양심이 실종된 전형적 악한 자들이 보여주는 특성입니다. 그러나 악한 그들 또한 모르고 있는 것이 하나 있습니다. 이미 그들은 죄라는 끔찍한 올가미와 쇠사슬에 꽁꽁 묶임을 당해버린 죄의 가증한 존재들이 되어버리고 말았다는 참담한 사실을 말입니다. 그렇기에 더더욱 죄의 구덩이 속으로 빠져들고 죄의 구덩이에서 벗어나지 못하는 것입니다. 죄가 그들의 영혼과 육신을 단번에 삼켜버렸기 때문입니다.

예를 들어봅니다…. 사람의 생명을 잔인하게 살해하고도 자신의 잘못을 뉘우치지 않고 도리어 뻔뻔하게 핑계를 대는 악한 자들의 기막힌 변명이 있음을 목격합니다. 수많은 십 대 소녀들을 성노예로 삼아 잔인하게 성을 착취하고 인터넷에 유포하며 수억의 돈을 벌었다는 인면수심의 젊은 이들이 있었습니다. 자신의 유익을 위해 영아인 아기를 입양해서 아이에게 들어오는 정부의 보조금을 꼬박꼬박 타 먹으면서도 말 못 하는 어린 아기를 온몸이 시퍼렇게 멍이 들도록 때리고 세게 땅에 떨어뜨려 뼈를 부러뜨리고 잔인하게 방치해서 악마처럼 죽인 양모라는 여자도 있었지만, 자신의 죄를 순순히 자백하지 않는 사악함과 뻔뻔한 태도를 보이는 모습을 보고 국민의 분노와 원성을 오랜 기간 자자하게 샀다는 것을 기억하고 있을 것입니다. 도저히 이해할 수 없는 사악한 행태들이 대중들의 마음을 분노케 하고 극혐을 불러오는 것입니다. 얼마 전에도 우연히 가엾은 아기의 미스테리한 죽음에 관한 시사방송을 모 채널을 통해 시청하다가 그러나 더는 시청할 수 없어 채널을 끄고 말았습니다. 두 눈과 심장이 끝까지 시청하기에는 너무나 괴롭고 힘들었기 때문입니다. 끝까지 시청하기에는 튼튼한 심장이 필요했습니다. 어떤 때는 강하고 담대한 것 같으면서도 또 어떤 때는 한없이 나약하기만 한 나의 모습입니다. 특히 여리고 천사 같은 아기들에게 일어나는 끔찍한 사건들을 보면 더더욱 그런 것 같습니다.

오직 양아들이라는 이유로, 그래서 생활에 부담을 준다는 이유로, 힘없는 아이를 짐가방 속에 넣고 질질 끌고 다니면서 불쌍한 아이에게 마실 물과 먹을 음식도 주지 않고 굶긴 채, 아이를 학대한 여자도 있었습니다. 악한 여자는 그것도 모자라 답답한 가방 속에 갇혀 꼼짝달싹도 하지 못하는 아이에게 죽으라고 뜨거운 헤어드라이어를 들이대어 살아있는 어린 생명을 질식해서 끔찍하게 살해했던 잔악한 계모라는 여자도 있었습니다. 또 있습니다. 단순히 변심했다는 이유를 들어 여자 친구를 폭행하고 잔혹하게 살해해서 토막을 내어 유기하는 악마와 같은 남자들의 섬뜩한 행위들도 있었습니다. 거액의 생명 보험금을 타 먹기 위해 임신한 아내를 사고로 가장해서 아내와 배 속에 있는 가녀린 생명까지 무참하게 살인하는 악마 같은 남편도 있었고, 수십 년간 무자비한 폭행을 당해왔던 아내가 더는 폭력을 행사하는 남편과 살 수 없다고 남편과의 이혼을 주장한 끝에 결국 이혼은 성사됐지만, 그러나 도리어 이혼한 전남편에게 폭행을 당하고 잔혹하게 토막을 당하는 살해를 당하고 말았습니다. 자녀들은 그런 악마 같은 아버지가 끔찍하고 무섭다고 영원히 감옥에서 나오지 못하게 해달라고 국민 청원의 글을 청와대 게시판에 올렸다는 뉴스를 들었습니다.

남편은 아내를 혐기 때문에 폭행하다가 살해하고 유기하고, 아내 역시 음식에 독을 타서 남편을 살해하고 토막을 내어 어딘지도 모르는 한적한 곳에 유기했으면서도 자신이 하지 않은 양, 모르쇠 일관으로 시치미를 떼고 있고, 부모는 자식을 자신의 소유라고 생각하기에 함부로 때리고 학대하다가 살해하고, 흉악한 자식은 늙은 부모의 유산을 차지하기 위해 부모를 살해하는 것입니다. 또 살해의 이유를 묻지마, 라는 이유로 무고한 사람들의 생명을 태연하게 살해하는 잔악한 사이코패스, 소시오패스, 살인자들이 오늘날 특히 이 좁은 한국 땅인 이 사회에 넘쳐나고 있습니다. 층간 소음 때문에 멀쩡한 부부가 한 남자에게 순식간에 끔찍한 살해를 당하는 섬뜩한 사건이 며칠 전에 일어났습니다. 이미 그들은 인간이 아니었습니다. 단지 사람이라는 탈을 쓰고 있을 뿐입니다. 오늘날 이 시대 비정상 인간들이 사회 곳곳마다 살인 청부자들처럼 스며들어 보통의 평범한 사람들과 함께 숨을 들이쉬며 살고 있습니다. 언제 어디서 인간의 탈을 쓴 악마들이 불쑥불쑥 나타나 끔찍한 살인을 저지를지 모르기에 현대 사람들은, 특히 어린 청소년들은 불안한 세상에서 적대적 위협을 받으며 두려운 삶을 영위하고 있습니다.

이 시대를 살아가는 사람들의 신경은 갈수록 극도로 예민해지고 있습니다. 알 수 없는 불안과 피해망상적 강박감과 두려움과 공포에 떨고 있습니다. 그러다가 조금만 신경질이 나거나 갑자기 기분이 나빠지면 억제할 수 없는 혈기와 분노를 무섭게 표출하면서 괴성을 지르고 폭력을 행하다가 끔찍한 사고를 저지르는 것입니다. 그래서 춥고 외로운 정신병동에 갇히기도 하고 그래서 한 줌씩이나 되는 신경과, 정신과, 약을 남녀 할 것 없이 몇 개월씩, 몇 년씩, 주기적으로 복용하는 사람들이 날로 늘어나는 추세인 것입니다. 나는 고국에서 사역하는 동안 정신적으로, 심리적으로, 영적으로, 심각한 병을 앓고 있는 사람들을 무수히 보아왔습니다. 사실 어떤 이들은 약을 먹을 하등의 아무런 이유가 없는 것처럼 보였고 지극히 태연하고 정상적 사람들의 모습을 하고 있기도 했습니다.

그러나 아니었습니다…. 알면 알수록, 파고들면 파고들수록, 그들의 정신세계와 심리 세계는 그 종류도 알 수 없이 다양했고 헤아릴 수 없을 만큼 무궁무진한 trouble some, 문제점들이 발견되고 있었습니다. 그것이 그들을 끝없이 괴롭히고 있었던 것입니다. 아무것도 아닌 문제들은 정말 아무것도 아닌 것을 꼬투리로 삼고 트집을 잡아 가까운 가족들과 생사람들을 무섭도록 잡으면서 괴롭혔습니다. 결국엔 파멸과 파탄으로 치달을 수밖에 없는 비극적 결과를 야기하는 통로를 활짝 열어두고 있었습니다. 언제 어느 때라도 분노와 혈기가 표출하면 멸망의 비극적 통로를 향해 단숨에 뛰어들 수 있게 말입니다. 그나마 한 줌씩 되는 독한 약이 그들의 삶과 육신과 정신세계를 지탱시켜 주고 있었습니다. 불쌍한 그들은 약을 먹지 않으면 자신들의 비정상인 행동적 욕구를 주체할 수 없었기 때문입니다. 가엾은 그들은 늘 독한 약 기운에 취해 있었고 눈빛은 힘이 없어 항상 흐릿했습니다. 그러나 어떤 때는 병든 눈처럼 탁해 있었고 또 어떤 때는 갑자기 무서운 살기의 빛을 띠고 있기도 했습니다. 그래도 한 많은 인생 죽지 않고 살기 위해서 독한 약을 매일 먹어야 했습니다. 시대가 눈부시게 발전하며 할수록 반대로 사람들은 더더욱 깊은 병으로 찌들어가고 있었습니다. 수많은 사람이 우울증과 공황증과 조현증과 조울증의 공격을 받고 있었습니다. 그 밖 외 종류도 알 수 없는 희귀한 병명들과 중병의 질환들이 인간의 심약한 심령과 육신을 공격하며 멸망으로 집어삼키고 있었습니다. 사탄과 악령들과 더러운 귀신들은 불쌍한 그들을 타켓팅 삼아 미쳐 날뛰고 있었고 지옥백성으로 끌고 가기 위해 그들의 생각과 마음과 육신을 단단히 움켜쥔 채, 놓아주지 않고 있었습니다.

이 시대 희대의 살인자들은 도저히 행할 수 없는 잔악한 짓들을 얼굴빛 하나 변하지 않고 사람을 살해하고 있었습니다. 그렇게 쉽게 살해할수 있다는 것은 이미 그들의 생각과 의지는 더이상 그들의 것이 아니라는 것입니다. 통제할 수 있는 이성적 능력과 절제의 능력을 상실했다는 것입니다. 단지 그들은 악한 본성이 휘둘리는 것을 따라 본능적으로 충실하게 행동하고 움직일 뿐입니다. 그저 육적 본능에 충실할 뿐이라는 것입니다. 인간의 탈을 쓰고는 있지만 더는 인간이라고 부를 수 없는 지경까지 전락하고 말았습니다. 이미 인간의 양심적 능력을 상실해버렸고 대신 흑암의 세상을 지배하고 있는 사악한 악령들에 의해 조종받는 잔악한 존재가 되어버리고 말았기에 조금만 자극을 받아도 견디지 못하고 악독한 혈기를 부리다가 사람을 잔혹하게 살해하는 것으로 끝 단락을 맺는 것입니다. 끔찍한 살인 뒤에는 인류 최초의 살인자였고 거짓의 아비였으며 멸망의 가증한 것, 사탄이 턱 버티며 조종하고 있었습니다.

그런 사람들은 순간마다 사탄의 혈기와 적대심을 무섭게 드러내며 언제라도 끔찍한 살인을 저지를 수 있는 모든 악의 조건이 형성되어 있었습니다. 원수마귀는 불우한 환경과 원한과 혈기와 분노에 노출해 있는 사람들의 생각과 육신을 지배해서 증오에 불을 지피게 하고 사람의 생명을 잔혹하게 살해하도록 조종하고 있었습니다. 사탄만이 소유하고 있는 원초적 살인의 영입니다. 살인의 영이 내포하고 있는 죄의 근성과 저주와 멸망이라는 성질이 뜨거운 불화산처럼 자리 잡고 있어 사람의 생각과 마음과 육신을 지배하며 부추기는 것입니다. 그것들은 언제라도 폭발하기 위해 순간의 기회를 노리고 있었습니다. 그리고 그것들이 한 번씩 분출할 때마다 인간의 평범한 상식으로는 도저히 믿을 수 없는 끔찍하고 잔악한 살인들이 현실 밖으로 나타나 세상을 깜짝 놀라게 하며 섬뜩한 공포로 떨게 하는 것입니다. 그로 인해 아무런 잘못이 없는 무고한 생명들이 처참하게 희생당하는 것입니다.

죄는 항상 인간의 생각으로부터 시작하고 인간의 육신으로 그 끝을 맺게 합니다. 세상에 일어나는 모든 악마적 범죄들 역시 모두 인간의 악한 생각에서부터 시작했고 육신적 행동으로 그 끝을 맺었습니다. 그러므로 인간이 무엇을 생각하고 있고 어떤 생각을 따라 어떻게 결단하고 행동하느냐를 따라서 죄의 흉악한 파괴와 멸망을 불러올 수도 있고, 반대로 선하고 향기로운 열매를 풍성하게 맺는 아름다운 결과를 불러오기도 하는 것입니다. 죄의 생각에 젖어 죄의 계획을 꾸미고 죄의 성공을 상상하고 죄를 지독히 탐닉하며 죄와 더불어 살아가는 사람들은, 그리스도인이 죄를 짓지 않기 위해 끝없이 힘에 겨운 사투를 벌이는 영적 거룩한 싸움을 도저히 이해할 수 없을 것입니다. 저들은 이미 죄라는 악법에 단단히 종속되어 버렸고 그것들과 이미 한 몸을 이루었기 때문입니다. 그런데도 여전히 그들은 죄가 자신들의 소중한 삶과 영혼의 생명을 죽이고 있다는 영의 진리에 대해서는 전혀 알지 못하는 것입니다. 죄와 사망을 지배하고 있는 사탄이 그들의 눈과 생각과 마음을 눈 뜬 봉사로, 움직이지 못하는 허수아비 아바타로, 만들어 버렸기 때문입니다. 그러므로 영물들과의 살벌한 영적 전쟁은 죄를 물리치고 죄를 이기고자 간절히 소원하는 그리스도예수의 사람들만 치열하게 치르는 것입니다. 예수그리스도를 사랑하고 하나님의 나라를 소망하는 영의 사람들만 치르는 영적 거룩한 전쟁인 것입니다. 그들이 바로 생명의 성령의 법으로 말미암아 하나님의 사랑을 마음에 받았고 예수그리스도의 구속의 은혜 안에서 물과 피와 성령으로 새롭게 거듭난 믿음의 사람들이자 하늘의 하나님께 속해 있는 천국 영혼들인 것입니다.

생각이라는 광활하고 무한한 공간에서 믿음의 사람들이 싸우는 영의 거룩한 힘이야말로 능력이 될 것입니다. 하나님의 신적 능력이 함께 하며 능력을 믿는 자들에게 베풀어 주신다는 소중한 생명의 진리를 세상 사람들은 결단코 알 수 없을 것입니다. 만약 내가 나의 육신과 생각을 거룩함의 능력으로 지키지 않고 싸우지 않으면 대신 내 생각이라는 무한한 공간에는 순식간에 쓰레기 같은 죄의 오물들로 신속하게 차오르고 말 것입니다. 죄의 미혹들은 호시탐탐 기회를 보다가 틈을 주지 않고 거대한 쓰나미처럼 인정사정없이 밀고 들어와서 순식간에 삼켜버릴 것입니다. 죄를 붙들고 침투하는 영물인 마귀의 공격을 영의 세상을 알 수 없는 나약한 인간은 막을 수 없고 물리칠 힘이 없습니다. 세상의 많은 사람은 그러한 진리를 모르고 있으며 무시하며 살아가고 있습니다. 그래서 사악한 악령들과 더러운 귀신들에게 붙들려서도 힘도 쓰지 못한 채, 조종당하다가 맥없이 멸망 당하는 것입니다.

죄에 무디어지고 양심의 감각을 잃어버린 영혼들은 무력한 영혼들로 퇴색되어 갈 수밖에 없을 것입니다. 죄에 갇혀 죄의 지배를 받으며 죄의 감옥 속에서 죄의 삶을 살다가 영혼의 때가 닥치면, 그렇게 허망한 생을 마치고 마는 것입니다. 최근 일본에서는 전철에서 흉기 난동을 부리고 불을 지르는 사건이 일어났습니다. 그 통에 17명의 무고한 사람들이 상처를 입었고 난동을 부린 젊은 남자의 상태를 살펴보니, 미국 영화 조커에서 등장하는 조커 주인공의 복장을 하고 있었고 말하기를 자신은 사형을 당하고 싶다는 심경을 토로했다고 합니다. 그러나 그 남자는 무고한 타인의 피해는 생각하지 않고 미안해하지 않고 오직 자신의 감정을 알리는 것에만 집중했고 자신의 불만만 중요시하는 독선과 야만적이기를 부리는 것에 충실할 뿐이었습니다. 하나님의 고귀한 형상으로 지음을 받고 하나님의 생명의 생기를 코끝에 물려받고 살아 움직이는 존귀한 생령으로 탄생할 수 있었던 인간이, 소중한 생 전체를 죄라는 멸망에 갖다 바치고 죄에 종속되고 죄의 노예가 되어 고귀한 생을 죄의 삶으로 허비하다가 결말의 끝을 허망하고 비참하게 맺는다면, 아마도 그것처럼 비극적 참담한 생은 없을 것입니다. 죄에 무디어진 영혼들은 영물에게 무방비적으로 공격을 당하고 있으면서도, 그것이 자신들의 삶과 영혼의 생명을 도둑질하고 파괴하고 죽이고 멸망으로 끌고 가는 사악한 마귀의 공격이라는 것을 전혀 감지하지 못하는 것입니다. 그렇기에 성령 안에서 그리스도예수의 참 생명을 전하고 올바른 길을 제시해주고 가르쳐주는 참된 믿음의 종들이, 위대한 선지자들이 이 시대 절실히 필요한 것입니다.

인간은 육신의 힘을 얻고 생명을 유지하기 위해 육의 음식을 삼시 세끼 매일 같이 찾아 먹습니다. 그러나 무한한 생각으로 받아먹는 죄의 음식들은 육의 눈에는 전혀 보이지 않고 느낄 수 없기에 사람들은 죄로 가득 찬 오물의 음식이라는 것을 아예 짐작도 하지 못한 채, 생각 속에서 맹목적으로 끝없이 받아먹는 것입니다. 생각 속으로 침투해 들어오는 죄의 음식들은 당연히 육의 눈에 보이지 않기에 맛있다고 각자의 생각 속에서 자연스럽게 받아먹을 것입니다. 그래서 생각 속에서 짓는 죄들은 흥분되고 짜릿하고 매혹적이기만 한 것입니다. 그것들의 메뉴는 특색있으며 맛은 아주 독특하며 종류는 아주 다양하게 많이 펼쳐있습니다. 그중에 어떤 사람들은 생각 속에서 음란과 음행을 탐할 것이고, 동성애자들은 생각 속에서 같은 동성을 탐하는 쾌감을 즐길 것이며, 포르노에 중독된 사람들은 포르노 영상을 찾아 인터넷을 서핑할 생각만 할 것이고, 마약에 중독된 사람들은 자신의 모든 것을 팔아 마약을 사려고 생각할 것이고, 전쟁 게임에 미쳐있는 사람들은 게임마다 베팅을 걸 것이며, 물질을 탐하는 사람들은 다른 사람의 돈을 갈취하고자 악한 계획을 세워 빼앗을 생각을 할 것이고, 도박에 중독된 사람들은 생각 속에서 도박판을 기웃거리다가 야릇한 쾌감을 느낄 것이며, 또 어떤 사람들은 자신의 야욕과 성공을 위해 다른 사람을 해하는 갖가지 나쁜 음모를 생각 속에서 계획할 것이고, 또 어떤 사람들은 잘 나가는 직장의 동료를 질투하고 시기하는 병든 생각을 할 것이고, 사람들은 무한한 생각이라는 공간의 세계에서 제한받지 않고 얼마든지 상상하는 것입니다. 때로는 생각 속에서 철천지원수를 살해하는 끔찍한 계획을 세우기도 하고, 생각 속에서 시원하게 복수의 살인을 완벽하게 끝내기도 합니다. 무한하고 광활한 생각 속 세상에서 펼쳐지는 죄의 음식들은 참으로 무궁무진하기만 합니다. 생각에서 받아먹는 죄의 오물들은 곧바로 마음으로 흘러 들어가 똬리를 틀고 자리를 잡을 것이고, 본격적으로 죄의 집을 빠르게 짓게 될 것입니다. 곧 생각에서 무수히 파생했던 다양한 죄의 오물이 결국에는 육신의 행위로 죄를 짓게 하면서 다양한 귀신들을 자신의 심령 안으로 초청하게 되는 것입니다. 마치 우두머리 사악한 사탄이 더러운 귀신 졸개들을 초대해서 떼를 지어 더럽고 광란에 차 있는 파티를 즐기는 것과 같은 맥락을 띠고 있습니다.

생각에서 쌓아 올린 죄의 오물들은 곧바로 육신의 죄로 연결 짓게 되고, 육신의 행위로 범죄를 짓게 하는 것입니다. 그런 식으로 죄의 쓰레기 더미를 눈에 보이지 않는 영적 공간에 산더미처럼 쌓아 올려놓는 것입니다. 죄를 짓는 사람들은 죄의 질긴 쇠사슬을 끊어낼 수 없습니다. 그렇기에 더더욱 죄에 집착하게 되고 죄를 짓게 되는 것입니다. 죄를 쉽게 짓는 자들은 죄의 악성을 따지지 않고 분별하지도 않고 거부하지도 않습니다. 죄에는 거부할 수 없는 모르핀의 성질 같은 쾌락이 함께 하고 있고 카타르시스적 쾌감을 즐길 수 있는 방종이라는 미혹의 자유가 있기 때문입니다. 그렇기에 이것저것 가리지 않고 죄를 무한정 받아먹는 것입니다. 죄를 짓는 사람들은 죄의 법칙과 죄의 원리에서 벗어나기가 힘들기에 죄 가운데 안주하고 마는 것입니다. 사탄은 그렇게 인간의 생각과 마음을 미혹으로 점령하고 육신과 영혼까지 장악해서 결국엔 멸망의 지옥 불구덩이 속으로 끌고 가는 것입니다.

이 모두가 생각이라는 거대한 영역의 세상에서 맹목적으로 받아들인 결과에 따라 비롯되고 형성되는 것입니다. 처음에는 달콤하고 자극적인 쾌감을 무심코 받아먹었지만, 언제부터인가 그것들은 뼈와 살을 녹이는 지독한 죄와 저주의 독성으로 변질되어 있었고 넘쳐흐르고 있었습니다. 인간의 힘과 능력으로는 그것들을 물리칠 힘이 없어 어떤 영혼들은 부대끼는 영적 혼란과 마음의 고통을 무수히 겪기도 하고 생각이라는 광활한 세상에서 끝없이 고뇌하고 번뇌하기도 하는 것입니다. 그런 영혼들에게는 살리시는 예수그리스도의 구속의 은혜와 생명의 보혈이 절대적으로 필요합니다. 성령하나님의 내주하심과 지키심과 보살피심과 인도하심이 절대적으로 필요합니다. 혹 마음이 부대끼는 고통이 찾아온다면 한시라도 빨리 하나님 앞으로 나아가 죄를 회개하고 하나님께 용서와 긍휼을 간구하기를 바랍니다. 혹 죄의 오물들을 깨끗이 씻어내고 싶다는 열망이 든다면 한시라도 빨리 예수그리스도의 숭고하신 보혈을 믿음으로 간구해야 할 것입니다.

그리고 나서 구원의 투구를 머리에 쓰고 진리의 말씀으로 무장하는 성령의 갑옷을 입어야 할 것입니다. 그러나 그 경지까지 가기에는 영혼들은 너무나 나약하고 무력하기만 합니다. 나약하고 무력하다 보니 매 순간 불결한 죄악의 불화살들이 생각과 육신을 향해 무차별적으로 쏘아대며 공격해오는 것을 막지 못하는 것입니다. 비록 어떤 사람들은 경건하고 고상한 모습을 하고 사람들 앞에 나타나지만 정작 그 생각 속에는 육신이 열망하는 온갖 종류의 탐욕적 쾌락들과 세상 정욕들과 미신우상들과 자기교만의 우상으로 충만하게 차 있는 것입니다. 죄를 짓는 자들은 자신들의 정체가 타인에게 발각되지 않기를 바라면서 뻔뻔한 이중적 삶을 살아가는 것입니다. 그렇습니다…. 자신의 정욕이 달콤하게 생각하는 쾌락을 만족시키기 위해서라면 그 어떤 짓을 해서라도 충족시켜야만 하는 것입니다. 각자만의 생각에서 짓는 죄를 타인은 결코 알 수 없을 것입니다. 그래서 무고한 사람들의 생명까지도 무참하게 살해하는 죄악의 최고의 경지까지 나아가는 것입니다.

문제는 생각이라는 광활한 영적 공간을 죄의 생각들로 가득히 채워놓는다면, 아니 소중한 나를 미혹의 세상에 무방비적으로 노출시켜 내어놓는다면, 나라는 육신은 생각의 지시를 따라 순간마다 더러운 죄를 짓게 될 것입니다. 육의 눈에 보이지 않는 영적 광활한 세상에서는 현실의 삶에서 뿌려지는 씨앗들을 따라 결실을 보게 됩니다. 영의 결실이라고도 부릅니다…. 영의 결실들은 영의 법칙과 영의 순리를 따라 맺어지는 순차적 결과물입니다. 육의 눈에 나타나는 가시적 현실은 비가시적 세상의 축소판이라고 부를 수 있을 것입니다. 현실의 세상은 영의 세상을 투명하게 투영해주고 있기 때문입니다. 그러므로 사람이 무엇을 현실의 세상에 뿌렸느냐를 따라 영의 세상에서도 그대로 따라서 열매를 맺게 되는 것입니다. 영의 세상에서 맺은 열매는 때가 되면 거짓 없는 확실한 실체의 결과물이 되어 환경과 현실 가운데 고스란히 그 모습을 드러낼 것입니다. 만약 현실의 삶에서 가라지와 쭉정이라는 씨앗들만 뿌리는 생을 열심히 살았다면 당연히 영적 세상에서도 가라지와 쭉정이라는 저주의 열매들을 수북이 쌓게 될 것입니다. 죄의 결과는 당장에는 눈앞에 보이지 않는다고 해도 때가 되면 극명하게 볼 수 있도록 현실과 환경을 타고, 죄의 끔찍한 열매들을 고스란히 드러내면서 짜잔하고 등장할 것입니다.

혈기와 증오와 분노와 살인과 자학과 중독과 음행과 파괴와 파탄을 즐기는 사람들이 세상에서 멸망 당할 수밖에 없는 참담한 결과의 요인은 바로 영의 세상에서 맺는 영의 결과물들에 의해서라는 것입니다. 영의 결과물은 거부할 수 없는 spiritual power, 영적 능력을 갖추고 현실 가운데 나타나기 때문입니다. 죄의 생각과 죄의 행위를 억제하지 않고 정욕적 생각을 따라 소중한 생과 육신을 함부로 다루고, 함부로 학대하고, 함부로 방치하고, 함부로 남용하고, 함부로 정죄했던 끔찍한 결과물들입니다. 자신들의 생과 육신을 고귀하게 여기지 않고, 아름답게 가꾸지 않고, 죄로부터 지키지 않고, 인격적으로 존중하지 않고 사랑하지 않았던 것에 대한 멸망의 결과물입니다.

그동안 육신의 정욕으로만 열심히 뿌렸던 씨앗들에 의해 거두는 열매들은 죄의 가라지들이고 흉측한 쭉정이들이었습니다. 참담한 실패와 고통의 과정들과 비극적 절망은 바로 자신들이 세상에서 열심히 뿌렸던 죄와 탐심들과 육신의 쾌락과 탐닉에 의해 탄생한 멸망의 결과물이었습니다. 강조하지만 생과 현실에서 나타나는 참담한 결과는 모두 죄의 생각을 통해 먼저 영적 세상에 뿌려지고, 죄의 행위를 통해 죄의 열매들을 맺기 시작했다는 것입니다. 영적 세상이 주관하는 섭리이자 법칙입니다. 현실에서 나타나는 일련의 모든 사건은 모두 영의 세상과 관련되어 있고, 연결되어 있었습니다. 가라지와 쭉정이 씨앗을 열심히 뿌리면 언젠가는 그것들을 수북하게 거두게 될 것입니다. 그러나 건강하고 아름다운 씨앗들을 뿌리면 추수 때, 영글 찬 알곡들을 풍성하게 거두게 될 것입니다.

그러나 문득문득 생의 여정, 어느 시점에서 사람들은 양심을 무섭게 질타하는 영의 소리를 듣게 되기도 합니다. 양심이 생각에 대고 잘못 가고 있으니 지금이라도 빨리 돌이키라는 경고의 사이렌 소리를 들려주기도 하고, 빨강 신호등의 불을 깜박깜박 켜서 지금 당장 멈추라고 위급함을 알려줄 때, 빨리 스톱하고 돌이켜서 무엇이 잘못됐는지 살펴보아야 할 것입니다. 과연 생의 길을 잘 가고 있는지, 각자의 생을 찬찬히 살펴보면서 무언가 깨닫게 됐을 때, 비로소 생명의 길은 찬란하게 펼쳐질 것입니다. 그러나 그 순간의 때를 놓치면 언제 다시 그런 기회가 올지는 미지수입니다. 그것으로 끝이 된다면 저주와 멸망의 선고를 받게 될 것은 자명합니다. 양심이 나를 매우 괴롭게 하고 아프게 할 때, 알 수 없는 두려움과 공포에 떨게 할 때, 하나님의 은혜와 섭리가 시작한다는 소중한 진리를 깨닫기를 바랍니다. 그 순간의 기회를 빨리 붙들어 하나님의 긍휼과 도우심을 간절한 마음으로 간구해야 할 것입니다.

단순히 아는 것과 깨닫는 것은 그 질적 수준이 완전히 다릅니다. 단순히 아는 세상 지식은 세상을 살아감에 있어 유익하고 편할지는 모르지만 살리는 영의 능력은 없습니다. 그러나 깨달음에는 살리는 영의 지혜와 하나님의 능력이 함께 합니다. 사람이 깨닫게 될 때 잘못된 삶을 인정하게 됩니다. 죄를 깨닫고 멈추게 될 때, 죄의 삶에서 돌이킬 수 있습니다. 깨닫게 될 때, 무언가를 새롭게 시작할 수 있다는 힘의 원동력이 따라붙습니다. 죄의 삶에서 돌이킬 때, 예수그리스도의 숭고하신 보혈이 영혼들의 머리로 뿌려지며 구속의 은혜를 충만하게 받을 수 있는 생명의 길, 축복의 길, 영생의 길이 펼쳐지는 것입니다. 씨앗은 좋은 생각의 씨앗으로 현실 세상에 다시 뿌리면 됩니다. 좋은 생각의 씨앗으로 뿌려진 밭에 주기적으로 물을 뿌려주는 영적 행위가 필요합니다. 알곡들을 방해하는 원수 가라지들은 즉각 즉각 뽑아주고, 많은 관심과 사랑으로 잘 가꾸고 잘 지키고 잘 보살피면 좋은 행위의 열매를 맺을 수 있게 되는 것입니다. 그러므로 절대 늦지 않았습니다… 마귀는 이미 늦었다고 그러므로 힘들게 해봤자 뾰족한 수가 없다고 각 사람의 생각에 대고 열심히 비웃으며 참소할

테지만 영의 세상에서는 늦음이란 없습니다. 늦음이 잘못되는 것은 아닙니다. 잘못은 때가 늦었음에도 불구하고 여전히 하나님 앞으로 돌아오지 않고 완악한 교만을 부리고 죄를 짓는 잘못을 반복하는 것에 있습니다. 그런 사람은 하나님의 생명을 결코 받을 수 없고 예수그리스도의 영광의 유업도 받을 수 없다고 사도바울은 성경에서 단호히 말씀하십니다.

예수님과 함께 십자가에 달렸던 두 사람의 죄수를 생각하면 쉽게 이해가 될 것입니다. 한 사람의 죄수는 자신이 생전에 지었던 죄의 대가가 결국엔 멸망의 십자가에 달려 처참하게 죽는 끔찍한 형벌이라는 사실을 절실히 깨달았습니다. 그렇기에 죄 없이 십자가에 달리신 메시아이신 예수님을 바라보며 주님과 함께 낙원으로 들어갈 수 있게 해달라고 간절한 심정으로 간청했던 것입니다. 죽음을 눈앞에 맞닥뜨린 한 죄인의 마지막 소원이었습니다. 그리고 그 죄수는 성공했습니다…. 마지막 주어진 기회를 놓치지 않고 예수님의 생명을 단단히 붙들었기에 주님의 구원을 받을 수 있었던 것입니다. 그러나 다른 한 사람의 죄수는 자신의 죄를 깨닫기는커녕, 도리어 구원의 주님이신 예수님을 막말로 비난하고 모욕했습니다. 그러므로 그 죄수는 아름다운 낙원에서 영원히 살 수 있는 마지막 소중한 기회가 주어졌음에도 불구하고 생명의 은혜를 거부하는 완악함과 교만함을 부림으로 처참하게 멸망 당한 것입니다.

여기서 한 가지 알 수 있는 놀라운 점은 성공과 권력과 재력과 명예를 손에 거머쥔 사람들만 교만과 오만을 떠는 것은 아니라는 것입니다. 저주의 십자가에 달려 목숨이 경각에 달린 흉악한 죄수까지도 자신의 비참한 처지를 망각하고 교만을 떨고 완악함을 부렸다는 것입니다. 그러므로 인간의 교만과 완악함에는 상하가 없고 빈부격차가 없는 누구나 가지고 있는 죄의 성질들이라는 것입니다. 결국엔 죄의 성질들이 영혼들의 생명을 죽이고 멸망시킨다는 것입니다. 저주와 멸망은 누가 가져다주는 것이 아닌, 바로 사람인 자신이 스스로 초청하고 스스로 한가득 가져다주는 것입니다. 그것이 바로 사탄의 미혹이자 교활한 전술 전략인 것입니다. 사탄은 바로 그런 자들을 찾아 삼키기 위해 24시간 잠도 청하지 않고 우는 사자처럼 으르렁대며 열심히 찾아다니는 것입니다.

우연히 도박중독에 걸려 있는 사람들의 인생을 토대로 한 비극적 스토리를 담은 tragedy documentary, 다큐멘터리를 TV를 통해 시청한 적이 있었습니다. 정말인지 거짓말인지는 모르지만 어떤 사람은 도박에 중독되다 보니, 잘 돌아가는 회사를 팔고 땅을 팔고 집을 팔고 가지고 있는 모든 재산을 팔아 도박을 했지만 한 푼도 남김없이 깨끗이 탕진해 버렸고, 결국에는 살 집이 없어 허름한 방 한 칸을 얻어 겨우겨우 삶을 지탱해 가고 있다는 초라한 삶의 모습을 볼 수 있었습니다. 또 어떤 남자는 도박으로 재산을 전부 날리고 난 후, 돌아가신 어머니 영정 앞에 이제 다시는 도박을 하지 않겠다고 굳은 맹세를 다짐했건만 도박을 완전히 버릴 수 없었습니다. 그래서 생각해낸 것이 그동안 자신이 도박했던 경험과 노하우를 따라 돈을 딸 수 있는 기발한 방법을 연구해서 도박하는 사람들에게 가르쳐 주면서 얼마간의 commission, 커미션을 받는데. 얼마 있으면 백만 원의 자금이 생긴다면서 그 돈으로 다시 도박해서 돈을 따겠다는 허탈한 희망을 품는 참으로 웃픈 이야기를 들을 수 있었습니다.

방송기자가 남자를 향해 물었습니다…. "얼마까지 따기를 원하느냐고…?" 그러자 남자는 말하기를 자신이 잃은 돈이 모두 삼 천억 정도 되는데 그 돈을 딸 때까지 도박을 계속할 거라는 참으로 기막힌 답변을 들을 수 있었습니다. 수천억이라는 돈을 잃었다는 말이 진짜인지, 가짜인지, 그 내막의 진실이야 알 수는 없지만, 삼 천억이라는 막대한 돈을 도박판에 다 날렸다는 남자의 말을 순순히 믿어주기에는 아무래도 남자에게는 허황 끼가 있을지도 모른다는, 개인적 의구심이 불쑥 들기도 했습니다. 정말 남자의 말처럼 도박판에 그런 막대한 돈을 쏟아부을 만큼 도박판이 그의 인생에서 소중했을까, 그럴만한 가치가 있었을까, 정말 그렇다면 저 남자는 바보 멍청이가 아니고 무엇일까, 라는 마음의 불편함과 이질감이 들어 계속 보고 있자니 정신 빠진 남자들의 도박 스토리에 시간을 낭비하는 것 같아 순간 채널을 돌리고 싶은 충동을 받았지만 그래도 인간들의 도박판 생의 이야기라 조금만 더 인내하기로 했습니다.

또 어떤 남자는 가지고 있던 현금을 도박판에 다 잃고 나자 잃은 돈을 회수하겠다고 그 역시 가지고 있던 땅을 팔고 과수원을 팔고 집을 팔아서 도박했지만 결국에는 빈털터리가 되고 말았고, 잘 곳이 없어 강원도 어느 산 중에 천막집을 짓고 살면서도 여전히 도박판을 떠나지 못하고 도박판을 기웃거리고 있다는 것입니다. 정말 죽지 못해 살아가는 사람들의 멸망의 현장을 씁쓸한 눈으로 지켜보면서, 순간 인간의 생을 통째로 무너트리고 파멸시키는 "죄의 미혹, 죄의 올가미, 죄의 대가, 죄의 형벌"이라는 언어들이 나의 뇌리에 어른거리고 있었습니다. 가족들도 그들을 버렸습니다. 그들은 도박판에서 돈만 잃은 것이 아니라 사랑하는 소중한 가족들까지 잃어버렸던 것입니다. 그러므로 그들에게는 돌아갈 곳이 없었습니다. 그들은 도박이라는 귀신에게 단단히 코를 꿰어 사랑하는 소중한 가정과 막대한 물질과 소중한 인생을 도박판 귀신에게 송두리째 저당 잡힌 채, 멸망의 길을 향해 걸어가고 있었습니다.

그러면서도 여전히 깨닫지 못하는 것입니다. 도박판에 묘한 긴장으로 일렁이는 밀고 당기는 쾌감과 도박판의 독특한 열정이 좋고 그곳에서 뿜어져 나오는 희열의 기운과 쾌감이 너무나도 좋고 짜릿한 것입니다. 만약 그들이 도박판을 떠나는 날이 온다면 아마도 죽음뿐일 것입니다. 죽음만이 그들을 도박판의 질긴 애증으로부터, 운명으로부터, 아주 냉정하고 깨끗하게 싹둑 끊어줄 것입니다. 마지막 그들의 운명은 어떤 모습으로 전개되어 갈지 선명하게 나타나고 있었습니다. 그러므로 깨닫지 못하면 멸망으로 직결되는 것입니다. 누구든지 깨닫고 느꼈다면 비록 많이 늦었다고 할지라도 하나님의 은혜는 충만하게 베풀어질 것입니다. 그런 진리를 깨닫고 하나님 전으로 돌아오는 사람들이 예수그리스도의 구속의 은혜를 받는 사람들이 되는 것입니다.

영의 세상에서는 처음 된 자가 나중 되고 나중 된 자가 먼저 되는 것입니다. 또 천국은 침노하는 자의 것이라고 예수님은 말씀하셨습니다. 하나님의 구원의 역사 역시 마찬가지입니다. 간절히 원하는 자가 하나님의 구원을 받을 것이고 믿음으로 순종하는 자가 하나님의 은혜를 풍성하게 받을 것입니다. 죄의 삶에서 돌이키지 않는 삶이야말로 영적 세상에서는 크나큰 죄를 짓는 것이고 저주와 멸망이 되는 것입니다. 죄를 짓는 것을 중단하지 않고 여전히 죄를 짓는 삶을 살아간다면 the end, 마지막 종말에는 각자가 뿌린 죄의 씨앗들이 잔혹한 부메랑이 되어 자신들의 숨통을 찌르는 것은 자명할 것입니다. 부메랑은 뿌리는 자의 마음가짐과 행위들을 따라 영의 세상에서부터 먼저 열매를 맺기 시작할 것입니다. 영의 세상에서 수북하게 쌓아 놓았던 총체적 결과물의 열매들이 맨 마지막에는 현실 가운데 나타난다는 영의 진리를 깨닫는 예수그리스도의 사람들이 되었으면 좋겠다는 바람을 이 순간 가져봅니다.

오늘도 영적 세상에서는 생명의 것이든지 멸망의 것이든지, 현실의 삶에서는 도저히 볼 수도 없고 짐작도 할 수 없는 영의 열매들이 무수히 열리고 있습니다. 어떤 열매들을 맺기를 원하는지 각자 영혼들이 소원하고 열망하는 것을 따라 영의 세상에서는 영글 찬 알곡과 향기롭고 달콤한 열매들을 맺을 것이고, 반대로 쭉정이와 흉측하게 생긴 썩은 열매들을 맺으면서 그 결과는 극명하게 갈라지게 될 것입니다. 모든 멸망의 원인과 배후에는 그 누구도 아닌 사람들의 생각이 자리 잡고 있었습니다. 사람들의 생각은 영적인 축복의 열매들과 혹은 멸망의 열매들을 수없이 생산해내는 24시간, 풀가동 영적 생산공장이라는 진리를 부디 잊지 말기를 바랍니다. 사람이 무엇을 생각하고 무엇을 선택하느냐에 따라, 하나님의 영생의 축복과 사탄의 영벌의 저주는 아주 신속하게 움직이면서 열심히 열매들을 맺을 것이기 때문입니다.

축복과 저주는 주인인 나를 따라 충실하게 움직이는 나의 그림자와도 같습니다. 주인인 내가 움직일 때마다 나의 그림자도 신속하게 움직일 것입니다. 부디 생각에서 짓는 죄를 단호히 물리치기를 바랍니다. 육신으로 짓는 죄를 강하게 대적하기를 바랍니다. 생각과 육신이 짓는 죄를 타인은 모른다고 해도 양날의 검 같은 전능의 하나님은 일거수일투족 영혼들의 생각과 마음과 행위를 꿰뚫어 보고 계십니다. 생각과 육신이 깨끗하고 거룩해야 영혼들의 삶도, 영혼들의 심령도, 영혼들의 육신도, 거룩한 삶을 살아갈 수 있는 능력이 함께 할 것입니다. 거룩한 영혼들에게는 하나님의 영광과 전능하심이 살아서 뜨겁게 역사하여 주십니다. 부디 주님의 거룩한 성품을 닮아가는 아름다운 천국 영혼들이 되시기를 생명의 주 되시는 예수그리스도의 존귀한 이름으로 축복하고 축원합니다.

이와같이 좋은 나무마다 아름다운 열매를 맺고

못된 나무가 나쁜 열매를 맺나니-

좋은 나무가 나쁜 열매를 맺을 수 없고

못된 나무가 아름다운 열매를 맺을 수 없느니라-

아름다운 열매를 맺지 아니하는 나무마다 찍혀

불에 던져지느니라- 〈마 7:17-19〉

에필로그

먼저 에벤에셀의 성 삼위일체 하나님께 모든 감사와 영광을 올려드립니다. 그리고 저의 글을 읽어주신 믿음의 독자들께도 감사하다는 말씀을 드리고 싶습니다. 처음 글을 써 내려가는 순간은 불안했고 마음에는 확신이 서지 않았다고 고백합니다. 글에 대한 무거운 무게감과 압박감을 많이 느꼈기 때문입니다. 과연 내가 쓰고자 하는 글들이 하나님의 사랑과 은혜를 받은 사람의 생명적 간증과 아름다운 증거가 되어줄 수 있을까, 과연 예수그리스도 구속과 생명 안에 있다는 영혼에게서 흘러나오는 은혜와 감화감동의 글이 될 수 있을까, 매번 스스로 묻고 있었기 때문입니다.

매번 던지는 의구심으로 자신감은 점점 사라져갔고 머리는 혼란스럽기만 했습니다. 날이 갈수록 글을 쓴다는 것이 어렵고 고통스럽다는 고충을 느껴야 했습니다. 탄탄한 문장력으로 글을 쓸 수 있는 좋은 달란트를 가졌다면 나 역시 은혜롭고 감동적인 글을 마음껏 편하게 쓰지 않았을까, 라는 불만과 자책감에 시달리기도 했습니다. 그러다 보니 언제부터인가 글 쓰는 것을 멈추게 되었고 그런 날들이 점점 길어지고 있었고 그렇게 많은 세월을 뜻도 없이 무력하게 무작정 흘려보내고만 있었습니다.

그러다가 기적처럼 하나둘씩 제목들이 모여 겨우 뼈대를 갖출 수 있었고 조금씩이나마 완성이 되고 있다는 것을 알 수 있었습니다. 그러나 완벽한 완성이 아닌, 엉성함의 완성, 그 자체였다는 것을 알게 되고 또 마음에 부족함과 불안감을 느끼지 않을 수 없었습니다. 아무리 애를 써도 충분한 안도감과 성취감을 느낄 수 있는 말끔한 글로 끝을 맺지 못했다고 단정을 내렸던 나는 한계라는 자격지심의 두꺼운 벽에 부딪쳐야 했고 그만 이쯤에서 두 손 들어 항복을 선언하고 싶다는 마음의 자책을 수없이 했었습니다. 그렇게 썼던 글이었는데 그러나 지금은 조금은 아주 조금쯤은 용기를 내어보려고 합니다.

이 책은 세상 사람들을 위해 쓴 것이 아닙니다…. 하늘 소망을 바라보고 주님의 재림을 대망하며 천성을 향해 순례길을 터벅터벅 걸음을 옮기고 있는 순결한 기독도와 같은 그리스도인들을 위해 쓴 글입니다. 주님의 성결한 신부가 되기를 간절히 사모하는 영혼들을 위해 쓴 글이며 또한 믿음의 길에서 혹이라도 넘어지고 멈추어져 있는 많은 주님의 영혼들을 생각하며 쓴 글입니다. 그렇더라도 세상 사람들도 많이 읽어주었으면 하는 욕심을 마음에 가져봅니다. 그들도 예수그리스도라는 숭고하신 분의 희생적 사랑과 부활의 생명을 반드시 알아야 하고 그분의 고귀한 생명으로 거듭나서 하나님의 거룩하신 천국 구원을 받아야 하기 때문입니다.

완전하고 완벽한 책은 될 수 없을 것입니다. 그러나 하나님아버지를 진심으로 사랑하고 성결한 신부가 되고 싶은 소망과 예수그리스도의 구속의 생명과 은혜를 간구하고 사랑하는 한 영혼이 믿음으로 정직하게 고백하며 쓴 글입니다. 또한 진리의 영이신 성령하나님의 내주하심과 인도하심을 따라 호흡하고 동행하면서 겨자씨만 한 믿음을 바탕으로 글을 썼다는 것 또한 숨길 수 없는 진실일 것 같습니다. 그러므로 영성의 글이라는 거창한 표현은 쓰고 싶지 않습니다. 그냥 이름 없는 평범한 사람이 쓴 보통의 글에 불과하기 때문입니다. 믿는 자들에게 있어 믿음은 꿈꾸고 소망하고 바라는 것들의 확고한 실상이 되어주고 있습니다. 또 보이지 않는 것들의 눈부신 증거가 되어주고 있다는 것을 내가 그동안 써 왔던 신앙의 책이라는 매개체를 통해 널리 알리고 싶다는 소박한 마음뿐이었습니다.

이 책을 쓸 수 있도록 참고 견디는 인내와 정신력과 마음의 뜨거운 열
정을 허락해주시고 끝까지 완주하게 해주신 사랑하는 성 삼위일체 하나
님께 다시 한 번 모든 감사와 승리와 영광과 찬양을 기쁨의 마음으로 올
려 드리고 모든 존귀와 권능을 세세토록 올려드립니다…! 할렐루야…!

2022, 새해를 맞이하는 달, 1월에

김안젤라